中國文化藝術人物年鑒

ZHONG GUO WEN HUA YI SHU REN WU NIAN JIAN 2017

周强 主编

中国文化出版社

图书在版编目(CIP)数据

中国文化艺术人物年鉴 / 周强主编.—北京：中国文化出版社，2017.6

ISBN978-988-13254-2-6/I·1211

Ⅰ.①中… Ⅱ.①周… Ⅲ.①文艺工作者-列传-中国-现代 Ⅳ.①I1211.1

中国文化出版社 CIP 数据核字(2017)第 115102 号

中国文化艺术人物年鉴

主　　编：周　强
责任编辑：张脉峰
装帧设计：郑　芳
出版发行：中国文化出版社
经　　销：新华书店
印　　刷：中国文化出版社印刷厂
开　　本：787mm×1092mm　1/16
印　　张：23
印　　数：1000 册
版　　次：2017 年 6 月第 1 版
印　　次：2017 年 6 月第 1 次印刷
书　　号：ISBN978-988-13254-2-6/I·1211
定　　价：328.00 元

中文版图书，版权所有，侵权必究。

《中国文化艺术人物年鉴》编辑委员会

主　　编：周　强

编　　委：傅清国　陈为群　王　磊
江金燕　周　强　郑　芳

特约编委：殷启和　廖桥亮　卢清武
张学模　李　香　亓树林
孙熙泉　陈德金

目　录

二画

三画

四画

五画

六画

七画

八画

九画

十画

十一画

十二画

十三画

十四画

十五画

十六画

十七画

二画

丁文彬 1934年3月生，原籍山东省平阴县玫瑰镇丁口村，1955年5月响应国家移民的号召，随同众移民户到黑龙江省密山，负责教移民户的子弟，1956年调密山县（后改市）富源乡完小任六年级教师，1959年，农场周边的乡镇和农场合并，又成为农场的一名教师，后在场直小学担任党支部书记，以后调入农场工会任组宣部长。1992年提前两年退休（撰稿仍继续）。

在中小学读书时，曾坚持学习过5年书法。因受父亲影响，对书法颇有兴趣，参加工作后，无论是在场直小学任党支部书记还是在农场工会任组宣部长期间，每逢开大会或者庆祝有关节日时，常写标语与会标。二十多年来，利用业余时间坚持为国家、省市级报刊及省市级电台撰稿，由于个人忘我地奋战，故在《人民日报》《经济日报》《工人日报》《黑龙江日报》《农垦日报》等报刊和市以上电台见稿与播发2500多篇，曾获得《黑龙江交通安全报》《农垦日报》《牡丹江日报》《鸡西日报》和农垦总局宣传部、工会等单位优秀通讯员及先进个人称号52次，并在黑龙江农垦改制为黑龙江生产建设兵团期间数次获得4师和41团的劳模称号，1991年辽宁刊大毕业，晋中级职称，1992年获中华人民共和国农业部颁发的“从事农垦思想政治工作30年作出了成绩”的荣誉证书，总之多年来，工作变了多次，但一直和纸笔为伴的做法，从没间断过，因当时没有电脑，一律是用钢笔书写，这就有力地锻炼了硬笔书法。尤其退休后，根据有关资料介绍，练习软笔书法能调剂情绪，优化心态，是颐养天年延年益寿的最佳活动，故每天都要练习1—2个小时。同时写有关材料的初稿，仍还是靠用硬笔，这样每天练习硬笔书法也在2个小时左右。但书法提高收效甚微。多年来从没参加过书法大展，仅向"农垦日报"投过，故刊登过书法，但自2016年以来，由于不断的参加全国省市举办的全国书画大展，有力的激发了学习书法的积极性与热情，9月份以前颗粒无收，但从9月到12月的4个月中，却意外的先后获得了九次奖（六金一银二铜）：其中有湖南省长沙弘文书画院、江苏省南京市长江书画艺术研究院（并被该院聘为名誉院长，所写书法被其组委会、评委会等单位组成的书画名家润格认定委员会专家组评议，认定润格每平方尺5000元人民币）、河南省东坡书画院、北京市翰墨神州书画院、北京市中艺燕京书画院、北京市六艺嘉韵书画院等单位及全国书画大展组委会举办的全国书画大展的六次金奖。同时获萧军研究会、汇丰杯全国规范汉字书写网、首届"伟人颂·永远的怀念"等全国书画大展的银奖和铜奖。

寄语：盛怒之下想哲理，睡醒以后再处理，审时度势想周全，举止言谈皆得体。宁可财产受损失，不让名声沾污泥。巧言令色人，十言九不准，不善辞令者，可能心诚恳。突发有利或败局，莫急表态要沉思，行成于思毁于随，三思而行无后遗。待人接物讲诚信，警惕二字要绷紧，骗人之心不可有，胜利属于懂法人。感情融洽话投机，党纪国法是标尺，两肋插刀讲义气，轻于鸿毛不可取。国家个人双方有益，缺乏兴趣亦应坚持，事久情变爱好转移，宏伟梦想定会获取。政治方向正确，坚持锲而不舍，铁杵磨成针，功到自然成。零丁洋里不孤凄，胸怀志节无畏惧，一切杂念踩脚下，捷报频传获成绩。吃喝玩乐莫追求，意志消失方向丢。应效愚公移山志，不达目的誓不休。忘我奋战学艺术，旁观误为找罪受。九分汗水一分利，再接再厉志不移。工作顺利莫得意，谦虚谨慎记心里，一时失手出偏差，总结教训扭残局。有点成绩莫显示，三人同行有我师，夹紧尾巴把人做，艺术才会出成绩。

丁宝森 1932年2月出生于江苏武进，中共党员。1947年—1992年在上海工厂、机关和学校工作。1992年在上海市第二轻工业学校退休。函授大学毕业，高级政工师、讲师。

2013年10月至2017年2月，书法作品参加全国（国际）性书画展大赛，获奖116项。其中：特等奖6项，金（一等）奖80项。又其中国际书画交流展获奖21项，其中特等金奖1项，金（一等）奖16项。获得相应多的荣誉称号。另外，还获得中国文学艺术金笔奖、金鸡奖、金马奖、金像奖金奖、中国艺术博士等荣誉称号。书法作品入编和出版获奖作品集、书画典藏、特刊、合刊和个人专集80多种。

现为中国硬笔书法协会会员，中国当代书画协会理事，中国老年书画学会理事，中国传统艺术学会名誉会长，百姓艺术协会名誉理事长等等。

现受聘于多家书画艺术机构任职，其中有：中国国画院高级书法师、主创书画家，中国书法院常务委员，中国书法研究院副院长，中国美术研究院副院长、珠海市四海凯悦书画院副院长，北京丹青堂书画艺术交流中心名誉主席，长沙尚韵书画院名誉院长，南京长江书画艺术研究院名誉院长、中国数字艺术名馆终身馆长、清华大学书画艺术院名誉教授等。

评定艺术职称：国家一级书法师（证号：№. 0763），国家一级书画师（证号：CN100201607090），教授（证号：201609077）。

寄语：老骥伏枥，志在千里。虽已耄耋之年，但仍愿坚持立足传统，适应时代服务人民，追求真善美，力求在书法艺术创作上更上一层楼。

华国粹翰墨至尊》、《中国楷书》、《中国行书》、《中国书画名人档案》、《百年联墨大典》、《时代颂歌——全国诗书画影精品大观》等三十余部。

寄语：生为中国人，死为华夏魂，永远跟党走，憾事不留尘。

丁济川 云南省昆明市人，中共党员，曾立3次三等功。云南航天管理局高级工程师（离休）。获云南省离退休干部老有所为先进个人奖，被全国人事资质资格考核办公室评定为一级书法师，中国传统艺术鉴定评估委员会艺术家学部委员会名誉副会长，中国诗书画家网艺术家委员会副主席，中国书法研究院会员，云南省老干部书画协会会员。诗词参加全国性各展赛，获金奖、一等奖4次，书法作品参加过国内外展赛，获金奖、一等奖34次（含近3年7次），有的曾参加“法国卢浮宫中国书画名家邀请展”；“联合国成立70周年纽约书画展”；有些曾被《羲之书画报·诗书画家》专版推介，有些被《国家一级美术师网》、《中国诗书画家网》、《云南艺术在线网》推介，有的被《书法报·老年书画》刊登；2012年昆明中信银行“书心画意·书画摄影大赛”，曾获最佳人气奖；有的被编入挂历、台历。有些被编入各种专集，如《中

丁永林 笔名楚夫，1948年12月出生于湖北松滋，中共党员，大学文化，高级政工师。现任松滋市作协分会主席、党支部书记、老区文学学会主席、诗词学会副主席、《老区天地》杂志主编、沙道观镇老促会会长。1972年曾创作长篇小说《靓湖秋色》，退休后创作出版长篇小说《花湖风云》《静湖惊浪》《碧湖英姿》，诗词集《心海枫林》《林声海韵》，报告文学《珍贵的记忆》《治水模范辛志英》和诗词论著《格律诗词入门》；主编史志《沙道观镇志》《松滋作协志》《松滋革命斗争编年简史》，参编《湖北省扶贫开发丛书》《中国乡镇大全》《湖北乡镇概览》等。2011年以来，还创作了散文集《深湖春潮》、诗歌集《山呼海笑》、诗词集《吟海夕晖》等著作。发表文学作品二千余件，近百万字。诗歌《畅想五一八》获“今日灿烂杯”一等奖，《花湖风云》获长篇小说奖，《林声海韵》获诗词著作奖，《静湖惊浪》获中华第二届百花奖一等奖，《红楼梦语》获“中国文化市场三十年”有奖征文二等奖，《七律·耘歌》获中华诗词学会年度优秀作品奖，《沁园春·

中华诗词颂》获中华诗词复兴奖金奖，《七律·南湖感吟》获“华夏情”诗文大赛一等奖，《中华吟（组诗）》获“白居易诗学奖”一等奖，《松滋赋》获“东坡词学奖”一等奖。被授予“优秀作家”、“党史文化先进工作者”、“中华诗词复兴杰出艺术家”、“中华诗词德艺双馨著作家”、“中国当代文化名家”、“中国文化传承功勋人物”和“中华一级著作家”等荣誉称号。系中华诗词学会、湖北省作家协会会员。

丁以文 1938年出生，江苏江都人，1956年12月入党，同期入伍，先后在解放军空军第28师机关和解放军军事工程学院机关任职，大专学历，1966年集体转业，但仍在更名为哈尔滨工程大学工作，高级政工师，1998年退休。2007年加入黑龙江省老年书画研究会为会员、创作研究员，2010年加入北京华夏博学国际文化交流中心为会员、理事。多年来，在省级和全国书法大赛中连获佳绩，最主要的有：2009年在北京庆祝新中国60华诞全国书画大赛中获金奖，被授予“书画艺术界领跑者”荣誉称号，作品入编《盛世中华·中国书画名家大辞典》；2009年在湖南省纪念毛泽东诗词《七律·人民解放军占领南京》创作60周年全国书画大赛中获金奖，被授予“中国书画艺术领域百杰”荣誉称号，作品入编《中国当代书画名家作品大观》；2010年在湖南省“橘子洲杯”全国书画大赛中获金奖，被授予“中国当代书画界精英”荣誉称号，作品入编《中国当代书画界精英作品大成》；2010年在北京“羲之杯”全国诗书画家邀请赛中获一等奖，作品入编《全国诗书画家获奖精品集》；2011年在湖南省纪念建党90周年《光明在前》全国书画大赛中获金奖，被授予“具有民族正义感的艺术名人”荣誉称号，作品入编《前进中国书画雅赏》；2013年在湖南省一片红书画艺术研究院等单位联合主办的纪念毛泽东同志诞辰120周年全国书画展览中获金奖，被授予“毛泽东艺术风骨推崇者”光荣称号，作品入编《翰墨颂伟人》书画作品集；2013年在北京第五届“祖国好”华语文学艺术大赛中获金奖，作品入编《祖国好——华语文学艺术精品典藏》；2013年在北京中国老年报书画院等单位联合主办的纪念毛泽东同志诞辰120周年“伟人颂·中国梦”全国诗文书画摄影大赛中获一等奖，作品入编《伟人颂·中国梦——全国诗文书画摄影作品大典》；2013年起，本人的艺术简历在北京华夏博学国际文化交流中心等单位先后入编《当代中国文艺家大辞典》、《中国诗文书画家人物大典》、《中国当代作家书画家大辞典》、《中外当代文学艺术家大辞典》，以及《中国当代作家书画家代表作文库》（2013年卷）、《中外当代文学艺术家代表作全集》（2015年卷），作品均被评为特等奖，并先后被其评为“全国诗文书画先进工作者”，被授予“中国当代作家书画家精英”、“中外当代文学艺术家百杰”荣誉称号等；2015年9月参加北京世纪百家国际文化发展中心等单位联合组织的纪念中国人民抗日战争胜利70周年全国美术书法百家邀请展评选中获一等奖，入编《中国新时期文艺人才库》。

寄语：书法艺术作为中国传统文化的

瑰宝，凝结着中华民族优秀的文化精神，具有独特魅力，且为中华民族所独有。我们应大力传承和弘扬，在为实现中华民族伟大复兴的中国梦的征程中，发挥一份力所能及的余热。

丁道合 72岁。1963年9月考入安徽合肥师范学院中文系，1967年7月毕业分配至安徽无为，先后在几个乡镇中小学任教，先后担任教导主任，工会主席等职，后调入安徽无为一中至1984年10月。1984年10月调入安徽合肥，先后在十七中、九中任教至2002年退休。工作期间，多次被评为模范教师，先进工作者。1996年被评为合肥市先进工作者。1994年加入中国共产党。在全国、省内报刊发表论文多篇，两次获得兰亭杯书法大赛（全国）金奖。出版诗集《居上轩诗抄》一册。

丁德明 笔名丁剑。1953年4月20日生于湖南省长沙市。大学本科学历。世界汉诗协会会员。中国当代艺术出版社副社长。中华诗词协会会员、湖南分会会员。中华全国世界语协会会员。湖湘文化研究会理事。中国美术家协会会员、湖南分会会员。中国书法家协会会员、湖南分会会员、湖南省直机关书画家协会理事。湖南省湖湘名人书画馆馆员。《羲之书画报》签约诗书画家。湖南省龙宝轩画院副院长。湖南宝润斋文化传媒发展有限公司顾问、湖南省娄底市全国国防教育读书会顾问。湖南省诗书画印研究会理事。国家一级美术师、高级工艺美术师。文化部和中国美术家协会第六届美术作品获奖者。曾多次参加全国、省、市、区美术书法作品展览且荣获各种奖励。筹备和设计全国建筑科技成果展览和全国城市建设成就展览，荣获二、三等奖；荣获个人设计大奖；2015年被第五届汉诗大会授予诗博士荣誉称号。入编《中国时代文艺家名典》《当代中国文艺家大辞典》《中国诗文书画家大典》《中国当代文化名家档案》《中国当代作家书画家大辞典》《中国文化传承功勋人物志》《中外当代文学艺术家代表作全集》《中外当代文学艺术家大辞典》等。诗词作品荣获“炎黄杯”国际诗书画印艺术大赛金奖，诗词作品荣获“羲之杯”全国诗书画家邀请赛一等奖，诗书画作品在《中国当代作家书画家代表作文库》评选中荣获特等奖，2014年度荣获中国数字艺术馆的《中国艺术金马奖》。诗词《沁园春·长沙》入编《第二届中国百诗百联大赛作品精选集》。获首届中华诗词文化传承人荣誉称号，诗词《沁园春·荷叶古镇》入编《当代中华诗词库》。书法《腾飞》被人们高价收藏，书法篆体藏头律诗《暮春石霜寺》被中国湖南佛教协会所收藏。书法《鹰击长空》被长沙天际传媒有限公司、万科，金域华府收藏；书法《鹰击长空》被电视台采访记者所收藏。书法《福寿》、中国画《夕照》《猫趣》等三幅作品专献湖南小康文化艺术专业委员会,被评为我省"爱心"书画家。书法及美术成果曾被湖南省长沙政法频道、湖南省都市频道、湖南省金鹰纪事频道和《三湘都市报》报道。曾有水彩画《遥远的山寨》(三幅)在《湖南工人报》上发表。著有《丁剑诗词集》一部。由中国当代艺术协会和中国诗书画出版社联合出版《中国传奇人物》丁德明诗书画印集一本。

寄语:1. 文化是一种影响;2. 文化是一种情怀;3. 文化是一种温暖;4. 文化是一种力量;5. 文艺是真善美的追求;6. 文艺是灵魂的洗礼;7. 文艺是精神的升华;8. 文艺是生命的乐章。

丁树成 笔名野草。1952 年 8 月生,甘肃省靖县人,大专学历,甘肃省书协会员,主要著作为《野草书法作品一百二十幅》。

2015 年 3 月获宁夏"华城杯"全国书画大赛书法组一等奖。2015 年 6 月获河南第二届莲花温泉杯全国书画大赛书法组"长征奖"。2016 年 4 月获北京首届"书画颂中国"全国书画家作品艺术展书法组铜奖。2016 年 6 月获长沙纪念毛泽东、周恩来、朱德逝世四十周年,全国书画名家作品书法组金奖。2016 年 10 月获"惠浦杯"书法海选银奖。2014 年 4 月书法作品在中央数字电视书画频道第四届迎新春书画电视展播节目中入选并播出。

寄语:知人者智,自知者明。胜人者有力,自胜者强。知足者富,强行者有志。不失其所者久,死而不亡者寿。

卜虎忠 20 世纪 50 年代生,甘肃宁县人。中专文化程度,小学高级教师。70 年代务农,80 年代任教,90 年代评为市级扫盲先进工作者。2007 年开始习作,开发编写了焦村学区校本教材《可爱的庆阳》《养成教育》等,教材中其诗作《小学生安全常识歌》《百句三字经》在学生中广为流传。首作《焦村小学校情教育百句文》及《焦村小学校园歌声大奖赛临场即兴》等 20 余首诗歌曾发表于地方教育刊物和教育网。他是一位充满爱心的行吟诗人,其作品选材较宽,有歌颂祖国的宏大题材,有反映家乡变化的具体场景,有记录教育工作的感悟,有描写平常生活的温情。他身患双侧骨股头坏死的顽疾,但他自强不息,以"人生在世叹苦短,难活三万六千天。少年时代堪无忧,中年劳苦从未闲。未老疾病把身缠,四处求医药作伴。莫道夕阳无限好,千好莫若体康健。康平安泰人生道,能走能干方神仙。生命在于常运动,懒人高寿绝无缘。司马迁残写史记,海迪身残志不残。赋闲退休笔不辍,心旷神怡度晚年"的《自勉》诗来勉励自己,辛勤笔耕,笔耕不辍。于 2013 年 8 月出版了 5 万余字的诗歌集《桑梓新韵》。2014 年其作品《十赞科学发展观》《人民军队多荣光》发表于《中国梦之路——全国文学创作精品集(2014 年卷)》,《十赞科学发展观》荣获了首届“中国梦之路”全国主题征文大赛一等奖。

卜兆丰 笔名卜兆丰,北风、丰。1933 年 1 月生于上海市。中共党员,1978 年和 2011 年获优秀共产党员称号。大学本科毕业,高级会计师,上海市会计学会会员。退休前任辽宁省人民政府驻上海办事处副主任。受父亲卜纶青(字功纯,国画家)熏陶习作国画。1960 年至 1993 年在《工业财务与会计》《辽宁财会》《财会信息》《大连财会》等发表财经专业论文 14 篇。1956 年开始发表文艺作品,先后在《辽宁日报》《组织人事报》《旅大日报》《上海财税》《杨浦时报》《海宁文史》等省市报刊发表散文百余篇。著有《回首》一册,国画及书法创作百余篇。其中《评水浒宋江》连环画 22 幅在机关企业巡展。在第十届“中华颂”全国文学艺术大赛中散文获一等奖,首届“中国梦之路”全国征文大赛中获一等奖,“中国梦之路”全国征文大赛中获一等奖,“东方美”全国诗联书画大赛中国画获金奖,“羲之杯”全国书诗画家邀请赛中书法获二等奖,《中国当代文艺名家代表作典藏》散文评为特等奖。作者传略、散文、国画及书法,分别入编《海宁文史》《当代中国文艺家大辞典》《中国诗文书画家人物大典》《中国时代文艺家代表作年选》《中国当代作家书画家大辞典》《中国当代文化名家档案》《中国当代文艺名家代表作典藏》等。

三画

万东庆 笔名乐天寿万，1938年7月生，重庆璧山人。中师文化，中级职称，中共党员，毕生从教36年，担任过中小学及中师函授数学教学和县电大管理工作。忠于职守、乐于清贫、甘于奉献，无怨无悔。1994年于重庆市荣昌县教师进修校退休。定居桂林，性格开朗，爱好广泛，喜诗词书法、爱交友旅游，运动养生、自慰康乐寿践行者。已出国门。足涉华夏32省市。退休后，在人生的第二个春天里，开始学习诗词、楹联、散文、格言警句和书法的创作，各类作品已入编国家级出版社出版的近40部文集中，并获多项殊荣。受聘《诗词百家》特约编辑，国际中华诗词协会终生理事、中国报纸副刊研究会传统文化研究员、中国回忆录研究会终身会长。个人资料已收录在《中国诗人人才库》《中国当代文化名家档案》和《中国文化传承人物志》。2015年—2016年间，有新诗《青松赞》入编《时代颂歌——全国诗书画影精品大观》获一等奖，授“全国诗书画影时代百杰”荣誉称号。《黄河颂》入编2016年“江山颂全国诗书画印大赛”获一等奖。楹联十副分别入编2015—2016年卷《东方美全国诗联书画作品集》，均获金奖。格言警句十条入编《中华盛世醒言》获金奖。散文作品《马尔代夫游记》《班主任的苦乐观》和《怀念“咪咪”》《越南之旅》《不让孩子输在起跑线上，非也》。还有两篇短文《人生悟趣》和《永恒定律》。都入编在《中国当代散文家力作选》第六、七集和《百年散文名家》第七、八卷中，获奖并授予“百年散文名家特别荣誉奖”称号。作品《临江仙·兴邦》获一等奖。授“中华文化传承贡献人物奖”称号。作品《提刀握剑斩顽凶》入编《中国当代文学艺术精品大系》获特等奖。

寄语：生命不息志不灭，继将上下而求索。人生峥嵘而上，争做超俗之人。食勿过、言勿空；烟不吸，酒不醉；赌不习，毒不染；夜不熬，财不贪；色不迷，势不攀；乐不极，忧不缠；名不图，利不占；仇不记，恩不忘；富不奢，贫不贱；宠不惊，随而安；忘我物，顺自然，活一天，乐一天；一辈子，不枉然。

万明庚 1950年2月出生，广西横县横州镇人。1972年加入中国共产党，大专文化，1973年参加工作。历任乡镇宣传干事、副书记、书记，横县公安局副政委、县纪委副书记、组织部副部长、县建设局党委书记等职务。2002年退休，2013年加入广西诗词学会，2014年加入中华当代文学学会、广西楹联学会。参加《2013对联中国》作品征集评选获佳作奖，加入中国楹联学会。参加中华诗词学会教育培训中心第10期培训班进修，期满合格结业，加入中华诗词学会。广西横县诗词楹联学会原法人代表、常务副会长兼秘书长。近年来已在《诗词世界》、《诗词百家》、《诗词之友》、《八桂诗词》等诗词刊物发表作品200多首。先后十三次参加全国诗词大赛，荣获一银九金（含一等奖）三个特等奖。作品入编《当代中华诗词名家典藏》、《百年诗词精选》、《国学大辞典》、《世界文化名人录》等33部典籍。被授予"中华优秀诗人"、"国家一级文艺家"、"当代国学百杰"、"中国国家诗书画院荣誉院士"、"中华诗词一级著作家"等荣誉称号，入编《中国文化传承人物志》。

万新华 笔名金声，1952年10月生，广东省五华县河东镇黄湖村人。五华师范毕业，1975年从事教育工作，小学教导主任，小学高级教师，2013年退休。40年来，利用业余时间撰写新闻。《老园丁斗病三秋守教坛》、《干群同心抗旱灾》、《阳光雨露育新苗》等，被市或县广播电台采用。撰写诗歌《子夜偶书》、《游天云山》、《花甲之年有感》等，在《长乐文艺》《琴江文艺》刊登。参加第七届"祖国好"华语文学艺术大赛，作品楹联获铜奖；第四届"时代颂歌"全国诗书画影作品大赛，作品楹联获二等奖；并被授予"全国诗书画影时代百杰"的荣誉称号。

寄语：坚持业余文艺创作，在工作生活中的见闻、体会与他人交流和分享，当作人生的志趣，给社会增添一份正能量。

于守业 幼年读四书五经、大学、中庸。解放后考入山东沾化第三完小，渤海四中。中学阶段，全面发展，成绩优异，学生会干部。烟台师专毕业，在惠民师范、三中、二中教数、音、美。业余攻读马列著作。2010年起，连续在《祖国好》《东方美》《百家》发表文章，其《祖国好》《摇钱树》《和谐社会的基石》《发展之谜》《临江仙·史书留》《枣乡金秋》《沁园春·千古一人》《中华文明万古长青》《改革开放筑梦辉煌》《七律·枣乡之春》《村官践诺霓彩梦》《五绝·复兴之路》获金奖。2014年在《梦之路》《筑梦英贤一往无前》《耄耋笃定筑梦圆》《七律·和衷筑梦铁江山——赞三个代表》获金奖。在《祖国好》《满江红·胜利纪念公祭日铭感》《枣农筑梦咏》《党群同心圆梦亨》获金奖。入编《中国当代作家书画家》《中国当代文化名家档案》《当代中国文艺家大辞典》并荣获勋章。被聘为世纪百家国际文化发展中心研究员，《百家》编辑部特约编辑。书画大赛中获金奖。中华魂全球书画名家作品大展中获金奖。在中国书画家作品邀请赛获金奖。在纪念毛泽东诗词《沁园春·雪》发表70周年全国书画家作品大赛中获金奖。在同唱东方红颂歌声声献给毛主席书画大赛获金奖。伟大历程颂歌献给共产党，向党的九十五华诞献礼全国书画名家大赛获金奖。全国第三届中国梦想杯书画大赛获铜奖。第十届德耀中华最美书家，全国中老年书画名家邀请赛获金奖。第三届“金紫荆杯”共圆中国梦中国爱国书画名家香港交流展获金奖。

寄语：立志为人民服务，为祖国建设服务。学书法是为弘扬和传承中华文化，为共筑中国梦贡献我的力量。

于兴旺 1948年10月出生。中共党员，毕业于无锡书法艺专，曾在淮阳县信用联社工作，现已退休。中国书画家协会会员。中国当代书画名家协会一级书画书法师。中国书画摄影家协会任理事和培训中心教授。在纪念毛主席《七律·长征》创作80周年全国书画交流中获金奖。在纪念中国人民抗日战争暨世界反法西斯战争胜利70周年全国书画大展中获金奖；在纪念抗美援朝战争65周年全国中老年书画名家作品大赛中获金奖。在2015年“东方美”全国诗联

于培河 1934年11月生，山东省荣成人，中专学历，退休教师，2005年荣成市老年大学国画班结业，现为老年教育书画研究院院士，世纪百家国际文化发展中心研究员。国画《渡江探侦》在“翰墨抒怀”入编，《有朋自远方来》在“翰墨春秋”入编。《颂党之英明领导·歌改革开放硕果丰》在“华夏情”入编，《累累枝上实满腹饱珠玑》在“光辉历程”入编。2006年贺建党85周年，红军长征胜利70周年书画展获优秀奖并被授予“画师”称号。2007年纪念中国人民解放军建军80周年国画获优秀奖。2008年贺奥运，国画获优秀奖；纪念我国改革开放30周年，

中国老年教育创刊25周年,国画获优秀奖。2010年"祖国好"国画《松龄鹤寿》获二等奖,被授予"华语文学艺术百杰"荣誉称号。2011年"中华颂"国画《盛世江山多娇》获一等奖。纪念建党90周年国画《柳暗花明又一村》获一等奖;2012年国画《和谐奔腾同登科经高峰》获一等奖,同年"华夏情"贺党十八大召开国画《颂党之英明领导歌改革开放硕果丰》获一等奖,2014年国画入编《中国当代文艺名家代表作典藏》(2014年卷),被评为特等奖。2016年国画《圆满中国梦》获一等奖。2016年国画入编《光辉历程时代画卷》全国特邀诗文书画名家《精品大典》。同年11月份国画《纪念红军长征胜利80周年》获金奖。一级美术师。书法作品被美籍华人、日本友人、中国文化发展有限公司、香港会展中心等多家收藏。艺术传略入编《当代中国文化名家档案》,中国企业报道、凤凰网、搜狐网、新华网、多家媒体多次作专题报道,出版有《中华名家》、《中国大书家》、《中国翰墨传承巨匠》三人集(沈鹏、刘大为)、《中国书道》五人集(欧阳中石、沈鹏、权希军、李铎),2015年和任伯年、张大千、齐白石、徐悲鸿、范曾、欧阳中石、沈鹏等60位书画家同时被载入《百年中国书画史——1840~2015》。在纪念抗日战争胜利70周年之际,被评为中国杰出人物。

寄语:恨趋炎附热,敬惜弱怜贫。大德之人必有大福,只有不追梦的人,没有追不到的梦。

于长贵 笔名浪眠,自署敬贤斋斋主,1940年生于江苏沭阳,自幼酷爱书法,临唐楷、摹汉隶,至今笔耕临池不辍,结业于中国书法家协会书法培训中心研修班。崇尚传统,不做书奴,博采众长,自成一家。有独特的个人风格,鲜明的代表性,创作态度严谨,一贯坚持"老娘犹如初嫁女,不妆成时不许看"的原则。作品内容大多向世人传递正能量。现为中国书画艺术院院士,中国书法函授学院客座教授。全国名人书画艺术界联合会委员,中国传统文化诗书画协会理事,北京东方翰林书画院名誉副院长,中国书画网络电视台首批签约书画家,国家

于正方 70岁,山东诸城人,中共党员,大本。1961年入伍,部队航校,高级电子学校学员,正营参谋,股长。1982年转业,曾任诸城县法律顾问处律师主任,国家二级律师副教授,市政府顾问、记者等。退休后自修诗书画,已作诗五百首,书法二千件,画二百幅。曾获"中国梦·伟人颂"一等奖、"时代颂歌"一等奖、"天籁杯"第十一届中华诗词大赛金奖、"祖国好"华语文学艺术大赛金奖,中华艺术巅峰人物奖、中华诗词精英奖,毛体、草书、隶书国家二等奖。入编《国学精萃——中国艺术传承大师珍藏册》,中国、世界专家人才库,诗词名典、

律师大词典、《普法五年规划》《股份制好处与特点》《机关工作岗位责任制》三篇文章，被国家推广采用，单位荣立全国一等功、诸城市全国普法先进市。个人荣获“中国艺术传承大师”“中华文化传承贡献人物”功勋章，全国援藏老年光荣志愿者，“天籁之音德艺双馨中华诗词著作家”，“当代华语文学艺术百杰”，山东省新闻先进人物荣誉称号。现受聘于世界汉诗、中华当代文学学会、中国国学文化发展协会、东鲁诗词学会成员、顾问、名誉会长；山东省将军书画院理事、潍坊诗词楹联学会成员等，作品在国家各种书刊发表40余篇，参展12次，个人举办诗书画展3次，本人诗书画作品在国家机关、大型企事业单位与美国、澳大利亚、加拿大及香港、台湾等地收藏。

于福庆 笔名静康，号天草地根，自称草根，清风闲云斋。1936年出生于山东平原县。大学本科学历，戎马一生，海军退休，定居山东烟台市。自办静康书法艺术研究创作室，从事书法艺术研究与创作。书法是一生的酷爱。七岁孩童时，秉承家学，苦练永字八法，书法五体皆行。以篆书、隶书最著。隶书得力于《曹全碑》《乙瑛碑》和《礼器碑》风采，小篆以清代大书法家邓石如为宗师，从中领悟博取古今名家神韵风貌。融古创新，广泛涉猎，积厚薄发，不墨守清规戒律，不断向书法艺术高境界探索攀登。凭着一生对书法的酷爱和执著，经过近七十年的笔耕不辍、挥墨不止坚强毅力和潜心研究，在小篆书体上有所突破和建树。师古不泥古，学帖又活帖。既保持了古小篆书体的古风韵味，又具有现代气息的飘逸潇洒，秀丽雅致的特质。被书界誉为“刚健古朴，雄浑苍茫，厚重如碑，圆润可法”。“气韵高古，墨法豪迈，标新立异，自创一格”。在第十七届北京艺术博览会作品被评为“最具市场影响力艺术品金奖。”评语为“笔画圆润，挺道流畅，笔笔如铁线，结体端庄严谨”。从而形成了独特风韵的篆书。近些年在全国性的诗书画展赛中获得特等奖两次，金奖二十次，一等奖十四次。被授予“国礼艺术家”、“中国实力派润格艺术家”等荣誉称号二十余个，被文化部评定为国家一级书法师和国家高级书法师。书法作品收录于《盛世翰墨名家经典》(国礼卷)《中国书画收藏指南》《中国书画大辞典》《法国卢浮宫中国书画名家邀请展精品集》《中国书法五大家》《书坛巨擘》《中国文艺人物大辞典》《品读当代艺术名家》等二十余部书籍中。现为中国书法艺术研究院理事，中国书画艺术促进会常务理事，中国书画研究院院士，中国艺术名家协会副主席，中国文化艺术发展联合会名誉主席，世界华人书画文学家学会永久名誉主席，世界华人书画文学艺术家网站特聘顾问，国家一级美术师网站成员等。

马炼红 戊子年生，2008年前读书学易经、学医、写诗当医生至今。

2015年8月《中国当代散文家著作选》《百年散文名家》第七届征稿活动中，

百年散文名家组委会、文学作家网授予本人“散文名家贡献奖”荣誉称号；2015年8月中国诗书画出版社通知本人荣获“一代宗师”荣誉称号，并出版专刊；2016年10月中国诗书画出版社通知本人和黄永玉、刘大为、莫言等人一起高票当选为中国艺术博士；2016年8月在“出彩中国诗人”全国诗词大赛中荣获金奖，并授予“出彩中国诗人传播大使”荣誉称号；2016年10月在第十三届天籁杯中华诗词大赛中荣获金奖；2016年8月艺术人物杂志社决定出版《先驱颂诗书画作品集》通知本人作品已入选；2015年11月岁月传媒，决定聘请本人担任岁月传媒驻当地区县工作站站长一职；2016年1月中国国际艺术网纪念中国工农红军长征胜利八十周年编辑出版《红星闪耀》通知本人列入《红星闪耀》大型画集出版工程，并授予“当代红色艺术家”荣誉称号；2016年8月—10月中国国际艺术网两次通知本人和冯远、欧阳中石、史国良等艺术家入编出版2017年《中华文艺巨匠》精品年历，并当选为“2016德艺双馨文艺家”荣誉称号；2016年2月中国诗书画联盟网决定出版《中国诗书画形象大使》一书通知本人已和沈鹏、欧阳中石、黄永玉、刘大为等共同入编并授予“中国诗书画形象大师”荣誉称号，2016年11月中国诗书画联盟网通知本人荣获“首届中国诗书画艺术”终生成就奖，并授予“2016年诗书画功勋人物”荣誉称号，荣获金鸡奖；2015年4月文学作家、诗词百家杂志社、中国文学名家学会共同授予本人“诗词领军人物贡献奖”荣誉称号，本人有作品入编中华诗词名家名品精藏一书。

2012年5月收为国际中华诗词协会会员，2016年11月诗词之友编辑部，通知本人的作品已入编《百年诗词精选(第三卷)》。

马根深 1943年12月生于湖南邹阳市，回族，中共党员。本科，现任吉首大学老年大学副校长，教授。湖南省优秀教师，全国优秀田径裁判员。

省书法协会会员、中国书法家网艺术家委员会副会长、中国硬笔书法协会会员，个人专著3部，论文40余篇。

2015—2016年中获第八届“祖国好”华语文学艺术大赛金奖；第七届“羲之杯”全国诗书画家邀请赛二等奖；2016“东方美”全国诗联书画大赛金奖；第六届“炎黄杯”国际诗书画印艺术大赛金奖；作品入展并编入《四自信、新长征……书画作品集》、毛泽东诗词沁园春入《2016全国诗书画家作品年选》，获“中国华语文学艺术百杰”称号、2016年全国文艺先进工作者等。

寄语：让书法技艺之花永远绽放，中华文学艺术更灿烂。

马庆元 字平川，1945年生，吉林省四平市人。自幼喜欢画画，15岁作品《公社来了拖拉机》参加县画展。16岁参加省美术培训班，得益陈位坤、肇玉厚两位老师指导。18岁开始从政，退休后开始学习国画。一生好武术、喜诗词，爱篆刻，重书画。能刻苦临习古画和当代名家作品，得益于邓文欣、王警钟、王伟的指教。作品多次参加全国、省、市画展。作品《乐居青山绿水中》2012 北京全国诗文书画大赛获一等奖。《春满重山》2012 年东三省第九届书画大赛获优秀奖。作品《万仞奇峰接天地》2013 北京全国书画大赛获金奖。并入编北京全国"百家"诗书画集。北京"中国出版协会"寄函签约画家。2013 年《水富深千尺,山荣高百峰》在北京中华夕阳红文艺杯获金奖,并被授予"中华夕阳红文艺模范"称号。作品被"北京翰林国尚艺术发展中心"收藏。作品"云腾仙境,紫气东来"入编"中国当代老年大学优秀作品大典"。现为省、市书画研究会会员,四平市书画研究会副秘书长兼国画分会会长。

寄语:低调做人,争取时间,谨言慎行,韬光养晦,忠实发展潜能,完成绘画梦想。

马步斗 字子星,号继源老人,汉族,四川省九寨沟县人,生于 1932 年 9 月,大专文化。1949 年 12 月 16 日在四川省松潘县南坪区参加武装起义,解放了南坪,并参加革命。随解放军赴甘肃省武都专区参加中共武都地委第一期干部学校学习。1950 年 4 月毕业后分配文县人民政府建设科任科员。负责农、林、水、牧、工业、交通工作。1955 年改为农业科任科员、副科长。1956 年出席甘肃省农、林、水、牧先进工作者会议。选为次年进京参观全国农业展览会代表。1957 年 5 月随甘肃省参观团赴北京参观全国农展会,6 月 3 日在中南海怀仁堂院内受到毛泽东主席、刘少奇、周恩来、朱德、陈云、邓小平接见合影留念。1958 年调文县人民政府中心农业技术推广站任站长(正科级),1965 年任文县人民公社会计辅导站长。1967 年调入甘肃省白龙江林业管理局农场,五七干校,苗圃试验场,木材水运局,白林职工中专学校,白林技工学校,白林干校主管财务,任主任科员(正科级)。从事财经工作 30 多年,受到中华人民共和国财政部表彰,颁发了荣誉证书。1992 年参加文县《阴平诗社》会员,1993 年 12 月退休,工龄 45 年。2016 年 5 月参加"东方美"全国诗联大赛,《退休有感》古诗获金奖。

寄语:写诗特别是古体诗,是耄耋老年人一个养生绝好的手段。我已 80 多岁,今年元月出版了《子兰斋诗集》一本留给子孙后代。以诗思丰盈,抒情特色,异曲同心,五彩缤纷的意象图案,展现多姿多彩画卷。以尊重历史,面对现实,展现纯正诗风,是我今后积累学养、坚持历练、耐住寂寞的目标。

马琼 笔名芬芳,1988 年 9 月出生。陕西宝鸡人,中共党员,大学本科毕业,理学学士。中国科学院在职研究生。中教二级职称。中国华人文艺家协会陕西分会理事兼陕西渭南分会会员组织部秘书长。2004 年 9 月至 2007 年 7 月在陕西宝鸡蔡家坡高级中学读书时,就写诗歌、唱歌跳舞。2007 年 9 月在陕西渭南师范学院化学与化学工程系学习,任校学生会干部、班团支部书记、辅导员助理等。同年加入中国共产党。2010 年 6 月毕业,并参加社会调查活动,教学实践一年。同年 9 月在陕西商洛学院化学与化学工程系深造上,并在地方报刊多次发表作品,喜获优秀奖。2010 年 8 月参加《华夏情》荣获三等奖,作品《四月花草葆青春》出版发行。2012 年 7 月毕业,2012 年 9 月到陕西蒲城东陈中学任教。同年 8 月荣获《华夏情》二等奖,获奖诗歌《向着太阳,用力发光》出版发行。2013 年度被评为先进教师。2014 年《向着太阳发光·四月花草青春》作品收入《中外当代文学艺术家代表作全集》出版发行。

马飞璇 生于 1966 年,现为国际潮汕书画总会理事,中国硬笔书法协会会员,汕头市老干部书画研究会会员,汕头市潮阳区民间艺术学会会员。

从小对书法艺术钟爱有加,读书的时候作业常常被老师表扬,其中一个很大的原因就是因为字迹娟秀。闲来无事,最喜欢的就是写字,高中毕业后,因为忙于生计,曾一度荒废了书法练习,与董大宇结婚后,丈夫对于书画艺术的执着追求使我重新拿起了毛笔,由于锲而不舍,我进步很快。夫妻俩共同的爱好和成就,渐渐地成为潮汕书画界的一段佳话……还经常向书法老前辈请教交流心得……

1. 书法作品在“和平颂·中华情”全国美术书法名家邀请展成功入展,荣获银奖并入编《全国美术书法名家邀请展作品集》。

2. 作品在第二届全国书法艺术网络大赛中荣获佳作奖。

3. 在庆祝东坡书画院成立 15 周年全国书画邀请展中获得一等奖,特授予“东坡书画院德艺双馨艺术家”荣誉称号。作品入编《相约翰墨·携缘丹青——庆祝东坡书画院成立 15 周年全国书画邀请展作品集》。

4. 作品在“国之韵”全国书画家作品邀请展活动中获得优秀奖,被中国书画网络电视台收藏。

5. 作品参加浙江省举行的“利群杯”烟草零售美术书法大赛中荣获优秀奖。

6. 作品被山东省博山正觉寺书画院收藏,并有收藏证书。

寄语:学习学习再学习,积累积累再积累。活到老,学到老,在美好中寻觅,在快乐中追求,在爱好中提高,在执着中升华。

马增芳 1942 年 9 月生,山东省平度市人,北京师范大学中文系毕业,从教三十余年,现已退休,副教授,中共党员。

自参加工作以来,一直在高校从事汉语言文学的教学工作,在应用写作方面有较深的研究。喜欢读书,善于总结,结合教学心得,撰写 80 余篇论文,发表在《秘书》《秘书之友》《应用写作》《阅读与写作》《演讲与口才》等10余种国家及省级以上刊物上，有的文章被其他报刊转载、连载。对中国书信产生的年代，学术界一直说法不一，但主流说法是产生于春秋。经多年的探讨，我断定从商代的甲骨文开始我国书信就产生了，并形成论文《书信探源》，被中华书局主办的《文史知识》作为重点篇目发表。由中国对外翻译出版公司约稿，由我主笔的《浅文言书信写作》一书，1996年出版后，又被该公司编入中国传统文化丛书出版。参写的《言行举止的设计——行为美学》一书，由山东教育出版社出版后，又以电子版的形式发行。还参编、参著了其他著作五部。

工作之余，喜欢古体诗词的创作，多篇被选入由远方出版社出版的《华夏诗词精选》。还喜欢书法，十几年来临习不辍，小有成绩，作品多次参展获奖。2015年获“和平颂·中华情”全国美术书法百家邀请展一等奖，2015年10月参加第四届山东省老年书法大展，获入选奖，并获赠参展作品集一部。2016年的一幅书法作品又被山东省潍坊市老龄委推荐参加省老龄委的第五届书法大赛。

马琳 1928年2月出生，山东乳山人，大专文化。1945年6月参加革命，1946年12月参加中国共产党，1979年由部队转业，1990年离休。山东省及中国老年书画研究会会员。离休后即入老年大学。受家庭熏陶，自幼热爱书法，尤其在山东大学学区，由山东大学教授任教，从初级班到研究生班，从正、草、隶、篆到花鸟、山水班的研究，提高很快。在历时12年的学习中，在山东老年书画研究会举办的历届书画展中，均取得较好成绩，并授予“老年书法家”。曾获得全国书画展优秀作品奖，湖南“岳阳楼杯”金奖，全国环保书画展金奖，羲之书画杯一等奖。其作品曾流入美国、加拿大、韩、日及台湾地区等。

马德兴 又名韩明德，1942年5月生于陕西宁强，1959年参军入伍，1964年转业至核工业第二二建设公司二工程公司，先后担任该公司办公室主任、党委副书记、书记兼上级驻华东经营管理部副经理，中共党员，大专学历，高级政工师职称。2001年退休后居浙江海盐。现为中国楹联学会会员、华夏诗联书画院研究员、中国对联文化研究院研究员。本人于2005年起，开始搜集整理对联资料，除已出版《景观嵌名联》、《行业嵌名联》、《地名嵌名联》、《山水嵌名联》、《名人嵌名联》和《贤哲赞联》等六部专集外，部分诗联作品还被收入《当代楹联家大观》、《中国对联作品集》、《中华嵌名联大观》、《中国冠军嵌名联大全》、《中国奥运健儿题贺艺术大典》、《中国楹联家大辞典》、《中国古今楹联选集》、《中国酒对联大全》、《中华国粹年鉴》、《中华国粹人物志》、《中国古今律诗选集》、《中国古今绝句选集》、《中国古今名人百家诗词通鉴》等典籍。其《中华山水嵌名联》还被收入《新国粹网》。此外，从2014年11月起，还先后七次参加"中国梦"、"祖国好"、"东方美"、"炎黄杯"、"相约北京"、"时代颂歌"、"纪念抗日战争胜利70周年"等全国大型文学艺术作品大赛，其中获金奖和一等奖5项，银奖2项。目前，正为推出《中华餐饮嵌名联》、《中华医药嵌名联》和《宅居对联大汇赏》而努力。

寄语：情融祖国盘牢根，眼观风云炼金睛。怀揣梦想织经纬，饱蘸热血赋心声。

马以鼎 1941年10月生，湖北襄阳人，中共党员，高中学历，原襄阳县中医医院医教科主任（已退休），主任中医师。中华全国中医学会会员，三世业医，受家庭熏陶自幼喜好书法，因工作关系几十年来从未间断，退休后更有时间从事书法研究。2013年7月以来开始投稿参加全国性书法展赛。2013年荣获"长江颂"、"和谐盛世"、"春风颂"等7个金奖。2014年荣获"大美宝岛"、"光辉旗帜，不朽丰碑"、"滕王阁杯"、"辉煌65载"等13个金奖。2015年10月止荣获"东方美"、"中华魂"、"牢记历史，珍爱和平"、"德耀中华、最美书家"等邀请展赛中，荣获22个金奖（一等奖）。近三年来被授予"中国现代书画百家"、"中国爱国知名艺术家"、"中国红色卓越书画艺术家"、"中国书画一代天师"、"当代翰墨精英"等30多个荣誉称号。现为中国老年书画研究会会员、中国书画家协会会员、文化部书画院高级书画师、中国翰林书画艺术院副院长、国艺瑞金书画院主席团主席及书画创作中心名誉主任兼客座教授，长沙墨苑书画院院务委员会主席、长沙云海书画院高级书画创作研究员兼任国际书画拍卖交易中心副主任，长沙尚韵书画院名誉院长、北京六艺嘉韵书画艺术研究院院士、中国诗书画家网艺术家委员会副主席等职。

寄语：尊古而不泥古，创新不离准绳，传承国之瑰宝，杜绝丑陋怪品，远离世俗炒作，弘扬先辈精神，书法与时俱进，引领世界文明。

马良 诗人，原名肖騄，江西安远人。1942年生于广东汕湖，在祖父熏陶下，打下了扎实文学根底，酷爱诗歌。早年毕业于龙南师范，就读江西教育学院体育系，当过教师。下放后，当过矿山工人，退休于酒厂。曾学诗于《诗刊》刊授学院，诗作《未来之歌》入选《诗之希望集》，诗作《绿色卫士》于中国杯全国诗赛获奖。入选《中国当代诗人词典》《中国诗库力作选》。诗5首入选《华人诗文作品集》。诗作《放歌东源》于"祖国好"全国诗赛获一等奖，获荣耀中国"文艺创作年度人物"，入选"盛世中华"时代文艺家诗作。《创新啊中国》获祖国好全国诗赛

二等奖,《新岸》获“羲之杯”全国诗书画家邀请赛二等奖,《美丽如诗感动中国》获感恩人生全国诗赛一等奖。《最美中国人》获“炎黄杯”国际诗书画家邀请赛一等奖;2012 年诗作《救学生》获时代颂歌全国诗赛一等奖。诗作《军魂颂罗杨永生》《总理的泪》《中国梦,我的梦》分获 2013 年全国诗赛一、二等奖。诗作《毛泽东》获 2014 年“中国梦之路”全国诗赛一等奖,《中国厦娃》获“祖国好”全国诗赛一等奖,《老阿姨》获时代颂歌全国诗赛一等奖。诗作《新岸》入选《中国当代文化名家代表作典藏》。其业绩已入选《中国当代文艺家名典》《中国当代文艺家大辞典》《中国当代诗书画家大典》《中国当代文化名家档案》《中国当代作家书画家大辞典》等。现为世纪百家国际文化发展中心研究员。

马芳兰 1942 年 2 月生,山东省寿光市人,中共党员,中专学历。1965 年 11 月参加工作,历任公社团委书记、县革委秘书、公社乡镇党委副书记、县农机局副局长、镇人大主席等职。2002 年 3 月退休后,离岗不离党,退休不褪色,余热生辉。现任圣城街道离退休干部党支部书记、关心下一代“五老”志愿者、圣城小区业委会主任、兼龙泉社区党委委员。先后获得寿光市关心下一代杰出“五老”志愿者、潍坊市关心下一代“三项活动”亲情教育百优“五老”志愿者、寿光市优秀城市社区党委委员、寿光好人、潍坊市模范老人、潍坊市“五好”离退休干部党员等荣誉称号。

自幼喜欢读书,酷爱文学,擅长写作。上学时作文常被语文老师当范文,工作后从事文字工作多年。其作品曾在省市县报发表,多次荣获社会各界有奖征文一等奖。退休后仍坚持笔耕不辍,发表散文多篇,弘扬真善美,传递正能量。散文《难忘 2008》《我为祖国母亲唱颂歌》《父亲节里忆父亲》《菜乡·菜博会·菜效应》和《新春话幸福》分别荣获“中华颂”全国文学艺术大赛第七至十一届一等奖。其中《新春话幸福》入选《中国当代作家书画家代表作文库》(2013 年卷),并获特等奖。《奥运之年话奥运》《家乡万亩芦苇赞》《党啊,我为您引吭高歌》《五一,让我们为劳动者高唱赞歌》《中国梦随想》《读书与人生》分别荣获“祖国好”华语文学艺术大赛第一至四届一等奖、五至六届金奖,并授予“当代华语文学艺术百杰”荣誉称号。

马长柱 1945 年生,河北安国人。自幼酷爱艺术。诗、书、画、印、摄影、作曲均有诸多作品问世。诗文:收入《中国精品诗文鉴赏辞典》《中外哲理名言》《共和国史记·艺术家列传》《中国国学史》等。摄影:在中国文联主办的“中国国际文学艺术博览会”中被评为“一级作品”;并有作品刊发于香港中英文对照杂志《中外名牌》上。作曲：自作词曲的《防疫员之歌》和《药州颂》，收入由中国音乐家协会和中央人民广播电台联办的"黄河口杯"《全国行业金曲500首》；在湖北电影制片厂电影《爱情天梯》主题歌的征集中获"金奖"（李先祥词）；《红烛颂》（倪维德词）《药香小唱》（自作词）收入大型音乐专集《中华优秀词曲作家作品收藏大典》等。篆刻：入刻开封翰园碑林，收入《中国篆刻作品集》《国际现代书法集》等。书法：收入《中国书画十年》《中国文艺十年顶级创作精品集》《世界艺术大系——中国艺术》等百余册书集。曾多次应邀为傅作义纪念馆、"世博会"、"东方之冠"、"亚运会"、"神十飞天"、"太空一号"等全国大型活动题词。国画：收入《中国书画名家百人作品集》《中国当代著名书画家珍品选》《当代百家画谱》《中国美术编年史》《中国书画现当代艺术流派宗师大观》等。曾为大型辞书《中外名师录》特邀副主编，《世界美术集》《名家风范——名家名作经典图目》特邀顾问编委，"炎黄杯"乡情、友情、亲情国际书画名家邀请展副主任等。现为瑞典皇家艺术学院特聘"荣誉博士"、中国国学院大学专家委员会特聘研究员、台北故宫书画院客座教授、香港世界教科文卫组织艺委会特聘首席艺术家及执行委员、"纪念建国六十五周年共和国杰出艺术家评选活动"的评委（仅五名。另四位是：范曾、黄永玉、靳尚谊、欧阳中石）、"盛世水墨谱芳华——全国艺术名家诗书画作品邀请展"的评委（其他为雷正民、李铎、孙其峰等八位）、中国书画名家研究会的名誉主席。在纪念建国65周年"诗书画功勋奖"评选活动中评为金奖，同时授予"共和国诗书画功勋人物"等。

马士慧 女，1935年7月生于玉溪市北城大营，回族，经名阿伊莎。1954年入党，1957年毕业分配会泽矿务局采矿科，后下放雨碌矿11号坑当风钻手。1958年出席省和全国妇女建设社会主义积极分子代表会。1961年调会泽铅锌矿党委宣传部，1973年调云南省妇联宣传部，1980年调云南省工会共青团妇联干部学校妇联教研室，负责全省妇干培训。1988年与四川省、广西区妇干校合著出版妇干岗位培训教材。1991年5月在《云南日报》发表《只有社会主义才能解放中国妇女》，1995年《云南学术探索》第四期发表《试论毛泽东的妇女观》。退休后任《云南妇女运动史》（1949—1995）编辑，并执笔撰写此书第四编（七、八、九章）《社会主义新时期的妇女工作》，展示云南各族妇女的聪明才智和时代风貌。向第四次世界妇女大会献礼的《云岭巾帼谱新章》编辑，执笔撰写《云岭回女绘彩虹》（记回族妇女）。诗歌书法自幼喜爱，2008年入云南省委机关老干部书画协会，2009年参加宁夏主办首届全国阿拉伯文书法艺术展，获优秀奖及收藏证书。2010年"庆祝国庆"获"中华兰亭杯"全国老年大学书画大赛特等奖，授予"中华老年兰亭艺术家"称号。2011年毛主席题词获昆明市老年大学庆祝党90周年书画展二等奖，2012年草书《春风得意马蹄疾》《党恩似海》《祖国吉祥》分别获"东方美"全国诗联书画大赛、第四届"祖国好"华语文学艺术大赛、"华夏情"全国诗文书画大赛一等奖，毛主席题词获第二届"炎黄杯"大赛银奖。2013年《美丽中国》《中国梦是国家的梦，民族的梦，

也是每个中国人的梦》《虎踞龙盘今胜昔，天翻地覆慨而慷》分别获2013年“东方美”、第五届“祖国好”、第二届“时代颂歌”全国诗文书画大赛一等奖。2014年纪念毛泽东诞辰120周年作品获“伟人颂·中国梦”全国文学艺术大赛二等奖，阿文书法“中国梦”获金奖。在《中国当代作家书画家代表作文库》评选中获特等奖，授予“中国当代作家书画家精英”称号。

山琥仁 笔名翠宽，号称莲麓居士、乳名起户子，生于1930年10月6日，中共党员。现为溪中县老干部局管理的离休干部。原有大专文化程度。祖籍青海省西宁市，历任武工队员、溪中第八区委组织干事、县委宣传部干事、县商业(局)供销社科、股长、县国营生产公司经理、县外贸局会计师等职务。积极参加诗书画印大赛，创作的书法作品，不论楷书和行草书，都被评选为金、银、铜、优秀奖作品，还被组委会授予国家书艺华人艺术家荣誉称号，被推荐加入世界硬笔书法家协会为会员、中国书法家协会、中国硬笔书法协会为会员，还被推荐遴选担任湖南省硬笔书法家协会副主席。创作的书体诗歌《颂歌献给毛泽东》被毛泽东思想研究会评选为金奖；选载于各种大型辞书中，授予“世界华人桂冠诗人”荣誉称号。被推荐加入中国国内外名人研究会会员、艺委会委员、加入中国乡土作家协会为会员。出版个人作品《山琥仁诗帖》一部。合计入编出版60多部。2016年红色诗歌万里行台历中选载七首优秀诗歌，与著名诗人作品载于一书，彰显了创作功力与知名度。名入《中国著作家大辞典》等多部。2016年被授予中国国家一级著作家荣誉称号。

寄语：这辈子创作一部散文和诗词自选集，书名由中国诗书画出版社拟定《中国一代宗师》，自己全力以赴地进行创作，以充实内容，提高其质量。

四画

亓树林 1953年3月生，大学文化，中共党员，祖籍山东省莱芜市。历任战士、副班长、班长、干事、副科长、科长、书记、政工师等职。系中国诗书画家网艺术家委员会副主席，《东方美全国诗联书画作品集》2011年卷副主编，2012、2013年卷特约编委，《华夏情全国诗文书画精品集》2011年卷副主编，《祖国好华语文学艺术文集》第三卷特约编委，《感恩人生当代纪实诗歌散文集》特约编委，《中国时代文艺家名典》特约编委，《当代中国文艺家大辞典》特约编委，《中国诗文书画家人物大典》特约编委，《中国当代文化名家档案》特约编委，《中国当代作家书画家大辞典》《中国当代作家书画家代表作文库》特约编委；《中外当代文学艺术家大辞典》特约编委，《中国文化传承人物志》特约编委，《中国新时期文艺人才库》特约编委，《新中国66周年文艺名家名典》特约编委，《中国文化艺术人物年鉴》特约编委。《百家》编辑部特约编辑。世纪百家国际文化发展中心研究员，《羲之书画报·诗书画家》签约诗书画家，北京市写作学会学术委员会高级创作员，泰安市书法家协会会员，中国散文学会写作中心创作员，山东省泰安新泰市新汶矿业集团中心区书画协会秘书长。自幼爱好诗书画，师承古人，以吴昌硕、齐白石、徐悲鸿、李苦禅等众家名师为榜样，学其所长，取其精华，重传统，创新意，有千余幅（件）作品刊登在《解放军报》《工人日报》《中国煤炭报》《中国法制报》《中国交通安全报》《大众日报》《山东支部生活》《前卫报》《泰安日报》《新汶矿工报》等中央、省地级刊物。各级电台均有报道。并被载入老年教育社出版的《光辉历程——纪念中国共产党九十周年书画摄影集》《新汶矿业集团老年书画作品集》等书内。多次获奖受表彰，年年被评为先进生产工作者、优秀共产党员、矿区工会积极分子等。书法作品入选全国老年庆中华人民共和国建国60周年书画大展并获优秀奖，庆祝中国共产党建党90周年书画摄影大赛获优秀奖。篆刻《十二生肖》《根雕·雄鸣》《绘画·少年图》分别获“东方美”全国诗联书画大赛一等奖、金奖。绘画《耕耘图》获“华夏情”全国诗文书画大赛一等奖，获代表作文库特等奖，绘画《虎啸雄姿》获“祖国好”华语文学艺术大赛一等奖，绘画《骏马》获第十届“中华颂”全国文学艺术大赛一等奖，《篆刻》获第三届“羲之杯”全国诗书画家邀请赛一等奖，获第二届“炎黄杯”国际诗书画印艺术大赛金奖。散文《煤》《冬天的太阳》获中外文学艺术家代表作全集一等奖。姓名、简历、作品先后被收入《中国诗文书画家人物大典》等20部经典大书内，并获“全国诗文书画先进工作者”、“中国当代作家书画家精英”、“中外当代文学艺术家”、“新中国66周年文艺名家”等荣誉称号；获“中国文化传承功勋人物”、“中国当代文化名家”、“当代中国文艺家”、“中国新时期文化人才”、“中华文化艺术杰出人物”荣誉功勋奖章。《羲之书画报》以当代书画家亓树林专辑作了介绍，并倾情推介出版了《中国诗书画名家亓树林作品集》。应邀参加了在北京国家会议中心、京西宾馆召开的颁奖典礼和大会，参加了在北京大学召开的全国诗联（文）书画学术研讨会和创作论坛，获奖作品均入载文集。有多幅作品被全国各地人士收藏。

寄语：人，不论你出生何家庭，生长在何处，都要立足现实，给自己量身定位。要树立远大理想和奋斗目标，拼搏进取。做事三思而后行，要量力而行。要孝当先，勤而俭，诚为信，不做对不起人民对不起家庭亲朋好友的事，以善为本，弘扬中华民族美德，传承祖国文化，给后人留下美好的精神食粮和物质财富。

牛耕耘 字山川，号俯仰山房，又号骍角。祖籍山东临沂。毕业于北京大学艺术学院美术学书法方向研究生班。现为北京大学书法艺术研究所办公室主任，北京大学人才研究中心书画人才研究室主任，《书画人才研究》杂志社社长兼总编，青少年发展部主任。经年临池不辍，得到国学大师文怀沙先生的亲授。

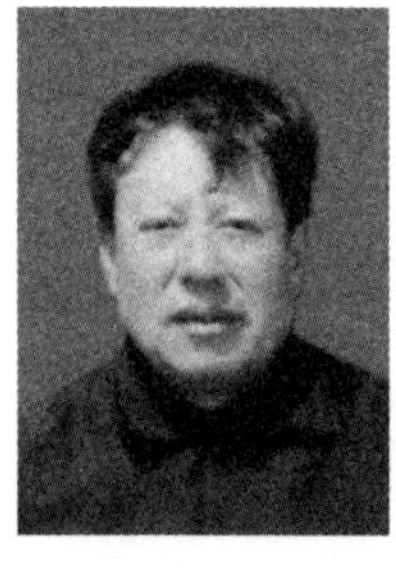

孔庆霖 1941年7月出生，大专学历，中学高级退休教师。早在中学时代就有诗歌散文多次入选县教展馆；参加工作后，诗作不多，仅八十余首，退休后至今使诗词作品增至六百余首，其中在县级以上媒体发表诗文300余首。在北京举行的历次全国性诸多大赛中共获一、金、特等奖十五六次，并被授予“盛世中华·新中国六十年文化先锋人物”和“盛世中华·2010年全国时代文艺家”

称号;2015 年—2016 年被中华艺术巅峰人物组委会等授予“中华艺术巅峰人物”、“当代中华诗词著名作家”,被中华民族复兴联委会等授予“文学艺术先行者”称号,并获“共和国文艺爱国奖”。

寄语:名实多难付,志者事竟成,永奋苦登攀,枯灯油将尽,登攀莫令停。

尹振岭 1937 年农历 10 月 30 日生,1949 年上学,1953 年 5 月参加青口建筑工会干工。六十年代任施工队长、团支书、民兵营长。1972 年加入中国共产党,曾任副书记,分管县建筑公司业务。1980 年至 1986 年,支援大庆建设,任县驻大庆施工办事处副主任,抓质量与安全等业务工作。1987—1989 年任县驻上海施工办事处副主任,抓业务工作。1990 年任县二建公司经理,1996 年底退休。

1997 年庆香港回归,作《喜迎香港回归》诗词 158 首成册。1999 年庆澳门回归作《喜迎澳门回归》诗 443 首成册。建国 50 周年,作《祖国万岁》词百首成册。建党 80 周年作《沧桑巨变八十春》词 80 首成书。建国 55 周年作《爱我中华》诗词百首成书。建军 80 周年作《钢铁长城》词 80 首成书。建党 90 周年作《中共万岁》词 90 首成书。建国 60 周年作《中华巨变》词百首成书。建国 65 周年作《爱我祖国好河山》诗词 66 首成书。抗日战争胜利 70 周年作《雄鸡看害虫》诗词 70 首成书,建党 95 周年作《正义必胜》诗词 95 首成书。以上多在市县报及电视台上刊发过。

从 2009 年起参赛北京各单位征文均获奖,2011 年被中国诗词研究院委任为副院长。2014 年被中华诗词博物馆聘任为荣誉馆长。2016 年 10 月被全国国学文化人才资质资格评审委员会评为“中国高级国学师”。

寄语:天天读书看报,促使大脑活跃;每日提笔写作,使得手腕灵巧。但愿身体好,精神永不老。生命不息,学习不止,跟着时代前进,永无止境。

尹克舜 江苏丰县人,1941 年生。1960 年毕业于徐州师范学院中文系(现改名为江苏师范大学)。任中学语文教师,获中学高级教师职称。后改行从政,任丰县党史办公室主编。主要作品有《丰县革命斗争史》《丰县革命斗争史大事记》。后任中共丰县县委办公室任副主任,中共丰县纪律检查委员会副书记等职。获高级政工师职称。参加了 800 多万字的《中华尹氏通志》的编撰工作,任《中华尹氏通志》编委,中华尹氏族史研究员,江苏尹氏族史研究组副组长,撰写了《中华尹氏家训》《尹氏堂联》。现为中华诗词学会会员,江苏诗词协会会员,中国硬笔书法协会会员。《春蚕文学社》名誉社长,《大风诗社》副社长。先后撰写了几本书:《报刊拾零》《从政拾遗》

《诗海拾贝》(古体诗集)《诗路寻珠》(新诗集)《县乡干部》(长篇小说)《三百忠魂》(长篇历史报告文学)《尹城之光》(30万字的族史研究资料)《岁月纪实》(散文集)等。2014年8月,在第四届"炎黄杯"国际诗书画印艺术大赛中,词作《沁园春云龙湖》获银奖;2014年9月,在纪念邓小平诞辰110周年,两首七律诗《革命家》和《军事家》,获第六届华鼎奖中华诗词大赛金奖,并授予"最美诗词家"称号;2014年10月,书法作品《王进喜颂》获第三届"时代颂歌"全国诗书画影作品大赛一等奖,并授予"中华文化传承贡献人物"荣誉称号;2014年11月,获毛泽东诗词全国书法大赛金奖,并授予"中国红色书法名家"荣誉称号。2014年12月获"2014年度中国艺术金马奖"。

卞贞华 1963年3月生,籍贯福州,无党派人士,大专学历,福建省福抗药业股份有限公司工人,现为中华人民共和国二级书画师。二十几岁开始学习书法。三十岁以后研习唐楷,宗颜柳,正式步入书法大门。40岁以后意识到书法作为一种艺术应该得到广大民众的喜爱并深深地扎根在他们心中,才会有顽强的生命力,于是,近十年中把硬笔和软笔书法不断地推广并积累了丰富的教学经验。在2014年获得全球华侨华人书画大赛二等奖;"东方美"全国诗联书画大赛"书法"银奖;第一届中国中老年创新书画大赛最佳创作奖。并成为中国中老年书画学会终身会员,作品《中国书画市场》和《中国书画导报》出版;2015年(中国国际集邮网)纪念抗战胜利七十周年收藏本人作品。本人作品在中国美术网千人作品网络上展示。

寄语:认识真理,坚持真理,用毅力和恒心不懈追求,确定目标,义无反顾,不断地研究、探索、前进!!!

文文 1953年2月25日生于重庆,下乡当过知青,先后在四川石棉县文工队、新华书店、民政局、文化局、县委宣传部、雅安日报社工作,曾在四川大学、中国新闻学院深造,曾任《雅安日报》总编室主任、主编。现为中国世界华人作家艺术家协会一级作家,中国散文学会、中国散文家协会会员,曾获"2006年度优秀作家"、"当代文坛精英"、"百年散文名家"等荣誉称号。传略被收入《中国散文家大辞典》《世界优秀专家人才名典》等30多部名典。1980年至今,已在全国400多家报刊发表作品2000多篇;出版了文学专著《真情集》《真言集》《我欣赏的作家》(硬壳精装本),此三书已被国家图书馆、中国现代文学馆、清华大学、北京大学图书馆等100多个图书馆收藏,并获得收藏荣誉证书;主笔编纂出版了《中共石棉县委宣传部志》《英雄少年赖宁》二书;与人合著出版了《散文十家精选》(林非主编)、《灿烂的星座》(杨枫主编)、《文心同行》《南吟北唱》四书。《毛泽东夜访老秀才》《难忘父亲》《鲁迅严于律己》《巴金勇于解剖自己》《令人敬仰的王蒙》《铁凝钟爱文学》《林非平易近人》《英年早逝普希金》等作品110余次荣获国家、省、市级文学奖。曾在《中国少年报(初中版)》最早报道赖宁英雄事迹,引起团中央领导高度重视,使赖宁成为全国性的少年英雄。

寄语:人生几十年,弹指一挥间。每个人应该珍惜宝贵时光,有所作为,不要庸庸碌碌虚度一生。我们要为人类和社会的进步,为全国人民的幸福快乐无私奉献自己的聪明才智,这样我们才会死而无憾!

文益新 号湖光,湖南益阳人,1951年12月生于洞庭湖,中共党员,大专毕业,中学数学高级教师,1975年元月被评为河南省上山下乡知识青年积极分子并赴郑州出席知青积代会,1995年12月被河南省数学会、数学竞赛委员会授予全国初中数学联赛河南省竞赛"优秀辅导员"称号。14岁前随祖父母生活在湖南益阳市,祖父文化欧擅长书法、诗词;祖母刘玉珍特别喜欢花鸟画;叔祖父文士桢国家省部级干部,早年就读于武昌美专,受这三位亲人影响,本人从小酷爱美术至今。2002年以来,自学钢笔画10多年,并赴全国许多地方写生创作。在航天员陈冬的母校洛阳市二十二中从事教育工作30余年,于2011年12月在该校退休。

2015年—2016年间,在全国性书画大赛中荣获20多个金奖或一等奖,比如2015年3月14日的《中国书画报》刊登的"中华魂"纪念中国人民抗日战争胜利70周年全球华人书画名家作品大展赛、2015年8月12日的《中国书画报》刊登的"伟大历程·颂歌献给共产党"向党的九十五华诞献礼全国中老年书画名家作品大赛、2015年10月17日的《中国书画报》刊登的爱我中华·圆梦中国全球书画名家国际交流展及辉煌中国·第三届海内外书画家作品邀请赛、2015年12月16日的《中国书画报》刊登的2016年"东方美"全国诗联书画大赛、2016年5月11日的《中国书画报》刊登的海峡两岸纪念中国共产党成立95周年红军长征胜利80周年大型书画展、2016年8月31日的《书法报》刊登的"革命先行者"纪念孙中山先生诞辰150周年全国中老年书画名家作品大赛中均荣获金奖(共7个)。2016年4月23日的《中国书画报》刊登的2016年"江山颂"全国诗书画印大赛、2015年12月9日的《中国书画报》刊登的第三届"相约北京"全国文学艺术大赛均获一等奖(共2个)。另外,2016年8月3日的《中国书画报》刊登的全国第十六届"庐山杯"书画大赛荣获铜奖,2016年8月17日的《中国书画报》刊登的第八届当代中国山水画展荣获创新奖。(以上列举获奖作品均为国画作品)。

现为中国书画摄影家协会理事(美术)、国家一级美术师,2015年8月12日的《洛阳晚报》给以报道。

寄语:艺术大家、小家都是相对而言,有失误、有成功;应酬十幅劣作,不如认真创作一幅力作,这就是艺术面前人人平等的含义。

方秋安 祖籍湖北省广水市，教师、作家、书画家。毕业于湖北大学中文系，石家庄艺术学院美术系，文学学士。诗文作品以情理为核心，讴歌真、善、美，致力于生动活泼富有灵气的艺术创作；书法创作四体皆书，以楷、草为长，以古为鉴、锐意创新。多次参加全国性艺术创作大赛并获奖。其近两年获奖情况：2015年四次获全国艺术大赛一等奖，个人资料录入《当代书画家名录》，《中国书法美术人物年鉴》。被评为2015年中国书法美术年度人物、被授予“中国实力派书法家”荣誉称号。2016年连续八次参加全国性诗文书画大赛，获特等奖1次，金(或一等)奖7次。应邀出席中国文艺名家高峰论坛。个人资料录入《中国文化艺术人物年鉴》《中国当代文艺领军人物大辞典》。作品入编《中国当代文艺名家名作金榜集》《中国文艺名家传世作品集》《中国时代文艺名家代表作典籍》等十多部作品集。另有部分作品散见于《中国书画文化报》《羲之书画报诗书画家》《书法报》等报刊及诗书画网络媒体。被聘为《中国当代文艺名家名作金榜集》特约编委、被评为“全国文学艺术精英人物”、“中外诗歌散文精英人物”、“中国当代文艺领军人物”等，被授予“2016年全国文艺先进工作者”荣誉称号。现为中国诗歌学会会员，中国硬笔书法协会会员，中国老年书画研究会会员，中国国学书画家协会会员，中国书画文化研究院会员，中国书法家、美术家协会会员。中国诗书画家网艺术家委员会副主席，中华散文网创作员，中华散文网特约编审。

寄语：祖国文化事业的繁荣和发展，匹夫有责。作为新时代的文艺工作者要像浪花里的一滴水反射太阳光芒。投身于时代文艺创作的潮流中，去颂扬人间真、善、美，讴歌赞美伟大的时代和民族。为精神文明建设服务。

方仁邦 1935年1月19日出生，江西省樟树市人。五岁即开始读书，当时抗日战争爆发已久，在我神州大地，正是烽火连天，血腥遍野。辗转到1949年6月，在县城的一家中学初中毕业。同年秋，入清江师范普师高一班就读。1950年后，因病和该校迁到高安县去了，当时的交通很闭塞，没有公路、汽车等交通工具，火车也不能到那里去，因此，我就辍学了。1954年春，参加人民教师工作。1978年6月后，执教于本县的经楼、蛟湖、再经楼等中学。长期担任文科教研组长和年级组长。1988年被评为中学一级教师。1995年4月退休。退休后，因兴趣、爱好的驱动，写过一些旧体诗词，有的被多家刊物选用和选编入书。有的被刊载于《中华诗词笔会选》《香港回归诗词》《世纪文学星座》《中国吟坛》《国际文学艺术界名人档案》《中国旅游诗词精选》《中国当代格言精选》《中国当代作家、书画家代表作文库》《樟树论苑》和江西省政协文史资料处主编的《文史大观》及《中国文化传承人物志》《中华姓氏文化名人辞海》等书中。曾自费出版过《心路》诗词集和《人生漫步微言》。

寄语：人生三求：求知识、求实效、求真理；人生三有：有目标、有恒心、有毅力；人生三自：自强不息、自我反思、自我完善；人生三不：不骄不躁、不损人利己；人生三心：进取心、事业心、平常心。

方子华 笔名典万、木莲子。1944年生，江西南昌人，中共党员，高中学历。曾为知青，后当教师；再后任《新建报》主编、新建电视台副台长。现为中国散文学会会员、江西省作家协会会员。2001年出版散文集《静美乡村》，2007年出版散文集《西风碧树》，2011年出版《报告文学集》，2014年出版《蹉跎岁月·南昌市北郊林场知青回忆录》。

1964年7月在南昌一中高中毕业后，当年9月作为"南昌市首批上山下乡知青"下放至南昌市北郊林场为知青。1979年被选拔为新建一中代课老师，1980年调回北郊小学任教，先后为教导主任、副校长。1988年调至新建县委机关报《新建报》任编辑部主任，1997年调新建电视台任副台长，2005年退休。

当知青时起即开始笔耕，1965年在《南昌晚报》刊登处女作。文革后又重新执笔，迄今有百余万字作品发表于省内外报刊。

2004年，《走出困境创辉煌》一文被"中华纵横"全国诗书画征文评为一等奖，在人民大会堂授奖。2005年，被中国文化艺术家协会授予"杰出中国艺术家"荣誉称号。2006年《华山记游》一文入选《华夏散文选萃》，被北京古风文化艺术研究所授予"华夏散文优秀作家"称号；2007年散文《远村》被收入北京文艺出版社出版的《世界文艺博览·中国文学卷》；2008年，散文《芥菜的风味》被收入《江西散文十年佳作选》；2015年散文《村酒》入选《江西现当代散文选评》。

寄语：我的人生立足于文学这片绿洲上，我用心血凝练出的文字，叙写我的艰苦悲辛的生活，抒发了心中之爱与痛，赞诵了人生与大自然之美。

方淑如 笔名方松，1929年2月出生，女，广东省潮州市人，中共党员。初中文化，退休干部，助理统计师。武昌诗词楹联学会会员，世纪百家国际文化发展中心研究员。

2009年4月23日在北京钓鱼台国宾馆出席第七届"中华颂"全国老少文学艺术大赛颁奖大会，作品《科学发展观》荣获二等奖，2010年10月作品《庆祝国庆六十周年》在"羲之杯"荣获一等奖。2010年10月作品《我爱祖国》在第二届"祖国好"荣获一等奖。2010年11月作品《祝上海世博会圆满成功》在"华夏情"荣获一等奖。2011年6月作品《庆祝中国共产党成立九十周年》在"东方美"荣获一等奖。2011年7月作品《祖国啊，母亲!》在第九届"中华颂"荣获二等奖，2012年5月作品《祝"大运会"圆满成功》荣获"东方

美”全国诗联书画大赛一等奖。

寄语:永远跟党走,与党中央保持一致,努力建设富强、民主、文明、和谐的新中国!

方强洪 1952年10月出生于浙江龙游,毕业于杭州大学历史系。曾任金华一中教师,汤溪中学书记。历任中共金华县委常委、宣传部长、文联主席、金华县副县长,金华市政府副秘书长,金华市体委主任,金华市委副秘书长,金华市委市府信访局局长,金华市人口计生委主任等职。

现为《中国书画导报》特约编委,国家一级书法师,中国书法家协会会员,浙江省国际美术交流协会理事,金华市离退休干部书画协会主席。

寄语:做人,不贪就赢。学书,有空就临帖。

方月桂 又名方安利、安利农。1935年1月生。浙江省淳安县千岛湖镇东庄村人。中共党员。1949年15岁在淳安中学读书时参加工作。曾任中共淳安县委干事、秘书、县委办公室副主任等职。1961年就读杭州大学政治系,1965年毕业于中共浙江省委党校理论班本科。在县党政机关工作后期,上世纪90年代初,在浙江《江南》文学双月刊发表《红杜鹃盛开吧!》等7篇作品后,发奋从事散文创作。1995年退休,笔耕不辍。30年来,在浙江、北京、山东、四川等6省市报刊发表散文370多篇,计90余万字。其中《花的思念》《千岛湖里鱼味美》《狮城名雕余裕先师傅》《赏山茶花记》等30多篇被中国文联、人民文学、大众文艺等12家出版社入选出版;电视散文《半亩方塘》《青溪龙砚》在浙江电视台播出。《花的思念》获《人民文学》1994年优秀作品奖和中国散文学会“中国当代散文奖”,《追求一种风景》获《中国作家》1996年二等奖。1995年主编出版《淳安乡镇企业之光》报告文学集浙江图书馆收藏,2002年出版《千岛湖之晨》散文集国家图书馆收藏。因创作成果丰硕,被杭州市作家协会评为2003年度、2010年度杭州市优秀作家。系杭州市和浙江省作家协会、中国散文学会会员。其散文创作业绩,编入《中国散文家大辞典》(作家出版社2010年9月出版)。

商辂是明代唯一连中解元、会元、状元的淳安人,在朝为官22年,历英宗、代宗、宪宗三朝,累官至内阁秩一品事,为一时名臣,为家乡人怀念。我为纪念商辂诞辰600周年而创作的《三元宰相商辂》,2015年4月编入中国文史出版社散文大型丛书《中国散文大系·叙事卷》,并荣获“当代最佳散文创作奖”。

寄语:天生我材必有用。一生在县级机关从事文字秘书工作,有欢笑也有泪水,有时也有说错话做错事的时候,风风雨雨历经坎坷。月有阴晴圆缺,人有甜酸苦辣。无论在什么环境下生活,心底都是坦荡的。在家乡这块土地上，从不敢偷懒地工作，凭自己共产党员的党性、做人的良心，坚持做一个清清白白的正派之人。于是，山之光，水之色，人间真善美，有了诱人的芬芳，带着生命的绿意，如泉水般地流淌到我的笔端写成散文，发表在各地报刊上。我感到并不精美，但觉得还有几许真情，几分秀雅。它是我心底里对美好生活的追求，对山水之秀丽，对人情之俊美的赞美之情，实现了我青少时代就梦想当作家的愿望！

毛德选 1927年10月生，辽宁省瓦房店市七间坊村人，汉族，大学文化，中共党员。1945年10月参加八路军，历任战士、文书、文化教员、政治指导员、秘书；检察院秘书，标准计量所副所长等职。1989年3月在石家庄市检察院任处长离休，之后任律师七年。1996年3月入河北老年大学，学习文学、诗词十三年。1997年5月后为省老年大学金秋文学社、燕赵晚霞诗社、河北省诗词协会、中国国学作家创作协会会员。多年来，在省以上报刊、图书上发表部分诗、词、曲三百余首及部分散文，40多次被评为全国诗词大赛金奖、一等奖，多次评为特等奖。并被授予“爱国诗人”、“当代诗坛名家”等荣誉称号。诗词被选入《中国国学大辞典》等50余部大型丛书。

寄语：做爱国诗人，歌颂真善美，鞭笞假丑恶。

毛仙娥 女，1933年出生在浙江省松阳县北门临天栈，母亲叶来书（鸾），父亲毛高桐，兄弟姊妹7人，依次是：毛飞翰、飞朝、仙娇、仙霞、仙娥、仙英、飞豪，祖父毛成骏。1950年1月4号，参加人民解放军，1954年转业考取山东济宁医士学校，1957年毕业，分配腾县，再调来邹县（现邹城市）人民医院，至今退休。期间在地区医院、省立一院进修各1年。年轻时参加共青团任干部，申请加入共产党，1983年批准正式党员。退休时任副主任医师、行政主任。1983年5月被评为省先进儿童少年工作者。有山东省政府颁发的证书和奖章。

一生从医，1989年退休后，本院北关医院中医院等单位聘任续职。得食物中毒性耳聋后，才开始习书法，习诗。写有“飞越海峡会亲人”、“忆母亲的祈愿”“七载盼来一晚聚，一生等到九泉见”在全国诗文书画大赛中获奖；写“三通随想”获《老年教育·长者家园》刊登（2009年4月）。

寄语：心怀无邪胸自畅；笑看暗算枉费神。

仇成忠 1944年6月18日生，湖南省怀化市鹤城区黄金坳镇仇家村老屋院人。幼儿园结业，小学方入门。中级职称。曾任中、小学校长，现已退休。爱好写作。所写新闻报道，多次在《深圳特区报》、《深圳商报》发表和转载。犹爱写诗，所写诗词深受群众欢迎和喜爱。并在《广州文摘报》、中华《诗词月刊》等多次选登。特别是《中国红三首》获2015年“东方美”全国诗联书画大赛一等奖。《观九三直播天安门阅兵》获2016年“东方美”全国诗联书画大赛金奖。《中国红三首》还获2016年《中国当代文学艺术精品大系》特等奖。《莲花山上看深圳》获2016年第八届“祖国好”华语文学艺术大赛银奖。

王忍之 1933年9月生，江苏省无锡市人。1949年6月加入中国共产主义青年团，1950年11月加入中国共产党，1951年8月参加工作。1952年9月至1955年7月在中国人民大学研究生班学习。毕业后，在中共中央政治研究室、马列主义研究院和国家计委从事历史、逻辑、国际共运、经济理论和政策问题的研究。1978年后，任国家计委政策研究室主任、研究员。1982年4月，任《红旗》杂志社副总编兼国务院经济研究中心常务干事，中华全国新闻工作者协会第三届主席团委员。1987年2月至1992年底任中共中央宣传部部长。1992年底，任中国社会科学院党委书记、副院长（任职时间到2000年7月），兼任中国地方志学会会长，中日历史研究中心主任等职务。中共第十二、十三届中央委员。第九届、十届全国政协常委。

王岳川 北京大学中文系一级教授、博导，中文系文艺理论教研室主任。北京大学书法研究所所长，国际书法家协会副主席，享受国务院特殊津贴专家，中国书协会员，中国作协会员，中国中外文艺理论学会副会长，中国文艺理论学会副会长，香港中国文化研究院院长，日本金泽大学客座教授，澳门大学人文学院客座教授，复旦大学等十所大学双聘教授。西方文论和美学研究著作（包括主编）有：《西方文艺理论名著教程》《后现代主义文化研究》《后现代主义文化与美学》等，中国文化艺术研究著作有：《发现东方》《目击道存》《中国镜像》《中国文艺美学研究》《本体反思与文化批评》《全球化与中国》《大学中庸讲演录》等，在中外学术刊物上发表学术论文约400余篇。

王巨才 陕西子长人，中共党员。毕业于陕西师范大学中文系。曾任创作员、报社记者、编辑，后长期从事文化宣传和党政领导工作。历任延安市委副书记，延安地委宣传部部长、副书记，延安行政公署专员，陕西省委常委、宣传部长，中国作协党组副书记、书记处书记，中国作协第六、七届主席团委员。第七届全国人大代表，第十届全国政协委员、全国政协教科文卫体委员会副主任。

王光明 1955年生于福建省武平县。曾应邀分别作香港岭南大学现代中文文学研究中心、香港中文大学英文系客座研究员。原在福建师范大学中文系任教，1999 年调入首都师范大学文学院。现为首都师范大学文学院教授，中文系主任，文艺学专业、中国现当代文学专业博士生导师。曾被授予“全国新长征突击手”、“福建省先进教育工作者”，1993 年开始享受国务院特殊津贴，1997年首批入选福建省百名人才工程。曾为福建师范大学第一、第二批跨世纪学科带头人。现为首都师范大学跨世纪学术带头人。

王久辛 1959年3 月生于陕西西安，祖籍河北大名。1978年入伍，历任战士、排长，师新闻干事，军区文艺干事，《西北军事文学》副主编，中国人民武装警察部队政治部《中国武警》杂志社主编，编审，大校警衔。1979 年开始发表作品。1999 年加入中国作家协会。诗集《狂雪》获首届鲁迅文学奖，《中国之路》(10 集)获原广电部特别荣誉奖，《大西北军旅风情实录》获总政文化部优秀编辑奖。长诗《肉搏的大雨》获全军新作品一等奖。

王鑫 又名王双双，笔名晨亮，生于1943 年 3 月，甘肃西和人，中共党员，大学本科学历，馆员，退休前系司法局干警，国家公务员，正科级。自幼研习书画，酷爱书法，抽暇临摹古今中外名家，逐渐形成了自己的书法风格，擅长楷、行、草。1960 年受教于周廷文、方晨光教授的指教。

2015 年荣获第六届“羲之杯”全国诗书画家邀请赛一等奖。书画作品在全国大赛中多次荣获“金奖”。其书法作品被海内外众多书法爱好者收藏，同时被国家图书馆、国家博物馆等收藏。被授予“中国著名书法艺术家”，“中国红色艺术家”，“中国百强书画名家”，“世界和平艺术家”，“德耀中华 · 最美书家”，“中国著名书法艺术家”等荣誉称号，现任中国硬笔书法家学会会员，重庆市老年书画研究会会员，国际文化名人交流协会常务理事，中国诗书画家网艺术委员会副主席，江苏省南京市长江书画院名誉院长，湖南省长沙市“长沙尚韵书画院”名誉院长，“中国书法名家毛泽东诗词作品选集”编委，是 2015 年中国书画传承人物，创作有“2015 年中国书画传承人物王鑫卷”等，2016 年被邀请参展各类国家级书法大赛多次，次次荣获“金奖”。被中国书法家协会授予“中国艺坛功臣”。著有“2016世界华人顶级书画家特刊”被中华人民共和国文化艺术职称审定委员会授予《国家一级书画师》职称。

2016 年 6 月在中国共产党成立 95周年红军长征胜利 80 周年全国第四届“中国梦想杯”书画大赛中，书法荣获银奖。2016 年 8 月在中国萧军研究会等单

位主办的“江山颂”全国诗书画印大赛中，书法荣获一等奖。2016 年 7 月在第一届“德美中国”中国诗书画世界八国联展中作品书法荣获金奖，并由组委会特别授予“高级书画师”职称。2016 年由北京夕阳之韵书画院特别吸纳为该院永久性会员。其获奖作品入编大型巨著、图册，至目前已出版十多部。

寄语：同龄人大多数已向黄昏，在老境中体验着岁月的苍凉……回顾自己 60 多年的书写历程；在那特殊岁月中，面对困境不消沉、没退缩、胸怀坦荡荡，不负今朝大好时光，立信、立念，为传承祖国书法艺术，实现中国梦，紧握手中笔潜心临摹古今中外名帖，做好中国人，写好中国字。柳体为范本，天天临写大、小楷书，抓住今朝分秒、不拘一格，持之以恒写好字，向着书界理想的顶点奋进。愿天下所有的书法爱好者都成大家。

王力加 笔名：家鸽，生于 1961 年 1 月 28 日，本科学历。中共党员、民建会员。副处级。辽宁省诗词学会会员。

第四届“伟人颂·中国梦”全国诗文书画大赛金奖获得者。第六届“炎黄杯”国际诗书画印艺术大赛金奖获得者。2016 年中国曲阜国际孔子文化节大赛“孔子文学奖”获得者。2016 年“江山颂”全国诗书画印大赛金奖获得者。第八届“祖国好”华语文学艺术大赛金奖获得者。2016 年纪念纳兰性德诞辰 360 周年全国诗词大赛中优秀奖获得者。2016 年“东方美”诗联书画大赛银奖（诗词类）获奖者。入编 2015 年全国廉政诗联大赛诗词一首。在《辽海诗词》、《辽东诗词》发表诗词作品 200 多首。

王干初 1944 年生，浙江淳安县人。初中文化，中共党员。1963 年参加中国人民解放军在铁道兵第八师某团一营一连服役，任战士和战士统计员。五次被评为“五好战士”。退伍后在信用系统工作、任出纳、会计、信贷员、主任等职。职称助理经济师。多次被评为省市县农村信用系统先进工作者和县级优秀共产党员称号。现退休。

在参加大展中获奖 80 多次，并入编。被各地和各级书院授予荣誉称号如下：中国百强书画名家；中华红色艺术名家；中华爱国功勋艺术名家；中泰文化交流大使；中国文化传承大使；中国红色书法艺术名家；圆梦中国·盛世名家；中欧文化大使；中华书画杰出艺术家；中华文艺复兴标兵；一代宗师；中国红色书画名家；新中国国学功勋人物；中华杰出书画家；世界一级文艺家；中华德艺双馨艺术名家；中华当代书画大师；中华德艺书画名家；中国红瓷书法艺术名家；中国功勋书画家；德艺双馨红色艺术名家；当代中华文化名家；伟大旗帜·共和国红色传承功勋人物；中国紫砂书法艺术家；中国当代功勋书画艺术形象大使；忠诚于党的红色艺术家;中华当代终身成就艺术家;中韩文化交流使者;中国华语文学艺术百杰;中国红色书法名家;杰出华人书画家;中国文艺创作先锋人物;为人师表·行为世范;国际博爱艺术家;国家红色文艺家;中华传奇等共60多次。

寄语:牢固树立政治意识、大局意识、核心意识、看齐意识。按习总书记"干在实处、走在前列、勇立潮头"要求,主动担当、积极有为、尽自己薄力、为党和人民的文化事业宣传好正能量。

王广林 1934年3月生,中共党员,毕业于北京中国人民大学新闻系;1950年7月入伍,1955年6月入党。兼任中国诗书画出版社终身名誉社长、中国现代文艺学会终身名誉主席、中国诗书画联盟终身名誉主席、中国书画名家研究会终身名誉主席、华夏文艺出版社任命为终身社长、中国五体书法研究会副会长、中国诗书画院常务副院长、宋庄艺术网艺术总监、北京回忆录研究会终身会长、北京国艺粹宝书画院名誉院长、《中国艺术人物》杂志社终身名誉社长、日本东京中国书画院高级院士、英格兰皇家艺术基金会永久学术顾问等等。

2015—2016年获奖情况:2015年,纪念抗日战争胜利暨世界反法西斯战争胜利70周年,和平中国工艺美术创作大赛获金奖,授予"和平中国·艺术使者"荣誉称号;同年,被授予"全国德艺双馨艺术家"荣誉称号。2016年,纪念长征胜利80周年大型艺术题贺暨中国长征文化艺术奖,题贺获金奖;同年,全国人力资格审核办公室严格评议,特评定为"中国一级作家";同年,一带一路·亚洲文化特别贡献奖评委会、中国文艺家联合会、中国国家文艺网等联诗荣获"一带一路亚洲文化特别贡献奖",被授予"东方文艺泰斗"荣誉称号;同年,光荣入编代表国家形象的"国家名片·艺术大师"大型画册;同年,中国国际诗书画印出版社编委会投票一致同意授予"中国国际艺术巨匠"荣誉称号,并与徐悲鸿、齐白石、黄永玉等80位中国国际艺坛巨匠,共同出版《中国国际艺坛巨匠》风采录等。

寄语:现有荣誉只代表过去,不能代表未来。未来需要继续努力创造,突破再创新。

王元本 又名王胤鳳,1942年生,贵州仁怀市五马镇诗联协会"农民诗人"。幼时家景贫寒,1960年初中毕业,参加仁怀县民兵营,配合铁道兵8506部队,在贵州郎岱县修建滇黔铁路,后调贵州省建二公司统计员工作。1962年返家开荒抓粮,失去工作,后为民办教师,公社革委委员,任爱民大队会计。80、90两届仁怀县人民代表。一生喜欢读书,中国历史、近代史、唐宋诗词等等,特别喜欢毛主席著作,毛主席诗词三十七首,更为心喜。2012年参加五马镇诗联协会,授"农民诗人”之誉。在中国养生艺术宝典、中国古今律诗选集、中国古今词人选集、红旗飘飘、中国冠军嵌名联大全、中华国粹志、天籁之音、中华诗人年鉴、中国对联作品集、影响当代中国新千家诗、五马诗钞等发表诗词联。荣获二等奖、银奖、金奖、一等奖、多种荣誉。并参加在邓小平、毛主席家乡领奖活动。2016 年出版“衣胞诗联选”,准备出版“古镇风云”一书,以后还想出版“学写律诗捷径法”和“颂近代伟人诗集”。

寄语:忠:忠于人民,全心全意服务。孝:孝敬父母,他(她)们欢度晚年。勤:勤奋劳作,诚恳为国为家。和:和邻睦友,实事求是为人。礼:礼义品德,讲理讲信礼貌。爱:爱国爱家,友爱为先做人。遵:遵章守法,尊敬人类祖先。公:公心于国,无私奉献公平。

王凤芹 1961 年 5 月出生,1979 年 7 月高中毕业,名落孙山。2013 年入弘宇文化传媒公司,现世因果教育平台研究协会会员;2015 年—2016 年羲之诗书画报投稿专集,报设中国诗书画网艺术馆。投稿出书《中国当代作家代表作文库》《中外当代文学艺术家代表作全集》《中国当代文艺名家名作金榜集》。2016 年“东方美”全国诗联书画大赛《临终关怀念佛堂》获金奖;2016 年“江山颂”全国诗书画印大赛《浴佛节》获二等奖;入编《江山颂全国诗书画印精品集》。

寄语:感恩党来习主席,一带一路传圣意。厚德载物子后代,和平盛世爱传递。

王业书 1942 年 1 月 1 日出生,山东省济南人,初中文化,1960 年在青岛参军,1965 年从部队转业到新疆生产建设兵团 71 团,历任连队文教工作。曾是新疆人民广播电台一名通讯员。1970 年主要著作《用毛泽东的哲学思想创造四好班》在电台播出,同时生产建设兵团党报《生产战线》头版头条发表。同年在地方报《伊犁日报》也发表过文章。1988 年回乡,任供销社食品加工厂酿造师,2002 年退休。2009 年山东人民广播电台乡村频道纪念新中国成立 60 周年巨变征文大赛,作品《一个农村小镇妇女的变化》获得二等奖。2010 年成为山东广播电台绿色之声《城市新家园》节目特约通讯员,写了多篇文章播出。2014 年首届“中国梦之路”全国主题征文大赛,作品《我的人生格言追逐了我一生梦想》荣获一等奖。2015 年第七届“祖国好”华语文学艺术大赛作品《孝道文化在这里的传承》荣获金奖。2016 年第八届“祖国好”华语文学艺术大赛作品《我要为白衣天使点赞》荣获金奖。2016 年中国共产党建党 95 周年作品《歌颂党·歌颂我心中的伟人》在《中国当代文化艺术精品大系》评选中荣获特等奖。2016 年,在近年来“东方美”、“江山颂”、“祖国好”等多项国家级文化艺术类大赛的获奖作品中，优中择优，我的作品《我要做一个孝道文化的传承人》在《中国文艺名家传世作品集》评审中，荣获特等奖。

寄语：世间一切顺自然，身正心实无邪念。人要论命多行善，积精养神寿天年。

王兆海 1949年8月18日出生，陕西西安人，中共党员，大学专科，高级工程师。1969年至1977年在7818部队服役，1974年至1976年曾参与过289部队格尔木至拉萨输油管线“工程、油库”安装任务。1978年至1984年在航空发动机工业学院计算机专业学习，后担任电子技术员工作。1987年调入西安市计量研究院，担任过工程师、主任、高级工程师。在《中国计量》、《计量技术》、《计量测试技术》等国家级技术刊物上发表论文8篇。2009年退休。1989年8月参加陕西省举办的中日青少年硬笔书法比赛，获得过优秀奖；2000年西安市质量技术监督局书法比赛书法获三等奖；2005年本系统举办的“反腐倡廉”书法比赛获二等奖；曾担任过本系统书法比赛评委。2014年8月参加羲之书画报举办的第二届“伟人颂”大奖赛，书法作品获一等奖。2014年9月参加第六届“祖国好”华语文学艺术大赛获金奖，并授予“当代华语文学艺术百杰”荣誉称号。2016年5月在《中国当代艺术精品大系》评审中，书法作品荣获特等奖，并授予“中国文艺创作先锋人物”荣誉称号。2016年8月参加“江山颂”全国诗书画印大赛书法获一等奖。2016年9月参加第八届“祖国好”华语文学艺术大赛书法获金奖，并授予“中国华语文学艺术百杰”荣誉称号。2016年10月参加“和平颂·中华情”全国美术书法名家邀请展书法作品获金奖。

寄语：与人为善，善待父母老人，生前孝敬，不要做令人后悔之事；善待亲人，同学，战友，同事，人生就一次，这些人都和你有缘相聚；善待自然，善待周围环境，做你能做的事情，“求人须求人君子，济人事济及时无”，帮助别人，及时忘却自己。

王廷吉 辽宁瓦房店人，汉族，大学学历，高中校长、书记、中共瓦房店市委党校、局级学员、党支部书记、高校函授办主任。2015年，中国诗书画出版社授予“中国艺圣”、“一代宗师”称号。“勿忘国耻、圆梦中华，纪念抗日战争胜利70周年全国诗词大奖赛”荣获特等奖、授予“老一辈革命诗词艺术家”荣誉称号。2015年“国粹杯”全国诗词大赛三等奖；2015年9月“首届全国诗词名家神州行暨2015全国诗词名家苏州采风交流会参评作品荣获特等奖，授予“全国优秀诗词家”荣誉称号。2015年9月第三届中国散文诗歌作家神州行、全国诗文书画大赛，荣得金奖。2015年10月第四届“时代颂歌”全国诗书画影作品大赛荣获一等奖，授予“全国诗书画影时代百杰”荣

誉称号。诗词中华万里行组委会2015年11月，颁发“诗词中华金爵奖”、同时授予“中华桂冠诗人”荣誉称号。2016年5月在贵州遵义举行中华诗词博士颁奖典礼授予“中华诗词博士”高级艺术职称。2016年6月20日，“首届中华诗博士典礼暨诗词名家遵义采风交流会”颁发“中华诗词博士”荣誉证书。特授予“毛泽东诗词奖”及奖金。同时，授予“天之骄子，卓越诗词艺术家”荣誉称号。2016年6月中国当代艺术出版社，高票当选2016年度艺术金笔奖。2016年7月，授予“文学艺术先行者”荣誉称号。2016年7月20日中华诗人美丽中国行，2016年10月10日，由中国诗书书画出版社评为“中国艺术博士”职称，并聘为世界华人诗词艺术家协会名誉主席、中华诗词名家交流中心理事、中国回忆录研究会终身会长等。历经2015年至2016双年度终选，被提名荣获2016年全国中华诗词“一级中华诗学奖”，并授予“吟坛泰斗、当代诗圣”殊荣。

王余国 笔名王小川，生于1953年2月，山东烟台人。自少年时爱上美术这一门，1972年参军上海警备区，1975年入党，1977年退伍，在当兵5年间一直担任连队的墙报宣传工作，并且有机会得到上海复旦大学美术系创作班学习。现任中国文化管理协会艺术品市场管理委员会会员，世纪百家国际文化发展中心理事、编委。并授予“全国诗书画影时代百杰”。本人以创作为主，以古为导，新奇特为题，诗、字、画为成，努力在晚年有所成就。

一直在农村生活着、体验着、修炼着，终于在2013年才提笔诗、字、画，已是年岁60整，当年区书画大赛一等奖，2015年全国大奖赛参加4次均为大奖。2016年4次，全部入书、库、典藏。

寄语：本人经过昨天也体验到改革的今天，我作为一位文化承传者，就得不断创新，为国家为人民负责。传承、继承、发展、记录我们中华文化。尽我所能、老有所为、耕耘吧，夕阳终是红的。

王成 生于1936年11月，中师文化，中共党员。曾任人民教师、副乡长、中学校长、调研员等职务。

1988年8月退休后，开始学画国画，练写书法。当时以“山村小秀才”、“英雄儿女”为笔名，创造了一些书画作品，深受大家好评。2012年书画作品获得首届“三苏杯”中国书画大赛一等奖，入编了获奖作品集。被东坡书法美术研究院聘为院士，连续三年被评为优秀会员，获得了奖状与奖杯；2014年，入编《中国当代书法艺术家宝典》，书法作品也入编了该辞典的“墨迹卷”；2015年作品入编《王氏文化宝典》、《十二生肖书法艺术宝典》；2015年作品在纪念中国人民抗日战争胜利70周年“和平颂·中华情”全国美术书法百家邀请展评选中获得一等奖；2016

年作品荣获“东坡书画院成立十五周年”一等奖，入编《相约翰墨·携缘丹青》获奖作品集，被东坡书画院授予“德艺双馨艺术家”称号；2016 年作品在“江山颂”全国诗书画印大赛中获金奖；2016 年作品在“东方美”全国诗联书画大赛中获一等奖；2016 年作品入编了《时代颂歌——全国诗书画影精品大观》一书；2016 年作品在《中国当代文学艺术精品大系》评审中获特等奖；2016 年作品在《中国文艺名家传世作品集》评审中获特等奖；2016 年被中国美术研究院聘为副院长、院委成员、高级书法师，并获得了“全国文化艺术职业资格证书”；中国国画院于 8 月颁发了《全国百强书画名家》奖状。

寄语：我的一生是读书的一生，我的一生就是书画的一生，我的一生就是要做到：万卷古今清永日，书画一生送流年。鞠躬笔耕的时新，换得诗文千载喜。

王作超 1943 年 5 月 16 日生，辽宁省瓦房店市人。中学高级教师，中华诗词学会会员，中国楹联学会会员，瓦房店市楹联协会办公室主任，瓦房店市老干部大学客座教授、瓦房店市谱牒协会常委、瓦房店市闫店乡中心小学少年宫校外辅导员。

2007 年 5 月至今编著并出版了《闫店乡志》《诗联选集》《大千世界》，再版《诗联选集》《王氏族谱》，三版《诗联选集》《诗像集一》《诗像集二》。上述作品被清华大学、北京大学图书馆收藏的有：《闫店乡志》《王氏族谱》。被国家图书馆收藏的有：《闫店乡志》《诗像集一》《诗联选集》，再版《诗联选集》三版《诗联选集》《王氏族谱》。被辽宁省图书馆、辽宁省档案馆、大连市图书馆、瓦房店图书馆、瓦房店档案馆、瓦房店横山书院收藏的有：《闫店乡志》《诗像集一》《诗像集二》《诗联选集》再版《诗联选集》《大千世界》《王氏族谱》三版《诗联选集》。

2015 年所撰对联作品（15 副）入选中国楹联学会、中华对联文化研究院编辑的《中国对联作品集》（2015 年卷），所撰对联入编《2014 对联中国》并获一等奖（全国仅五十人获此殊荣）。在 2016 年“东方美”全国诗联书画大赛中楹联作品荣获金奖。作品还入编《中华诗词学会 2012 年度会员入会作品集》等，所撰对联多次被《中国楹联报》《大连日报》《大连楹联报》评为优秀作品并予刊载同时颁发证书。

王孜偈 1998 年 9 月出生于山东省泰安市泰山区，大专在读，现为泰安市书法家协会会员，中国书法艺术教育学会会员，自幼酷爱书法艺术，书法初学柳公权、颜真卿、赵孟頫、后习米芾、于右任等名家名帖，书法犹擅行草书，兼习篆刻，作品气韵生动，意境深远。

书法作品在 2016 年“东方美”全国诗联书画大赛中获银奖，作品入编《东方美——全国诗联书画作品集》，在第七届“羲之杯”全国诗书画家邀请赛中获优秀奖，作品入编《全国诗书画家精品集》。

王承忠 字春子，1942年9月生于山东莒县，副教授。自幼秉承家学，酷爱书法，从欧颜赵开始，兼习篆行草，如今皆俱收获。导师是已故著名书法家王宽先生，现为中国毛泽东诗词书画艺术国际研究院艺术家协会会员。

经过几十年的勤奋努力，2007年获社会艺术最高级——10级，现从事书法教育。作品多次参加全国大展，并获金银奖。多幅作品被多个单位收藏。同时授予“奥运功勋艺术家”“百强德艺双馨艺术家”“文明之星”“中国当代金奖艺术家”“红色公益事业推广功臣”“深受人民群众热爱的红色艺术家”等荣誉称号。在全国少年书法大赛获特等奖，在全国楹联书法绘画邀请展中荣获翰墨优秀奖等。

王建增 1964年11月出生，河北省石家庄人，大学学历，1981年入伍，历任战士、放映员、排长、管理员、第六飞行学院组织干事、空军保定飞行学院文化干事、学员队政治教导员、部队政治处主任。自幼喜爱书法、绘画，曾跟随军队画家陈胜民研习花鸟山水画，1985年师从保定市著名画家康卫中、苏静、黄舜、薛兰会等老师学习中国画，1996年参加解放军艺术学院短期培训，得到了刘大为、任惠中老师的精心指导。现为河北省美术家协会会员、空军书画研究会会员、中国当代艺术家协会会员、保定市青年书画会会员、石家庄燕赵艺术社兼职书画家，擅长中国画山水、花鸟兼书法，其作品多次在全国、全军及空军部队美术书法展中获奖。文章《论中国画的画外功》刊载于中国文联出版的《中国美术家论文集》。多年来，利用业余时间在军内外开办的各种书画培训班讲座和少儿书画班授课中获得好评。山水画《太行雄魂》入选空军纪念改革开放三十周年书画摄影作品选集。作品曾多次在《解放军报》《空军报》《航空杂志》《燕赵都市报》《保定日报》等刊物上发表。

王明儒 1948年11月16日生，陕西省汉中地区城固县人。1969年毕业于石油工业部西安石油学校仪器仪表专业；1977年毕业于西南石油学院（西南石油大学）地质系。中石油勘察地球物理高级工程师。九三学社青海省委员会石油局社副主委。中国石油学会会员，曾参加及主持科研项目20余项，多项成果获部级省局级科学进步奖。在省级以上及国家级重点学术期刊上发表有关石油勘探方面论文30余篇并被国内外有关学术期刊引用，名入《中国当代科学家与发明家大辞典》《中国大文化英才词典》《中国世纪专家》《世界名人录》等30余部词典。自幼喜好诗书画，现为北京燕青书画社社员、中华诗词学会会员、北京诗词学会会员、北京楹联学会会员、重庆诗词学会会员、北京天通苑诗词楹联书画学会会员、北京天通苑地书学会会员、重庆嘉陵诗词学会副会长、全球汉诗总会会员。在《北京诗苑》《嘉陵诗词》有诗词发表。

书法作品曾获2013年全国篆书书法百佳提名奖；2009年获青海石油局建局55周年书画网络大赛书法二等奖；诗词作品被《世界汉诗年鉴(2003年卷)》收录，曾获2013年全国第二届“时代颂歌”诗书画大赛诗词一等奖。2015年获全国第四届“时代颂歌”诗书画大赛书法一等奖。2016年5月获“东方美”全国诗联书画大赛诗词银奖；2016年5月获《中国当代文学艺术精品大系》书法特等奖并授予“中国文艺创作先锋人物”称号；2016年8月获“江山颂”全国诗书画印大赛一等奖；2016年9月在纪念孙中山先生诞辰150周年全国中老年书画名家作品大赛中获书法金奖并授予“杰出华人书画家”称号；2016年10月在全国第十六届“庐山杯”书画大赛中获书法铜奖；2016年10月在《中国文艺名家传世作品集》评审中获诗词金奖；2016年11月在“庆祝东坡书画院成立十五周年全国书画邀请展”获书法一等奖并授予“东坡书画院德艺双馨艺术家”称号。2016年11月在“魅力神州”全国诗书画名家作品邀请赛中获金奖。

寄语：继承及传承中华民族传统文化及其精髓，抨恶扬善。建设中国改造中国，为中华之文明、富强、民主、进步尽己一份微薄之力。

王保和 男，汉族，江苏省仪征市陈集镇人，自幼爱好书法，幼承家学，十岁习书，长期坚持“德艺双修、技道俱进”的艺术理念，逐步形成独特清穆、高古、掘厚、空灵的艺术风格。现为江苏省仪征市书法家协会会员及江苏省扬州市书法家协会会员，“杰出华人书画家”称号，中国国学书画研究院理事、中国北京六艺嘉韵书画研究院院士，被广大书法爱好者和书法家誉为最具影响力的农民书法家之一。

参加2015年春季江苏省仪征市真州镇举办的“法润真州杯”书画大赛，获优秀奖。

2016年河北省弘扬中国文化传承与创新正能量书画大赛，荣获特金奖。

2016年秋季北京中艺燕京书画院举办“中艺燕京杯”寻找中国好书画，全国书画大赛荣获金奖。

2016年辽宁省魅力神州全国诗书画名家作品邀请赛，荣获金奖。

2016年纪念孙中山先生诞辰150周年全国中老年名家作品邀请赛，获金奖。

2016年中国书画名家“走进印尼”纪念亚非会议62周年暨第三届“印尼情巴厘行”书画交流大赛荣获金奖。

2016年秋季全国诗书画家创作年会

书画大赛荣获一等奖。

2016年秋季江西省九江市举办“庐山杯”书法大奖赛，获铜奖。

2016年“和平颂、中华情”全国美术书画名家邀请展，获铜奖。

2016年山西省永济市第一届书画展，获入围奖。

2017年第四届相约北京全国文学艺术大赛获二等奖。

王胜理 1942年出生于山东日照，毕业于山师大美术系，幼承家训，酷嗜书法，终生临池不辍。由颜等唐楷入手、读书治学、取法乎上、遗貌取神、博采众长。继而练习二王及宋人行草，近年致力于草书研读、遍临怀素、张旭、孙过庭等经典范本。总想使书法既有明显的传统，又有强烈的新貌逐渐形成自己的书法创作审美观。

系山东省书协会员，被有关单位领导授予全国百强书画名家、中国书法院高级书法师、中国书画家交流收藏协会理事、当代中华文化名家、中国红色艺术家、德艺双馨艺术家、中国文化艺术杰出人物荣誉称号。

书法自2016年投稿，先后荣获纪念中国人民抗日战争暨世界反法西斯战争胜利七十周年全国第十五届“庐山杯”书画大赛银奖；庆祝中国共产党成立九十五周年暨红军长征胜利八十周年全国第四届“梦想杯”书画大赛银奖；“东方美”全国诗联书画大赛金奖；“江山颂”全国诗书画印大赛一等奖；第八届“祖国好”华语文学大赛金奖；“筑梦中国”庆祝中国共产党成立九十五周年全国书法大赛金奖；首届“王羲之奖”全国书画展优秀奖；“魅力宜昌”全国书法美术家作品展特别金奖；庆祝东坡书画院成立十五周年全国书画邀请展一等奖；《中国文艺名家传世作品集》特等奖；首届“伟人颂·永远的怀念”全国书画大赛金奖。

寄语：当人们在叫我们书法家时，我却在想书法家是什么？有那么多书法家吗？但我还是梦想早日成为名副其实的书法家——中国书协会员。世上无难事，只要肯登攀！

王金玉 笔名仲瑾，1958年11月8日出生于内蒙古赤峰市林西县新林镇，现从事教育工作，中共党员，专科学历，中学高级教师，林西县文学艺术联合会会员，内蒙古农牧民书画研究会会员。爱好书法篆刻，1998年篆刻作品入选内蒙古“首届农牧民书画展”并获奖；2001年篆刻作品入选内蒙古“迎接新世纪书画展”并获奖。酷爱文学，有百余篇作品在省、市级报刊上发表，其中现代诗《红烛颂》《寒星》入编“春晖满园·《中小学教师诗文集》”；现代诗《端午叹屈原》荣获2016年“东方美”全国诗联书画大赛金奖，作品入编《“东方美”全国诗联书画作品集》。

寄语:一片枫叶,最美的时候莫过于秋霜打过;一株红梅,最艳的时候莫过于白雪映衬。

王继安 生于1950年7月,山东省泰安市人。中共党员,中师学历,小学教师退休,小学高级教师。自幼爱好书法,因书写优秀,在泰山中学读书期间被解放军征兵人员看重入伍。入伍后任团司令部文书。退伍后任小学教师。任教期间兼任小学书法课辅导教师。曾任全镇中小学教师基本功"三字"(毛笔、钢笔、粉笔)辅导教师。曾在镇区县级举行的书法展览中多次获奖。2016年全国征稿的"和平颂·中华情"、"伟人颂·中国梦"等,分别获:特等奖、金奖、一、二等奖。并在《中国当代文学艺术精品大系》评审中,荣获金奖,并授予"中国文艺创作先锋人物。

王殿林 字柳人,笔名林亭。1941年6月出生,山东省寿光市人,中专文化,高级农艺师。退休后,从事汉字研究十余年,作品有《汉字速成解读与应用》《林亭散文集》等。

2015—2016年期间,在北京世纪百家国际文化中心、华夏博学国际文化交流中心、夕阳红文化中心所举办的书法大赛荣获一等奖6次,二等奖2次,文学艺术创作大赛荣获一等奖2次。曾先后荣获"全国最具影响力的文学艺术名家"和"中国梦文学艺术创作精英"等荣誉称号。2015年入编《中国新时期文艺人才库》。

2015年在母校益都五中(现为青州市口埠学校)创建全省第一家汉字解读与应用示范点,深受全体师生欢迎。同年获寿光市农圣文化奖个人突出贡献奖。所获奖金全部贡献于汉字解读与应用的公益事业。

2016年继续在口埠学校深化汉字解读与应用示范,并与校长王兰富共同研究成功"汉字速成解读法",居领先地位。汉字速成解读与应用,不仅促进在校青少年学生积极学习,还弘扬了民族传统文化,加强了德育阵地建设,实现了汉字解读与立德树人的有机结合,也有利于城市、社区、新农村的文明建设。《汉字速成解读与应用》这一新的科技成果,同年也推广到了寿光市诗词楹联艺术协会、寿光市书法研究会、寿光市国学研究会、寿光日报社、寿光文化报社、孙家集街道办全体机关工作人员和部分农村。它为挖掘传统文化艺术宝库、解读汉字、撰写楹联和创建全国第一个汉字解读与应用示范市奠定了基础。

现为寿光市书法家协会会员,诗词楹联艺术协会会员,国学研究会会员,世纪百家国际文化发展中心研究员,《百家》杂志特约编辑,中国诗书画网艺委会副会长。

寄语:挖掘三千多年传承的汉字艺术,弘扬五千多年文明传统文化,汉字速

成解读与应用进入校园，进入课堂，传承文明传统，培养具有中国精神的合格公民，那将是一件意义深远的事情。

王聪智 艺名王抗战，1941年3月生于陕西渭南，大专，现为陕西书画艺术研究院理事，陕西历史名人馆特聘画家，曾为陕西日报漫画通讯员，并发表文艺评论文章《落实双百方针要用制度保证》，担任美术教师期间，书画作品多次参展获奖并在报刊上登载。六十年代西安人防工程时为青年路地区人防设计“战地快报”版图版面，其间还编写了相声、小品等剧目，并在西安人民剧院演出。

退休后在渭南市老年大学继续研习深造书法，绘画，受到校方关注，作品多次在校报上刊登并给予高度评价。

2015年渭南市三部门联办“纪念抗日战争胜利七十周年”书画展中，书法作品获铜奖，国画作品获三等奖。

2016年7月”江山颂“全国诗书画印大赛荣获书法一等奖；同年10月《中国文艺名家传世作品集》评审中荣获书法特等奖；同年11月第二届“和平颂·中华情”全国美术书法名家邀请展荣获国画金奖。

中学时，西安师范艺校来渭南师专招考学员，后来听老师讲我的素描成绩全区第二，并在师专课堂上老师给学生讲评，我知道后心情激动，突然悟出一句格言：艺术家必须勤奋苦练，舍此别无其他途径。

目前，正积极创作自己的书画新作，准备在八十岁生日之前出版自己的“个人书画集”，以实现自己的今生创作梦！

寄语：我的母亲闵英彩小名通草，少时心灵手巧，剪纸、手工闻名乡里，一生勤奋，90余岁仍为乡邻无偿剪纸，深受十里八乡敬重。我从小受其熏陶，喜文书画，虽为生活所困仍几十年如一日坚持，今稍有成绩不敢懈怠，更愈加怀念母亲，是以记之。

王善甫 笔名王湘甫，1948年8月26日生于湖南省道县，中师小教高级语文教师。共作诗词百余首。2015年《采桑子·老有所养》在第七届“祖国好”华语文学大赛中获银奖，《诗词赞》在第四届“时代颂歌”全国诗书画影大赛中荣获二等奖。此文并在2015年《中国当代文学艺术精品大系》中荣获金奖。并授予“中国华语文学艺术百杰”荣誉称号。

2016年《浪淘沙慢·农税》在东方美诗联书画大赛中，荣获金奖。并在《中国文艺名家传世作品集》中，荣获特等奖；《骨气》在第八届“祖国好”华语文学艺术大赛中荣获金奖，《鹧鸪天·新程的路上》在2016年的“江山颂”全国诗书画印大赛中荣获一等奖，总之，奖是前进的动力，作出好诗，才是人生的美梦。

寄语：诗人要胸怀祖国，放眼全球，融入诗林之中。诗句必须是热爱祖国、热爱党、热爱人民的肺腑之言。是歌颂党、歌颂祖国、歌颂人民、赞美山河的美言佳句。

将诗文渗透到各个领域，反映人们爱好和平，追求美好生活的高尚品德。让诗词永远站在历史的诗台上，永不生锈。

王仲秋 1941年9月生，河南省安阳市人，中共党员，大学毕业，海军大校军衔，高级工程师，专业技术4级。曾任海军37031部队总工程师。1961年高中毕业后，响应祖国号召，应征入伍，成为一名光荣的海军战士。1962年蒋介石叫嚣要反攻大陆，经常派小股匪特来捣乱。当年在南海舰队穿岛水警区高速炮艇一中队567艇当轮机兵，2月初，参加了南海海上剿匪战斗，经历了一次实战锻炼。同年入海校学习，1967年于海军工程学院毕业后，分配到了海军潜水艇部队，直到2003年退休。

自幼喜爱书画，入伍后也不忘学习。在部队参加办版报，写标语口号。特别是文革期间，配合宣传教育，从中得到锻炼。1996年开始，参加了一些书画活动，时有获奖，兴趣更增。退休后，有了更多时间习练，丰富了老年生活，也添了些乐趣。前些时编了个顺口溜，叫《老来乐》“退休在家闲不着，怡然习练书画刻。欣闻作品获金奖，甭提心里多快乐。老伴持家就是强，家庭和睦笑满堂。齐心共圆中国梦，一家老少乐融融”。什么名利地位，那都是身外之物，有个好心态，保持身心健康，才有益于延年益寿。

2016“江山颂”全国诗书画印大赛荣获一等奖；第二届“和平颂·中华情”全国美术书法名家邀请展获金奖；《中国文艺名家传世作品集》荣获特等奖；《中国书画名人大辞典》荣获金奖等。

寄语：书画与养生，古人云：“书画者多长寿，寿从笔端来”。养生必养心，养心必宁静，宁静必炼气，炼气必学书法。练习书画本身就是一种运动。老年人习书画，可以防“手抖”，防“痴呆”，专心致志，凝神静思，静中有动，使全身气血通畅，肌体得到锻炼，可见有益健康。

王国伟 1928年10月生，河南汝阳人。高级工程师，中共党员。解放前在重庆南开中学就读。1949年解放后参军，在部队从事文艺工作。1952年复员，考入北京清华大学。毕业后长期从事水利及土建工作。热爱文学，长年笔耕不辍。经常在《清华校友通讯》《人民政协报》及《老年报》等多种报刊上发表作品。其中获奖的作品有：《两件小事》《访泰散记》《我的财富》《婚姻如伞》《走进清华园》《妙语生辉忆总理》《感天动地婆媳情》等。诗作被多家出版社转载，编入《中华诗经》《民族之魂·古今爱国诗典》《华夏作家文集》《当代诗坛名家精品集》（第一卷）及《华夏诗典》等多种大型诗集中。创作的格言，曾被收入十五种格言集中。出版的著作有《新诗经》《日思录》《夜思录》《寒夜孤灯》《金诗经》《幸福经》《走进清华园》及《现代诗经》。是中国散文学会会员、世界华文诗词学会会员、曾任政协河南省委员会第五届、第六届委员、现任政协河南省委员会联谊会会员。

寄语:诗是心灵的太阳。爱是生命的春天。人要成功,离不开一个“苦”字,苦乃成功之母。最可靠的朋友是自己的双手。寡言者,必多行;多行者,必有成。一颗善心,胜过黄金。婚姻成功的秘诀是:只爱一个人。婚姻幸福的秘诀是:爱一个人就要一直爱到底。爱,是一首高雅的诗;爱,是一支甜蜜的歌。书籍是无形的海洋。扬帆书海,成功在望;真理只有一个,如果多了,那其中必定有假的。幸福的家庭不是用金钱堆砌起来的,而是用专一的爱建造起来的。天堂是用一颗颗纯洁的心灵建造起来的。戒了烟和酒,再穷也富有。戒了烟和酒,准活九十九。有风雨的人生,才是最精彩的人生。只有专一的爱,才是伟大的爱,最成功的爱。

王荣胜 生于1941年6月,高中学历,籍贯:重庆江津,现在是夹滩镇卫生院退休医生。2008年2月,重庆市政府、文教、妇联合办,向社会征稿诗联,投联获二等奖。2011—2012两年分别向东方美全国诗联书画大赛投稿均获二等奖。2013年向东方美全国诗联书画大赛,投稿获金奖。主要作品:勤俭人生路(自传)、济世医方、革新诗词联、增修王氏家谱、故事启灵机。

寄语:处世公平正直佳,情义不能掺有假。见义勇为争先上,爱心济贫救困乏。靠亲朋吃穿成啥?自己摔倒自己爬。克勤克俭行正道,勤劳致富家定发。立志进取方向准,勤耕苦读是传家。奋勇求知自成才,科技兴国靠文化。聚赌吸毒家必败,偷抢诈骗犯国法。遵纪守法不贪婪,忠孝双全前途大。酒能酌饮身受益,见色不迷保身法。财能义取合情理,和气诚实众人夸!

王垄 笔名阿黾,昵称垄上独行者。江苏宝应人。大学本科学历。中国作家协会会员。九三学社社员。1968年1月生于柳堡。1987年至1999年担任乡村中学语文老师,1999年至今任职于《宝应日报》,现为副刊部主任。18岁起发表文学作品。诗文散见《诗刊》《诗歌月刊》《星星》《诗林》《诗潮》《绿风》《诗选刊》《黄河诗报》《散文诗》《扬子江诗刊》《散文百家》《散文选刊》《中国诗人》《飞天》《雨花》及美国《常青藤诗刊》、加拿大《海外诗刊》、台湾《葡萄园诗刊》等海内外数百家报刊,获200多项奖励,作品选入《中国新诗人成名作选》《中国当代诗人代表作》《中国诗歌年选》《中国当代诗歌导读1949—2009》《中国年度优秀散文诗》等近百种选本,部分被译成外文。出版诗或散文集《没有开始》《我从垄上走过》《因为柳堡》《梦中蝴蝶飞》《还娘乳》《冷空气》《生命左中右》及《王垄双年诗选》系列等10余部。2015年1

月至2016年12月，共公开发表纯文学作品近400篇（首），获全国各类文学奖项32个，长篇散文诗《柳堡风》被江苏省作家协会列入重点扶持文学作品项目。现系中国通俗文艺研究会常务理事、中国散文诗作家协会主席团成员、中国散文诗研究会及中外散文诗学会会员、扬州市诗歌学会副秘书长。

寄语：垄上独行者，独醉垄上行。独立之中见精神，自由之上说思想。

王俊明 1936年生于山西稷山县刘和村。1954年任教，1958年入党，1962年从政。1982年合著《今日太阳村》一书，由山西人民出版社出版，发行全国。合编《稷山卫生志》，由省市县史志办珍藏。1985年原中共中央总书记胡耀邦视察稷山时，受到县委、县政府大会表扬，被评为优秀共产党员、先进工作者；夺取全省卫生红旗县城评比"六连冠"之后，出席县、地、省大会并受大会表彰。传入《中华名人志》《共和国之星成就宝典》《中国通俗文学艺术家名典》《中华诗人十佳选集》《世界汉诗全集》《中国当代诗人大词典》《世界文化名人录》。历任完小校长、联合校长、县委通讯组组长、文教部办主任，县政府文委办、爱卫办主任。现任卫生系统老干部党总支书记、县诗联学会顾问、县老年大学诗联班班长、县委老干部局网络宣传组组长、中国诗书画院名誉主席。2012年，在中国当代诗词艺术大赛中荣获"金奖"，被中国国学作家创作协会授予"当代诗人一级作家"荣誉称号。同年，在首届"经典杯"世界汉诗大赛中荣获"特等奖"，被《世界汉诗全集》编委会授予"当代诗坛泰斗"荣誉称号。在庆祝新中国建国65周年全球诗书画大赛中，荣获"最佳创作奖·金奖"，被授予"新中国文艺名家"荣誉称号。2015年8月，被中国国学协会授予"新中国国学大师"荣誉称号，并入编国学专集《新中国国学三百家》（第三卷）。2016年5月，在中国书画黄页网、毛泽东思想学术研究院与中国国际艺术节组委会联合举办的评选活动中，荣获第十届中国国际艺术节"金猴奖"终身成就奖。

寄语：每位离退休老党员，老干部，在回首往事的时候，都要无愧于党，无愧于国，无愧于家，无愧于己。这样才能心平气和、坦坦然然地去见马克思。

王灵 现年51岁，陕西省宁强县巴山中学教师。酷爱书法，崇尚"二王，宋四家"之书法。2015年8月获"中国梦，廉洁颂"全国书画摄影诗文艺术大赛金奖。2015年11月全国诗书画家创作年会二等奖。2015—2016"伟人颂·中国梦"全国诗文书画大赛三等奖。2016年"江山颂"全国书画印大赛一等奖。现为汉中市书协会员。中国老年书协会员。

寄语：欲出烦恼须无我，历经艰辛好做人。

王思孝 原名王士孝,1944 年生,山西苗城人。中专学历,小教语文高级教师。从教 43 年,敬业守岗、孜孜矻矻、杏坛光辉、桃李满园。

从小喜欢读书、尤爱诗词、琴棋书画、样样都通、门门不精,退休之后、以书为友、提笔练字、晨练太极、中修国文、晚看新闻、修身养性、健康第一、书写人生、村里红白喜事,春节楹联全包全揽,为村民理发,理所当然。我的宗旨:“为人民服务”不讲价钱,这是我的心声,我的意愿。

王凤钦 笔名:歈飞、鲁珺,1941 年 4 月 13 日出生,女,山东省青岛市人,大学本科。2013 年荣获“中国当代文化名家”称号,并入编《中国当代文化名家档案》。2014 年荣获“当代华语文学艺术百杰”称号。2014 年 12 月荣获“中国文化传承功勋人物”称号,并入编《中国文化传承功勋人物志》。2015 年 11 月荣获“中国新时期文艺人才”称号,并入编《中国新时期文艺人才库》。加入的文艺团体:山东省中学语文教学研究会成员。主要著作:退休前,散文《追寻》、论文《教文与育人》均获青岛市征文比赛一等奖。诗歌、微型小说等,分别发表在省、市级报刊、文学创作丛书中。退休后,散文《畅游台湾》、《桂林山水萦绕我心》、《崂山,仙哉》均荣获“祖国好”华语文学艺术大赛金奖。散文《寻根路》荣获首届“中国梦之路”全国主题征文大赛一等奖。近期的获奖情况:1. 散文《畅游台湾》荣获第五届“祖国好”华语文学艺术大赛金奖。2. 散文《寻根路》荣获首届“中国梦之路”全国主题征文大赛一等奖。3. 散文《桂林山水萦绕我心》荣获第六届“祖国好”华语文学艺术大赛金奖。4. 散文《崂山,仙哉》荣获第七届“祖国好”华语文学艺术大赛金奖。

王凤祥 笔名俗雅堂主。1941 年 12 月 3 日出生,江苏省兴化市大邹镇人,祖籍盐城。1959 年 11 月应征入伍,在东海舰队训练团测距兵科训练一年,后分配到东海舰队,第六支队瑞金舰当兵,一年后调北京海军司令部运输部工作,又转调海军后勤部烟台捕捞大队锻炼一年。到北京海军司令部工作,并考取北京电视大学中文系。主修中国古典文学史和当代文学史。对文学产生了极大兴趣,当海军报社通讯员,并登载短文上百篇。曾写过电影文学剧本。转业后在大供销社经营多年,并用业余时间写了几百篇短文,登全国各种大小报刊上,还写了几部长篇小说,近三百万字。退休后,认真修改文稿,现出版七部文学作品;其中有《海边风云录》、《智斗飞马帮》、《血战兴化城》和《解放兴化》四部长篇小说,一部散文集《靓丽人生》短篇小说集《兴化革命英雄故事集》,年底又出版古典诗词集取名《俗雅堂主特色诗词集》共7部著作。荣获《小说选刊》《散文选刊》杂志社等20多奖项,受到市委宣传部及市文联的表彰,被评为市"先进文艺工作者",被当地政府授予"老有所为奖",兴化电视台、泰州电视台进行过专题表彰,泰州晚报、兴化报作了多次报道。现为江苏省作家协会会员,江苏省诗词协会会员,江苏大众文艺学会会员。

王天虹 1951年8月生,现居海南省万宁市。书学王羲之、欧阳询等古帖。书法作品曾获2015年纪念中国抗战胜利70周年书画展、全国第十五届"庐山杯"书画大赛银奖。荣获"和平颂·中华情"全国美术书法百家邀请展、第四届"时代颂歌"全国诗书画影作品大赛一等奖。第五届"炎黄杯"、"当代羲之杯"、"书画梦·羲之杯"、"文化复兴杯"、"东方美"全国诗联书画大赛,纪念抗战70周年全国诗词书画摄影作品大赛,纪念毛泽东《七律·长征》创作80周年"毛泽东诗词"全国书画名家作品大展,伟大历程·颂歌献给共产党——向党的九十五华诞献礼全国中老年书画名家作品大展等八项金奖,两项一等奖。书法作品入编《当代书画家名录》、《中国书画名家》典藏,并被中国人民抗日战争纪念馆(美国旧金山,海外)收藏。被中国书画摄影家协会授予一级书法师。现为中国书法家协会会员,中国书画家协会会员,中国传统文化诗书画协会理事,中国书画摄影家协会常务理事,世界华人华侨艺术家联合会会员,中国海峡两岸书画家协会会员,海南省诗书画家学会理事。

寄语:文艺同根,书画同源。灿烂文化,逾越千年。行文载道,承前启后。积学升华,峰顶直攀。催人奋斗,复兴梦圆。

王世安 字岱东,1939年12月生。山东省博兴县第二中学退休教师,中共党员。系中国书画家协会会员;中国文化市场促进会会员;中国老年书画研究会会员;湖南长沙晚晴书画院会员;山东省老干部之家书画协会会员。台湾海峡两岸文化交流协会副主席;北京九州兰亭书画研究院名誉院长。新中国杰出书法家。自幼热爱书法,多次参加全国书法展大赛获金奖二十多次,银奖三次,铜奖一次。先后被授予"辉煌65载中华功勋书画家","中国杰出书画家","中国红色卓越书画艺术家","中国国礼(红瓷)书法大师","中国梦人民杰出书画艺术家","中国爱国红色书画家","中国梦优秀艺术家","当代华语文学艺术百杰","中泰文化交流大使","人民红色书法艺术名家"等荣誉称号。个人入编《中国文化传承功勋人物志》一书;书法作品入编《当代书画名家作品价值指导》一书;作品入选《中华聚龙网》网络展示资格。作品有的被编入中国名人挂历、台历。2014 年 9 月，赴北京全国人大会议中心参加第六届祖国好华语文学艺术颁奖大会。作品多次入选《国礼珍品中国红瓷》获金奖，都有收藏证书。经中国书画名家润格认定委员会，专家组评议并参照国内外书画艺术品市场行情认定为：书法作品每平方尺 5000 元人民币（国外 2500 美元）。2015 年书法作品权威人士认定润格为 5800 元人民币/平方尺。

《中国文化传承人物志》，同年，获“中国当代文化名家”“中国文化传承功勋人物”金质奖章等数枚。艺术简历入编《中国当代作家书画家大辞典》《中国当代文化名家档案》典籍中，作品获特等奖（获 24K 镀金奖盘一块）。2015 年 9 月四首作品入编《“相约北京”全国文学艺术精品集》。其中《我为梦想酬壮志》获一等奖。

王旭高 1963 年生于江西景德镇乐平市，上世纪 70 年代末参加工作，中共党员，研究生学历，工程师。1978 年开始从事文学创作，至今共创作 990 余件作品。1985 年 3 月开始在各级各类报刊上发表作品，作品在全国、省、市屡次获奖，个人事迹入编多部大型国内、国外辞典书籍。近年来，多次被相关文化部门授予“全国文艺创作先进个人”“全国诗文书画先进工作者”“当代中华优秀诗人”“中国文化传承功勋人物杰出代表”等荣誉称号，并获金、银质奖章多枚，数次在北京出席钓鱼台国宾馆、人民大会堂、北京大学百周年纪念讲堂等举行的全国文艺创作颁奖大会。多首作品曾被选入在国家文化部与湖南省人民政府合办的《第二届中国百诗百联大赛作品精选》一书中。现为《中华散文网》创作员、《世纪百家国际文化发展中心》研究员、《百家》杂志社特约编辑，中国诗书画家网艺术家委员会副主席。2015 年创作事迹入编

王德学 1952 年出生于山东省青州市，1970 年参军入伍，大学文化，中共党员。自幼爱好书法，主要以行草见长，现为中国书画家协会理事，中华文化艺术推广联合会会员，北京世纪百家国际文化发展中心研究员，中国书画家协会潍坊联络处副主任，青州市老年书画研究会副会长，一级书法家。其作品在全国各地举办的展览和大赛中曾多次获得奖项。在第三届、第四届“时代颂歌”全国书法作品大赛中都获得了一等奖。在 2015 年“东方美”全国诗联书画大赛中获得金奖，近期又获得了全国第七届“祖国好”华语大赛金奖和纪念中国人民抗日战争胜利 70 周年“和平颂 · 中华情”全国美术书法百家邀请展一等奖。曾被授予“中华文化传承人物”和“全国诗书画影时代百杰”等荣誉称号，并入编《中国文化传承人物志》一书。

寄语：精心研究书法艺术，更好地为传承中华文化服务，为以正能量激励社会健康发展服务，为提升自身修养和健康服务。

王顺利 大学专科，中共党员。现任淮安区邮政发行投递业务局副局长。2016年度，荣获：羲之杯硬笔书法二等奖、炎黄杯银奖、江山颂杯一等奖、伟人颂杯一等奖四项国家级大奖。

寄语：我虽已53岁，但在书法艺术上是一名新兵，理论和实践知识还很匮乏，所以获国家级大奖既感到鼓舞，又感到自己有愧于这些荣誉。我要努力做到田蕴章老师要求的那样，为艺术和修养不求过多的名和利。

王建刚 1968年4月生，河北万全人。中共党员。大学本科，河北省邢台市第一中学一级教师，中国艺术教育促进会美术教师工作委员会会员，河北省邢台市美术协会会员。1993年，第一届国际绘画书法艺术大展少年组园丁奖；1994年，荣获第二届全国"小百花"杯少年儿童书画大赛优秀园丁奖；1998年，荣获中国少年儿童第三届美术书法大赛指导奖；1999年，荣获"千年等一回"——舒蕾杯全国青少年书画作品大奖赛园丁奖；2001、2003年，荣获第三、五届绿星国际少年儿童美术、书法、摄影大赛园丁一等奖，金牌一枚；2001年—2006年，荣获共计六届"PHE"国际中小学幼儿美术书法大赛优秀园丁二、三等指导奖；2003年，荣获"首届北京国际华侨华人少儿书画大赛"优秀指导老师；2005年，荣获第二届Beijing2008全国青少年儿童书画摄影才艺展评优秀辅导奖；学生有300多人次获不同的奖项。近年来，潜心研究国画花鸟小写意，特别是对国花牡丹的表现，画面效果能达到气韵生动，艳而不俗，秀而不滞，尽显牡丹的雍容华贵。在2015年9月第四届"时代颂歌"全国诗书画影作品大赛中，作品《牡丹喷香》荣获国画类一等奖，并获"全国诗书画影时代百杰"荣誉称号。在2015年11月全国诗书画家创作年会中，作品《春到人间许蝶寻》荣获国画类一等奖。

寄语：书画人生，陶冶情操；本分做人，踏实做事，以美育人，服务群众。

王立芹 1956年出生于安徽省萧县，斋号和谐斋，大专学历。中共党员、会计师。现为安徽省淮北市书法家协会会员、淮北市老年书法家协会会员、中国书画家协会会员。北京六艺嘉韵书画艺术研究院、北京华夏夕阳红书画艺术研究院、北京九州枫林国际书画艺术研究院院士。北京清芳轩国际书画艺术中心名誉副院长。2014年第三届"时代颂歌"全国诗书画影作品大赛一等奖。作品入编《全国诗书画影精品大观》一书，被授予"中华文化传承贡献人物"荣誉称号。2015年全国第三届"中国梦想杯"书画大赛铜奖。2015年第三届"金紫荆杯”香港交流展获银奖。作品入编《共圆中国梦——中国书画名家典藏》一书，被授予“中国梦书画传承名家”勋章。2015年“血铸丰碑”纪念中国人民抗日战争暨世界反法西斯战争胜利70周年全国书画大赛金奖。作品入编《血铸丰碑·全国书画名家作品典藏》一书。被授予“中国百强书画名家”荣誉称号。2015年全国纪念抗日战争胜利70周年大型书画展暨第七届海峡两岸书画艺术交流展金奖。书法作品在北京、台北展出。作品入编大型年鉴辞典《中国书画七十年鉴》，被授予“中国著名书画家”荣誉称号。2015年纪念中国人民抗日战争胜利70周年全国书画作品大赛金奖。作品入编《牢记历史，珍爱和平，振兴中华全国书画作品典藏》一书，被授予“爱国书画艺术百杰”荣誉称号。第七届“祖国好”华语文学艺术大赛金奖。作品入编《祖国好——华语文学艺术典藏》（第七卷）。2015年“中泰一家亲”全球书画名家国际交流展获金奖。作品入编《中华传世名家典藏》一书，被授予“中泰文化交流大使”荣誉称号。2015年中国书画名家意大利米兰世博国际交流展金奖。作品入编《中国知名书画家收藏宝典》一书，被授予“中欧文化大使”荣誉称号。2015年第四届“时代颂歌”全国诗书画影作品大赛一等奖。作品入编全国诗书画影精品大观《第四卷》，授予“全国诗书画影时代百杰”荣誉称号。2015年纪念中国人民抗日战争胜利70周年和平颂·中华情全国美术书法百家邀请展荣获一等奖。

寄语：书法虽说修身养性，陶冶情操，但是没有辛勤的耕耘和付出，不坚持临摹、不创新，什么健身、荣誉、一切的一切都会远离你而去。

王世昌 笔名王一溪，1981年12月出生，河南省泌阳县人，中国共产党党员。2006年毕业于河南省南阳师范学院中文系汉语言文学本科专业。现为河南省驻马店市泌阳县第二高级中学教师。本人热爱生活，亲近自然，向往田园牧歌式的诗意生活。喜欢风格典雅，抒情流畅的音乐。尤其热爱文学，喜欢读唐诗宋词，也喜爱现代诗歌散文，对楹联创作也颇有兴趣。陆续有诗词楹联发表在《盘古诗词》《老区之光——中国·泌阳》《泌阳览胜》等杂志上。

参赛作品《浪淘沙·一湾海峡》荣获2014年“东方美”全国诗联书画大赛铜奖，被组委会邀请参加在钓鱼台国宾馆举行的颁奖大会。

王玉生 男，汉族，广东始兴中镇村人。1936年1月生于贫寒农家，1949年初一辍学，曾务农，服兵役（中国人民解放军广州军区1958年积代会代表），参海南（广州军区生产建设兵团）戍屯。半个世纪以来：探历代诗体过程，究各时期声韵发展，研律体诗词平仄规律。论证《律体诗》平仄规律之分段、节奏、交替、对立（倒对）、粘翻、再对“六点精要”与非韵全部直对、入韵前对后倒、遇单同上粘翻、逢偶同上全对“四句口诀”。论证《律绝》“断句”与“截句”各六种格型。论著《北京音韵》、《平水韵》新编。论证《词》平仄与句读，纠《词林正韵》某韵部之误。论著《现代汉语·常用多音义词》应用规范。议论汉语与诗学教育。出版：新注《唐诗三百首》、《诗的律则》、《词的律则》、《北京音韵》与《平水韵》新编（附书）、《现代汉语·常用多音义词》五书，撰作新编《千家诗》等六书稿。2010 年后获：中国一级作家、中华一级诗人、中华诗词一级著作家、中国一级国学著作家等资证，新中国诗学大师等 100 多称号，参诗赛特等奖等 100 多次，200 多首（篇）诗词与议论文在全国 120 多家书报刊入编与发表。现国际中华诗词等十一家协会理事、副会长、常务副主席、名誉会长（主席），中华诗词学术等八家研究院（会）理事、副院（会）长、名誉副院长、名誉院长，中央社会文献等四家出版社常务副社长、社长、名誉社长，中华诗词博物馆荣誉馆长。

王永红 笔名原熇，1954 年出生，祖籍河南新蔡，研究生学历。自幼贫苦，少年时过漂泊生活，曾创作出近百万字长中短篇小说。后因上书中央领导调查报告，被破格进县委宣传部通讯组、文联工作。曾在中央级媒体担任报刊记者、编辑、总编辑、社长等职。系中国新文学学会、湖北省作家协会会员、中国书法家协会副主席、毛泽东书法艺术研究会名誉会长、中国书法名家联合会副会长、中国爱心书画艺术团团长（执行）、世界和平基金会黄宾虹书画艺术研究院院长、北京唐风美术馆高级艺术顾问、鄂东南彭德怀纪念馆总顾问、中国当代艺术家协会书画委员会顾问、中国文艺家联合会副主席。被授予中国公益典范人物、2013 感动中国艺术人物、中国十大艺术工作者、新中国国礼艺术大师（外交部指定推荐六人之一）等称号。出版各类书籍数十部。其中书法作品《王永红信札选》《中国翰墨传承人物王永红专刊》《全国艺术代表人物》《中国文化人物》等专集。书法作品《天下和》被中央领导及新加坡总理李显龙、韩国总理吴明及加拿大、马来西亚多国政要、国内外博物馆（院）收藏。

乙丁 原名王玉林，1938 年生于辽宁兴城，一直工作在冶金企业，工程师。1996 年从舞阳钢铁公司退休后，开始诗文创作。诗、词、联、格言等作品在近百种书刊刊出。近年来在全国诗文大赛中多次获奖，2016 年在“东方美”全国诗联书画大赛中获金奖；2016 年“祖国好”华语文学艺术大赛中获金奖。

代表作品有《东风第一枝·伟人习近平》《五彩缤纷百地联》《日照神州百色新》《几匕单联示汉文》《新中国六十年巨变》《退借旋转诗》等。2015 年出版个人专集《乙丁习文记》。中国楹联学会会员、北京华夏诗联书画院、中华诗词文化研究所、中国诗书画研究会研究员。

2015 年瑞典皇家艺术学院授予荣誉博士学位。

寄语:人生最大的遗憾是虚度年华,尤其那些身强体壮且聪明能干的人,他们完全有条件追求理想和梦境。但很多人没有,只是满足现状,得过且过。太可惜了!朋友,赶快行动起来吧,不要放弃多彩的人生,难道不愿意"出彩"吗?

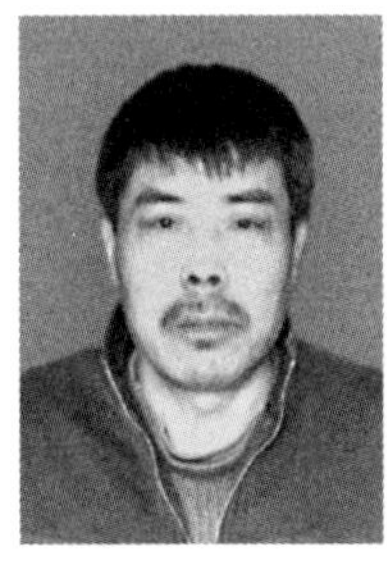

邓天抒 1953 年 2 月出生,四川省璧山县人。中共党员,初中文化(曾自修汉语言文学专业,中医专业)。四川江华机器厂退休,曾任厂总工会文字秘书。神剑文学艺术学会会员。曾被聘为《四川工人日报》特约记者。喜好文学。尤喜好散文、诗词、楹联。曾有短篇小说、散文、报告文学诸如《晚饭》《鹰歌山谷》《看海的故事》《冯九治丧》《冬天病倒》《腾飞的翅膀》《岁月河的歌》等见刊于《现代作家》《四川工人日报》《中国妇女报》《中国兵器报》《中国兵工报》《西南后工报》《神剑》等报刊。短篇小说《母亲的眼睛》曾获兵器工业神剑文学艺术学会"纪念人民兵工创建 60 周年征文大赛"二等奖。近有楹联作品获"第四届时代颂歌全国诗书画影作品大赛"二等奖。并被授予"全国诗书画影时代百杰"荣誉称号。

寄语:深入生活,内心诚挚。热爱祖国才会内心充实。追求艺术,唯精宁少,正气始终不移,不为利动,表现人民。

邓彪 笔名小虎,1946 年 8 月 15 日生江西遂川,大专学历,遂川瑶厦中学语文高级教师、退休后被聘为瑶厦中学"关心青少年工作委员会"副主席。2006 年 10 月在"孺子牛艺术奖全国书画大赛"中获金奖。2007 年 1 月在北京清大华文书画院全国书画家"弘扬仁义礼智信"邀请赛中获金奖,并被授予"当代百名儒学艺术家"荣誉称号。2007 年 3 月在第二届"唐诗、宋词、元曲"全国书画获金奖,并被授予"二十一世纪著名书画家"荣誉称号。2007 年 3 月在迎新春・全国离退休老干部、老同志书画作品新年展中获银奖,并被授予"中华老人儒学德艺双馨艺术家"荣誉称号。

寄语:中国书画艺术,是中华民族的国粹。为弘扬国粹,展示中华民族博大精深的文化,我愿用毕生精力为之作出自己的一份贡献。

邓学俭 土家族,1941 年 10 月生,湖北省巴东县人。1962 年 7 月毕业于湖北省恩施师范学校,先后在中小学任教,小学高级职称。2000 年 7 月退休。

2015 年"东方美"全国诗联书画大赛,获书法金奖。2015 年"祖国好"华语文学艺术大赛获书法银奖。2015 年"时代颂歌"全国诗书画影作品大赛获书法一等奖。2016 年第八届“祖国好”书法获金奖。2016 年“江山颂”书法获一等奖。2016 年《中国当代文学艺术精品大系》书法获特等奖。2015 年入选《中国文化传承人物志》;2016 年入选《新中国 66 周年文艺名家名典》;2016 年入选《中国新时期文艺人才库》。

寄语:平生不为时尚所惑,不为积习所蔽,不为浮名所累。以“怀才不露”者为师,以“以墨涂唇”者为耻。淡定人生,乐在其中。

韦栋材 壮族,广西南宁市武鸣区马头镇裕源村人,1942 年 12 月生,农民出身,中专文化,小学校长,高级教师,从教 36 年,2002 年退休。1990 年 1 月楹联和诗词作品曾入编山西《龙澍峪揽胜》一书。2016 年 1 月加入中国楹联学会,5 月参加 2016“东方美”全国诗联书画大赛荣获楹联金奖。

从教以前、曾当过兽医员兼卫生员,还做过水利民工、矿工、建工、木工。从教后,由于家庭经济拮据和出于兴趣爱好广泛,在假期中又学会了糊瓦、打砖、烧窑、竹编和刻碑等,做金水木火土五行都可有饭吃。业余时间就大量广泛阅读诸多古典小说和诗词,甚至中国安阳周易学院的八部教材都买来学习研究乃至应用。挑灯夜读至零点才入眠是一生的常事。31 年联刊老订户伴随 31 年坚持上街书写春联,且同时现场向观众讲解《联律通则》的“六要素”,教之以这把“尺子”去品评那些地摊上摆卖的印刷花边“春联”。正因我有如上所述诸多工种的生活历练和在大量阅读中接受几乎全方位的文化知识层面熏陶,使我的文化知识水平提升了许多。所有这些认知都能成为我创作来源的有益土壤。

寄语:对联功能非常广泛,处处时时都有实用价值,都有社会和民众需要。我坚信历史不会再将对联泯灭,其发展形势必将越来越喜人。对联是我不可或缺的精神文化套餐。为继承和弘扬中华传统国学文化而普及对联,我愿为下一代奔走呼告,有一分余热,发一分光。不悲前额霜雪争袭鬓,但愿后人女男竞接班。

韦成柏 壮族,广西柳城人,1949 年 6 月生,中共党员,中师文化。小学高级教师,2005 年退休,2010 年始从事诗词习作,360 多首作品分别入编《中华诗词家名典》《中国名家名诗辞典》《中国名人录》等 57 部诗词典籍,或发表于《诗词之友》《诗词百家》《九州诗词》等 9 种期刊。在参加全国诗词比赛中,曾获得“国粹杯”二等奖;十二、十三届“天籁杯”获银奖和精英奖;2016 年“东方美”获金奖;第七、八届“华鼎奖”获银奖和铜奖;北京 2022 冬奥会申办成功 · 国粹题贺创作活动一等奖;《中华当代好诗词》一等奖;纪念抗日战争胜利七十周年 · 中华国粹艺术创作活动一等奖;“勿忘国耻 · 圆

梦中华”纪念抗日战争胜利70周年全国诗词大奖赛获特等奖。2016年“江山颂”一等奖；第六届“祖国好”华语文学艺术大赛金奖等奖项三十五次之多。《同林鸟》《同龄人》《难忘意》等多篇散文分别入编《百年散文名家》《中国当代散文家力作选》等多部散文集。荣获“中国年度散文金奖”、“散文名家特别金奖”等奖项六次。被授予“当代文艺名家”、“当代中华优秀诗人”、“天籁之音·德艺双馨中华诗词家”等荣誉称号，出版个人诗集《秋韵集》。

寄语：以诗词咏祖国壮丽河山，用笔墨扬中国传统美德，乃我最大乐趣！莫为钱财所倾倒，勿因名利而忘义，人仰千秋。

韦国号 笔名枥骥，1935年5月出生，壮族，广西平果县。中共党员，大专学历，现任中国散文学会会员，散文学会写作中心创作员，《百家》编辑部特约编辑，授予第九、十届“中华颂”大赛获奖作家。曾在中国人民解放军公安部队，历任战士、警士、副班长、班长，县人武部政工科干事，社教工作队组长。下地方先后在四个社会任武装部部长，党委第一副书记、革委会副主任、主任，县民庭庭长，县打拐办负责人，县处纠办副主任，信访科长，告申庭长，四级高级法官。1956年出席县青年社会主义建设积极分子大会，曾多次被评为政法先进工作者。入编《羲之杯》全国诗书画家优秀精品集（第三卷）。《读华夏情书有感》获一等奖，入编《华夏情——全国诗文书画精品集》（第2011年卷），又入编《中国时代文艺家名典》。《重游武汉城赋》荣获一等奖，入编《中华颂——全国文学艺术精品集》第十卷，已荣获2014年“东方美”全国诗联书画大赛金奖，又入编《中国时代文艺家代表作年选》（2012年卷），再入编《中国诗文书画家人物大典》，经编委评审，授予“全国诗文书画先进工作者”，并获金奖。《老人歌舞度晚年》获一等奖。入编《时代颂歌》全国诗歌散文精品大观2012年卷。《文化公园不夜天》获银奖，入编《炎黄杯》诗书画印艺术精品集（第二卷）。《峥嵘岁月十八大》获一等奖，入编《中华颂》全国文学艺术精品集（第十一卷），又入编《中国当代作家书画家大辞典》，再入编《中国当代文化名家档案》。《重游新北京感赋》获金奖，入编《2014年“东方美”全国诗书画家作品集》（2014卷）。《老岁读书》获三等奖，入编《羲之杯——全国诗书画家精品集》（第五卷），2014年12月又入编《中外当代文学艺术家代表作全集》（2015年卷）。

车胜新 1954年3月出生，山东省淄博市人，中共党员，大专文化，高级工程师。1970年参加工作，边工作边自学多年，获得国家高等教育自学考试大专毕业证书。由工人先后晋升为技术员、助理工程师、工程师、高级工程师。历任厂长秘书、总工程师办公室主任、标准化室主任等职。并任山东省汽车标准化技术委员会副秘书长、全国低速汽车标准化技术委员会（SAC/TC234）委员、全国道路运输标准化技术委员会（SAC/TC234）观察员、山东汽车工程学会专家委员会委员等社会职务，被山东省标准化协会授予山东省标准化专家荣誉称号。

该同志坚持工作之余笔耕不辍多年，所著述的《企业产品标准审查中常见错误及纠正办法》等百余万字学术论文及技术文章在国内期刊发表并多次获奖，多篇文章被国内书刊收选。

该同志获得如下荣誉：全国机械工业标准化先进工作者、山东省机械行业标准化先进工作者、山东省汽车行业标准化先进工作者、山东省采用国际标准先进工作者。

该同志参与交通运输部编著的图书《城市物流汽车选型技术要求》已由人民交通出版社出版发行。所著的图书《汽车标准化思考与实践》已于 2016 年 1 月出版发行。

2015 年—2016 年获得奖励情况：2015 年东方美全国诗联书画大赛金奖；2016 年中国文艺名家传世作品大赛金奖；2016 年第二届中华情全国诗歌散文联赛金奖；2016 年第七届羲之杯全国诗书画家大赛一等奖；2016 年第 13 届中国标准化论坛学术论文特等奖；2016 年中华夕阳红文艺先锋人物。

寄语：人生苦短须奋蹄，平凡耕耘自辉煌。

丹心沥血甲子间，青灯黄卷逐逝年，平凡耕耘莫等闲，老马奋蹄无须鞭。

五画

乐锋 出生于1940年5月，宁波人。毕业于宁波教育学院中文专业。从小爱好并自学美术，曾任职业高中、幼师专职美术教师。钢笔素描是独创的绘画作品，他的灵感来自传真照片中疏疏密密的点点构成的事物形象，在数十年摸索、推研和实践中，巧妙地运用绘画技法中的点描法，通过笔尖在纸面上：点、划、磨、擦的运行，作画时根据画面的明暗层次，握笔手势轻重、缓急、转折、点顿，所形成块面的疏密、浓淡、凝重、飘逸等不同艺术效果，达到了素描所要表现的明暗层次的要求，可充分表现所画事物的形、质及至精神层画的内涵以及思想、感情和心绪的宣泄，改变了钢笔画只用线条来表现的局限性，完善了钢笔素描的画法，形成了独创一体的风格。

作品常有留白、镂空的画面，在绘画技巧上给人一种新颖、独特个性显现和美感。

作品多次在各级竞赛中获奖，并入选《中华热土》《中国书画金奖作者风彩》《民族国粹》等十多部书画家典籍。2000年6月钢笔素描《山村晨曲》入选"首届华人艺术展"并在北京、香港、东京、纽约巡展，作品被人民画报社收藏。钢笔素描作品还参加了第三届俄罗斯圣彼得堡市书画作品大展、还参加了庆祝中埃建交55周年在埃及首都开罗举办的第三届书画艺术展，也在泰国、新加坡等地举办画展。2015年6月荣获"中华文化突出贡献奖"特别金奖，作品在联合国总部展出。当选为"2016中华传奇"人物，作品入编《中华传奇》。钢笔素描作品收入在《钢笔艺术》《全国艺术代表人物》等书中。

寄语："生活无限美，我们要从生活中发现美，在生活中感受美，在生活中提炼美，在生活中创造美。生活是美的源泉，美是生活的精华"。我将以毕生的精力，在生活中创造出美的作品。

艾克拜尔·米吉提 新疆霍城县人。1954 年 4 月 16 日生，作家，哈萨克族，兰州大学中文系毕业。编审，享受国务院特殊津贴，中共党员。1979 年获全国短篇小说奖。1980 年入中国作协第五期文学讲习所学习。历任插队“知青”，新疆伊宁县红星公社党委新闻干事，伊犁哈萨克自治州党委宣传部干部，《民族文学》《中国作家》编辑，中国作家协会创联部民族文学处副处长、处长，《民族文学》副主编、常务副主编。现任全国政协委员、中国作家协会会员、中国作家出版集团党委副书记、管委会副主任、《中国作家》主编。

艾双槐 1943 年 2 月生，山西省原平市人，中共党员，中专学历，会计师。在部队任团职干部，转业后任大同市汽车贸易中心书记。国家一级文学家。中国大众文学学会理事、中国诗书画研究会研究员、中华对联文化研究院研究员、中华国学文学会会员、世界华文诗歌学会会员、中华诗词研习会会员、盛世轩(北京)书画艺术院院士、辽宁省党的建设研究所特约研究员。作品有论文、诗词联、格言等，入编 130 余部书典。在《中国物资报》《山西日报》《山西物资流通》《山西物资报》《中国楹联报》《对联·对联故事》《对联学刊》《大同日报》《大同晚报》《雁北日报》《诗词家》《诗国》等省内外报刊有发表。传略入编《世界优秀专家人才名典》《世界人物辞海》《中华名人志》《共铸长城》《原平百年人物志》。论文获国际优秀论文奖、特等奖、一等奖、中国当代优秀学术成果奖，新时期国家重点人才创新科研成果一等奖、山西物资成果优秀奖。诗词联、格言获国际优秀作品奖、特等奖、金星奖、金奖、一等奖、二等奖、百花优秀奖、甲级作品奖、百杰创作奖、紫金花金奖、中国山水艺术金质奖、改革开放创作奖、最佳红诗创作奖、甲级作品题贺艺术奖、诗书画艺术成就 A 级奖、世界华人杰出成就金奖、国学家特殊贡献金奖、中国改革开放诗词终身成就奖、海峡两岸百优诗词作品奖、共和国六十年文艺创作突出贡献奖。获中国当代文学之星、当代国学名家、共和国文艺旗手、首批中国新时期十年文艺灵魂国学家、德艺双馨艺术工作者、世界华文诗词艺术名家、中国吟坛题赠嵌名妙手、中华诗词一级著作家等荣誉称号。

付纪昌 笔名付江，山东省兰陵县人。1950 年 4 月出生，1971 年参加工作，1976 年 5 月加入中国共产党。中专学历、政工师，退休干部。

1984—1989 年任磨山镇党委专职报道员，在《农民日报》《大众日报(农村版)》《临沂日报》等报发表作品 60 余篇，两次获《临沂日报》模范通讯员称号。

2008年后，在本地刊物《文峰》上发表散文，故事十六篇。建国六十年，新世纪和谐中国征文，“逝去岁月的记忆”获银奖，入编《共和国放歌优秀作品选》一书。散文“恩师”于2010年在《中华儿女》海外版上选登。散文“角落里的小胶车”于2015年在《祖国好》一书上选登，获银奖。并于2016年入选《中国当代文学艺术精品大系》一书，获金奖。现为山东省临沂作家协会会员。

寄语：要诚恳地做事，本分地做人。在人生的征途上追求开创着自己爱好的事业，爱国爱民。

付秀东 笔名柳阴，山东省禹城市辛店镇张西尧村，1971年9月出生，高中文化，自由职业者。系中国诗词家协会会员，中华当代文学会会员、中华诗词名家交流中心理事。自学生时代起，就热爱诗词并开始创作，有40多首诗词、新诗被第十一届、十二届“天籁之音”，第五届中华诗人踏春行，诗词世界等书收录并获奖项。曾被授予“天籁之音·德艺双馨中华诗词家”等荣誉称号。现与张鸿喜先生、张宝联先生、王耀华先生成立了草根文苑社，出版了社刊《草根文苑》，并出任编委一职。

寄语：诗是人民的，向人民学习，观世尘百态，读万卷书，行万里路，使作品贴近地气，上承千古，下传万代，撑起民族文化的脊梁。

冯裕胜 笔名彭玉冲，1941年5月生于海南省海口市，1960年7月参加教育工作，2002年9月退休。

2015年参加第七届“祖国好”华语文学艺术大赛获得金奖。

2016年参加“东方美”全国诗联书画大赛获金奖；作品《红湖》入选《中国当代文学艺术精品大系》获特等奖；“江山颂”全国诗书画印大赛获一等奖；第八届“祖国好”华语文学艺术大赛获金奖；作品《咏甘庶》入选《中国文艺名家传世作品集》获特等奖。

寄语：生命是短暂的，前途是光明的，道路是漫长的。只要不怕艰难，勇于攀登辉煌的顶峰是必定能达到的。

冯荷颖 女，1942年7月生，江苏江阴市人，大专学历。学书法，在启功学生蔡伯仁老师（北京师范大学57届毕业生）指导下学习书法理论和书法技巧，日有提高。2015年以来，博得了社会效应。

2015年3月，中国老年书画学会举办第二届中国老年书画学术展荣获银奖；2015年11月，东方红·庆祝中国共产党成立90周年全国书法名家作品大展荣获金奖，特授予“中国红色书法艺术名家”称号。

2016年1月，永远的旗帜全国书画名家作品大展(纪念毛泽东主席、周恩来总理、朱德总司令逝世四十周年)书法作品荣获金奖。

2016年5月，“东方美”全国诗联书画大赛，书法获银奖；2016年6月，中国通盛书画艺术研究院、中国书法家协会、中国美术家协会、视点中国书画院、中国海峡两岸交流协会举办纪念周总理诞辰118周年书法作品入选入编和入展评为金奖；2016年7月，“江山颂”全国诗书画印大赛书法作品荣获二等奖；2016年8月，第八届“祖国好”华语文学艺术大赛荣获金奖，并授予“中国华语文学艺术百杰”荣誉称号；2016年10月，繁荣文艺创作共筑中国梦想，中国文艺名家创作论坛获中国文艺名家传世作品集编委会，北京世纪百家国际文化发展中心颁发的金奖。

寄语：读好书，勤补拙；有所得，戒自满；继有为，报祖国。

成就一生勤学好问、勤看书报、勤抄、勤写。在本地本邻亲友间为欢男嫁娶等喜事助兴编写一些民歌、喜联，并书写张贴祝贺。习惯成为平常的务外工作，事事有求必应。另外在本县内积极组稿投至乡镇、县、省广播站、广播电台、日报社等，曾1975、1976连续两年县、市、省电台、报社积极通讯员。在省外多次获奖举不胜举。

《抗倭胜利七十年》荣获2016“东方美”全国诗联书画大赛中金奖、《江山颂》全国诗书印大赛荣获一等奖，反腐、廉洁五副对联荣获二等奖。本人好似如鱼得水走上“东方美”的平台，也犹如久旱的枯苗正遇甘霖踏上中国北京东方美的奖台。欣逢盛世让我们同心同德实现祖国的伟大复兴梦！

寄语：我虽年迈人老愿我似萤火虫那样心知肚明为东方美发出点点的余热余光！愿“东方美”越办越好，本人将更努力创作好作品积极参与。为实现习近平主席提出“两个一百年”奋斗目标和伟大复兴的中国梦而努力奋斗！

冯祖超 1947年出生在广西合浦县一个贫寒的农村家庭，解放前夕，由于父亲在粤桂边纵队的山区革命工作，故而形成“苦瓜命”，解放后父亲继续在当地搞清匪反霸、土地改革等无休止工作，母亲带我时在家时去外祖母家度活，从1956年到1962年只读7年书，而我读书随着零碎，驳接就读，不能一气呵成的读书方式，但本人在生活逼出来的知难而学的“高玉宝我要读书”的精神，故

冯瑞升 字途清，1933年2月生，浙江省常山县人。1951年春抗美援朝入伍，人民解放军第23文化速成中学毕业，1954年入党，1956年提干。复员后在县邮电局从事机要文秘工作。

退休后在老年大学学习诗词、摄影等。是省、市、县诗词学会会员，摄影协会会员。历年都有诗影作品刊于全国性书刊并获奖。2011 年中华诗词踏春行组委会授予:"中华诗人"荣誉称号,2015 年被中国民族文化研究院授予:中国文化艺术类终生成就奖金羊奖。

寄语:敬仰先烈,崇尚哲人,理性处凡事;爱国尊党,忠于职守,平生干净人。日耕夜守国家事,不亚艰辛万里征。苦乐兼程山海度,有风有雨也有晴。

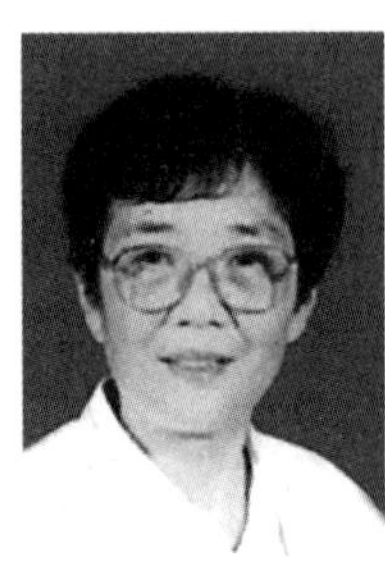

冯琳 笔名华子,法号昌琳、妙莲居士。女,1936 年生,安徽蚌埠人。安徽省蚌埠学院副研究馆员。世界华人作家协会会员、当代作家协会二级会员、世界民间文艺家协会会员、当代文学艺术中心作家委员会会员。

1955 年毕业后,分别在安徽省委机关、蚌埠市文艺、体育、教育界从事教师、美工、政工、文书、图书管理等工作。

1991 年退休后,应聘在市工艺美术学校、市工人文化报社、安徽省教学信息中心出版社工作。

主要著作入编:《中华文艺家大辞典》《世界民间文艺家大辞典》《共和国艺术家志》《共和国艺术家大辞海最新版》《中国文艺大家》(国礼珍藏册)、《中国艺术圈十大人物》(国礼珍藏册)、《中国当代十大名家》(国礼珍藏册)、《中国一线艺术家润格参与册》(国礼珍藏册)等。

获奖情况:2005 年获"中华优秀文艺家"奖状。从 2010 年至今参加全国文学作品赛获"金奖"五次,"一等奖"四次,"特等奖"一次。2010 年世界民间文艺家协会评选经联合国教科文卫组织批准备案授予"世界民间文艺巅峰人物"称号(中国两名,另一名是画家赵秀峰),获奖杯、奖状、奖牌。2011 年联合国教科文卫组织第 29 次秘书处会议研究决定授予"中国民间文化圣贤"荣誉称号。

寄语:一生之最:最大的快乐是工作、最大的享受是读书、最大的欣慰是奉献,最大的心愿是国泰民安。感言:彩虹之所以美丽,因为它是由赤、橙、黄、绿、青、蓝、紫组成的,品尝过酸甜苦辣咸的人生是丰富多彩的。热爱生活吧,我的朋友们。

冯耀先 笔名文钊,中共党员;1953 年 5 月生,湖北省英山县人。1972 年高中毕业。1973 年在本村担任青年团支书。1974 年参军服役,业余时间经常参加诗歌竞赛活动,积极投稿并多次获奖。1980 年退役回乡曾参加县志编采工作。1981 年在县民政局编写革命烈士英名录。1982 年回本村担任民兵连专职工作。近几年来,笔耕不辍,诸多的荣誉和奖项有:特等奖、金奖、金笔奖、最佳创作金奖、银奖,一等奖等许多荣誉。对我来说是鼓励和促进。虽然没有报酬,但内心感到充实,为中国的文化艺术作出了应有的贡献。

寄语:我的平生既有缺点也有优点:第一是诚信待人,从不说假话,以信誉为重,不骄不躁,低调做人。第二是用爱书名言激励自己。圣贤血脉须寻着，天地经纶有展舒。工夫若到通辙处，尽心知性契真知。莫将私欲蔽明镜，人不读书何其愚。爱书读书是我从小养成的习惯，写作诗词是我的乐趣和爱好。

冯广程 辽宁省沈阳市人，1933 年生。大学本科毕业，副教授。现为中国书画家协会会员、中国老年书画协会会员、长沙羲之国际艺术中心客座教授、中华诗词学会会员、世界教科文工组织专家成员。在书法艺术活动中，曾在颜真卿国际名家交流展、吴道子书画名家大展、中国国际科技文化博览会书画大展，以及在纪念建党 90 周年、纪念抗美援朝 60 周年、纪念毛泽东诞辰、纪念邓小平百年诞辰等书画名家作品展中多次获得金奖或一等奖。各种奖励 60 多项。获得千年宋词全国书法百强，以及"杰出华人艺术家"、"中华书画杰出艺术人才"等荣誉称号。作品入编《中华翰墨名家作品博览》《中国当代书画艺术家名典》《纪念建党 90 周年红色经典》《第二届中国千字文大展》等各种大赛专集。出版有《中国当代书画大师——冯广程个人卷》《当代书画泰斗二人行——沈鹏、冯广程卷》。本人业绩入编《中国世纪专家略传》《中国老干部书画家大辞典》。《人民日报·海外版》"中华艺苑名家"专栏和"中国书法网"专栏，专门进行推介。

冯赤 笔名杨柳，1942 年 3 月生于西安临潼。大学毕业，中共党员，一级作家。供职于西安市临潼区文化局（正县级）。是中国作家协会会员，中国散文学会、中国诗歌学会等 10 多个国家级协（学）会会员、研究员，中国文学艺术家联合协会、中国国际文学艺术家协会等 10 多个协（学）会名誉主席、副主席。1962 年参加工作。青年从政至退休。长期在政府部门任职。曾任西安市科委情报处主任，临潼区科技、档案、旅游、文化局长。

少年酷爱文学，学生时任学生会主席。创办刊物，任《柳芽》主编。1959 年开始发表文学作品。迄今曾在国内《作家报》等数十种报刊发表文学作品 2500 余篇（首），已经出版各类文学作品集 88 部，其中散文集 40 部、诗词集 33 部、小说集 15 部，还有中作华文数字公司出版并传至互联网，作品有散文、小说、传记、诗歌、选本和文集等。先后发表和出版的著作约 2000 余万字。（出版诗歌 3000 余首，35000 余行，发表和入选诗歌 2000 余首、次）各类作品荣获省级和全国文学奖 140 余项。130 篇（部）入选有关书刊。另外《文艺报》等 184 家单位编辑的选本、辞书入选传略、业绩、作品。13 篇（部）作品入选"作家报杯"1－13 届获奖作品典藏。《文艺报》等单位授予"人民艺术家"等各类相应的荣誉称号数十个；被聘任各类兼职领导数十个。在秦俑故乡为国内外游客签名万余册，达数千人次。为此受到了评论家的关注，在中国媒体上有各种评论百余篇。多家新闻媒体数十次宣传报道。北京作家报先后五次整版推介。原中共西安市临潼区委书记任军号在评论中写道："冯赤的文学作品是临潼旅游业发展的一扇靓丽之窗口，是临潼经济腾飞的一柄锐利之剑"。

寄语：散文是文学丛林中烂漫的山花。注重思想表达，地域文化的增强，经年有时，一大批作品形成了专题文化散文的阵势。诗词创作的回暖之势，比其他文体的暖来得更有质感。短篇小说创作出现了前所未有的局面，获得文坛和读者好评。一年又一年过去了，每一寸光阴都不能复还，但文学作品留下了美好的记忆。

包毅夫 生于1932年8月27日，浙江省乐清市大荆镇南门口，1946年进私企当学徒，1952年市委提拔当干部进市级机关任文秘工作，1958年进工厂学技术，1959年调入地方国营电机开关厂任厂长、书记。1971年调任宁波市机械工业局工会主席。1992年退休后，热爱文艺写作，并与同事创办宁波天云轩书画社任顾问，参与编写宁波市工贸实用手册、宁波市建工实用手册，在这些活动中学习、研究发挥自己的写作诗词、散文30余篇，主要作品以创业、创新为主题。如“创新是企业长盛不衰的法宝”。被浙江省委刊物《今日浙江》征文评为三等奖。如“给青年创业者的启示”，被宁波市人才市场报征文评为特别奖。2015年后写给北京“东方美”、“祖国好”等大赛的散文6篇，其中如“古它山堰水利工程世界首创奇迹”，被“祖国好”评委评为金奖。如“殡葬创新的典范”，被“东方美”评委评为金奖。我认为创新思维是追求梦想的精华，也是改造社会，造福人民的最宝贵的财富。我的信念、坚持写作以创新为主题的文章，文留人间，福荫后代，盼世代不断创新创业，实现中国梦。

寄语：人活着应有感恩之心，坚持理想、信念、不满足、不消极。通过学习、参观、为国为民弘扬创新，增加正能量，做些微小的贡献。

卢明昆 中共党员，忠于党的教育事业，热爱教师工作，勤奋专研教学。1985年毕业于广西艺术学院师范系美术教育专业，主修中国画，一直在南宁市第十五中学任教，任美术普教工作及高中美术高考培训工作，30多年教师工作，培养了数以百计考上美术大学的学生，有全国的名牌大学，也有省市级的普通大学。

2012年学校没有熟悉书法教学的教师。我主动把书法教学担起来，那年5月去杭州参加了一期全国文字规范写法和书法教师的培训班，聆听了几位大师的讲课后，茅塞顿开，我懂得了书法的入门途径，加上在电脑上看了不少的书法教学视频，使我爱上了中国的毛笔书法。在短短的教学中，也写了几篇论文《用点、线、面美术因素揭示书法美的神秘所在》，《起笔、运笔、收笔、构字、章法五大因素构成了一个书法家的书法风格》，《论颜真卿的书法个性形成》；通过几年的书法教学，使我深刻认识到中国的书法艺术是屹立于全世界艺术之要的一块瑰宝，它需要我们每一位中国人传承，使它发扬光大，为子孙后代造福。

这几年来，培养了考上书法大学专业的有3人次，教老年学员50人左右。

2015年5月在《时代颂歌》全国赛中获一等奖；2016年5月《东方美》全国赛中获金奖，在2016年12月《和平颂·中华情》全国书法赛中获金奖，在奖励面前我不自满，继续研究书法和书法教育，做书法的传承人。

卢策 笔名竺水，中共党员。1942年生。中国作家协会会员。中国世界华人作家艺术家协会会员。中国散文学会会员。主任编辑职称。1962年毕业于江西教育学院。曾任教师、县文联秘书长、记者和编辑。曾兼任市文艺理论学会、市作家协会、市红土地文化研究会副秘书长。1960年十八岁开始文学创作。曾在全国发表作品四百多万字。获省以上奖50多项。其中获《散文选刊》全国征文一等奖，获中华散文网、《诗潮》杂志、北京华夏博学国际文化交流中心联合举办的2014中外诗歌散文邀请赛一等奖；中国艺术研究院全国文论征文二等奖。曾先后出版小说、散文集《茶树坳》；散文、随笔集《郁孤台下清江水》；文论评论集《文学的审美情感》；诗集《春歌集》《卢策短诗选》；报告文学集《群星璀璨》；短篇小说集《红红的腊梅花》；长篇小说《南天烽火》《小鬼班》《三年游击战》（与人合作）、《大山里的女人们》等十多部专著。现为作家出版社《和谐中国》系列丛书、《散文选刊》（下半月）、《海外文摘》《散文世界》等机构的签约和特约作家。

寄语：文学需要真情，编辑需要胸怀。

卢清武 1944年1月生，初中没毕业因病辍学。17岁开始自学书法。2009年参加德惠市书法大展写下了："两个奥运会同样精彩，三位航天员遨游太空"。受到了领导的好评。2014年两次参加全国书法比赛都获银奖。

爱好中国象棋在2004年德惠市象棋个人赛中获大师证书。现在虽年过古稀但每天都在学习写作孜孜不倦，要活到老学到老，争取创造出更新更美的作品。回报国家赋予的荣誉和希望。

寄语：酷爱书法五十年，今朝有幸得入编。岁过古稀学不倦，争为华夏谱新篇。

史万亨 字靖善，笔名杜文，回族，1943年11月生于北京，复转军人，中共党员。毕业于中国政法大学法学系，后考入中共中央党校研究生院，获研究生学历。退休前就职于北京政法

职业学院，处级干部。自幼喜欢书法，曾师从书法家赵玉台、庞中华、陈元济、于民等先生。现为中国书法研究院艺术委员会会员、中国老年书画研究会会员、中国楹联学会会员、中国国际书法艺术家协会会员、世纪百家国际文化发展中心会员、华夏博学国际文化交流中心会员，北京市朝阳区诗书画研究会会员、北京市东城区老干部书画研究会会员。系中国诗书画家网艺术家委员会副会长、中国国际书法艺术家、《羲之书画报·诗书画家》特聘签约诗书画家、世纪百家国际文化发展中心研究员。

2013 年入选《中国诗文书画家人物大典》；2014 年入编《中国当代文化名家档案》，被授予“中国当代作家书画家精英”称号；2016 年获“中国新时期文艺人才”奖章，入编《中国新时期文艺人才库》。

历年来，积极参加北京市及全国书画大赛，仅 2015 年就获得六个国家级奖励：翰墨飘香第二届中国国际书法大赛获铜奖；首届二王奖全国书法大赛获二等奖；第四届“时代颂歌”全国诗书画影作品大赛获书法一等奖；第五届“炎黄杯”国际诗书画印艺术大赛获书法金奖；第六届“羲之杯”全国诗书画家邀请赛获书法一等奖；第七届“祖国好”华语文学艺术大赛获书法金奖。

2016 年获得 10 个国家级大奖：2016 年“东方美”全国诗联书画大赛获书法金奖；第七届“羲之杯”全国诗书画家邀请赛获书法一等奖；《中国当代文学艺术精品大系》，获书法特等奖，授予“中国文艺创作先锋人物”称号；2016 年“江山颂”全国诗书画大赛获书法一等奖；第四届“伟人颂·中国梦”全国诗文书画大赛获书法一等奖；第八届“祖国好”华语文学艺术大赛获书法金奖，并授予“中国华语文学艺术百杰”称号；《中国文艺名家传世作品集》获书法特等奖；第六届“炎黄杯”国际诗书画印艺术大赛获书法金奖；第二届“和平颂·中华情”全国美术书法名家邀请展获书法金奖；2016 年全国诗书画家创作年会获书法一等奖，历年来获大奖的作品均收入选集中。现在，正在对编写的甲骨文书法工具书进行最后的修正，不日杀青整理面市。

寄语：慎交：“君子之交淡如水”；绝交：“道不同不相为谋”。

史先亮 1948 年 5 月 23 日，生于安徽省宿州市东关观音堂街，中共党员。退休前为淮北矿业集团海孜矿社区中心书记。1968—1970 年，下放宿州市三八公社，三八大队知青。1970—1985 年，淮北矿业集团沈庄矿土建技术员、房管所长、青年书记。1986—2008 年，淮北矿业集团海孜二矿历任：房地产工会主席、房地产科长、生活服务公司经理、土建科科长（工程师）、社区中心书记。中国书画界联合会会员。淮北市相城书画研究员。接受书画家丁子明、李如涛、王立成、李敬华的指导，收益很大，积极参加各种赛事并多次获奖入册。“江山颂”全国诗书画大赛二等奖。《中国文艺名家传世作品集》金奖。“和平颂·中华情”全国美术书法名家邀请展金奖。

寄语：决心活到老学到老，小车不倒只管推，发出夕阳的光和热，献给热爱书画的人们。有了电脑，别忘书法，不论是乡村还是城市，每年学校都要有书法课，传承中华书法文化，传承中华书法艺术，立足于世界文化不败之林！

史习海 别名京海，湖南永兴县人。1951 年 7 月生，高中文化，1969 年 12 月应征入伍，曾任班长、排长、书记、连指导员、车管、军事助理员，1986 年元月转业湘运永兴汽车站工作。曾在交通系统的各类报纸杂志上发表过新诗、楹联、小说、散文、新闻作品，被《湖南交通》杂志，中南八省《地方客运报》《汽车维修报》、郴汽集团《运潮报》《工会通讯》杂志评为各年度优秀通讯员。1998 年《郴汽日报》征文中获二等奖，2010 年“中华国粹题名艺术”创作活动中获诗词铜奖；2011 年“天宫一号中华国粹题贺”艺术创作活动中获一等奖；2012 年“中华诗书画”大赛中获一等奖；2015 年“纪念抗日战争胜利七十周年·中华国粹艺术”创作活动获创作一等奖；2016 年“江山颂”全国诗书画印大赛获一等奖；2016 年 9 月“诗韵荷香”中华荷花诗词创作活动中获创作奖。

寄语：所写诗词、文章、能对社会有益，能激励后人，能得到社会认可足矣。梦想是在“夕阳尽染”时能有墨香和余晖再现书刊。

史荣东 上海市作家协会会员、上海市戏剧家协会会员、上海市楹联学会会员、中国散文学会会员、中华诗词学会会员、中华诗词文化研究所研究员、中国国际剧本网编剧、中国文学杂志社编审、环球出版社编审。

由于家贫从没进校读书，但自幼酷爱文学、戏剧。三十七岁开始文学、戏剧创作。“三十年磨一剑”，至今发表诗词、散文、小说、剧本 200 万字以上，二十多次在全国获奖。已经出版：长篇小说《爱，被春寒辗碎》、散文集《情风》、散文集《荷塘晨色》、诗文集《跋涉的印象》、剧本选《史荣东剧作选》、诗剧选《南冠剑》。出版电子版：长篇小说《爱，被春寒辗碎》《史荣东剧作选》、长篇游记《漫笔勾勒山水魂》（十部，150 万字）。被称为“当代徐霞客”。新近《史荣东文集·春霭涌泉》(32 卷，260 多万字)，以上电子作品均由上海作家协会华语网出版。

叶志生 原名叶正一，笔名晨光。1935 年 3 月 7 日出生，籍贯浙江温州市。1951 年抗美援朝时期参加中国人民解放军，1954 年 12 月在部队加入中国共产党。

系华夏博学国际文化交流中心会员，北京市写作学会诗书画委员会研究员。

曾荣获第六届“中华颂”老少文学艺术大赛一等奖。作品“重逢”在《中华颂——老少文学艺术精品集》诗词专题发表,《中国文化传承人物志》与《当代中国文艺家大辞典》曾作介绍。

2016年卷《“江山颂”全国诗书画印精品集》发表书赵朴初著作“宽心谣”书法作品。

曾在温州出版的《夕阳娇子》有专页介绍,并在《梧埏春秋》发表多件作品,同时任该书副主编,在浙江、温州等地方报刊发表多件作品。

寄语:严律己,宽待人,活到老,学到老。莫道桑榆夕阳晚,无须扬鞭自奋蹄。

坛名家”荣誉称号;被世界汉诗协会授予“诗博士”荣誉称号;被世纪百家国际文化发展中心等单位授予“当代华语文学艺术百杰”和“全国诗书画影时代百杰”荣誉称号,并被其推介为“中国当代文化名家”;被华夏博学国际文化交流中心等单位编入《中外当代文学艺术家大辞典》;被中国国际报告文学研究会授予“德艺双馨诗词箴言名家”;入编《中国文化传承功勋人物志》等。书法作品多次荣获国家级品牌大赛特等奖和一等奖。2016年有16幅书法作品被中国邮政制作成庆祝建党95周年邮品《珍藏纪念册》全球发行。

叶晓鹏 1955年3月出生,南京人,中共党员,中央党校本科学历。中华诗词家协会终身副会长;中国硬笔书法协会会员;中国诗词协会理事;《百家》编辑部特约编辑;世纪百家国际文化发展中心研究员;《羲之书画报·诗书画家》编辑部“签约诗书画家”。习作《黄鹤楼》《梦之歌》《访兰亭》和《水一方》等分别荣获国家级品牌大赛特等奖、金奖和一等奖,百余首习作在媒体或书刊发表,部分习作入编《当代中华诗词库》《中外当代文学艺术家代表作全集》《共筑中国梦·当代诗坛名家经典》《百年诗词精选》《践行党的群众路线诗词箴言录》和《为人民放歌·中华当代诗词精选》等。被中国诗词协会和世界汉诗协会授予“当代诗

叶士尧 1933年1月出生,江苏南京市人,祖籍苏州洞庭东山。大学本科毕业,先在设计院,后在工厂担任科技工作。青年时就喜爱文学写作和书法,曾于20世纪60年代初写了10余万字小说《大学生》,描写大学生热爱新中国、为祖国学习和工作、理想、热情。另有中篇、短篇《巍巍秦岭》刊于《雪莲》文学刊物。参加2014年至2015年,东方美全国诗联书画大赛等赛事,获散文金奖、银奖各1次、书法银奖2次。入编中国文化传承人物志。任世纪百家国际文化发展中心研究员,曾写了《浅议小说》一文,目前正对《红楼梦》小说中某些情况和问题进行探讨。

寄语:在大学读书时,喜读《钢铁是

怎样炼成的》和吴运铎事迹。它激励人们克服困难艰苦奋斗。热爱生活、工作和祖国,也就不虚度一生。

叶勃 笔名俗子;乳名叶淦渠。1933年11月生于安徽省原东流县。高中文化。1952年6月参加工作,1994年1月退休。退前十年,在安庆港务局编史办任主编。相继完成八本史志书稿:《安庆港志》《安庆港志(续)(1986—1988)》《安庆港史》《安庆港卫生史料资料汇编》《安庆港新型集体志资料汇编》《安庆市志·交通、社会科学、旧志简介》三本评议稿。同时,1984年为市府编印的《安庆经济和社会发展概况(1949—1984)》一书,撰写《安庆水运业》专稿。1985—1990年先后在省、市、长航《史志通讯》《志苑》《安徽航海》《历史大观园》《安庆新闻报》等史志刊物、报纸发表篇幅较长的史志文章《安庆港之最》《大通古港述略》《安庆港市区码头简介》《安庆航标设置古今谈》《明清时期安庆水驿及救生业》等,以及编修业务经验和相关史料选登。安庆市、长航(4连冠)授予先进史志工作者称号。港编办连续三年被评为先进单位;省航史办授予优胜红旗;安庆市修志先进集体一等奖。1987年个人加入"安徽航海协会"为省级会员。退休后,1998年2月,应《安庆港报》总编室特约为该报"港口史苑"栏目撰稿人。1998年4月—2001年4月,连载《港史(浓缩)》35篇。"史料选登"、"趣闻轶事"、等栏目共用稿37篇。1999年3月被聘为《港报》记者。2013年至今,潜心诗词钻研,部分作品在《诗词之友》《百年诗词、楹联精选》《作品年选》《精品大系》《金榜集》《传世作品集》《代表作典籍》等期刊、巨著刊用、入编。2015—2016年,"相约北京"、"祖国好"、"东方美"、"炎黄杯"、"羲之杯"、"江山颂"、"伟人颂"、"首届老年"、"华鼎奖"等文艺大赛,荣获一等(金奖)10余次,并授"百杰"、"先锋人物""百佳诗人""先进工作者"等荣誉称号。2015年4月,我的自传——《俗子小传》(1983—2013)三十年笔墨春秋付梓问世。名登《中国老作家大辞典》和此本《年鉴》。是华夏博学国际文化交流中心会员。

寄语:一生布衣,敬业修齐奉若水,半世翰墨飘香,著述存史扬正气;

两袖清风,和谐友善情似火,晚年文化休闲,漫笔资治振家风。

叶春喜 号陈玄,1955年生,浙江义乌人。现为世界华人书画家收藏家协会会员,中国国画院院士,中国书画家协会会员,中国老年书画学会会员,首都艺术家协会首都书画院会员,华夏夕阳红书画艺术院院士,长沙墨苑书画院名誉主席,深圳市艺海夕阳书画院签约书画家等职称。自2013年以来在全国性书画大展活动中荣获金奖,一等奖等20余次,入编大型书画典籍数十册,并被授

予“中国书画名人”,“中华杰出书画艺术家”,“当代华语文学艺术百杰”,“中华红色艺术名家”,“复兴之路,建国66周年的杰出功勋人物”,“中华爱国功勋艺术名家”“中国书画艺术创作成就奖”等荣誉称号20余个。并在“滕王阁”杯第八届全国文学艺术大奖赛;“和平颂·中华情”全国美术书法百家邀请展;第五届“炎黄杯”国际诗书画印艺术大赛中都获得一等奖和金奖。

寄语:求是务实,返璞归真,正道人生,以博爱之心胸去对待宇宙间的一切为寻求自己生命价值的伟大事业去努力奋斗。

叶海东 原名叶拔群,笔名冯爱珍。1944年2月17日出生于广西南宁市,壮族,大学本科学历。毕业于广西中医学院中医专业、华南理工大学机械制造工艺及设备专业、华中科技大学给水排水工程专业、广西师范学院汉语言文学专业。工程师。在《当代中国文艺家大辞典》等文集发表70余篇(首)作品。如发表在《广西文学》1980年第11期的《窗户》,《星星》诗刊2013年第1期的《父亲的檀香算盘》,《首先文学》2013年秋季刊的《落叶》(外二首),《百家》2013年12月的《窗外》,《羲之书画报·诗书画家》2012年8月10日第二版的《冬菊》,《当代写作》2012年2月的《大地情》,《时代颂歌》第三卷的《流水》,《伟人颂·中国梦》2014年卷的《最美的梦》,《中国梦之路》2014年卷的《两种环境,两种决心》,《全国散文作家精品集》2012年卷的《人生淡定是美丽的》,《相约北京》2014年卷的《一段难忘的回忆》,《东方美》2014年卷的《榕树赞》,《祖国好》2014年卷的《需要逆差》,《华夏情》2013年卷的散文诗《乡村小曲》,《羲之杯——全国诗书画家精品集》2014年卷的散文诗《怀念故乡》,《炎黄杯——国际诗书画印艺术精品集》第四卷的《在梦里找到一朵茉莉花》,《2014年中外诗歌散文精品集》的《社会第一课》,《中华颂》2013年卷的《蝶恋花·访百年母校宾阳中学》。2012年至今在文学方面的大赛中获33本荣誉证书,如散文《社会第一课》获《中国当代作家书画家代表作文库》特等奖,小小说《特码街的逸事》获第五届“祖国好”华语文学艺术大赛金奖。《在梦里找到一朵茉莉花》(组诗)入选《中国实力诗人作品选读》。

叶英奇 女,湖南长沙人,中共党员,研究生学历,中学高级教师。2004年4月退休。她30余年的教学生涯和29年的党性生活以同年1月被荐为“全国学习科学研究先进个人”并应邀出席联合国教科文组织“学习与创新”中国课题组上海会议和2月党员评议为“优”为标志画上了一个完满的句号,又以同年9月获“老有所为”奖和2005年6月被评为“优秀共产党员”为标志给未来的"俏夕阳",做个"永不褪色的共产党员"来了个开门红。已入编《中国当代优秀教师传略》《中国当代名家名师传略》《中国专家大辞典》《二十一世纪人才库》《世界华人英才录》《中国当代百科》《三个代表理论与实践》《神州强国大辞典》《世界人物辞海》《新时期中国共产党人》。2005 年 9 月 7 日在人民大会堂出席中华各界妇女创新与发展高层论坛。现为华夏博学国际文化交流中心会员,开福书画协会会员,百家编辑部特约编辑。2013 年国画《盛世平安》在"伟人颂·中国梦"全国诗文书画摄影大赛中获一等奖,2014 年国画《国强民富牡丹出彩》获 2014 年"东方美"全国诗联书画大赛金奖(在北京钓鱼台国宾馆受奖),入编《百家》(2014、08 总第 11 期),入编《"东方美"全国诗联书画作品集》(2014 年卷)。

叶守春 字芳,亦名唐纪,笔名雪底苗。生于 1937 年 12 月,安徽宿松人。安徽未来作家文学院创作刊授部结业。宿松文协会员、宿松县诗词学会会员、松滋诗社社友、北京市写作学会学术委员会创作员、《泾江风韵》杂志编委、《建国 60 周年中国作家诗文大系》特邀编委、《国学·作家·诗人名鉴》(第 2 卷)特邀编委、《世界文艺家辞海》特邀编委。曾先后参加广州、武汉、长沙、乌鲁木齐、蒲圻、保定、邢台、北京等地全国性文学作品大奖赛,获一等奖(金奖)10 次,获奖奖章 8 枚,金牌 2 枚,银牌 1 枚,二、三等奖各 2 次,连同佳作奖、优秀奖、中国作家终身成就奖、中国作家金笔奖计 23 次。作品入选《全国诗书画家获奖精品集》《中国当代诗人自选代表作》(第 4 辑)《新千家诗选》《建国 60 周年中国作家诗文大系》《东方美——全国诗联书画作品集》《祖国好——华语文学艺术作品集》《中华老人诗文书画作品集》《中华民间文化记忆作品选集》《党旗颂·纪念建党 90 周年文艺作品集》《相约 1998——跨世纪诗人诗选》《赤壁诗絮》《中国当代名家代表作典藏》《人民之子·纪念邓小平诞辰 110 周年大型文献》等 20 本诗文集。名录入选《中华诗人大辞典》《国学·作家·诗人名鉴》(第 2 卷)《中国当代文艺家大辞典》《中国诗书画家人物大典》《中国作家大辞典》(第 2 卷)《中国文化传承功勋人物志》《中国作家档案》(当代卷)等 11 部典籍。由中国文联出版社出版个人诗集《心声集》。有作品在"中国当代作家代表作陈列馆"和"赤壁大战陈列馆"展藏。有格言收入《人生智慧宝典》《人生妙语格言选》。荣获"华语文学艺术百杰"、"影响中华 2010 全国诗文书画先进工作者"、"荣耀中国 2010 全国文艺创作年度人物"、"盛世中国·第二届全国时代文艺家"、"宿松县 2011 年诗词楹联先进个人"、"新中国文艺旗手"、"新中国杰出诗人"、"人民艺术家"、"新中国十大功勋作家"、"筑梦中国 2013 全国文艺创作年度人物"等荣誉称号。

边英 1951 年 3 月生人,山东省鄄城县李进士堂镇边庄村人。无党派,中师文化，高级教师。齐鲁书画研究院会员，2015 年第七届“祖国好”华语文学艺术大赛中“水调歌头”获得“银奖”。2016 年“东方美”全国诗联书画大赛中“沁园春”荣获“金奖”。

寄语：发挥个人才艺，传播文学艺术。弘扬民族文化，歌颂时代精神。赞美祖国强盛，珍重人民福祉。抒情怀，献力作，为文学宝库添加精品，为后人留下闪光字迹。

左宏斌 笔名寻梦，1965 年 6 月出生，湖北大冶人，大学本科学历，湖北省骨干教师，湖北省诗词楹联学会会员，《鄂王城》杂志常务副秘书长。新浪微博《分享身边的事儿》栏目有网页。爱好文学和书法，善拉手风琴。著有长篇科幻小说《绿色之梦》；抗震纪实小说《S 镇生命大营救》；校园小说《青春恋歌》和散文，新诗多入篇。其中古体诗词和楹联创作颇丰，作品选登《百年诗词精选》（第二卷）《湖北诗词》《大冶诗词》《铜都晓韵》《教坛撷翠》《茗乡新韵》《鄂王城》等刊物。参加各类大赛荣获“一等奖”和“金奖”各一次，被评为“中华优秀诗人”。书法作品荣获《毛泽东诗词书法作品选征》一等奖；《中华好语言》书法大赛一等奖。

寄语：作品源于生活，又高于生活；艺术旺盛的生命力根植于人民。只有明辨是非曲直，把握正确方向，紧跟时代脉搏，和人民心连心，同甘苦，共呼吸，才能思人民之想，抒人民之情，呐民之喊，著人民之章，才能“龙宫探宝豪情在，九天揽月歌天下！”

甘自恒 中共党员，1941 年 12 月生于云南大姚。1966 年毕业于北京大学哲学专业。任广西大学教授，被评为广西教学名师。先后兼任广西创造学会会长，中国创造学会常务理事，中国诗词名家研究会副会长，中国文化艺术人才协会副主席，中华诗词家协会副会长，世界华人文艺家协会名誉会长。是中国创造学会的主要发起人和学术带头人之一。发表创造学论文 50 多篇，独著出版了“十五”国家级规划教材《创造学原理和方法》，创建了一个广义创造学理论体系，2010 年出版该书第二版，获中国创造学会创造成果一等奖。改革开放以来，从事哲学社会科学的科研，主持国家级规划教材项目 2 项，主持省级课题 5 项；主编出版著作 7 部；发表论文 91 篇；获全国性奖 11 项，获省级奖 10 项。20 多年来，诗歌创作以高扬改革创新时代精神、歌颂创造者、改革者为主题。在 360 图书馆发表了短、中、长篇原创诗歌 101 首，其中，57 首被馆方评选为精彩原创。2011 年至 2014 年，14 首诗先后六次获全国性奖。2015 至 2016 年创作的 9 首诗九次获全国性奖：《创造之歌》获世界文化艺术研究院颁发的国际金奖；《放声歌唱祖国美》获“东方美”全国大赛金奖；《迎接大众创业、万众创新的伟大时代》获第四届

“时代颂歌”全国大赛一等奖;《中国当代科学家创造性人格之歌》获中国诗坛精英联合会颁发的大赛金奖;《创造女神》获世界华人文艺家协会颁发的金奖;《歌颂巾帼英模之美》获“东方美”全国大赛金奖;《互联网十开创新时代》在《中国当代文学艺术精品大系》评选中获特等奖;《中华美丽山川之歌》在“江山颂”全国大赛中获一等奖;《中国青少年圆梦之歌》获第八届“祖国好”大赛金奖。

寄语:“为民做学问,览世界高论;修人间真善,求综合创新!

为国抒诗情,采时代之精;扬天下大美,出原创精品!”

司建康 1953年生,中共党员,中专文化,农技师,洛阳市孟津县书协会员,自1996年任生产组及村委会干部时至今日,四十载春秋,来源基层,服务于基层,并多次得到上级嘉奖和先进工作者称号。

在2016年“东方美”全国诗联书画大赛及纪念红军长征胜利八十周年,毛主席逝世四十周年大赛等,获得六个金奖,但不以此为荣耀,只有在取得已有成绩后,找出差距,才能不断进步。

寄语:我是个酷爱书法的农民,农闲之际,常泼墨挥毫,自得其乐。近些年来在全国各地举办的书法大赛上也获得几个大奖,多年的努力,终于得到了社会的认可,也算给自己的一个肯定。艺术是无止境的,永远没有最好的,只有更高更好,只有在取得已有的成绩后,找出差距,才能不断进步。

田昌辉 笔名丑牛,1961年10日生,四川武胜人,中共党员,党校本科,现供职于四川省广安市武胜县地税局、副主任科员、税收管理员。1981年开始写作,在乡镇财政税务所工作三十多年;曾用稿200余件,六五普法竞赛获省地税局,省法建办三等奖,在2008年为武胜县地方税务局主编《地方税务志》书30万字出版并被收藏。

《税厅咏》2015年10月荣获2015年“中华情”全国诗歌联赛诗歌一等奖;2016年2月作品选入《“中华情”全国诗歌散文选品集》2015年卷。

《聚财正能量服务新常态》2015年12月,荣获2015年全国诗书画家创作年会一等奖;授予2015年全国诗书画精英人物称号。作品选入《2015年全国诗书画家创作年会精品集》。2016年12月被中国时代文艺名家代表作典籍编委会,选入《中国时代文艺名家代表作典籍》2016年卷。《忆税收管理员苦与累》2015年6月荣获第二届中外诗歌散文邀请赛诗歌一等奖,作品选入《第二届中外诗歌散文邀请赛精品集》。2016年4月荣获第三届“相约北京”全国文学艺术大赛一等奖,作品选入《“相约北京”全国文学艺术大赛精品集》。2016年6月被中国当代文艺名家名作诗坛百家金榜集编委会聘为特约编委，作品选入《中国当代文艺名家名作诗坛百家金榜集》。

《清明咏》2016 年 4 月，荣获东方美全国诗书画艺术大赛金奖，作品选入《东方美——全国诗联书画作品集》。

《端午咏》2016 年 6 月，荣获 2016 年第七届全国诗书画家邀请赛一等奖；编入《2016 年第七届全国诗书画家邀请赛精品集》。

《忆农税三字经》2015 年 8 月，荣获第五届“炎黄杯”国际诗书画印艺术大赛诗歌银奖；2016 年 6 月荣获第三届中外诗歌散文邀请赛诗歌一等奖，作品选入《第三届中外诗歌散文邀请赛精品集》；2016 年 8 月荣获第六届“炎黄杯”国际诗书画印艺术大赛诗歌金奖。作品选入《第六届“炎黄杯”国际诗书画印艺术大赛精品集》；2016 年 8 月荣获 2016 年“江山颂”全国诗书画印大赛诗歌一等奖。作品选入《2016 年“江山颂”全国诗书画印大赛精品集》。

寄语：写群众看得懂的诗，写群众喜爱看的诗。诗作发表于《红杜鹃》《中国诗歌网》《羲之书画报》等刊物及年度选本，并多次获不同层次的诗歌创作奖。

白凤羽 满族，1940 年生，籍贯辽宁省，中共党员，大学本科，中学高级教师、副校长，辽宁省校园文学会常务理事、辽宁省社会科学院历史研究所客座研究员、炎黄诗词学会会员。主持抚顺市中学生参加内蒙古、辽、吉、黑四省区校园文学大赛，所教高二学生郭志军小说《霹雳衫》获四省区大赛二等奖，结集出版。他为最佳指导教师。他举办辽宁省首届浑河奇石展，辽宁省政协主席肖作福，溥仪之胞弟溥任赞赏并题字，他的 2008 奥运火炬奇石，辽沈晚报等 8 大媒体载播，轰动辽沈。

写诗百余首，有 10 首载“中国老年诗词艺术全集”；诗《观松》《雄鹰》先后获“东方美”全国诗联书画大赛一等奖、金奖。

2005 年 10 月 1 日，《用我们的血肉唤起全国民众——抚顺发现我国最早一首义勇军军歌》在《抚顺日报》发表，引起关注，先后有《光明网》、全国政协的《中国抗日将领牺牲录》、中国人民抗日战争纪念馆、《解放军报》《人民网》、侨园杂志、解放日报、光明日报、台北的《天涯海角社区网》、孙耀祖创作《义勇军军歌》是国歌的原创。记述当事人口述历史引起人们关注、认可。2016 年 5 月，由他先后三四次写《义勇军军歌》是国歌原创的《由＜义勇军进行曲＞想到的》一文被评为“东方美”全国诗联书画大赛金奖。

《义勇军军歌》《义勇军进行曲》是近百年来国内外影响最大的歌，中国家庭几代人都会唱，已传到世界五大洲，也是世界影响最广的歌，它是世界文化精品，是感动中国、感动世界的歌、它的创作揭示文艺发展创新的规律。白凤羽纪录研究填补了《义勇军进行曲》研究的空白，是近现代文化史研究一大成果，不仅仅如此。

寄语：文品、人品，先做好人，才能写好文，才有好文品。修德，做好人，是写好文的基本功。发明是创造新的，发现是你看到以前丢失的东西，发明发现是孪生兄妹，它要求人们要虚心，虚心才能有慧眼、慧眼识金；能发明则发明，能发现则发现，发明发现都要研究，发明发现其乐无穷。

白洪祉 又名荣膺，1939年6月出生，籍贯平阳，高中学历，职称馆员，曾任职于平阳县腾蛟区、镇文化站长，并获得浙江省文化系统先进个人称号。退休后专攻书法，曾获得浙江省中老年书法大赛优秀奖、三等奖，全国中老年书法大赛一等奖。2016年，在全国性书法大赛中，连连获奖（包括文章）。

2016年4月，散文《学校被包围了》获"东方美"全国诗联书画大赛金奖，10月又以特等奖入编《中国文艺名家传世作品集》。4月，隶书作品获第七届"羲之杯"全国诗书画家邀请展二等奖，10月以一等奖入编《中国时代文艺名家代表作典籍》（2016卷）。8月，行草作品获第六届"炎黄杯"国际诗书画印艺术大赛金奖。9月，隶书作品获第八届"祖国好"华语文学艺术大赛银奖。11月，行草作品获全国诗书画家创作年会一等奖，同时入编《2016年全国诗书画家作品年选》。年末，隶书作品入选山东博山正觉寺第二届全国书画展，同时受聘正觉寺书画院书画师。退休后，一直把练习书法作为养生之道，特别是近几年，坚持每天练习，从不间断。

寄语：莫道桑榆晚，为霞尚满天；含笑练书法，欢乐度晚年。

白景太 字太白，1955年7月出生，现居住江苏省南京市，任职于江苏省扬子书画学会副秘书长兼市场发展部主任，一级美术师。中国诗书画家网艺术委员会副会长，北京六艺嘉韵书画院理事，南京中山书画院高级顾问。

曾荣获"中国当代书法大师"、"中国书法百杰人物"、"中华孝道文化传承书画名家"、"全国文学艺术精英人物"、"龙腾盛世书画名家"，在"中国文艺名家传世作品集"荣获特等奖，其作品毛泽东的《沁园春·雪》、唐杜牧的《山行》以及《厚德载物》《海纳百川》很受世人喜爱与收藏。

寄语：本人坚信理念，学海无涯，持之以恒，学各家之所长，坚守书法基础，研究，发扬，传承老祖宗留下来宝贵遗产。

白鸥 1947年进入国光口琴厂任调音员。1950年调入上海电缆厂任车间工会副主席。次年7月加入共青团。1956年调入厂工会任组织干事。开始从事文学创作，任厂文学创作组组长、厂报文艺副刊编辑，《解放日报》《工人日报》通讯员。1958年9月毕业于上海杨浦区业余艺术学院文学系。后任杨浦区文艺创作室组长、《萌芽之友》诗歌组副组长。

50年代从事民歌和诗歌创作。发表过《电缆犹如绞索套》《工农作者赛凤凰》等200余首。60年代发表了《集体的智慧》《十月的礼花》等作品100余篇。1960年主持编辑出版了《上缆工人诗画选》。参与过《工人日报》《解放日报》《文汇报》《新苗》《工人习作》等报刊合编的《上海电缆厂群众文艺专辑》《工厂史专辑》《工人诗画专辑》等。1965年参加上海作家协会文学进修班，与诗人沙金等赴松江文化馆，新五公社采风。1980年发表《作家一得集》。1985年调入上海电机公司任销售员，从事《市场谚语》创作和采集，在《市场艺术》《上海采风报》《上海商报》《上海采风月刊》《解放日报》发表了市场谚语2000余条。与中医张锡美合编《养生谚语》1至3辑。其中500余条被选入《中国民谚语集成·上海卷》

90年代发表了《党啊·机电工业的母亲》《浦江吟》《十年辍昭》。

石英 山东黄县人。中共党员。1961年毕业于南开大学中文系。1949年参加解放军，历任山东省军区机要干部、百花文艺出版社副总编、《散文》月刊主编、《人民日报》文艺部主任。1957年开始发表作品，散文、诗歌、小说、文艺理论、杂文、随笔等多栖作家。现为中国散文学会副会长，享受国务院特殊贡献与专家津贴。作品甚丰，已出版长篇小说《同在蓝天下》，传记文学《吉鸿昌》，散文《母爱》，诗歌《当代正气歌》，文艺理论《散文写作的成功之路》，文化随笔《文史与人生》等50余部逾千万字。曾获国家和省市若干奖项。

石志兴 1935年11月生，山东省济南市长清区人。现任百姓艺术协会终身名誉理事长，世界文艺家企业家交流中心艺术顾问，中国回忆录研究会终身会长，名家文艺研究院院长，东方艺术馆馆长等职务。个人荣誉："新中国66周年文艺名家"，"中国创新文化名人"，"时代最强开拓者"，"中华两岸三地爱国杰出贡献人物"，"当代最可爱的人编委会"聘为"编委会荣誉副主编"，"中国艺术金笔奖"，"难忘的岁月"评为特等奖，评为"一代宗师"，"中国诗书画形象大使"等荣誉和获奖。2015—2016年荣获特等奖4次，一等奖和金奖9次，金牌5枚，金盘5枚，锦旗2面。其作品已收录大型作品集里。授予全国先进典型模范十佳人物，共和国爱国功勋人物，实干兴邦领航者，中外当代文学艺术家百杰人物和艺术名家、诗人、作家等称号。其名已收录《中国诗文书画家人物大典》《当代中国文艺家大辞典》《中国当代文化名家档案》《中国文化传承人物志》和《中国新时期文艺人才库》等名典。

著有《俏夕阳文集》《俏夕阳续集》《再谱俏夕阳》《篆书毛泽东诗集》《墨宝》《书法宝库》《书法锦集》《石志兴获奖作

品集》《教育是最艰巨的事业》《书法艺术》《石志兴诗词集》《一代宗师》等十五本著作。

寄语：文艺是一门科学，是文化的发展。她能更有力的创造物质财富、精神财富和文明社会。她的价值是不断地继承传统的文化和新的发现。她是战斗武器，也是推动社会的动力。创造经典和优秀的作品，这是文艺工作者的使命，永不停止。

石文才 中共党员，1937 年出生于河南省原阳县城关镇北街东村。1955 年原阳一中毕业，同年参加教育工作，1960 年提任教导主任，曾任中、小学校负责人。1982 年调县教育局，1983 年管电视大学，当年就被评为出席新乡地区模范专干，后年年评为出席新乡市电大先进工作者。1989 年评为出席市电大金融专业班优秀班主任，其模范事迹被中央电大通报全国，中央电大校长谢新观亲临河南新乡进行会见。原阳乡办电大，属全国独创。曾搞过扫盲，搞过社会力量办学，县人武部连续抽其征兵 30 年均为模范。退休后管县老干部大学多年，被省委组织部和省委老干部局评为全省优秀学员。后到县炎黄文化研究会工作至今，村委会又批准其为大北关街的红白理事。

2015 年—2016 年共撰文书写 9 篇文稿，其中获金奖 7 篇，一等奖 1 篇，特等奖 1 篇。2016 年被评为全国十大共和国红色传承功勋人物。

寄语：下定决心，不怕牺牲，排除万难，去争取胜利。

石胜志 生于 1947 年 12 月，苗族，中共党员，高小文化，赤脚医生，退休干部（副科级）、现任社区老年协会会长、乡老年大学办公室主任；系县、市、省诗词学会，中华诗词文化促进会、中华老年养生保健协会会员，中华诗词一级著作家、中华回忆录研究会终身会长、中国诗词家协会理事、中华诗词博士、中华养生保健专家。2015 年 3 月，全国诗书画大赛中获“中华艺圣”奖；2015 年，全国诗书画创作大赛中获“金羊艺术奖”，“诗词创作一等奖”；2015 年，第九届新视点抗战精神赞全国诗词大赛中获“金奖”，同时授予“当代实力派诗人”，并有水晶石制“金奖”纪念品；2015 年 11 月在第四届“时代颂歌”全国诗书画影作品大赛中获“一等奖”，并授予“全国诗书画影时代百杰”荣誉；2015 年，天籁杯中华诗词论坛暨中华诗词大赛中获“金奖”；2016 年 6 月，国际中华诗词学术研究院、世界汉诗盟友会授予“中华诗词博士”荣誉和“毛泽东诗词奖”。2016 年，第二届诗词世界杯中华诗词大赛中获“一等奖”。

寄语：文化是血脉、精神家园或是阳光、生命、钥匙等。人生一世学为本，为任务。读书、学习须拜人为师，坚定信心和决心，刻苦地学，虚心地学，学到老，用到老，学炼成长，永远走在学习的路上，才能报效国家，报效民族，才能光宗耀祖，流芳千古。

寄语：老骥伏枥芳香吐，留得清白在人间。健步投身中国梦，康庄大道永向前。春蚕到死丝方尽，诗坛楹苑继谋篇。常习养生重保健，力争期颐乐晚年。

申森林 1939年5月生，广西蒙山县人，中共党员，大专毕业，中学一级教师(1996年12月评为中学高级教师，只评不聘)，1999年9月退休。曾任蒙山中学副教导主任、文圩中学副校长(主持全面工作)。2014年冬初习诗歌创作，现已有17首诗歌、12副对联在刊物上发表，2015年2月16日荣获中国文艺协会等3个单位授予“文化强国，国家文化传承贡献奖”，2015年4月20日荣获中国建设促进会等4个单位授予“国家文化建设贡献人物”称号，2015年6月23日荣获国际知名文艺家联合会等3个单位授予“世界和平文艺奖”，2015年8月20日荣获中华民族复兴联合会等3个单位授予“共和国文艺爱国奖”，2016年1月25日荣获世界长寿文化研究会等3个单位授予“世界长寿文化奖”，2016年3月18日荣获毛泽东思想研究会等3个单位授予“十大军民艺术家”荣誉称号，2016年4月创作的“赞两会”荣获2016年“东方美”全国诗联书画大赛金奖；2016年10月荣获北京世纪百家国际文化发展中心等两个单位授予“特等奖”，2016年创作的《忆南京大屠杀》等4首诗歌被中华民族魂编委会等两个单位评为“爱国文学艺术贡献奖”，并授予“爱国文学艺术家楷模”荣誉称号。

冉隆辉 贵州省遵义市务川县人。1934年生，土家族，1954年参加中国共产党，1950年参加工作。历任乡长、县报主编，县委宣传部副部长、县政协常委。北京《百家》编辑部特约编辑，诗书画家“签约诗书画家”。1961年主笔的《务川在飞跃》一书，由贵族人民出版社出版发行。曾在《中国农民报》《中国青年报》贵州日报》等省级以上报刊共发表作品20余件。2013年先后获国家级文学创作奖分别为：第五届“祖国好”全国文学创作大赛金奖；“华夏情”全国诗歌散文邀请赛一等奖。2014年先后获国家级文学创作奖等多次。分别为：“东方美”全国文学创作大赛金奖；“羲之杯”全国文学大赛一等奖；“梦之路”全国文学创作大赛金奖；“伟人颂·中国梦”全国文学创作大赛一等奖；第六届“祖国好”全国文学创作大赛金奖。以上这些获奖作品连同近年来创作的20余首诗歌分别入选文集。其中有：由线装局出版社出版的《华夏情——全国诗歌诗文精品集》。由线装局出版社出版的《祖国好——华语文学艺术精品典藏》；由中国文化出版社出版的《相约北京——全国中老年文学艺术精品集》；线装局出版社出版的《祖国好——华语文学艺术文学艺术精品集》;线装局出版社出版的《东方美——全国诗联书画作品集》;中国文化出版社出版的《羲之杯——全国诗联书画精品集》;由线装局出版社出版的《伟人颂·精品集》。由于取得以上成绩,我被入选编进由中国广播电视出版社出版的《中国当代文化名家档案》一书。另外,在所入选编进的八部书中,我均担任了编委。

卯林龙 1946年生于云南省富源县,中共党员,工作单位:曲靖市工信委。现为曲靖市书法家协会会员,市老年书画诗词协会会员,中国老年书画研究会会员,北京市写作学会诗书画委员会高级研究员,《羲之书画报·诗书画家》特聘签约书画家。书法、对联作品曾多次参加部队和地方书画展,书法、对联作品获国家级特等奖一次,2014年书法作品入编《中国当代作家书画家代表作文库》并获特等奖,金奖三次(2009"华夏情"全国诗书画大赛"金爵奖",2012年第二届"炎黄杯"国际诗书画印大赛中获"金奖",2013年"东方美"全国诗联书画大赛中五副对联获"金奖"),一等奖七次、三等奖一次,对联五副获国家级一等奖一次。作品入编图书:国家级的有《当代红色经典文化艺术名家作品集》、第一届《华夏情——全国诗文书画精品集》、第二届《华夏情——全国诗书画精品集》、《中国老年书画研究会会员作品集》。"羲之杯"全国书画家邀请赛的《"羲之杯"全国书画家优秀作品集(2010年卷)》、《"羲之杯"全国书画家优秀作品集(2011年卷)》、《"羲之杯"全国书画家优秀作品集(2012年卷)》、《羲之书画报·诗书画家(当代书法二十五人展)》,《中华颂——全国文学艺术大赛精品集》、《中国当代老年书画家大典》、《东方美——全国诗书联画精品集(2012年卷)》、第一届《炎黄杯——国际诗书画印获奖精品集》、第二届《炎黄杯——国际诗书画印获奖精品集》、《东方美——全国诗联书画精品集(2013年卷)》,个人艺术简历和人生格言,入编《中国诗文书画家人物大典》、个人艺术简历和书画观点入编《中国时代文艺家名典》、2015年中国老年书画研究会举办的中国人民抗日战争胜利七十周年书画大赛书法作品获"三等奖"、2014个人艺术简历和"我的中国梦"入编《中国当代作家书画家大辞典》并被编委会评审授予中国当代作家书画家精英荣誉称号。2010年、2011年连续两年被评为"盛世中华"全国时代文艺家称号,2010年9月经国家文艺团体、国家级文学艺术大赛组委会推荐,先进工作者征评活动委员会认真评定,被评为"影响中华"——全国诗书画家先进工作者称号,个人艺术简历被入编《当代写作》(参会获奖时代文艺家传略),著有书画联印作品集一部。

六画

伍启平 笔名浩海，布依族，1945 年 12 月生，贵州省镇宁县人。1966 年 7 月毕业于贵州大学，中共党员，高级教师；历任镇宁民族中学校长、县教育局教研室主任、县委宣传部副部长（兼该部党支部书记）、县委精神文明建设办公室主任、县委党校副校长、县政协委员、常委，系贵州省诗词楹联学会理事、安顺市诗词楹联学会会员、镇宁诗词楹联学会副会长；2006 年退休，曾任镇宁自治县老年大学副校长、县关心下一代工作委员会副主任。

主要业绩：从教四十余载，教过初中、高中、大学，培养莘莘学子、基层干部数以千计，多次被评为优秀教师、先进教育工作者；1998 年被中共贵州省委宣传部评为“贵州省宣传系统先进工作者”；2010 年被贵州省关工委表彰为“贵州省关心下一代工作先进个人。”创作传统诗词曲联数百首。“其作品文字功底深厚，风格独特，意蕴悠远。或奔放豪迈，气势磅礴；或古朴敦厚，绵长隽永；或温文婉约，情浓意真。选材新颖，托物言志，畅抒胸臆。始终坚持先进文化的前进方向，树立正确的世界观、人生观、价值观。传承文明且敢于突破创新，善于把握文化思潮的主流方向，为中华传统文化的发扬光大和社会主义精神文明建设做出了应有的贡献。”有百余首（副）诗词联发表，入编于《辉煌二十一世纪中华诗词集锦》《当代国学家大辞典》《新时代诗词艺术辞典》《新千家诗》《中华当代诗词成就展》《首届国学创新优秀成果奖获奖作品集》《新世纪诗品》等四十多部大型诗词典集。参赛作品多次荣获特等奖、金奖、一等奖，被北京、香港多家文艺研究机构授予“当代优秀诗家”、“艺术家”等称号。

寄语：人生不论短和长，活在民心百世芳。亿万钱财身外物，为民服务德无疆。人生在世几十秋,唯有诗书最久留。学富五车才八斗,著书立说后人修。要想江山红万代,文明花朵久常开。人民大众英雄汉,理政治国赖帅才。

成怀珍 女,生于1937年12月19日,浙江义乌人,大学文化。原在义乌丝绸公司工作。先后任车间主任、供销科长等职。在职期间多次评为"先进工作者"。1988年退休,2003年授予"金华二中"名誉校友的荣誉称号。2004年在《中外少年》杂志社主办的文学艺术作品创作中荣获优秀奖,聘为通讯员。2009年在义乌老年大学任"义乌诗苑"副主编,并在该诗苑发表诗词近500首,有的获得好评。

自2011年下半年开始至今,参加北京诸品牌如"中华颂"、"华夏情"、"羲之杯"、"炎黄杯"、"相约北京"、"伟人颂·中国梦"、"东方美"、"祖国好"、"时代颂歌","燕京杯"、"国粹杯"、"夕阳红"等举办的全国诗文、书画、摄影大赛,屡次得奖,特别是诗词荣获特等奖8次、金奖14次、一等奖26次、二等奖5次。并入编代表作选集、典藏、金榜集和精品大系。先后聘为"毛泽东书法研究院院士",多次聘为特约编委、编委及副主编。荣获"中国实力派人民艺术家"、"中国当代文化名家"、"当代华语文学艺术百杰"、"中国文化传承功勋人物"、"中国梦文化强国时代先锋人物"、"中国廉政文化先锋人物"、"中国梦文化艺术创作精英"、"全国诗书画影时代百杰"、"中国文艺名家传世人物"等荣誉称号。

寄语:写作特点:风格多样、情趣多种、题材广泛、推陈出新、不拘一格;语言流畅、通俗易懂、有激情、感染力、影响力和号召力。力求做到内容和形式,思想性和艺术性的完美统一。座右铭:诗词提升精气神、终身伴;有恩不报非君子,当涌泉;心急吃不了烫山芋、柔克刚;褒善贬恶自是非辩,心亮堂;严以律己待人宽,和谐添;设身处地经常想,致诚欢。

任印潮 73岁,山西省闻喜县人,1958年参加工作,2003年退休。2009年9月进入老年大学书画班学书画,曾荣获《中华夕阳红文艺杯》金奖。纪念抗战胜利70周年县展一等奖。

任兴江 笔名光照,1936年1月28日出生于安徽亳州市,中共党员。在亳州幼儿师范从教42年退休,高级讲师,"全国优秀教师"称号(教育部、全国总工会、人事部授1989.9)。书法作品获奖：2015年获庆祝新中国65周年银奖。2016年获东方美书赛金奖。2016年获《中国文艺名家传世作品集》特等奖。2016年获“和平颂·中华情”银奖。

寄语：人生在世几十年，多做善事济贫寒。少出恶言睦邻里，无事多戒大空谈。

寄语：时间之于每个人，公正无私，铁面无情，稍纵即逝。世上无论什么人也无法滞留时间，锁闭岁月。但，我们可以用激情、用奋进、用创造、用争朝夕之姿态伴随岁月，榨取时间，节时增效。如此，便是延长、拓宽了生命，做一长寿之人。

任启光 山东莱芜市人。1944年生。中共党员，大学学历。当代作家、散文家。系山东省作家协会会员，中国散文家学会会员。1962年参加中国人民解放军，1978年转业。先后供职于军界、文艺界、出版界、政界及商界。历任山东文艺出版社“柳泉”丛刊编辑、山东省京剧院编剧、《山东横向经济》主编、山东省发改委科、处、副厅等职及黄河经济协作区联合发展股份有限集团公司副总经理兼山东省黄河经济协作区工业工程总公司董事长、总经理，被收入大型辞书《中国当代技术人才荟萃》中。发表过五部长篇小说《爱在人间》《上帝看着你》《风雨无声》《英魂谱》《张宗昌新传》，影视戏剧本集《黄河铁骑》、诗集《故乡的老街》、散文集《生命花》、电影《丁龙镇》、军事教学片《侦察兵》、大型历史新编京剧《脱颖记》、电视连续剧《抉择》、连环画文学脚本《爱民模范盛习友》。散文《家乡吟》获第二届全国吴伯箫散文大赛二等奖，《写给天堂的母亲》获2012年慈母杯全国散文大赛优秀奖，《血与情》获全国首届沂蒙精神兰田文学奖二等奖。

刘海胜 1946年7月生，山西省长治市人。长治市老年书画家协会会员。被聘为中国诗书画家网副主席，北京六艺嘉韵书画艺术研究院院士，中国国画院·中国书法美术研究院高级书画师，知名书画家。羲之书画报、中国硬笔书法协会，推荐签约羲之书画报、诗书画家网，推荐加入中国硬笔书法协会。中国书法院常务委员，中国书画艺术发展研究会理事，中国国际书法美术家协会副主席。并作为2016年中国文艺名家代表邀请出席“中国文艺名家创作论坛”。

作品在2015年“天山杯”、“牢记历史”、“伟大历程”、“同唱东方红”、“中华魂”、“七律·长征”、“颂歌献给共产党”等全国大赛中荣获金奖，在“伟人颂·中国梦”赛事中获二等奖、在“纪念抗战胜利70周年”大赛中荣获银奖，作品在2016年“万福杯”、“东方美”、“纪念毛泽东同志逝世40周年”、“祖国好”、“东方红·伟人颂”等大赛中获金奖，在“盛世中华·我的中国梦”、“全国企事业职工书画大赛”中获二等奖，作品在《中国文艺名家传世作品集》评审中获特等奖。

参展作品全部收入作品集，多幅作品与当代名家合集出版发行，书名《中国当代书画巨匠》。

先后被授予："中国功勋书画家"、"中华爱国书画家"、"国礼红瓷书法艺术家"、"爱国书画家艺术百杰"、"中国功勋书画家"、"中国红色艺术名家"、"德艺双馨·红色艺术名家"、"中国当代爱国艺术家"、"中华民族优秀文化传承者"、"中国文化艺术传承大使"、"中国当代书法大师"称号。

寄语：老有所乐，老有所学，学无止境，战胜自我，传承文化，陶冶情操，热爱生活，乐观向上。

刘开元 笔名柳陌，1971 年 2 月生，祖籍陕西省西安市高陵区，无党派人士，西安市第一轻工业局行政干部。现为中国诗歌学会会员，中国诗书画家网艺委会副会长，中华散文网特邀作家，中国硬笔书法协会会员。被中国萧军研究会评为"中国华语文学艺术百杰"。现著有《柳陌诗词集》《周易与人文管理》等。2015—2016 年荣获纪念陈云同志诞辰 110 周年第三届"伟人颂·中国梦"全国诗书画大赛二等奖，第二届中外诗歌散文邀请赛一等奖，《中国当代文艺名家名作金榜集》金奖，2016"东方美"全国诗联书画大赛银奖，"江山颂"全国诗书画印大赛一等奖，第八届"祖国好"华语文学艺术大赛金奖，《中国文艺名家传世作品集》金奖，《今古传奇》《中华文学》等杂志社"传奇岁月"第一届全国老年才艺大赛入围奖。

寄语：砂锅炖豆腐，大海观日出。独向虎山行，闭门忽十秋。

刘仁喜 笔名墨池又半知老，现年 78 岁，自修大学文化。中职退休教师，《中华诗词》研修班结业，中共党员。现系中华诗词学会会员，《诗刊》子曰诗社社员，湘西州诗学会会员，龙山县诗协会员、理事，红色茨岩诗词楹联学会会员、会长、主编。曾主编会刊《龙泉》四辑。个人作品有《龙泉流韵》等诗词集 8 卷，内附序、跋、诗论、杂文 20 余篇。另有史志专集 2 辑。成功组织主持了省级"诗词之乡"的创建。

2014 年至 2016 年，连续三年七次获"东方美"、"时代颂歌"、"祖国好"、"江山颂"等诗书画印全国大奖赛金奖、特等奖等奖项，并获授"中国文艺创作先锋人物"称号，被录于《中国文化传承人物志》。部分获奖作品已由"平北抗日战争纪念馆"收藏。2017 年 1 月应邀入编《中国文化艺术人物年鉴》。

78 个春秋，信守"行端表正，博爱尘寰，安贫乐道，知足雅言，与时俱进，扬清激浊"的桑梓情怀。无居豪宅，未谋高官；秉烛寒舍，抽丝林泉；培植自我钟情文艺，敬业铸魂而无悔的人生底色。

寄语：虚荣乃病态的浮肿，坚果系心血的结晶。宁要付出的硕果，勿求浮肿的虚荣。每当艰辛而坚定地迈出作为之步，收获的必是甜美的诗言诗语，足尖一致的怡悦赞歌！信念终将串成辛勤的珍珠，喜悦的鲜花，伴随生命一并回归自然，去青腴大地母亲，滋育新的生命！

刘平 1931年元月生，中专文化，中共党员，曾任小学教师，校长，后任乡镇文教助理、宣传委员、人大主席、县人大代表等职。1991年退休后，有了宽裕的时间，开始学习写作，获得了“世界华人文化研究中心资格证书”，北京市写作学会诗书画委员会研究员，世纪百家国际文化发展中心为研究员。

2015—2016年中，撰写的“歌颂五位领袖、我的传略、永怀抗战胜利纪念日、咏古樟、斥虎……等诗词文章，均荣获金奖和共和国文艺爱国奖，当代诗坛先锋人物等盛誉。经全国人事资质考核办公室的审议，根据创作年限、创作功底、创作时间、国家认可度、社会影响力。特评定为“中国一级作家”职称。总之，中国共产党伟大、光荣、正确，是我永远颂不完的诗篇，我热爱祖国，是我永远写不完祖国的“双百”美梦！

寄语：1.人民是国家的根本，创业兴家，尤须爱国爱民。2.为实现中华民族伟大复兴的中国梦构写出壮阔的诗文。3.爱国爱民，捍卫国家的尊严，是我国人民自强不息的民族气节。4.国祚弥长，民生悠久，爱民惠民是强国之根本。5.勤奋、敬业与奉献，是我一生的誓言。

刘敬钦 1938年出生，张家口市人，祖籍山西省文水县。中共党员。1957年张家口市一中毕业后在北京外国语学院德语系学习。1962年毕业调入中共中央对外联络部工作。1969年在“五七干校”劳动。1972年至1976年在中国驻奥地利大使馆文化处任三秘。1976年起先后任中联部西欧局副处长、处长。1988年起先后任副局长、局长（1990年在中央党校进修，1991年至1992年在山东济宁市挂职，任市委副书记）。1993年起先后任中联部副秘书长、秘书长兼研究室主任。1995年7月起任中共中央对外联络部副部长。

刘大为 1945年生，祖籍山东诸城。1968年毕业于内蒙古师范大学美术系。1980年毕业于中央美术学院中国画系研究生班。现任解放军艺术学院美术系教授、主任，中国文联副主席，中国美术家协会主席，教科文组织下属国际造型艺术家协会主席，全国政协委员。主要作品《布里亚特婚礼》《雏鹰》《幼狮》《张华壮曲谱新篇》《小米加步枪》《漠上》《阳光下》《马背上的民族》《晚风》《辉煌之路》《帕米尔高原的婚礼》《草原上的歌》《巴扎归来》《人民公仆》《雪线》《远山》《雪域生灵》等。

刘兆河 艺名：静逸、慎独、墨舞、天河斋主人。1953 年出生于江苏阜宁，中共党员。自幼就喜爱舞文弄墨，上小学在老师指导下，毛笔较为出众。上初中正逢“文革”期间，自己利用抄大小字报练习毛笔字，抄材料练习钢笔字。高中毕业后当过教师，利用上课，出板报练粉笔字，改作文，抄材料练毛笔字和钢笔字。

1973 年入伍到中央警卫团当兵，做过文书，分队长，板报墙主编策划和团文艺宣传队。1980 年退伍后，走上乡镇机关，当过司法助理，党委秘书，乡党委。“三老一点”主任等职。在工作期间和平时对好的书法作品，自己做到“认真学习、仔细琢磨、反复悟练。退休后买了欧、颜、柳、田字帖研练；利用网络聆听收看南开大学书法研究生导师田蕴章的上百节课程和杨再春书法导师的课以及田英章的书法指导课。

通过对书法的挚爱和刻苦悟练，从实践中我得出三个字：“学”、“悟”、“练”即学名帖，学名人，学师友、学环境从中得到经典关键的笔法；悟帖中注明的运笔步骤，名师讲的用笔运笔方法，古人、师友们总结的书写法则；练帖中的精华笔画、笔顺、偏旁，以正楷练习为主攻点。深感到“一字百练不厌其烦定能成功、百字一练草木而过不成体统。”

退休后，参加县老年大学书画班学习，成为县、市老年书画联谊会会员。

2014 年 5 月书画作品分别入选中国乡土文化第二期、第三期刊物。作品被研究院收藏，成为中国乡土文化研究会会员、理事。同期被吸纳为江苏省老年书画联谊会会员。8 月份书画作品又入选《中华当代著名书画家人物志》。

2016 年 9 月份书法作品获第八届“祖国好”华语文学艺术金奖，被授予“中国华语文学艺术百杰”。

寄语：能健体、养神、延年益寿；能陶冶情操，发挥余热；能彰显人的文化素养和社会价值；能弘扬时代正能量和架起构通学习，互敬友谊的桥梁。

刘光本 艺名琴亭老人，1982 年 2 月出生福建福安，1953 年毕业于中国人民解放军兽医大学本科，第二期在校修业四年，福建农业大学副教授，兼职客座教授，高级兽医医师，世纪百家国际文化发展中心研究员，福建农林大学文联会员，主要著作山羊传染性胸膜炎鸡胚化弱毒疫苗研究。

2015 年“祖国好”华语文学艺术大赛

荣获金奖,参加2016年“东方美”全国诗联书画大赛荣获金奖;参加“中华颂”全国文学艺术大赛荣获一等奖。撰写格律诗和现代诗百余首刊登于《金秋园》报和《金秋吟稿》诗集第2—6辑均已出版。

寄语:一滴墨法落在一杯清水里这杯水立即变色;一滴墨汁融在大海里依然是蔚蓝色的,这是因为两者的肚量不一样;不熟的麦穗直直地向上挺着,成熟的麦穗低垂着头,这是因为两者的分量不一样;宽容别人就是有肚量,谦卑自己就是有分量,具有肚量和分量,就是一个人的质量。

小写意花鸟画。2016年,书法作品获第七届“羲之杯”全国诗书画家邀请赛二等奖。书法作品获2016年“东方美”全国诗联书画大赛银奖。书法作品《龙》获金奖,入编《中国文艺名家传世作品集》。攻学篆书篆刻,首创卡通动物系列剪纸,传送给儿童。

寄语:人们追求艺术是精神快乐的一种享受,艺术是内心世界达到很高境界的外在表现,艺术从生活中提炼出精华,用技术手法展示带给人们的是美丽和品位,艺术的价值不等于价格,有努力才会有收获,艺术旅途无终点……

刘纵艳 笔名纵艳,女,1958年12月,安徽萧县人,中共党员,本科,科员退休,助理工程师。淮北民间艺术研究院秘书长,淮北市书法家协会会员,淮北市美术家协会会员。从小酷爱绘画,小学开始学习速写、素描。水彩画《七仙女下凡》,水粉画《外国小女孩》和炭铅画《周总理照片》等。在单位从事绘画机械图纸,设计产品包装图、商标图和面板图。做图板,灯箱,宣传画。掌握美术字、黑体字、仿宋体和隶体字的运用等。1976年开始练习钢笔字隶体,同时兼修红双喜系列剪纸艺术。书法作品获“2015年全国诗书画家创作年会”二等奖,作品编入《2015全国诗书画家作品年选》。书法作品荣获第四届“时代颂歌”全国诗书画影作品大赛三等奖,并被授予“全国诗书画影时代百杰”称号。系统学习国画

刘文彬 1936年生,长治市人,小时候在家半耕半读。小学毕业后,1951年参加工作,在兵工342厂当工人。1953年入团,1954年底入党。同年调入团委任宣传部干事,后任分厂团总支部书记,团委委员,厂五好职工竞赛办主任,厂工会秘书,委员。后任分厂处室党总支书记,正处级政工师。在过去的46年工作中参加过山西省团校学习,厂内组织的各种学习,经考试合格,达到了大学文科水平,曾荣获山西省晋东南地区模范宣传员称号,厂党委优秀党员,先进生产工作者,综合治理先进工作者称号。60岁退休后,到西安遇吕教授,学习了刮痧健康法,义务刮痧、按摩、拔罐约1000多人次,效果很好。后来在山西省太行宾馆打工刮痧3年,给宾馆招来了

不少客人，生意很好。1999年初，宾馆召开职工大会，总结表彰先进人物，宣布我为特级模范工作者，发有奖金，奖状。后来在原单位老年协会学习书法得到同志们帮助，对我很好，在长治市老年大学学习书法被评为优秀学员。2014年被长治市老年书画协会吸收为会员。2015年书法作品在第四届“时代颂歌”全国诗书画影作品大赛中荣获一等奖，并被授予全国诗书画影时代百杰荣誉称号。作品《毛泽东(七律)人民解放军占领南京》在中国梦·廉洁颂全国书画摄影诗文艺术大赛中荣获金奖。2015年在深入贯彻党的十八届四中全会和十八届中纪委五次全会精神书法作品“中国梦·廉洁颂”全国书画摄影诗文艺术大赛评审荣获金奖，并授予“中国廉政文化先锋人物”。2016年，在“东方美”全国诗联书画大赛中评审荣获金奖。在《中国当代文学艺术精品大系》作品毛泽东《沁园春·长沙》评审中荣获特等奖，并授予“中国文艺创作先锋人物”荣誉称号，2016年“江山颂”全国诗书画大赛荣获一等奖。在建党九十五周年和建国六十七周年之际，作品《颂党诗一首》，经“红旗飘飘”全国书画摄影诗文艺术大赛中评审荣获金奖。作品《奢靡风气危害大·硕鼠掏仓岂容它》经“清廉中国”全国廉政书画摄影诗文艺术大赛评审委员专家评审荣获金奖。作品摘要总书记在二十国集团工商峰会开幕式演讲书法入展并荣获第二届“和平颂·中华情”全国美术书法名家邀请展金奖。摘录习总书记在全国庆祝中国共产党成立九十五周年大会的讲话书法作品在第八届“祖国好”华语文学艺术大赛评选中经评委会严格评审荣获金奖。参加《中国新时期文艺人才库》1次，作品集5次。

刘兴基 字攀石，号石头刘。原籍山东省章丘县文祖区木厂涧村。《刘邓大军进驻大别山》(国画)获二等奖，青岛市石头工艺画大赛获二等奖。石头画《红楼梦》获金奖，国画《张阁老倒骑驴过桥》获金奖，国画《两只虎》获金奖，国画《上山虎》获金奖，诗《窗前小花园》获金奖。

寄语：爱国、敬业，在这大好时代，大力发展自己的文艺事业，做贡献给人民，繁荣为社会主义增砖添瓦。

刘连泽 字子合，斋号觅乐斋。1942年6月生于山东省潍坊市农民家庭。中共党员，中专文化。1963年从农村入伍，从军6年历任战士，副班长，班长，师团新闻通讯报道组组长。1969年3月退伍被安置在安丘市交通局工作。在交通单位里，历任运政管理员、交管所会计、代理所长、所长经济师。期间，曾主编过《南流公社社志》《安丘县交通志》后从南流交管所退休至今。

2013年，开始练习书法，由于条件所限，主要以自学为主，以临时帖为主，重点学习行草书，也攻楷隶。2014年起，参加一些社会文艺团体组织的书法展，并获一等奖、金奖等。同时还被有关大赛组委会授予“新中国爱国书法家”、“世界和平艺术家”等荣誉称号。

现为：潍坊市坊子区老年书法研究会会员、南京长江书画家协会副主席、香港中国书画家协会副主席、中国艺术名家协会副主席、中国书画创作院书画副院长、中国硬笔书法协会会员。

寄语：“老牛自知夕阳晚，不用扬鞭自奋蹄”。我最大的梦想就是在我有生之年，在书法研究上，刻苦学习，扎实练好基本功，多增加一些书法知识，多写一些好字，为传承书法这个中华文化国粹作出自己应有的贡献。

刘定超 1942年生，湖北襄阳人。中共党员，中学高级教师。1965年5月参加教育工作，从事于初中数学教学和小学数学教材教法研究。先后任柿铺教育管理委员会数学教研员和副主任、襄阳市第二十九中、三十中学书记兼校长等职。2002年5月退休。2002年和2009年分别出版诗集《襄樊好》和《城乡拾韵》。诗词曲联散见于《诗词家》《百年诗词精选》《中华诗词名家名品精藏》《百年楹联精选》等十多种书刊中。襄阳市诗词学会会员，济南稼轩诗书画研究院特邀研究员，中国当代文化促进会诗词委员会委员，中华诗词研习会会员。2015年，作品获中国《诗词家》优秀作品圣源奖，获“伟人颂 · 中国梦”一等奖；获“相约北京”一等奖；获“祖国好”金奖；获“时代颂歌”二等奖；获“文艺复兴杯”金奖。并获得“当代中华优秀诗人”和“中华文艺复兴时代标兵”称号；获“纪念中国人民抗日战争胜利70周年优秀诗词家”纪念章一枚。2016年，作品获“炎黄杯”金奖，获“祖国好”金奖。北京中天艺术评审委员会授予“中华名人终身荣誉成就奖”；中国红色文化研究院、中国诗歌万里行组委会授予“中国诗词传承与发展的突出贡献者”称号。其创作简介入编《中国当代文化名家档案》和《中外当代文学艺术家大辞典》。

刘建华 字兆雨，号青龙山居士。中国硬笔书法协会会员、世界华人华侨艺术家联合会会员、中国海峡两岸书画家协会会员、山东省泰安市书法家协会会员。1969年生于山东东平青龙山脚下，自幼酷爱书法、绘画。1989年毕业于山东宁阳师范，1995年曲阜师范大学美术专业函授毕业。从事小学美术教育近三十年。书法初学唐楷，后追篆、隶、行，尤擅“二王”书体。注重追摹传统，借鉴新意，笔法讲究以楷入行，兼以草书；书风追求遒劲、妍美、疏朗、灵动；布局讲究舒展流畅。作品多次在全国、省市及当地书展获奖并入编作品集。近一两年的获奖作品有：第二届“和平颂 · 中华情”全国美术书法名家邀请展书法金奖；纪念红军长征胜利80周年全国诗书画摄影作品大赛书法金奖；纪念孙中山诞辰150周年全国中老年书画名家作品展书法金奖；第六届“炎黄杯”国际诗书画印艺术大赛书法金奖；毛泽东同志诞辰123周年中国书法名家作品大赛金奖；2016年全国诗书画家创作年会书法特等奖。

寄语：今后，将以“二王”为宗，以赵孟頫、米芾、董其昌、文征明、王铎为主线，临古创新，在书法的道路上以取得更大的成绩。

刘国栋 1948年出生于宁夏平罗头闸镇，中共党员。大学汉语文学学历，国家中学高级教师从教43年，多年参加区、市、县文化名镇主办的书画展出并获奖；参加国际、国内、港澳、台湾等主办的书画大展赛，邀请展赛，作品多次获一等奖、金奖。部分作品被收藏、展出、入编、出版、报刊选载。其个人艺术简历在多部辞书收录。2015年作品获国家级一等奖、金奖几十次，先后入编出版《中华书画名家大辞典》《诗书画影精品大观》《全国书画名家作品典藏》《中国书画名家代表作·2015卷年鉴》《血铸丰碑·纪念中国人民抗日战争暨世界反法西斯战争胜利70周年全国书画名家作品典藏》等国内数十部大型作品典籍，并先后授予“中华文化传承贡献人物”、“中国著名书画家”、“中华书画交流大使”、“中华当代功勋艺术家”等十几个荣誉称号。同年由“中国诗书画家网艺术家委员会特聘请为副主席”。2016年书画作品在“第七届羲之杯”、“第三届相约北京”、“东方美”、“江山颂”、“光辉历程”、“印尼行·巴厘情”、“盛世中华”、“党旗飘飘”、“永远的旗帜”等全国大赛中获特等奖、一等奖、金奖。先后入编、出版《全国文学艺术精品集》《全国诗书画精品大观·2016卷》《中国书画七十年鉴》《中国当代文学艺术精品大系》《中国当代文艺名家金榜集》《中国文艺名家传世作品集》等数十部大型作品典籍。其中部分自作词、古诗词由《中国当代文学精品大系》《中国当代文艺名家金榜集》《中国文艺名家传世作品集》编委会评为特等奖。先后授予“21世纪杰出艺术家”、“中华书画当代大师”、“中国文艺创作先锋人物”等多个荣誉称号。同年文学艺术传略及艺术成就入编出版《中国新时期人才库》。

现为中国诗书画家网艺术家委员会副主席，中国硬笔书法协会会员，中国书画研究院、首都书画院、北京六艺嘉韵书画研究院、华夏夕阳红书画艺术研究院院士、理事；画圣吴道子艺术馆名誉馆长、理事；中国书画摄影家协会培训中心教授、一级书法师等。

刘贵汉 1940年5月生，山东微山县人，中共党员，中师学历，中学二级老师，微山县美协会员，济宁市美协会员。

1960年应征入伍，在空军第十三师司令部气象台工作，任无线电气象报务、绘图员，为国防建设献出了宝贵青春。1968年退伍后，一直从事教育工作，历任教导主任、学区校长等职。多次被评为县、市级优秀教师。在教育战线辛勤耕耘30余年。2000年退休后，自学绘画，以花鸟为主，偶画山水。2013年进入微山老年大学深造。此间，阅读了大量中国画基础理论，反复临摹了中国历代名家画谱，博采众长，为我所用，最终形成了自己独特的风格。近几年个人国画作品大部分得到了各界人士的认可和好评，其中部分作品在本县各类书画展活动中被入选，并结集出版。2015年春，国画《富贵花开满园春》在微山县纪念人民代表大会建立六十周年书画展中荣获优秀奖；同年十月，在"微山县庆祝重阳节"老干部书画展中，荣获最佳作品奖。

2016年4月《国画·微山新貌》被台湾的朋友收藏；2016年6月《国画·艳冠群芳》，在北京《中国当代文学艺术精品大系》评审中，荣获特等奖，并被授予"中国文艺创作先锋人物"。

寄语："滴水穿石，不是因为力量，而是因为坚持"，"冰冻三尺，非一日之寒"，实践证明，作为人的一生，不论干什么工作，只要认真、刻苦，永恒坚持，而非一暴十寒，总会成功。

刘新忠 笔名签名大侠、刘心中、寒留、玄梦德，1969年3月11日生。籍贯山东省滨州市。大学学历、山东省滨州市经济技术开发区沙河司法所工作人员，山东省滨州市仲裁委员会调解员（兼）。2011年5月，荣获"十一五"山东省残疾人工作先进个人。原创长篇小说《太岁争霸》和《三片花儿》；散文《母亲的情怀》获得山东省第一届"雅芳"杯优秀奖。2012年齐鲁晚报，今日滨州专刊专访报道。并荣获"秦皇河社区美好人物"。

2016年6月书法作品，荣获第七届"羲之杯"全国诗书画家邀请赛三等奖。2016年7月书法、绘画作品荣获山东省滨州市政法第六届书画展优秀奖。2016年8月原创长诗《与你，一句诗的距离》荣获第六届"炎黄杯"国际诗书画印艺术大赛金奖。同年8月荣获山东省滨州市文明办、宣传办、鲁北晚报"首届好家风好家训好家规"优秀奖。2016年9月作品《楹联》荣获第八届"祖国好"华语文学艺术大赛铜奖。同年9月摄影作品《苦练》《拼搏》荣获山东省滨州市第二届体育、美术、摄影"明锐钢板"杯优秀奖和入围奖。2016年10月摄影作品《古村老店》荣获第二届中国古村镇大会"秦皇河杯"摄影大赛优秀奖。

寄语：青春无悔诗作伴，满头银发好还乡。

刘川石 原名刘兴武，籍贯绵竹市，从教于北川羌族自治县，中学高级教师。绵阳市作协音协会员；四川省作协会员；中国当代文学学会会员。早年写音乐类作品，曾在上海歌声、音乐世界、音乐天地、词刊、北京音乐周报等刊物发表歌曲、歌词、评论及音乐教学论文若干。其中有音教论文被全国数十所师范院校学报校刊转载，小传入《中国当代音乐界名人大辞典》第一卷（现存歌曲数百首）。天命之年开始写散文诗，曾在《散文诗月刊》《散文诗世界》《天马散文诗》《含笑花》《剑南文学》《山东文学》等多家刊物发表散文诗作品，有作品（包括参赛作品）入全国20多种选本，有小传和作品载入《中华文艺家大辞典》第一卷。代表作有：麦子在歌唱、飞翔之鸟、想像桃花、庄稼的安抚、沉默的语言、写作之微等。著有《词语在时间的欲望里歌唱》散文、散文诗集一部。

刘全 1957年3月26日生，广东省河源市龙川县上坪镇人，中共党员，大专学历，中学语文高级教师。

《楹联颂中华》获中国萧军研究会、北京市写作学会、北京世纪百家国际文化发展中心主办的2016年“东方美”全国诗联大赛金奖；《山河美》获中国萧军研究会、平北抗日战争纪念馆、北京世纪百家国际文化发展中心主办的2016年“江山颂”全国诗书画印大赛（古诗类）一等奖；《诗咏祖国》获中国萧军研究会、北京市写作学会、北京世纪百家国际文化发展中心主办的2016年第八届“祖国好”华语文学艺术大赛金奖；《联咏太白仙境》获2016年陕西省太白县“人间仙境”旅游区主办的全国征联大赛优秀奖。

寄语：愿诗联文友，用心中的甘露去滋润诗联奇葩，使之绚丽夺目！芬芳四溢！

刘金道 开办罡帼印工作室，是广东省印章行业协会副会长单位。广州西关古玩商会副秘书长。主要从事书法、篆刻、手刻牌匾的创作。

刘孝廉 1943年2月1日出生，黑龙江省依兰县人，中共党员，大专文化，政工师、原任黑龙江依兰县烟筒山林场党支部副书记，退休后仍在此居住。现在是中国大众音乐协会会员、中国音乐文学会会员、华夏博学国际文化交流中心会员、中华散文网创作员、依兰县历史文化研究会会员。是中国获奖词曲作家，荣获《中国当代作家书画家精英》《当代华语文学艺术百杰》《中华文化传承贡献人物》《全国诗书画影时代百杰》《中国文化创作先锋人物》《中国华语文学艺术百杰》的称号。被哈市授予学习型家庭。照片、艺术简历和《我的中国梦》《我的座右铭》作为重要辞条刊登在《中国当代作家书画家大词典》和《中国文化传承人物志》。

歌曲《莫忘同学情》在参加“2012音乐·中国杯”第三届“全国优秀词曲、歌手、乐手大型音乐展演赛”评选活动中，荣获铜牌。2013年参加了美丽中国——大型音乐展演活动群星盛典，优秀词曲、歌手、乐手在大型展演赛，歌曲《永远胜利》又获得了铜牌。

写作的文学作品，传记文学《平凡人

生》，早已写好，正在准备出版。散文8次获得国家级大奖，《达达香》获特等奖收入《中国当代作家书画家代表作文库(2013卷)》；"马掌和马掌灯"、"我们是幸福的人"、"老榆树"、"抗联战士——王祥"获得一等奖，分别收入到中华颂第十一卷和伟人颂·中国梦全国诗文书画摄影作品大赛中；"呼唤"、"担当""新时期的打工人"获得二等奖，也都有书出版。诗歌5次获奖"新林区幸福香"、"呼唤"、"赞春雪"、"箴言"分别获得特等奖、一等奖，都有书籍出版，呼唤被收入《全国诗书画影精品大观》中；楹联获2016年东方美全国诗书画大赛金奖，有的散文和诗歌曾在老年日报、依兰网、五国城文化及依兰抗战诗歌选中发表过。

寄语：人生活在社会，赶上好时代，那是最幸福的事。我们现在是赶上了好时代，赶上了改革开放，赶上党的富民政策，中华民族复兴繁荣了，国富民强、国泰民安、安居乐业、普天同庆、同声歌唱，跟党走，走社会主义路，让我们的祖国更加繁荣富强，为华夏繁荣而奋斗。

刘持德 自幼喜爱书画艺术，1952年时就曾获淄博市博山区少年国画二等奖，作品在全区参展。参加工作后，尽管工作繁忙，但从未放弃对书画艺术的追求。退休后，又参加了市老年大学国画班学习，于2000年毕业。现为淄博市美术家协会会员，中国国画家协会会员。被聘任为中国国画院高级美术师、北京京华兰亭书画院名誉院长，国际ISQ9000A书画艺术家资格认证中心副主席、中华人民共和国日史编辑委员会诗画书院理事等职。

近年来，由于在书画艺术方面不断探索，大胆实践，勇于创新，取得了较好的业绩。作品多次参加了全国大展并获奖。2001年应邀参加了淄博电视生活台专题访问并在全市播放。2002—2006年，先后参加了"世界华人艺术精品大展"、"庆祝建军75周年全国书画展"等十几次大型书画活动。作品编入了《世界名人录》《中华名人大典》等各种书画典籍56部。同时评为全国特别金奖3次、金奖9次，国际国内银奖4次。并授予"中国金奖书画家"、"世界杰出华人"、"中国百名行业十佳风云人物"等十多项荣誉称号。2007—2008年，先后参加了全国组织的"庆祝香港回归十周年"、"为奥运喝彩——全国书画名家大赛"，及2007年9月去北京参加了"2007年中国艺术年度人物颁奖典礼"等20多次重大书画艺术活动后，作品先后评为特别金奖、金奖、金爵奖、国珍精品奖等各种奖项16次。同时授予"共和国杰出书画艺术家"证书、奖牌和勋章，"中国著名专家"、"中国百强书画新闻人物"等荣誉称号。2009—2010年，参加了全国各种书画活动20余次，入编大型书画典集40多部，其中，作品被评为金奖、百佳文艺奖、飞马金奖、金笔奖等各种奖项14次。先后授予"2009年中国艺术年度人物"、"鼎盛中国——100位最具影响力的艺术家"、"国家级著名画家"，及2010年参加的"迎上海世博会公益书画展"活动后，作品评为金奖，并授予"共和国杰出书画艺术家最高荣誉成就奖"奖牌和勋章。2011—2012年，参加了“‘羲之杯’全国诗书画家邀请赛”、“2012 伦敦奥运之旅——中国当代书画艺术展”，及评选全国模范书画家等 20 多次大型书画活动后，作品被评为特等奖、特别金奖、一等奖、杰出贡献奖等各种奖项 14 次，并授予“影响世界的中国当代艺术名家”和“全国模范画家”等荣誉称号，并颁发了证书、奖牌和勋章。2013 年底被中国兰亭工艺美术评选委员会评为“中国兰亭工艺美术终身成就奖”。2014 年～2016 年分别参加了“迎亚太组织(APEC)峰会中国当代书画展”，2015 年“纪念抗战胜利 70 周年阅兵庆典书画”，2016 年“飞天梦、强国梦、中国梦书画名家精品展”中作品均获“金奖”。同时授予“2014 北京 APEC 峰会最具影响力的书画名家”、“中国爱国书画艺术名家”和“中国载人航天艺术成就杰出贡献艺术家”等荣誉称号，并分别颁发了荣誉证书、奖牌、勋章及收藏证书。

刘贵吉 生于 1945 年 4 月，家住四川省凉山州会理县城。中共党员。1966 年高中毕业，1971 年参加工作，1998 年退休。

退休后，先后参加了县、州书法家协会，作品多次参展和获奖并被编入县、州书法作品集，被州美术馆收藏。先后参加了各种音乐文艺团体。

近几十年来常为乡邻、亲友书写对联，撰写结婚贺词，祝寿词和悼词、碑文。

2016 年参加了“江山颂”全国诗书画大赛获一等奖；获《中国文艺名家传世作品集》特等奖。

华永康 出生于 1947 年 10 月，浙江衢州人，中共党员，号营盘居士，原乐斋主。1968 年毕业于百年名校浙江省立衢州第一中学高中，1968 年至 2007 年任小学教师，近 40 年教师生涯，职称高级教师。

现为上海中华书画院高级书画师、翰墨书画院理事、中国书画艺术研究会研究员、中国书画艺术家创作中心艺术顾问、画圣吴道子艺术馆名誉馆长、中国诗书画家网艺术家委员会副主席，中国散文学会写作中心创作员，中国时代文艺家。

参加许昌、上海、北京等全国诗书画大赛数十次，得大奖数十个，被大赛主办单位授予“百名画圣奖艺术家”、“中华书画金笔艺术家”、“全国诗文书画先进工作者”、“中国梦文化艺术创作精英”、“中国梦文化强国时代先锋人物”、“中外当代文学艺术家百杰”、“中华文艺复兴突出贡献奖”“2016 年全国文艺先进工作者”等荣誉称号。

2016 年荣获“东方美”金奖，第二届“和平颂 · 中华情”全国美术书法名家邀请展金奖，作品成功入展，书法作品入编《中国时代文艺名家代表作典籍》，同年入编《中国文艺名家传世作品集》，还有作品在《中国当代文学艺术精品大系》荣获特等奖。

个人艺术简历入编《中国时代文艺家名典》《中国诗文书画家人物大典》《中国新时期文艺人才库》《中国文化艺术人物年鉴》等多部典籍，获奖作品散见“东方美”、“祖国好”、“华夏情”、“炎黄杯”等40多部精品集。

寄语：人生有志趣，既定必坚持；追求需付出，梦想成现实。

权英才 1922年4月出生，广西岑溪市人，财税界庆祝新中国成立60周年共和国财税先锋，第十届广西健康老人，第八届全国健康老人，中国国家一级作家，中国特级作家，全球汉诗总会（新加坡）会员，中国艺术工作者协会终身名誉会长，广西人民革命大学毕业。1950年1月参加革命工作，历任博白县税务局沙河、凤山等税务所所长、税政股股长、征管股调研员39年，66岁退休后玉林地区税务局聘请在税务学会、调研科、税务行政复议委员会工作3年。工作获人民功臣、税工模范、优秀党员、先进工作者、学习毛主席著作积极分子等荣誉称号43次，主编《博白县税务志》《博白当代税务人物志》《权英才诗联文集》和《岭峰集》等书，助编有《博白县志》财政、税务两章和《玉林市志·国税篇》等书。诗、书、联、文入编国内外书报刊物几百种，获奖几百次。其中获北京市写作学会金奖2次，一等奖7次。又其中《在廉政建设中如何加强思想政治教育》和《浅论健康长寿》两文获特别金奖一次。2015、2016两年，各获金奖4次，一等奖1次。

寄语：人生七十古来稀，我近百龄潇洒兮！作对吟诗歌中共，著书立论颂今时。字登世博千秋在，文载中央万众知。金奖之冠加特别，笔耕不辍盼期颐。

江国祥 笔名：江国旗，1953年出生，湖南邵阳人。字雨韵居士，邵东县市书法家协会会员，曾任南海舰队9314舰文化专职，2015年荣获世纪百家国际文化发展中心银奖，“和平颂·中华情”书法大赛荣誉证书。

寄语：优秀的文化作品，源于生活、高于生活，反过来以其艺术感染力潜移默化地影响生活，促进社会文化朝真善美的方向发展。

孙希岳 1940年5月出生于江西三清山脚下，祖籍安徽黟县。1958年加入中国共产党。1963年毕业于江西财经学院贸易经济系。1985年任江西省副省长，1992年9月任中国人民保险公司副经理、总经理，2000年6月国务院派驻国有重点金融机构任监事会主席，2003 年 1 月任全国政协委员。现任中国金融美术家协会名誉主席，中国美术院副院长，中国人民书画院副院长，中国湖社艺术顾问，中国名家书画研究院高级顾问，中国东方书画院高级顾问，中国国际经济文化艺术协会顾问，中国书画艺术家中心顾问。

孙熙泉 笔名列兵、佚名，中共党员。早年参军进军校学习，毕业后留校任教，后到野战部队任职。在军队服役期间曾多次立功受奖。获甲级优秀学员，先进教员，先进工作者，五好标兵，全国青年社会主义建设积极分子等荣誉称号。曾被选为青年代表团成员出国访问。“文革”中复员到地方当工人，期间曾多次被评为五好工人。后长期从事教学和研究工作。退休前是上海企业与市场研究中心主任、东亚文化经济学院常务副院长。在军队和地方工作期间曾先后参与和主持多项重大课题研究，并多次获得学术论文奖和科研成果奖（其中有四项是学术成果特等奖）。因自幼酷爱文艺并利用空余时间潜心创作，故常有作品在报刊发表并获奖。近年来曾先后获“东方美”全国诗联书画大赛金奖，“炎黄杯”国际诗书画印艺术大赛金奖，“滕王阁杯”全国文学艺术大赛一等奖，“羲之杯”全国诗书画家邀请赛一等奖，纪念长征胜利八十周年全国诗书画大赛金奖，“金翅膀 · 中国梦”全国诗歌大赛纪念奖，2015 年和 2016 年两届全国诗书画家创作年会一等奖，《中国文艺名家传世作品集》特等奖，《中国时代文艺名家代表作典籍》特等奖；获全国诗书画精英人物，当代中国实力派润格艺术家，中国当代文艺领军人物，双佳艺术家，终身艺术成就奖获得者，全国文艺先进工作者等荣誉称号；被聘为中国诗书画家网艺术家委员会副主席，江西省人文书画院终身名誉副院长。

寄语：钱财名利，都不过是身外之物，过眼云烟。只有承载着美与爱的诗才会永存。美是大自然的恩赐，是人生的靓影；爱是普照万物的阳光，是对人和大自然的最大关怀与尊重；而诗则是美与爱的最佳载体。诗是人与大自然的连接，更是心与心的连接。美与爱会在诗中流芳万世，诗会因美与爱而获得永生。

孙少涛 1929 年 9 月 12 日生，辽宁省满族自治县宽甸出生。中共党员，完全小学毕业，后在职函授中师毕业，1990 年退休，中学高级教师职称。历任小学班主任、教导主任、副校长、校长、农场教研室主任，被评为“弘扬中国传统文化当代杰出文学艺术家”，并获省级以上荣誉证书 11 份。

退休后患耳聋，与谁都打不上交道，为了解脱，练过书法、自学过毛主席诗词、王力的诗词格律，也欣赏过唐诗，见景生情学写了一些诗词，其实是消磨时间，总共写了140余首，分为关心大事、忠于职守，田园家居、负面人生四个部分。

2013年看到第二届“和平颂”全国大赛征稿，就投了3首，获了一等奖；接下来“炎黄杯”3首获了银奖，纪念毛泽东诞辰120周年第十一届“中华颂”3首获一等奖；第六届“祖国好”3首金奖；中国梦“还看今朝”8首金奖；“文艺复兴杯”辞旧迎新两首二等奖，共22首。其中“中华颂”后提升为特等奖入编当代作家文库。第六届“祖国好”3首也提升为特等奖，入编当代文学艺术精品大系。

寄语：我把我的诗词命名为“家宝诗词”意思是传家之宝，也希望能成为我的“梦想之宝”。诗词最后的结束语：献给自觉的革命者！

孙汉林 字文卿，1950年9月生，山东临沂人，曾从事教育及工会宣传工作，退休于临矿集团，现任中国楹联学会会员，中华诗词研习会会员，中国王羲之研究会会员。爱好文学、诗词歌赋及书法艺术。2013年3月荣获山东省农村优秀文化人才奖，2015年10月作品《司令员与三个鸡蛋》在山东省红色廉政文化征文活动中荣获廉政故事类三等奖。2013年5月获“东方美”全国诗联书画大赛金奖，同年6月获第二届“二安杯”全国诗词大赛优秀奖，2014年6月获《中国梦之路》全国大赛一等奖，同年7月获第六届《祖国好》华语文学艺术银奖，并被授予“当代华语文学艺术百杰”荣誉称号。2016年10月获《江山颂》全国诗书画印大赛一等奖，获《中国文艺名家传世作品集》金奖。诗词作品还被收入《中华诗人年鉴》《红色诗词一千首》《中国竹子诗书画大全》《中华十二生肖诗词大词典》《中国古今律诗选集》《中国古今绝句选集》《中国古今词人选集》《东方美全国诗联书画作品集》《中国梦之路全国文学创作精品集》《毛泽东颂》《中国诗词十二家》等著书中。楹联作品被收入《中国奥运健儿题贺艺术大典》《中国冠军嵌名联大全》《中国楹联年鉴》《中国楹联大词典》《中国酒对联大全》《二安遗韵》等著书中。书法艺术被文化部中国乡土艺术协会文化遗产保护部评审委及专家评定为：国家一级书法师。书法作品荣获“毛泽东逝世三十五周年书画大赛”金奖，被授予“毛泽东思想艺术化百强书法家”称号。荣获纪念毛泽东《在延安文艺座谈会上的讲话》发表七十周年“毛泽东诗词书画大赛”金奖。被授予“扎根群众服务群众的杰出书画家”称号等。

孙庆林 笔名林子，1948年3月生，河北省丰润县人，中共党员，中专学历。中石油兰州石化公司退休干部。

退休后，在游览祖国大好河山的同时，涉足诗词格律及散文的学习与写作，撰写了不少游记和诗词作品，以抒情畅志表达对党和祖国的热爱。从 2013 年起连续获得“东方美”、“羲之杯”等诗书画大赛金奖。

2015 年，诗歌《林芝的风景线——尼洋河颂》获“东方美”全国诗联书画大赛金奖，词《海棠春·晚情》获第四届“时代颂歌”全国诗书画影作品大赛一等奖，《诉衷情·中流砥柱》获全国诗书画家创作年会一等奖，散文《酒》获第二届“相约北京”全国文学艺术大赛一等奖。

2016 年，散文《喀纳斯的金秋，景色真美》获“东方美”全国诗联书画大赛金奖，诗歌《读茗山长老诗有感》获第七届“羲之杯”全国诗书画家邀请赛一等奖，词《清平乐·赞中央一号文件》获第六届“炎黄杯”国际诗书画印艺术大赛金奖，《沁园春·为国庆六十七周年作》获全国诗书画家创作年会特等奖，散文《嘉陵江漂流记》获第三届“相约北京”全国文学艺术大赛一等奖。

与此同时，七古《赞黄河壶口瀑布》、诗词《恬淡自怡读书好》《腊子口·哈达铺颂歌》《江城子·甲午感怀》《蝶恋花·蓬莱阁》等二十余首诗词一并收入相关赛事的书籍中。2015 年 10 月被第四届“时代颂歌”全国诗书画影作品大赛组委会授予“全国诗书画影时代百杰”荣誉称号，2016 年 10 月《中国当代文学艺术精品大系》评委会授予“中国文艺创作先锋人物”荣誉称号。

寄语：白驹过隙，时日如珍，退休都干些啥行当？告君知最爱唐诗里淹留，宋词中徜徉，又把元曲翻唱。待暇时，放任性情，游走山河，还有几分天真样。心胸宜阔，气量轩畅，交几个如兰的同行。不羡竹林，勿崇严光，做什么隐士山人，常把那国家大事瞭望。更盼老百姓富足，祖国蒸蒸日上。

孙江飞 笔名翰峰好人，生于 1967 年 7 月，自由职业。从事书画教育培训；高中学历，现任书画培训负责人。2015 年入展浙江省中青年第七届“陆准剑奖”。获 2016 年全国“东方美”诗联书画大赛银奖，荣获 2016 年全国诗书画家创作年会特等奖，加入浙江省书法家协会会员。

寄语：作为一名书法艺术爱好者，要不忘初心，发扬中国传统艺术，学无止境，勇攀书艺高峰。

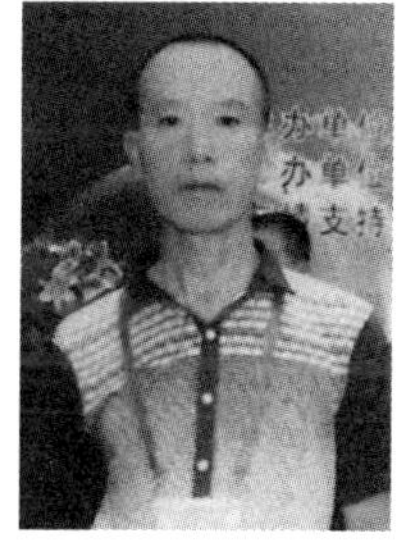

孙良富 1966 年生人，出生书香门第，从小受父辈影响，爱好美术、书法和诗词，因在社会基层生活，看见了社会不良风习，便用诗词的形式记录，作有诗词约千余首。

在 1996 年，订购了《中国种业》，根据书中介绍的粮、菜品种按不同的种植时间、和生长日期、调整种植结构，在一年内、二作二收、或三作三收，使效益提高了数倍。

1998 年，在党委书记的带领下便进入镇党委的“农业科技协会”。并去了中国农科院（北京）参观学习，在 1998 年 10 月，在河南举办的全国红薯擂台上，拿了三等奖。

我购买了“中国农业大学”的良种繁

育学课本,在家自学。写的如何提高农业产值,作物轮作文章分别在2002年人民日报《中国当代思想宝库》和工人日报《中国当代理论文献》上登载。2003年被中国管理科学院特邀为特约研究员。

2014年,参加伟大中国梦、美丽中国行全国书画赛获银奖。

2015年,在纪念反法西斯战争胜利70周年作品赛中分别获"中国国画院"、"中央美术协会"铜奖;并授"德艺双馨艺术家"称号;在中国美术研究院荣获二等奖;在"和平颂·中华情"书画赛荣获二等奖。

2016年在"东方美"全国诗联书画赛荣获银奖。

现在是中国红旗书画院院士、中国书画家协会会员。

孙福贵 生于1956年11月,山东省临朐县人。山东省干部业余大学本科毕业。

2016年参加"伟人颂·永远的怀念"全国书画大赛书法获铜奖,参加全国诗书画家创作年会书法获二等奖,参加"江山颂"全国诗书画印大赛书法获一等奖,参加"盛世中华,我的中国梦"全国名家书法大赛,第二届"和平颂·中华情"全国美术书法名家邀请展等全国性书画大赛书法获金奖9次,参加"东方美"全国诗联书画大赛书法获特等奖,并在北京军天书画院和香港翰墨书画艺术协会举办的大型社会爱心公益活动中当选为共和国红色传承功勋人物——2016十大人物,2016年12月被国礼珍品中国红瓷组委会授予中国百名陶瓷书法艺术名家荣誉称号,现为中国当代书画名家协会会员。

寄语:水流任急境常静,花落虽频意自闲。以诚待人,以信为本,以善养德,以德修身,广种福田,大积善德。佛在灵山莫远求,灵山只在汝心头,人人有座灵山塔,好在灵山塔下修。

孙德喜 笔名孙芇,函大本科毕业,中共党员。1939年出生于江苏江都,生活于上海。当过兵,军校学员,木材检验助理工程师等。1958年始,从事森林工业工作,尤其在木材检验的实践运作、理论教学研究方面,做了应尽的工作,取得了一定成效。1963年至1978年,连续被评为单位先进工作者。1984年,参加福建省关于中华人民共和国林业部,有关木材检验标准(原木部分)以及木材材积计算表(草案)的修改和订正工作。现为中国当代作家代表作陈列馆《作家与读者》专栏作家、中国文学艺术家协会会员、中国延安文艺学会会员、中国作家创作协会会员、世界民间文艺家协会会员。1994年始业余创作散文、诗词,发表在多种文艺报纸杂志。入编选集有《中华诗词范例宝典》,《美哉天下——中国旅游散文优秀作品集》,《中国散文大系》(军旅卷),《当代诗词艺术档案辞典》。《世界诗词艺术家辞海》,《首届古风杯华夏作家网杯——文学大赛优秀作品集》,《中国作家世纪论坛获奖作家文库》,《世界博览——中国文学》。《世界民间文艺家大辞典》(中国卷)等近八十部选集。获得首届中国文化艺术终身成就奖、中国作家世纪论坛2006年会三等奖、首届龙吟杯全球华人诗歌大奖赛特等奖;《国学家辞海》获特殊贡献奖;散文《登冷峰阁散记》获首届全国旅游大赛二等奖、中国改革开放文艺终身成就奖;《路读随感》获中国文化艺术终身成就奖——文学类银奖等。

孙学忠 1940年3月29日生,江苏东台市人。中专学历,高级农艺师、《中国野生植物资源》杂志编委、曾任北京市华夏博学国际文化交流中心会员、理事,中国散文学会写作中心创作员、世纪百家研究员、《百家》编辑部特约编辑等职务。现任中华诗词家协会会员、终身理事。

《人生从60开始》《解读60周岁》《老人五有、全家幸福》《解读老人、老年》《真话与假话》《社会主义价值观箴言录》《出行有感》等,以及格言、箴言、谚语、楹联等。

2015年至2016年获金奖4次,一等奖1次;个人文学创作入编《中华名人志》《中国时代文艺家名典》《中国新时期文艺人才库》《中国当代文学艺术精品大系》《社会主义核心价值观箴言录》等图书中。

经有关单位评定,授予"华夏文学艺术精英"、"中国老年才艺之星"、"当代文艺先锋"、"中华文艺精英"、"全国时代文艺家"、"影响中华·2010年全国诗文书画先进工作者"、"中华诗词名家"、"2013年全国诗文书画先进工作者"、"2014年中华夕阳红文艺模范"、"中华当代作家书画家精英"、"中国当代华语文学艺术百杰"、"2015年中国梦践行者"、"全国诗书画影时代百杰"、"中华民族文化传承大使"等荣誉称号。

寄语:遇到困难,受到挫折时,向前看。人生最大的困难是不去寻找困难,自认为太平无事,而不幸灾难会悄然而至。而读书、求实是化解困难。写作则是人生经历的反映,是人物成长的缩影。

朱向前 祖籍江西萍乡,1970年冬入伍,1984年考入首届解放军艺术学院文学系,1986年毕业留系任教。历任文学戏剧系副主任、训练部副部长、部长、副院长。系军艺军事文艺研究所教授、研究生导师,专业技术三级(副军)。1989年被评为全军优秀教师,1996年授大校军衔,1997年享受国务院特殊津贴。中国毛泽东诗词研究会副会长、中国作协军事文学委员会副主任委员、理论批评委员会委员,茅盾文学奖、鲁迅文学奖评委、中宣部"五个一工程"奖评委;中国图书出版政府奖评委；中央电视台军事频道“周末开讲”主讲嘉宾。

那就让我们继续，脚步一刻也不要停，向着精彩，向着灿烂，向着光明，沿着心指示的方向，去追逐梦。

朱绪书 笔名朱翰香，1952年5月出生，山东省微山县人。中共党员，大学文化，副编审。先后为《微山县志》《微山年鉴》副主编；《微山县军事志》《微山县民营企业家风采》主编；《走进微山湖》丛书、《驩城溯源》等书编审。

20世纪70年代开始诗歌创作。先后在《微山文艺》《枣庄日报》《济宁日报》《山东青年报》《济宁文艺》《诗神》《中国校园文学》《时代文学》《山东文学》《诗国》等报刊发表作品。诗作《黎明》被1990年出版的《短诗大观》一书收录；诗作《初恋》《婚礼》被1998年卷《中国诗群》一书收录；诗作《开拓者》被2014年卷《祖国好》作品集（第六卷）一书收录；诗作《陶渊明》《滕王阁》《历史》被《中国散文诗歌作品精选》2014年卷一书收录；诗作《根》《长江》《圈子》被2015年卷《东方美》作品集一书收录；诗作《泰山》《黄河》被2016年出版的《中国当代文学艺术精品大系》一书收录。诗集《翰香诗草》待出。诗作《根》获2015年“东方美”金奖。诗作《三叠泉》获《诗国》2015年度“清泉杯”优秀奖。诗作《西安》获2015年第三届中国散文诗歌作家神州行一等奖。诗作《庐山》获2016年“江山颂”全国诗书画印大赛一等奖。

寄语：我们已经启程，我们正在途中，

朱世昌 1945年5月生，长春市人，祖籍山东省平阴县。退休于中国一汽集团公司，多年在基层从事工会宣传工作，系一汽集团公司楹联学会理事、中国楹联学会会员、北京华夏诗联书画院研究员、国家乒乓球业余一级运动员。

2002年参编一汽“红旗杯”海内外征联集萃《车韵悠扬》，作品入编《中国当代对联文库》《中国当代楹联家大辞典》《中国民族文艺家大辞典》《中华国学人物志》《类编国学大系》《世界艺术大系——中国艺术》《盛世华章箴言录》《六十年中国文艺盛典》等。

皓首已至，叹入道甚晚。迷于此道，趋之不辍，行之不已，醉心字韵。且得马老萧萧先生题字《球字斋》乃至诗联创作亲自指点，甚幸也。因素追球咬字，故以《球字斋》主为号。老夫不求闻达，但求乐天。愿与天下之士结球友，联友，诗友，翰墨友，若蒙赐教，实乃平生之大幸也。

2015年4月“东方美”全国诗联书画大赛，荣获金奖；2015年4月国家文化建设贡献人物；2015年9月“国粹杯”全国诗词大赛，荣获二等奖；2015年11月“颂歌献给党”全国诗词楹联名家作品选，授予“全国当代诗联名家”荣誉称号；

2016年1月“感动中国”中华诗词格

言获奖作品精选荣获金奖；2016 年 5 月“东方美”全国诗联书画大赛，荣获金奖；2016 年 5 月《中国当代文学艺术精品大系》楹联纪念唐寅荣获特等奖，授予“中国文艺创作先锋人物”；2016 年 11 月《中国文艺名家传世作品集》荣获金奖。

寄语：人生的历程只有“直播”，而没有“重播”，所以要认真走好每一步，不能给自己留下遗憾。处世、心存坦荡严律己；求知，笔耕不辍苦思文。常步书屋觅益友；广交墨客结良师。

朱鉴生 生于 1934 年 2 月，安徽省宿松县人，出身农民家庭。从 5 岁到 13 岁就读于私塾，解放后 1951 年至 1958 年小学任教，1954—1957 年朱湾、广河等校为教务负责人。1979 年到钓鱼台小学工作，评为小教高级，在齐坂评为先进工作者，受安庆地区发给“从教 30 年荣誉证书”，1994 年退休。

第五届“祖国好”华语文学艺术大赛，《颂祖国》荣获银奖。2014 年“东方美”全国诗联书画大赛，《西江月·祝两会召开》荣获金奖。第三届“时代颂歌”全国诗书画影作品大赛，《颂国庆》荣获一等奖。第七届“祖国好”华语文学艺术大赛，《抗日胜利 70 周年纪念》荣获金奖。第四届“时代颂歌”全国诗书画影作品大赛，《时代颂歌》荣获一等奖。2016 年“东方美”全国诗联书画大赛，《西江月·祝人大政协胜利召开》荣获金奖。获奖作品收入相应的大赛作品集中。

寄语：文艺应传承中华民族精神，惩恶扬善，鞭挞邪恶，永垂正义不朽！

朱文清 自号达翁；出生于 1943 年 2 月 17 日，原籍灵璧县，1961 年移居今地。当过生产队会计、大队会计、共青团书记。1965 年参军入伍，任过副班长，给养员。中共党员。退伍后入凤阳师范读书，毕业后便一直从事农村教育工作，连续担任过村小学校长、乡中心小学教导主任、校长，乡中学总务主任等职。其间参加安徽省电视大学学习，获大专学历（汉语言文学专业）。1991 年获安徽省教育系统抗洪救灾先进个人称号。2003 年退休，2012 年参加明光市老年大学诗词班学习，并加入明光市诗词学会；2014 年加入安徽省诗词学会；2015 年加入中华诗词学会；2016 年加入安徽省散曲学会。

多年来，共撰写诗词五百余首。在省级刊物上发表十余首，在市县级报纸，诗词文学刊物上发表近百首。获 2016 年“东方美”全国诗联书画大赛金奖，同时获 2016 年《中国文艺名家传世作品集》特等奖。

寄语：《自勉》十冬苦学辍灾祸，五夏勤耕得砺磨。四载荷枪修道远，卅年执教毓才多。一身正气难垂范，两袖清风愧做模。七秩潜心攻律赋，能否百岁畅诗河？

仲维信 1944年生于青岛市，现年73岁，在青岛就读小学、中学、后考入山东海洋学院附中，毕业后响应党的号召，上山下乡10余年，返青后就业任基建绘图、会计工作，期间进修土木工程专业，后为工程师专职工程预算、审计工作至退休。因少年时爱好山水画，曾师于庙宇画师，退休后经常观看中央电视大学国画大师们的讲座，以及现场绘画授课，受益匪浅，在自学绘画方面大有收获。

寄语：在绘画、参展、学习中使我深深的感受到江山多娇、山河壮美，祖国可爱，作为有着五千年文化底蕴的炎黄子孙是多么的自豪。也使我深深地感受到以习近平同志为核心的党中央定能带领我们在这美丽的神州大地上走向繁荣富强。定能使我中华民族，有尊严的，骄傲的屹立在世界民族之林。我心中的太阳就是美丽富强的中国是多么的灿烂辉煌。

池丽璇 生于1976年2月，女，本科学历，现任职务是教师。职称，小学英语高级教师。个人荣誉：获得了第六届“祖国好”华语文学艺术大赛银奖；第二届“相约北京”全国文学艺术大赛获一等奖；已被编入《中外当代文学艺术家大辞典》；有一项专利“一种带称重装置的汽车”。有多篇文章登在《揭阳日报》上。主要著作：综合文集《同根生同根情》。

寄语：我最喜欢“我为什么活着，因为我要写作；我为什么写作，因为我活着”这句话。我认为作家创作的目的就是要能推动社会向更先进、更文明、更有爱心方面发展。

米春华 1952年5月生，籍贯河南确山。1968年知识青年下放农村，后进国有企业当工人。北京教育学院中国逻辑与语言大学83届函授学员，吉林作家进修学院88届函授学员。1981年江西科普创作研究会靖安代表，江西1987年小说创作座谈会靖安代表，曾在省内外发表过多篇短篇小说、故事。原江西（国营）靖安工艺美术厂副厂长。已退休。

2013年开始研究创作古体诗词。2014年词一阕“浪淘沙·山村稍憩”入编《江西优美乡村大赛作品集》。2016年开始向全国各地诗刊投寄诗词创作稿件。多首（阕）诗词发表和入编在《中华诗词》增刊、《中华诗学》《江西诗词》《诗词报》《陕西诗词》《八桂诗词》《岭南诗歌报》《江南诗词》《赤峰诗词》《晋江诗词》《南英诗刊》《沂蒙诗词》《靖安诗词》《明月山吟稿》《冀风诗刊》《2016年宜春市第三十二届谷雨诗会作品选》等刊物上。2016年词一阕“太常引·江山魂”获“东方美”全国诗联书画大赛金奖，并入编《东方美——全国诗联书画作品集》（2016年卷）。

现为中华诗词学会会员，江西诗词学会会员，江西靖安诗词学会会员。

专长：彩色鸟纹书法（字中有画）；于2016年第四届江西旅游产品博览会现场书写；于2015年首届宝峰孝文化庙会非物质文化遗产现场书写；于2016年第二届宝峰孝文化庙会现场书写。

寄语：人生短暂，老来便知；天有晴雨，月有圆缺，山有高低，水有浅深。加强学习，修身养性，积德行善。

池洋 1964年生人，大学文化。曾长期在南京自行车总厂科研所、技术科工作，任工程师。

虽从事于工程技术工作，但爱好文学、喜读诗词，并在唐风宋韵熏陶下，屡屡试笔。多年来，已写得数百诗词篇章，并陆续发表于《广州文摘报》《诗词报》《诗词之友》等报纸杂志上，近年来，并每每在全国各类诗词大赛中获奖，如获2015年“东方美”全国诗联书画大赛“金奖”，第八届“祖国好”华语文学艺术大赛“金奖”，“时代颂歌”全国诗词大赛一等奖，“相约北京”诗词比赛金奖，“羲之杯”诗词比赛一等奖，“伟人颂”全国诗词比赛“金奖”，“炎黄杯”诗词比赛一等奖，“中华诗人踏春行”诗词比赛一等奖，“中国作家洛阳峰会”金奖、“中国作家西安峰会”金奖，第七届“华鼎奖”一等奖等。

寄语：勤奋、刻苦，是迈向成功的阶梯！

许福芦 安徽南陵人，中共党员。1997年毕业于华中师范大学文学院，文艺学硕士。1974年应征入伍，历任炮连战士、班长、排长，团司令部作训参谋，师特务连政治指导员，市人武部秘书，军分区新闻干事，解放军艺术学院文学系学员队长、教员，学院教务处处长、文化管理系主任、文学系主任。系中国作家协会会员，中国电影评论家协会会员，中国管理学会理事，中国艺术管理协会理事，军队管理学会理事。

许华范 1921年5月生于山东省蓬莱市，1943年4月从事地下革命工作，会计专科学校毕业，高级会计师、财政部颁发“中华人民共和国会计人员”荣誉证、山西省太原市教育局发的“健康老人证”、中国文化国际交流中心颁发的“中国文化传承功勋人物”镀金奖章。是世纪百家国际文化中心特约编辑、华夏博学国际中心会员、简历已编入中国时代文艺家、中国当代文艺家、中国时代作家、中国诗文书画家大典，国务院颁发离休干部荣誉证书，山西省太原市教育局评为健康老人。

寄语：人生学无止境，活到老学到老，开卷有益，知识创造一切，贡献无尽头，成年期尽心竭力忠于国家忠于党，离休后离而不休发挥优势,从事摄影艺术诗词歌赋,惠泽不负一生。宽恕,是人生美德;化干戈为友谊,解痛苦成快乐,疾病变健康,除万难的法宝。身体健康是至宝,革命贡献离不了,家庭和睦依靠它,世界万物都需要。做人难,做一个正直的人更难,难,再难也要做到,不达目的誓不罢休。

许声军 1977年10月生,籍贯海南省万宁市万城镇。本科文化程度。历任机关单位党政办公室文秘,公司企业综合办公室主任、副总经理,2014年4月任万宁市人民法院人民陪审员。原系海南省青年作家协会会员、万宁市作家协会理事。已在《海南日报》《南国都市报》《海南特区报》《海南师院》校报、《万宁时讯》《红帆诗报》等多种报纸,《百家》《乡土作家》《海南儒家文化》《五指山》《东山文艺》《万宁文艺》等多类杂志,多家网站刊载(网发)散文、诗歌、论文等各种文学作品多篇(首)。文学作品被收入《2014年中外诗歌散文精品集》《中外当代诗歌散文精品集》《中外当代文学艺术家代表作全集》《相约北京·全国文学艺术精品集》《炎黄诗书画印艺术精品集》《祖国好—华语文学艺术典藏(第7卷)》《时代颂歌·全国诗书画影精品大观》《中国当代文艺名家名作金榜集》《中国当代文学艺术精品大系》《东方美·全国诗联书画作品集(2016年卷)》《光辉历程时代画卷—全国特邀诗文书画名家精品大典》《圆梦—香港百年回归文集》、城市诗丛系列《青年微型文学作品选萃(A辑)》等图书。2015年—2016年,在全国各类征文比赛中,作品多次荣获金奖、银奖、铜奖和等级奖。2015年4月在第二届"相约北京"全国文学艺术大赛评选中,获二等奖。2015年4月经《中外当代文学艺术家代表作全集》编委会评审,被评为特等奖。2015年9月在第七届"祖国好"华语文学艺术大赛中,获银奖。2015年9月在第二届中外诗歌散文邀请赛中,获一等奖。2015年11月在第四届"时代颂歌"全国诗书画影作品大赛评选中,获一等奖,并被授予"全国诗书画影时代百杰"荣誉称号。2016年4月经《中国当代文艺名家名作金榜集》编委会评审,被评为金奖。2016年6月经《中国当代文学艺术精品大系》评委会评审,获金奖,并被授予"中国文艺创作先锋人物"荣誉称号。2016年9月在第八届"祖国好"华语文学艺术大赛评选中获金奖。创作传略录入《中外当代文学艺术家大辞典》《中国新时期文艺人才库》《新中国66周年文艺名家名典》《中国文化艺术人物年鉴》等多部大型人物典籍文献。著有个人文学作品集《岁月印痕》等书。

寄语:轻轻地行走在温馨的文字里,渐渐地享受着那淡淡的墨香,慢慢地感觉到汉字特异的整齐美与音调美!于是,以鲜妍而简要的短句,凑成音节调谐而铿锵的篇章,为我的快乐生活涂抹了一道亮丽的色彩。所以,无论前方还有多少风雨,文字都定格在我深情的视线里;无论前方还有多少磨难,文字都篆刻在我激情的岁月里;无论前方还有多少清愁,文字都珍藏在我永恒的记忆里;无论前方还有多少坎坷,文字都流淌在我生命的长河里!

许信通 1936年5月生于萧山，服务于上虞区农业局章镇农技站，农艺师。茶叶专业、开辟茶园万亩，产出干毛茶万担，建立精制茶厂3个，初制茶厂136个，发表专业论文10篇于《中国茶叶》《茶叶科技》《茶叶》刊载，曾获农业部“茶叶丰收奖”、“先进工作者”参加省、市、县茶叶学会、中国农学会。获省、市、县多次先进工作者的荣誉。2007年参加“毛诗研究学会”；2008年参加“中国散文学会”；1996年5月退休回老家。

因爱好学习诗词书画，所以从2006年开始写点工作回忆录，用诗、词形式表现，在有关征稿参赛中多次获奖。虽然比不上人家名典名作，但独自欣赏亦有余欢。2016年“东方美”全国诗联书画大赛征文“居新思旧”又获金奖。

寄语：永远是一个小学生，做到老，学到老。

许胜 笔名一仆，1926年7月生，江苏省南通市人，新四军老战士，中共党员，大学学历，转业革命军人，南通大学离休干部。历任江苏南通通州区十总小学教师、新四军军部测绘室副组长、山东渤海军区七师师部参谋、华野十纵队和三野九兵团司令、开国上将宋时轮随身秘书、三野九兵团和中国人民志愿军九兵团参谋长、开国中将覃健随身秘书、大连海军指挥学校（原为第一海军学校，现为海军大连舰艇学院）训练部学术研究科科长和副部长、南京工学院南通分院副院长、南通工业专科学校（前身为“分院”）副校长、南通纺织专科学校（前身为“工专”，以后逐步发展升格成为南通纺织工学院、南通工学院和南通大学三个高等院校组成单位之一）副校长等职。在部队34年间，曾参加过抗日战争、解放战争和抗美援朝战争；曾被评为工作模范2次、优秀学员1次，立二等功1次、三等功4次，受嘉奖4次；荣获国家颁发的解放奖章一枚、各种纪念章7枚；荣获海军颁发的海上万米游泳纪念章1枚；荣获朝鲜民主主义人民共和国颁发的三级国旗勋章和军功章各1枚。自1978年10月由海军转业到南通工作至今38年期间，曾荣获中国人民抗日战争胜利60周年和70周年纪念章各1枚；被评为南通纺织工学院和南通大学优秀共产党员各1次；被评为南通市语言文字规范化工作先进个人1次；被评为南通大学离退休干部“增添正能量”十佳人物之一；被评为南通市十名优秀抗战老兵之一。

先后被吸收为南通市诗词协会和书法家协会会员、江苏省诗词协会会员、中国老年书画研究会会员和江苏省楹联研究会会员。自1978年10月至2016年12月，38年期间曾有2400多件书法、诗、词、联、文等作品，在江苏省内外100多种出版物上发表。不少作品被编入30多个国家级出版社出版的80多部（册）典籍。在参加某些全国大赛和征稿活动中，曾获奖50多次，其中金奖20多次，曾有200多件各类作品被30多个地、市级以上的文艺和史志单位收藏。作品具有两个特点：一是“弘扬主旋律，传递正能量”；二是“诗书随时代，与时俱进”，书写和使用的都是国家通用规范汉字。

寄语：在党和人民长期教育培养下，通过70多年革命实践，有三点深刻体会：一是，为人民服务是咱们每个共产党员和革命者的根本宗旨，永无止境。二是，对党和人民必须怀有一颗感恩的心。“为民服务是根本，党育恩情比海深。奉献余晖微弱力，鞠躬尽瘁到终生。”三是，“人生有限忙中乐，艺海无涯苦后甜。”这一副自勉对联就是本人对人生和艺术的一点感悟和体会。

齐新峰 笔名百杰，1969年9月生，河南省巩义市人，高中学历，系巩义市书协作协会员，北京长城长书画院会员，中国国画家协会理事，中国国际书法美术家协会副主席。

2015年“东方美”全国诗联书画大赛书法获银奖；第三届“伟人颂·中国梦”全国诗文书画大赛书法获一等奖；第四届“时代颂歌”全国诗书画影作品大赛书法获一等奖；“和平颂·中华情”全国美术书法百家邀请展书法获二等奖；2016年“江山颂”全国诗书画印大赛书法获一等奖；第八届“祖国好”华语文学艺术大赛书法获金奖；中国文艺名家传世作品集书法获特等奖；第二届“和平颂·中华情”全国美术书法名家邀请展书法获银奖；“全国诗书画影时代百杰”、“中国华语文学艺术百杰”；第六届“炎黄杯”国际诗书画印艺术大赛金奖。“清廉中国”全国廉政书画摄影诗文艺术大赛国画铜奖。

寄语：爱憎分明，为时不误，以博大博爱情怀，深深的热爱祖国，奉献真情致爱的爱心文品，以德才兼备，品为上学，团结一切爱国文士，肩负历史责任，为时代先驱，发扬祖国文明，真善美的情操，做良师益友及其一切尊敬领导人位的忠诚伙伴，忠诚再忠诚，忠诚化为你我他，同志亲密永远，共同的信念，不懈追求，勉怀先烈遗志，牢记不忘对党的忠诚。

共勉人生，互敬互爱，品学兼优，一生文化追求，俱有坚强毅志，学习不倒翁精神，功名求谛求功名，用功学习，珍惜今之不易，愿为他日回忆，感动自己。

曲松茂 生于1940年11月，河南省偃师市人，中国硬笔书法家协会会员，中华书法艺术研究会会员，洛阳市书法家协会会员。

本人自幼爱书法，八十年代开始硬笔、毛笔参加全国比赛数十次，不同层次获奖，作品及简历入编《中国硬笔书法史》，入编各种大辞典、经典十几种，审定为世界高级硬笔书法艺术家，2015年至今毛笔书法参赛，纪念反法西斯战争和抗日战争胜利获金奖，首届毛泽东诗词获金奖，抗美援朝胜利获金奖，被审定为中国梦文化艺术创作精英，沁园春发表70周年获金奖，入选第八届重阳节书画展，纪念抗日战争胜利70周年获金奖，庆祝中国共产党成立95周年获金奖，入编《新中国66周年文学艺术名家名典》入编《中国当代文学精品大系》作品获特等奖，并授予"中国文艺创作先锋人物"，中国橘子洲头书画艺术大展获金奖，伟大旗帜全国书法大赛获金奖，授予"共和国红色传承人物"，文化中国森茂杯获金奖被评为"弘扬中国传统文化当代杰出文学艺术家"，日出东方书画展获金奖"中国德艺书画名家"，毛泽东诗词书画展获金奖，首届中国书法名家邀请展获金奖，向党的95华诞献礼首届中国紫砂书画赛获金奖，孙中山诞辰150周年书画赛获金奖，授予杰出华人书画家，三次邀请参加北京颁奖会。

寄语：人生路漫漫，书法常相伴。不为名和利，健康超百年。

乔喜云 笔名江悦，女，汉族，籍贯：山东省东平县，1969年出生于黑龙江，东北电力学院本科学历，学士学位，工程师，九三学社会员。中国散文学会会员、中国诗歌学会会员、世界诗人大会会员、世界汉诗协会理事、中国民族文化研究会诗书画艺术委员会终身名誉主席。现供职于国家电网黑龙江省鸡西供电公司。曾在《中国电力报》《国家电网报》《东北电力报》《雪花》《三星堆文学》《羲之书画报·诗书画家》等报纸杂志发表诗歌、散文、新闻等作品数百篇。诗歌入选《2011世界诗选》《2010世界诗选》《2009黑龙江东部诗群》等书籍，其诗歌、散文、报告文学、新闻、摄影等作品先后获得国家级和省级奖项二十余项，并获在台湾举办的第三十届世界诗人大会诗歌竞赛中文组铜奖。其新闻作品先后被人民网、英大网、新华网、人民日报作品制定网等媒体转载，新闻作品《鸡西供电局接受省"创先争优"活动组评检》入选2016年《求是新风·中国优秀领导才艺荟萃》之理论卷，并获该届"创新杯"评选活动特等奖。有诗集《梧桐听雨》《走过雨季》待出版，2011年末其主编的《雪花增刊·清风水韵踏歌行——第30、31届世界诗人大会珍藏特刊》，深受好评。

寄语：文艺作品来源于生活，高于生活！

农培柏 1935年4月生，壮族，广西崇左市人，中共党员。初中文化，退休干部（曾任天等县第三届人民政协秘书长），《星火燎原》副主编。

曾参加中国萧军研究会、北京市写作学会、世纪百家国际文化发展中心举办"东方美"、"祖国好"、"时代颂歌"等国家级和湖南、河南、河北等省级部分书画大赛中获奖。作品书写颂歌老一辈革命家、缅怀革命先烈丰功伟绩、颂歌中国建设社会主义创新特色、颂歌国家繁荣富强、人民幸福安康和世界和平发展等时代精神，表达自己对党对祖国对人民服务忠诚爱戴。主要作品："清平乐·六盘山"、"七律·长征"、"习近平新任国家主席就职演说”、“抗战胜利七十周年纪念大会上演说”、“社会主义核心价值观”、“唐诗题西林壁”、“早发白帝城”、“春望”等 50 多幅作品，均分别获特等奖、一等奖、金奖，授予“中国文艺创作先锋人物”、“全国诗书画影时代百杰”、“共和国红色传承功勋人物”等荣誉称号。作品入编《时代颂歌》《东方美》《辉煌六十五载》《建党九十五周年》《东方红·伟人颂》《中国行书选集》《抗战胜利 70 周年书法大典》《中华魂·全球华人书画名家作品集》等40 幅。还入编《农培柏书法选》一本。

寄语：为贯彻落实党的十八届六中全会精神和习近平在文艺工作座谈会上讲话，继续响应伟大时代召唤，为中华民族文化艺术大发展，大繁荣实现中国梦，努力为人民服务创作书写伟大时代精神，作出自己的贡献，给党和人民交出一份合格的答卷。

纪彩绚 生于 1974 年 8 月，初中生，自幼酷爱书画艺术，中国书画艺术家协会会员、天津市河东区美术家协会会员、德州市美协会会员，曾师从天津市河东区美协秘书长郦玉林先生和德州市美协主席关山石先生的教诲和指导，部分作品曾获奖。

寄语：感谢在书画艺术首路上帮助过我的每一位老师和画友，希望让我们的绘画人生越走越高，共同携手创造和完成我们的书画梦想。

吕胜菊 生于 1971 年，从 1993 年到 2012 年 2 月一直从事边疆少数民族地区的英语教学，中学高级教师，英语教育硕士；现在怒江州泸水县文化馆从事英语主持工作，副研究馆员。因为喜欢文学，2007 年涉足网络，2008 年开始在红袖添香、好心情、江山文学、忆红尘、今生我在等原创文学网站发表小说、诗歌、随笔和散文，在各网站都有个人文集，共计十万字左右；也担任过《若雨中文》编辑、《江山文学》新诗部落社团的编辑、天涯诗语社团编辑和执行社长、《江山文学》系统散文编辑、《今生我在》主编。2012 年开始在报纸杂志发表文章，散文诗歌等文学作品发表于《首都建设报》《中国电视报》《企业党建参考报》《包头晚报》《检察日报》《廊坊日报》《中国老年报》《杂文报》《南方法制报》《中国劳动保障报》《北京日报》《思维与智慧》《教育家》《青少年日记》《百家湖》《椰城》《青春期健康》《做人与处世》等全国各大报纸杂志，共计 400 多篇(首)，也有一些文学作品获奖。现为泸水县作协副主席。一直坚持做真实的自己，用悠悠心语记录所遇见的温暖和感动。

2015 年 1 月《生命的蕴涵》获第七届“雪伦杯”征文大赛三等奖；2015 年 2 月《漫品绿茗春》获首届“绿茗春杯”全国文学书画大赛文学类优秀奖；2015 年 5 月《弘扬遵义会议精神是践行好群众路线的根本》(论文)获“弘扬遵义会议精神·践行党的群众路线”全国征文大赛三等奖；《暖暖荷香》(诗歌)获遂宁河东新区“清风荷韵”诗书画影展优秀奖；《观乌江，思项羽》(散文)获江苏首届“蓝之蓝杯——英雄挽歌”全国性大型征文优秀奖;《棋子的悲哀》(随笔)获北京消协2015首届“百姓消费”征文优秀奖;《军民情深暖人心》(散文)获怒江州“军民鱼水情共圆中国梦”征文二等奖;读《人间仙景丙中洛有感》(随笔)在怒江州县总工会的“读一本好书”征文中分别获三等奖和二等奖。2016年《金灿灿的芒果,浓郁的故乡情》(散文)获二等奖,《太阳最红,毛主席最亲》(散文)获三等奖。

吕相宾 生于1945年6月,籍贯河南省滑县。新疆农大毕业,大专文化,高级农艺师。民盟昌吉州直主委,中国硬笔书法协会会员,中国老年书画家协会会员,新疆诗词学会会员,新疆楹联家协会会员,新疆老干部书画学会会员,昌吉州老干部书画学会常务理事、副秘书长,河南滑县岳村吕氏家谱主编,东方美全国诗词书画作品集特约编委。

1967年毕业于新疆农大,先后在新疆奇台县三中工作,任教务主任,校长。奇台县农技站,新疆昌吉州农业技术推广中心站工作,任副站长,植保站长。负责全州农业技术研究及推广,先后在区内外省级刊物上发表专业论文多篇,多次主持参加州、区重大科研项目研究与推广,荣获区、州科技成果、科技进步奖多项。1995年入选昌吉人才大辞典,1999年入编中国专家大辞典,退休后受聘新疆农业职业技术学院任督导,自幼爱好诗词书法,1962年在奇台一中举办的大字比赛中荣获第一名。2014年荣获首届全国书画作品大赛、第二届中老年书画大赛优秀奖。2016年荣获第一届全国书画网络大赛年终总决赛优秀奖。2017年荣获第三届全国中老年书画大赛及首届全国毛体书法大赛优胜奖。其诗词楹联多篇发表于新疆昆仑诗词、天山天池诗词、景化诗刊、新疆楹联、新疆盟讯、新疆农职院学报及中国书法学报上。

2016年荣获“东方美”全国诗联书画大赛金奖。2016年参赛作品,诗词七律“咏雪莲”荣获第八届“祖国好”华语文学艺术大赛金奖,并授予“中国华语文学艺术百杰”荣誉称号。其作品已被中国国家图书馆、中国现代文学馆、中国美术馆及各大著名高等院校图书馆收藏。2016年入编《中国文化艺术人物年鉴》。

寄语:爱国家、守法纪、勉读书、育后代、讲正气、做善事、勤创业、崇义举、孝父母、和夫妇、恭兄长、爱弟幼、睦乡邻、择交友、勤持家、尚节俭、戒赌博、戒酗酒、戒贪赃、戒非为。练好书法、陶冶情操、乐趣康健、享受人生。

吕金康 1931年出生,壮族,中共党员,大专文化,1949年入伍,1949年12月解放两个县城后,调动部队南下部队151师,1951年改编142师进住广东乐昌县,1953年改中南公安11师时住广东汕头市反蒋反特斗争,1955年

北上大连市旅顺口区接收苏革，成立海军航空兵苏五师，我做后勤保障工作，在那里一干23年其中1959年到北京海军总医院、北京协和医院进修学习，毕业后回原部队。

1978年我转业回广西，1979年赶上对越自卫还击战，我带领全县医疗救护队上前线，战后我立三等功回广西先后任医院院长、卫生局副局长、县科协主席。我在部队陆、海、空三军干30年，到1995年我退休，退休后仍在科协一个党支部过生活，还帮助科协做此工作。后参老科技会发挥作用，我有一个家住在农村，我尽能及做些工作，宣传中央一号文件参加农村合作图书宣传，和劳动生产评2006—2009优秀科技工作者。参加县关工委五老宣讲员负责一所农村小学，思想道德教育安全教育经教育局部评比该校几项评为教学先进和安全先进。2010年我参加老年大学中老有所学，开始学电脑后学诗词。近几年我的诗词进步很快，自己还出版吕金康诗歌集参加全国各项竞赛宣传十八届四、五、六中全会年年得奖，仅2015年荣获四项金奖一项一等奖，2016年获一个特等奖四项金奖一项一等奖。我参加工作和退休和共和国同龄67年，党龄62年之久我从工作走含在部队都积极任劳任怨干一行、爱一行、行行先进含全国先进都有各种奖章勋章18－20枚挂在一身有奖杯、金杯水晶杯，也有12个大会红授带，22条各种奖状荣誉证书128本，但我从来不宣扬默默无闻工作我的文章诗词在全国出版大型书都有照片等有18－20本是华夏情、中华颂、东方美全国诗书画册，时代颂歌、中国梦、上海世博会，入编国家文艺名家辞典、中国当代文艺家档案，中国文化传承人物，中国文艺人入库，入选共和国不会忘记战争幸存者名录。每次获奖外还授予新中国60年文化先锋人物，授予荣耀中国全国文艺创作人物。世界十大艺术家全球华人民间艺术金樽奖授予语文文学百杰奖，授抗日战争胜利70周年纪念奖，中国长征80周年纪念奖等。

除宣传十八届四、五、六中全会外，还宣传中国广西与东盟各国关系，各项经济共赢，合作发展。宣传本县名旅游县，健康长寿县，广西有80多个市、县，有23个长寿，其中有名的巴马长寿县在内。

虽已87岁高龄，仍参加老科协会，县关工委五老宣讲员，老年大学专用诗词，歌颂祖国建设繁荣富强，推动全世界经济合作发展，兢兢业业，死而后已。

寄语：全力推进基础建设，新型产能升级。搞如三大攻坚战，农村全部都脱贫。坚定不移严治党，全党学六中全会。团结习总为核心，高举伟大中国梦。有生之年必奋斗，一生贡献为人民。精忠报国成目标，赶超美俄能达到。

七画

严振东 1928年12月生，江西广丰人。大学文化，研究员。曾任江西省政协常委、鹰潭市政协副主席、市民盟主委。现为中华诗词学会会员、江西诗词学会名誉理事，鹰潭市诗词楹联学会名誉会长、鹰潭市炎黄文化研究会会长。中国世界华人作家艺术家协会一级作家，中国当代艺术协会名誉主席，宋庄国际书画院终身院长。

上海市新中国法商学院法律系肄业，华东师大中文系函授毕业。1949年7月参加革命。长期从事大中专中文教研。先后在《前进》《江西教育》《中学教材分析》等刊物发表学术论文20余篇。1950年担任《长江文艺》《江西文艺》等通讯员20年，在省级报刊发表诗文60余件。著有《广阔天地，大有作为》散文集和《七里居士诗集》。1985年春奉调鹰潭市从政，曾任民盟鹰潭市委一、二、三届主委，政协鹰潭市委二、三届副主席，政协江西省七届常委，从事统战工作，积极参政议政，敢于开拓进取。1994年冬，全国人大副委员长费孝通莅鹰视察了他白手起家创办的“鹰潭市综合职业技校”，给予热情赞誉。先后荣获省、市、县先进工作者和劳动模范称号。《人民政协报》1998年2月19日以《鹰潭民盟第一人》为题，报道了他的业绩。《人民日报》副刊编辑出版的《中国当代改革者》对他做了进一步报道。小传入编《中国当代文艺家辞典》《世界名人录》等。1998他从政坛退出，全身心从事文化工作。现任江西省诗词学会名誉理事、鹰潭市诗词学会名誉会长、鹰潭炎黄文化研究会会长，并受聘为中国管理科学研究院特约研究员、中国国学院研究员、中国国际文艺家协会高级研究员，坚持研究和创作。近几年，他撰写的几篇学术论文，被中国管理科学研究院评为“一等奖”和“理论创新先进个人奖”。受到全国政协副主席王文元的接见。他创作的《七律·重游天师府》《七律·七一抒怀》《沁园春·抗击非典之歌》《卜算子·迎奥运》及《八荣八耻箴言录》等获创作金奖和一等奖。《屈原颂》(获屈原杯金奖),《中华颂》《南湖颂》等获特等奖、一等奖。并合力创办了《梅园诗苑》《炎黄论坛》等刊物。他主编作序由孙铁青题名的《从心集》有著名诗人周笃文、马萧萧、蔡厚示、林从龙、杨佩瑾等百多人唱和,传诵诗坛。他为新中国60大庆创作的《祖国颂》等多首诗词获“中国作家创作年会”一等奖、“中国当代文学研究会”特等奖,并授“文学之星”称号。文化部艺术服务中心授予“德艺双馨艺术家”奖牌。

寄语:自尊自爱,自强不息,永不气馁。诚实的品质和坦荡的胸怀比金子更可贵。发现真理很可贵,但实践真理更可贵,也更艰难。忠孝信义是传统的美德,对革命忠心耿耿,对人民心胸坦荡者才敢说真话,办实事。

何建明 生于1956年,江苏常熟人。全国劳动模范。现任中国作家协会副主席、中国作协党组成员、书记处书记、中国作家出版集团党委书记、管委会主任、中国报告文学学会会长。第一、二、四届鲁迅文学奖获得者。中宣部“五个一工程奖”、国家图书奖、中华优秀读物奖和五届报告文学奖获得者。代表作《落泪是金》《中国高考报告》《国家行动》《共和国告急》《部长与国家》《我的天堂》《永远的红树林》等。

何庆明 1954年4月生,别号冷月浮云,斋号五池莲花。湖北省广水市人,中共党员,小学高级教师,曾担任中学语文教师、教导主任、副校长、中心小学校长等职。现为中国老年书画研究会会员,中国书画信息网签约书画家。2005年8月退居二线,2013年12月退休。

青年时期,天资聪慧,兴趣广泛,尤喜文化艺术活动,琴棋诗书画文无所不涉,皆有微绩,成为当地的文艺骨干,颇受上级领导和周围人们的羡慕和称颂。但因工作关系和当时所处的落后农村条件所限,无书可读、无师可拜,各种门类的艺术终只浅尝辄止,辍而废之,荒废了青春的美好时光。退休后整天赋闲在家,无所事事,一次偶然的机会,忽在电视上看到书画频道节目,顿觉眼前一亮,颇受启发,激起了重拾年轻时爱好的欲望。

自此,重点开始研习书画,偶尔写写诗文,坚持不懈、勤奋练习,还先后参加过省市主办的书法创作培训活动,受益匪浅。经过几年的勤奋练习,书法的真草隶篆均有涉猎,尤以行草书见长,并取得显著成绩。2014年3月行书作品入展中央数字电视书画频道第四届迎新春书画展播节目。2015年8月草书作品入选第八届中国重阳书画展，2015 年 10 月参加第八届中国重阳书画展桂林赛区现场创作草书作品获优秀奖，行书扇面作品入编《中国书画 500 强》(2015)卷。2016 年创作的楹联作品入编《中国当代文学艺术精品大系》并获特等奖。个人被入编《中国新时期文艺人才库》，《中国当代书法家(名录)》(2015)等人物辞典。先后获“中国文艺创作先锋人物”，“500 强书画家”等荣誉称号。

寄语：耕耘就会有收获，付出就会有希望，积极才能进取，消极则会沉沦。

2016 年 12 月在《中国文艺名家传世作品集》评审中，荣获特等奖，书画得到了更大的进步，在精神上起到了极大的鞭策和鼓舞，技术上有机会踏上了新的台阶，锻炼和提高我书画水平的发展。

寄语：文化艺术是一种深渊博学无止境的工作，我追随的是我人生中的一种文艺信念，不断创作创新发展，是考验自己这种渊博文艺最终的艺术水平。在自己力所能及的水准中为文艺界发展事业多做点贡献。

何际广 1948 年 10 月 27 日出生于广西兴业县，在兴业县石南高中毕业，后来经商，从医，业余练习书画，青年时期书画是我的爱好，从那时我练就了书画的基础。2011 年至 2013 年在春节期间兴业县政府在东山社区举办的书画展赛。我本人在炭画、素描、中国画、油画、书法先后获得特等、一、二、三等奖，并发证书。2014 年 10 月参赛第三届“时代颂歌”全国诗书画影作品大赛，荣获全国大赛二等奖，2015 年 9 月第三届“祖国好”华语文学艺术大赛书法获金奖。同期“和平颂 · 中华情”全国美术书法百家邀请赛获二等奖，2016 年“东方美”全国诗联书画大赛获书法金奖，2016 年“江山颂”全国诗书画印大赛获一等奖，2016 年获得中国新时期文艺人才入库资格，并授予“中华文化传承贡献人物”荣誉称号，

何惠安 出生泰国，1942 年回国读书，学生时代至 1975 年业余习稿。蒙获地方刊物厚爱刊发。1976 年获政府批准举家移居香港从商停笔。

2012 年末，卸事后学电脑重习稿，冀望余生发微热奉献社会，夙愿酬志。

2014 年末至今习稿参加中华诗词大赛，蒙人民厚爱；第六届、第七届、第八届华鼎中华诗词大赛金奖并入编；获世界杯第二届、第三届中华诗词大赛一等奖并入编；获“第九届新视点抗战精神诗词大赛”金奖并入编；获“2015 感动中国中华诗词大赛”金奖并入编《2015 感动中国中华诗词典集》；获 2015 年、2016 年《中国当代散文家力作选》金奖并入编《中国当代散文家力作选》第七卷、第八卷；获纪念中国抗日战争胜利 70 周年诗赛金奖并入编；获入编“2016 当代诗词名家台历”金奖并入编；获“2015 中国最美夕阳红”

金奖并入编；获“中华诗词一级著作家”荣誉并入编；获第四届“时代颂歌”全国诗书画影作品大赛一等奖并入编；获2016年“东方美”全国诗联书画大赛金奖并入编；获2016年“祖国好”华语文学艺术大赛金奖并入编；获2016年度中国艺术金马奖并入编；获《国魂艺术大家》金奖并入编。

寄语：总感悟幸福时代尽是诗，写不完，写不尽，只恨自己写不出好稿，有愧于祖国和人民。承蒙获荣誉，都是祖国和人民的恩赐。不忘“初衷”、不悔“初衷”、坚守“初衷”，继读努力习稿，冀望余生发微热奉献社会，夙愿酬志。

何如九 白族，中师毕业，教师病休。1959年4月4日出生于云南省大理。1977年7月大理师范洱源班毕业（学制二年），同年8月加入洱源县教师队伍当老师。大理市双岛诗联协会会员《2013对联中国》年度优秀奖入编，《中国对联作品集》（2013年卷）、（2014年卷）、（2015年卷）有入编。2016年“东方美”全国诗联书画大赛楹联荣获金奖。2016年“江山颂”全国诗书画印大赛毛笔书法荣获二等奖。第八届“祖国好”华语文学艺术大赛楹联获金奖。2016年“东方美”、“江山颂”、“祖国好”等多项国家级文化艺术类大赛的获奖作品中，进行再评审，楹联在《中国文艺名家传世作品集》评审中荣获特等奖。

寄语：努力创作，奉献合格作品，为实现伟大的中国梦尽心尽力。

余从胜 中共党员，高中文化，1949年10月生，1969年与弟余从利同赴云南蒙自从军，历任战士、文书、班长。1973年因病退伍，同年4月被安置陈罗陈邮电所任话务员。1980年调文殊所任投递员。因工作出色，1982年元月被评为县先进生产工作者。

自2010年先后参加全国诗文书法大赛19次，获特等奖3次，金奖5次，一等奖11次。被授予“最具文化魅力的艺术名家”、“盛世中华第二届全国时代文艺家”、“共和国杰出贡献人物”“全国诗文书画先进工作者”、“中华文化传承贡献人物”、“全国诗书画影时代百杰”、“2014年北京APEC峰会最具影响力的诗词艺术名家”、“中国文艺创作先锋人物”、“中国梦文化艺术创作精英”、“中国华语文学艺术百杰”“弘扬中国传统文化当代杰出文学艺术家”等荣誉称号。入编《中国当代文化名家档案》《当代中国文艺家辞典》《中国诗文书画家人物大典》《中国当代作家书画家代表作文库》《中国当代文学艺术精品大系》《中国文艺名家传世作品集》《岁月不走的记忆》等。获奖诗词均入编作品集。一生写各种诗词二百余首，大多是反映社会常态、实人实事实景，亲身经历和群众所见所闻的人和事。

寄语：无论城市和乡村，平等相待一家亲，路不拾遗树新风，坑偷拐骗不再生。国泰民安人长寿，一年到头病不侵。老伴偏瘫能行走，衣食住行不操心。社会和谐互敬重，世界各国无战争。但愿领袖习近平，领导人民万年春。

被“军天书画院”2017年挂历中采用。近年来，被授予“当代中国艺术家”、“世界和平艺术家”、“感动中国杰出文化传承人”“中英艺术家形象大使”。

余兆龙 79岁，浙江省嵊州人，务农，大专学历，中国书法家协会会员、中国硬笔书法协会会员。受祖母写墓碑碑文的影响成为家庭式热爱书法中的一员。

小学毕业参加农业劳动，机遇大跃进运动，被父亲余梦荷熏陶的书法，在“垟头开花”，民校任教得到了发挥，使我产生成为一位书法家的幻想。

1959年支边，西宁市艺术专科学校深造，受实用美术家陈业恒先生栽培，踊跃参加书法赛等活动，作品屡屡发表获奖。酷爱书法延续至今。历年来，获得许多奖品、奖金和荣誉，传承发表于“二十一世纪人才库”。

纪念邓小平同志诞辰110周年，获得诗文书画大赛三等奖；“复兴之路”评为“全国优秀艺术拔尖人才”；评获特别金奖。首届“祈福天下”荣获金奖；第八届“祖国好”硬笔书法获大赛金奖；第六届“羲之杯”获二等奖，七届钓鱼台颁奖授一等奖荣誉，作品发表于“全国诗书画家精品集”，聘为“特约编委”。纪念毛泽东主席诞辰120周年荣获特等奖，称为中国实力派艺术家，终身荣誉主席。获奖作品

余金荣 笔名回头居士；1946年10月生，浙江省台州路桥人，高小文化、上海世和园分园园长。特长应用父亲大人妙德秘传道家青龙丹研究出狂犬病、肿瘤、截瘫等治疗方法。入选中国医学创新成就大典、国医网上传亚太五星级杰出名医功勋奖全球五名之一、中国当代（中医）重大理论成果文选金奖等。《中央党校求是先锋》《中国作家名人经典》《中国国家文学原创文学》《中华名人大辞典》《共和国文艺名人大辞典》《丹青颂长征纪录片》《百家绝唱金榜集》《世界名人榜》《纪念毛泽东123周年诞辰》《中华诗词艺术名家峰会》《翰墨千秋国礼典藏》《国际艺坛巨匠风采录》《中华儿女领导者特刊》《国家名人作家辞海》《2016年全国诗书画家创作年会》《国魂艺术大家》《21世纪国际艺坛实力派代表作》《报国栋梁》《文化传承》《社会主义核心价值观箴言录》。中国文化史学会终身名誉主席、清华大学书画艺术院终身名誉教授、北京国韵书画研究院终身高级研究员、世界精英经典名誉主编、中国行业新闻人物网常务理事顾问、中国离退休干部文选特约编委、中国国家文学院名誉院长等。获中华传奇、一代宗师、世界艺圣、十

大爱国爱军艺术家、民族杰出艺术家、中国艺术金马奖、中国原创文学状元奖、奥运梦·艺术魂优秀奖、纪念红军长征胜利八十周年、抗日战争胜利金奖、一带一路国际文艺功勋奖。首届中国艺术金像奖金奖五名之一。世界华人卓越医家杰出成果金奖。中国当代兰亭名家终身成就奖。中国国家书画网首届中国艺术铂金奖。世界名家艺术通史大典。世界桂冠诗人大典等。人民书画艺术家，一代方家，中华百杰诗人精品集。

寄语：人生奋斗万万不可因暂时创业失败，挫折而灰心失志，跌倒了爬起来；将自己以强者姿态迎接挑战。

余佳伙 男，江西鄱阳人，现年66岁，高师本科学历，毕业于江西教育学院中文系，教师。

2016年5月参加“东方美”全国诗联书画大赛书法行书获金奖，同年11月再次被确认为特等奖。同年七月自创诗词《念奴娇·南海遐思》获“江山颂”大赛一等奖。2016年8月参加全国第八届硬笔书法大赛，行书《毛主席十六字令三首》进入老年组十六强，作品入选全国网站。现被吸收为鄱阳德铭轩书画院院士。2017年以来多次参加县纪委反腐倡廉书画大赛，县委“建设平安鄱阳，彰显文化名城”为主题的书画大赛均获奖。

寄语：于右任先生的“花竹有和气，松柏抱常心”名言成为我做人的准则。我决心不负众望，让书法冲出国门，走向亚洲，使祖国灿烂的文化得以传承。

佘贤汉 1946年生，安徽芜湖人，军队转业干部，长期从事党务及行政管理工作。现为中国书画名家协会会员、中华诗书画研究会副主席、九州枫林国际书画艺术院院士、六艺嘉韵国际书画艺术院院士。书画作品在全国先后多次参展获奖，并入展韩国、意大利、新马泰、香港和台湾等地，被授予“中国百强书画名家”、“国际书画名人”、“共和国红色传承功勋人物——2016年度十大人物”等荣誉称号。已入编《当代中国文艺家大辞典》《中国诗文书画名家》等典籍。

代表作有《满江红·钓岛风云》《浣溪沙·华山离别》《中国龙》。

吴伟雄 生于1961年，广东揭阳市人，政府机关工作人员。

2015—2016年获奖情况：

1. 书法作品入选第二届“和平颂·中华情”全国美术书法名家邀请展，并荣获金奖。

2. 荣获“庆祝东坡书画院成立十五周年书画邀请展”书法类一等奖、书法作品入编大型艺术宝库系列丛书《相约翰墨·携缘丹青——庆祝东坡书画院成立十五周年全国书画邀请展获奖作品集》、荣获“东坡书画院德艺双馨艺术家”荣誉称号。

3. 书法作品荣获全国第十六届“庐山杯”书画大赛金奖。

吴广华 1955年10月10日出生，安徽省宿州市人。中共党员，安徽省宿州市作家协会会员。

2015年4月，“东方美”全国诗联书画大赛中荣获银奖；2015年4月，第六届“羲之杯”全国诗书画邀请赛中荣获一等奖；2015年6月，“伟人颂中国梦”全国诗书画大赛中荣获二等奖；2015年7月，北京翰林国尚文化：夕阳红兰亭文艺杯中荣获金奖；2015年8月，第七届“祖国好”华语文学艺术大赛中荣获一等奖；2015年8月，第五届“炎黄杯”国际诗书画印艺术大赛中荣获金奖；2015年10月，“中华情”全国诗歌散文联赛中荣获金奖；2015年11月，全国诗书画家创作年会中荣获一等奖；2016年2月，中国当代文艺名家名作金榜集中荣获特等奖；2016年3月，第三届相约北京全国文学艺术大赛中荣获二等奖；2016年4月，“东方美”全国诗联书画大赛中荣获金奖；2016年5月，“光辉历程，时代画卷”全国特邀诗文书画名家精品大典中荣获最美美文奖；2016年5月，中国当代文学艺术精品大系中荣获特等奖；2016年7月，“江山颂”全国诗书画印大赛中荣获一等奖；2016年9月，第八届“祖国好”华语文学艺术大赛中荣获金奖；2016年10月，中国文艺名家传世作品集中荣获特等奖；2016年11月，全国诗书画家创作年会中荣获二等奖。

寄语：不能活于华而不实的梦想里，要腹有诗书气自华，让自己畅游在诗的国度里，让书香诗韵儒雅了自己的气质，华丽了自己的人生。我一直都坚信，要有足够坚强的毅力，朝着自己明确的目标，百折不挠，永不放弃。坚持加倍努力付出，最终定会梦想成真！

吴运材 笔名吴涯，云南省玉溪市易门人，1939年1月生，1961年中师毕业参加教育工作。从事中小学教育18年。1979年调县教育工作，1974年加入中国共产党，同年至73年玉溪师院进修汉语文学专业，大专文化。1999年退休，中级技术职称。

参加县、市、省，中国诗联学会。现任易门诗联学会副会长。县诗联学会学习研究指导教师。

作品：2015年“东方美”全国诗联书画大赛获金奖，2013获省窦垿故里师宗竹基镇全国征联奖。易门文化长廊全国征联入选三副。所撰楹联多副悬挂易门名胜风景区。出书《诗、词、楹联、散文集》一部。

寄语:岁月如歌灿晚霞,共筑中国梦,同绘夕阳红;勤耕文坛土,讴歌颂祖国。

吴之福 1937年1月生,浙江衢县人。1958年毕业于浙江丽水林校,中共党员,工程师。中国世界华人作家艺术家协会会员、一级作家,国家一级美术师。英国皇家艺术研究院荣誉院士、客座教授,瑞典皇家艺术学院荣誉博士。现兼任新华艺术网艺委会副主席、中国国家文艺网终身艺术顾问、大众艺淘网资深艺术顾问、中国航天文化艺术中心顾问兼特约创作大师、中央社会文献出版社常务副社长、中国国学学会副主席、中国民族文艺家联合会终身名誉主席、北京艺海神州书画院名誉院长、中国名家画院副院长、宋庄国际书画院终身院长、政协书画院名誉院长、世界文艺家联合会终身理事等职。主要著作:发表林业经济方面为主的论文20多篇,被人民日报出版社等全国20余家国家级杂志社、出版社刊登,入编20余部大型理论文献;撰写刊登新闻信息100余篇;撰写科普文章60余篇;发表诗歌、小说、散文100余篇。出版专著4部。个人荣誉:浙江省林业宣传先进工作者、浙江省侨联系统先进个人、感动中国文化人物、文艺百年传世人物、新中国建设功勋人物、最具科学发展观先进人物、共和国功勋名人、世界文化名人、中国当代最具收藏价值书画家、十大殿堂级艺术家、中国艺坛大匠、中国艺圣、一代宗师、东方文化泰斗、中华民族的榜样等称号。获奖情况:"祈福天下·首届中国文化和平奖诗书画大赛金奖"、"聚焦十八大中国文化名人题贺活动最佳题贺艺术奖金奖"、国学杰出成就奖金奖、中国文艺创作最高成就奖金奖、"一带一路·国际文艺功勋奖"金奖等数十项金奖和终身成就奖。入编人才人物辞典70余部。

寄语:我是林业专业工作者,又是文学艺术与书法爱好者,尽管年已八旬有余,仍然践行"为了山青,为了水秀,心跳不止,奋斗不休"的誓言,且又在文学艺术上笔耕不辍,有一分热发一分光,为党和人民做点微薄的贡献。

吴龙清 湘中书人,1962年11月生,湖南涟源市人,中共党员,大学文化,1980年投笔从戎,2006年退役,现为娄底市机关事务管理局纪检组长。艺术简历:本人自启蒙就用毛笔写字,非常酷爱毛笔字。在描红、临摹史上书法大家流传的楷书及魏碑字帖的基础上,又长期临摹王羲之、王询和文徵明等大家的行书;近十来年又以张旭、怀素草书为范本,坚持练习和钻研。几十年如一日,勤于楷、行、草书的研习、偶尔涉习篆、隶;所到之处对各种书画展览、门牌门联、标文碑刻,都留记于心,随时随地心摹空摹,采各书之法,博众家之长,慚成自己今日书法之风格。2015年10月,偶见"书画赛事”,为虚名一时兴起连续投稿参赛,一年之内已16次获各种全国性书画大赛特等奖、金奖或一等奖。入展第二届“和平颂·中华情”全国美术书法名家展。作品分别被收入《东方红·伟人颂全国书画名家作品典藏》《江山颂全国诗书画印作品大典》《伟人颂·中国梦全国诗文书画作品大典》《清廉中国—全国廉政书画摄影诗文艺术大赛获奖作品集》《中华当代书画珍品典藏》《中国文艺名家传世作品集》《中国时代文艺名家代表作典籍》《2016全国诗书画家作品年选》等十余种典藏。现为中国硬笔书法协会会员、《羲之书画报·诗书画家》签约诗书画家、中国诗书画家网艺术家委员会副会长,入选《中国当代文艺领军人物大辞典》,并获“中国百名书法陶瓷艺术名家”、“德艺双馨·红色艺术名家”、“中华当代终身成就艺术家”、“中国国际书法艺术家”、“2016年全国文艺先进工作者”等荣誉称号。近年来,墨迹已流传十多个省市,获得了书法爱好者的一致赞赏,并被多家博物馆和若干个人永久收藏。

寄语:不因他人好恶或图一时虚名而改变自己,也绝不越人生法度和社会良俗而放荡自己。

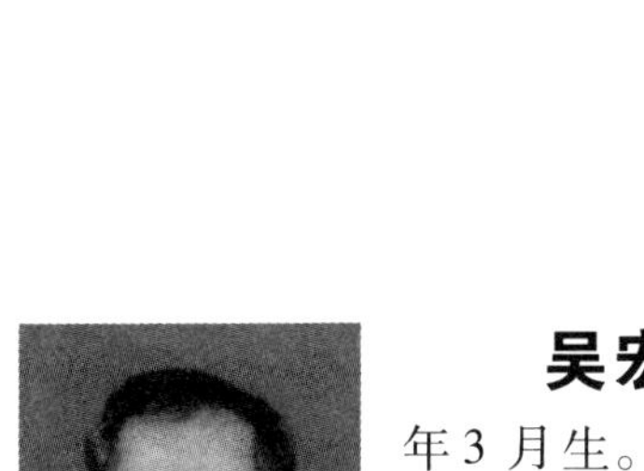

吴宏文 1944年3月生。笔名红文,海南省东方市人。本科学历,中学高级教师。中华当代文人联谊会名誉会长,中华诗词学会会员,海南诗词学会会员,中国散文学会会员,中国老年作家协会会员。诗、词各有300余首,散文近百章,在国家级、省级的报纸、诗词、散文刊物上发表。其中,参赛的作品在“东方美、江山颂、祖国好、中国梦、红旗谱、天籁杯、华鼎杯……”等国家级诗词大赛中,荣获金奖,一等奖13次,并授予“全国优秀诗词家”、“中华诗词领军人物”、“特级著作家”的荣誉称号。现任东方市孔子学会副会长。

寄语:人到老年并非等候人生的终结,而是人生旅途中最后一段冲刺,宛如夕阳在惜别大地之前,是一道珍贵绚丽的时光。我已过古稀之年,对人生有了较深的感悟,对尘事更多了平静和淡然。我决心在古稀的时间里,在我的诗词创作中,尽自己绵薄之力,只争朝夕,不懈努力,继续奋斗,去谱写人生最美的乐章,将放射出更加灿烂的光辉:“老当岁月不沧忧,白发沧桑耀明珠。夕阳西天放异彩,歌旋舞步度春秋。”

吴建君 名永伦,号丁洞耕夫,法名慈君,侗族。1946年生于湖南靖州苗族侗族自治县。大专文化,1965年秋作为知青下放靖县新厂公社覃团大队丁洞小队安家落户、任知青小组长。1980年知青大返城进入通道侗族自治县百货公社工作直至退休(早中年任民办教师),2015年于靖州桂香寺弘法堂拜著名法师释大华门下皈依佛门。

自幼酷爱琴棋书画、诗词歌舞、篆刻、对联等。1956 年高小时跟父亲习学人物自描画及古代京剧等。1958 年发表七言诗及学习二胡等。1961 年学管乐器、其年考入靖县祁剧院。1965 年秋作为知青下放丁洞,次年任民办教师,平时苦专农业所有基本功。1967 年二胡已登堂入室,其它管弦乐器均卓然成家。1970 年调靖县铁建二团七营任营部文书。同时兼任宣传队教唱革命京剧样板戏及排演文艺节目。此后经常参加登台演唱及伴奏等文艺活动。1972 年三线建设大部队下马后重返民办教师及文艺宣传工作。1980 年知青大返城进入通道百货公司工作、同年冬调县社教队住通道牙屯堡绞坪生产队负责社教及文艺宣传工作。1981 年春提升广西桂林转运站站长。1990 年毕业于中国书画函授大学书法系。同年加入通道县第一届书协,次年加入通道县第一届台属联谊会,此后经常在书信中寄作品促进两岸文化交流,1984 年便开始每年春节前写卖春联及义写春联。1992 年开始写各种书体石碑文。1997 年被聘为湘江文化艺术协会书画师。1998 年被邀参加通道第一届老年书协,2001 年易经之四柱预测入门。平时义务帮青年人搭桥铺路,喜结良缘。化解灾难,促进社会和谐也起到一些作用。

2011 年至 2016 年冬,在国际、国内大型书赛中(诗联)已荣获最高传统奖、特等优秀奖、一等奖、金奖已达 100 余次,典籍 100 余部,作品多次拍卖捐献慈善事业。被授予中国:当代文化名家、著名书法家、特级书法家、文艺名星、文化建设功勋人物、国宝艺术家等称号。

现任中国翰林书画艺术院副院长兼院士、中新文化艺术促进会、长沙羲之国际艺术中心客座教授等十几个艺术团体。

寄语:余数十年来,时刻记起"南京历史"联想我国无数先烈为抗日救国受尽酷刑英勇献身,便止不住泪如泉涌……促使我战胜种种困难及忍受欺侮蔑视等。

今天,吾已值夕阳之际,我更要在文化建设中及其他力所能及的地方,尽量多为祖国、为人民多作无私的奉献,乃其乐无穷也。

吴宜栋 1929 年 4 月生于河南汲县,籍贯河南商城。中共党员,大专毕业,新疆八一钢铁有限责任公司教育处退休教师,小学高级职称。曾任:市级报纸、电台通讯员、政府"银龄行动"宣教小分队志愿者,校外辅导员、家庭法律援助志愿者,公司老年长跑队队长,公司老年合唱团团长。现为新疆诗词学会会员、新疆音乐家协会会员。多年来从事文学艺术创作。其中:歌曲(词曲兼)多首,获得过中央音协授予的全国赛优秀奖,代表作《八钢工人进行曲》,以及文化部授予的银奖,代表作:《我爱夕阳红》。获奖歌曲分别刊载在《神州歌海》(中国广播电视出版社出版)和《感动中国——全国音乐风云人物大辞典》中。论文《对(老有所为)的探讨和实践》,获新疆老龄委授予的优秀奖并参加了研讨会。2010 年 -2015 年,市电台、市报纸、省电视,分别作过多次业绩专题采访报道。10 余年来,10 余次参加全国性的征文、征诗大赛,获得过金奖、银奖。诗词、散文分别刊载于相应的专集书中，如：《中国古今律诗选集》《中国古今词人选集》《中国十大名花艺术大典》《中华名山诗书大典》《中国咏酒诗词选集》《中华诗词家志》等。

寄语：1. 真理就是实事求是，就是客观存在。在真理面前人人平等，不能因人而异，应该宁折不弯，高昂头颅，应该视死如归。2. 人生在世，不是为了个人的享受，不是为了个人的荣华富贵，而是为了社会的进步而活着。为社会大厦添砖加瓦，要尽心尽力。损人利己之事绝不可做，而且要向一切损人利己的现象进行斗争，要嫉恶如仇，从善如流，舍己为人。3. 正确认识自己，正确认识别人，贵在有自知之明。任何一个人，有长处也有短处，应该取长补短。别人不了解自己，并不重要，重要的是要正确了解别人。4. 一个人，一生中应该保持人格，高风亮节，终身不渝，这是上上。退其次，应重在保持晚节，也就是在晚年要超前、胜前，要为后代为社会留下好的名声，所谓"雁过留声，人过留名"，是也。

吴忠兰 鞍山市书法家协会会员；千华山玉佛寺书画院院士，北京九州枫林国际书画艺术院院士。鞍山科技局专家研究院，传统医学专家级研究员。软伤科复位调理，非遗传承人。中医师，荣获中华人民共和国知识产权局（正能量）传统医学书法，齐白石谪传虾、专利证书。经中国书画作品润格委员会鉴定，每平方尺2600元人民币。2015年纪念毛泽东《七律·长征》毛泽东诗词，全国书画名家作品大展获金奖。授予"中华民族优秀文化传承者"荣誉称号。入编《纪念毛泽东七律·长征创作80周年毛泽东诗词全国书画名家作品典藏》。2016年羲之书画报当代书画名家专刊"传统文化经典名家翰墨瑰宝"中国传统书画名家作品入展。2016年"印尼情·巴厘行"全球书画名家国际交流展中荣获金奖。授予"中华当代书画大师"称号。2016年两岸同根，博爱中华——纪念孙中山先生诞辰150周年全国书法大展获金奖。2016年"东方美"全国诗联书画大赛获金奖。第二届"和平颂·中华情"全国美术书法名家邀请展金奖。

寄语：中国书法的五种笔画，是人体五行回归自然五行的直通键；是打开人类永恒渴望与追求的健康与长寿的钥匙；是东方的金字塔。

吴忠树 字福云，艺名一心树中；1942年5月生，福建云霄人。自1960年云霄师范初师毕业后至1992年间，连任云霄县小学教育教学工作32年，而后申请退休到今天；其职称为小学高级教师。目下归休不歇，只因意志犹存。读研经典诗词，挥笔自有神。读这撰那投稿，常见刊登兴奋。再接再厉自勉，获奖还青春。记得2004年6月间，在中国文化信息网与《中国文化报》联合主办的"人文中国

·文化创新”的诗文书画大赛中,荣获诗文大赛三等奖。2010 年 9 月,荣获“金火净水杯”全国有奖征联优秀奖。2013 年 9 月,荣获第二届“时代颂歌”全国诗文书画大赛二等奖。2013 年 12 月,当选为“筑梦中国”2013 年全国文艺创作年度人物。2014 年 4 月荣获“东方美”全国诗联书画大赛金奖。2014 年 7 月,荣获第六届“祖国好”华语文学艺术大赛金奖,并授予“当代华语文学艺术百杰”荣誉称号,于 2014 年 4 月载入《中国当代文化名家档案》;2015 年 4 月载入《中国文化传承人物志》书由中国广播影视出版社出版。又于 2015 年 10 月荣获第四届“时代歌颂”全国诗书画影作品大赛一等奖,并授予“全国诗书画影时代百杰”荣誉称号。2016 年 4 月,其荣誉载入由中国文化出版社出版的《中国新时期文艺人才库》;2016 年 5 月,荣获“东方美”全国诗联大赛金奖,题为“中华象棵参天树”。2016 年 6 月在《中国当代文学艺术精品大系》评选中获金奖,并授予“中国文艺创作先锋人物”荣誉称号。2016 年 7 月,又荣获“江山颂”全国诗书画印大赛金奖,题为“丰裕充实山海田”。2016 年 6 月在《中国当代文学艺术精品大系》评选中获金奖,题为《共产共和中华情》,并授予“中国文艺创作先锋人物”光荣称号。2016 年 8 月荣获“平北抗日战争纪念馆”全国诗文大赛一等奖,题为“江山颂”。2016 年 10 月在《中国文艺名家传世作品集》评审中,荣获特等奖,题为《中华象课参天树》,我深信,只要生命健在,获奖总有机会……

现为漳州市楹联学会名誉理事;福建省楹联学会会员;中国楹联学会会员;中国对联文化研究院研究员;世纪百家国际文化发展中心的特约编辑兼研究员。其文、联先后刊登在国家级、省市级,庙宇及茶具等方面,约计有好几百篇幅。

寄语:诗曰:汉字中文意深高,祖先确立满功劳。偏旁部首连笔画,能文善画才风骚。武艺健身,文化立人。时代相传,真善善真。

吴治邦 字逸轩,松风堂主人,1956 年 12 月出生,河南省扶沟县人。中共党员,大专学历,扶沟县统计局副局长(正科),馆员职称,被国务院授予全国经济普查先进个人称号,获河南省科技进步二等奖。九州书画家协会理事,中国硬笔书法家协会会员,中国书画研究会会员,河南省书法家协会会员,中国档案学会会员。县书画研究会副会长。酷爱书法,成悟书道。潜心探究书法,勤于创作实践,博采众长。在长期的书法学习创作实践中,逐渐形成自己的风格。擅长真、行、隶、草及榜书。多次参加国家书法大赛及省级书展并获奖。作品多次被领导、企业家、同事和朋友收藏。

2015 年入展中国第八届重阳节书画展。2016 年 5 月入展香港“中华书画杯”国际交流展;7 月入展“筑梦中国——庆祝中国共产党成立 95 周年”全国书法大展,获金奖。2016 年 9 月入展中国第九届重阳节书画展,10 月参加“清廉中国”全国廉政书画摄影诗文艺术大赛,荣获金奖,并被授予“中国廉政文化时代尖兵”。书法作品被编入《当代书画家名录》和《筑梦中国——庆祝中国共产党成立 95 周年全国书法大展作品集》及《清廉中国》等。著有《书道感悟》和《逸轩墨韵》等。

寄语：书法艺术道路艰辛而漫长，成功的名字叫坚持，持之以恒，锲而不舍是我的信念，我愿做一颗铺路石子，为中华文化艺术和传承而努力奉献，乐在其中。下面的一首诗作为我对书法艺术的感悟吧！人生有限弥珍爱，知足常乐天地宽；挥毫泼墨抒情怀，此时无声自乐闲。

吴光润 1935年9月生，云南省禄劝县人，中共党员。小教高职，曾任办事处校长、教导主任、教师。1951年小学肄业，1954年初中毕业，1955年至1956年6月在武定中学师训，当年7月分回禄劝从教。1996年退休。曾获8次奖，荣获"优秀教师"、"模范班主任"、"综合治校"、"抗震抢险先进工作者"、"业余教育先进工作者"光荣称号。退休后仍老骥伏枥写回忆录：《平凡的人生之路》《慈爱为怀的母亲》《贞节的婆媳俩》《劳瘁的父亲》《难忘的1949年》《在地震中救护学生》《居住的变迁》《凄苦的童年》《一个小铜墨盒》《蒙冤受欺辱》《家乡的贵城路》《好事随身行》《我72岁戒烟》《给留守儿童多一些关爱》《贵在坚持作息》《我心目中的好人标准》《温总理人民的好总理》《地震中人间有爱》《植树四季福》《珍惜土地责无旁贷》等。

2015年"东方美"全国诗联书画大赛获金奖；"羲之杯"获二等奖；"祖国好"华语文学艺术大赛获二等奖；《用电的故事》获"百家自主创新成果最高金奖；2016年"五·一"座谈名誉主席，荣获"最美劳动者"称号；长征80周年授予"全国井冈山精神践行者"光荣称号；"书法"获"文艺名家名作"金奖，获"十大军民艺术家"称号；2016年"东方美"全国诗联书画大赛获金奖；入编《中国当代文学艺术精品大系》获特等奖；"学党章党规，学系列讲话，做合格党员"中是2016年时代楷模新春团拜会的荣誉主席。小作品40多篇，书画30多幅获奖，荣获82种荣誉。

寄语：平生只追求一点，就是听党的话，跟党走，那就是堂堂正正做人，认认真真做事，做个对社会有用的人。

吴鹏鹏 生于1972年8月，苗族，湖南凤凰人，函中，务农，文艺创作爱好者。

本人在2016年第八届"祖国好"华语文学艺术大赛中荣获二等奖。主要著作：诗歌、楹联类作品。

寄语：在人类中梦想是各自所存，但要实现梦想在不久的将来变成为当今时代能有用的成才之子，必用辛勤的汗水磨炼一切智慧，成功必定在于勤。让我们在文艺创作的共同领域里展翅飞翔！

吴敬 1953年6月生，河南省太康县人，中共党员，政工师、艺术师，供职于周口市住房和城乡建设局，兼任河南省书法家协会会员、中国书法家协会会员、河南省老年诗词研究会会员、中国硬笔书法家协会会员、中国老年书画研究会研究员。

在诗词方面。2015 年 6 月，其诗词《除妖降魔壮国威》，由中国诗歌学会等单位联合举办的第二届中外诗歌散文邀请赛中荣获一等奖。2016 年 6 月 20 日，被授予“中华诗词博士”荣誉称号，其诗词作品收入《中华诗词博士》一书，评语：“其作品富深厚底蕴，兼备古今之体，才雄格峻，缜密而思清。”2016 年 9 月，经北京市写作学会等单位评审，在第八届“祖国好”华语文学艺术大赛评选中，其诗作《贺习马新加坡会见成功》一首，荣获金奖；在书论方面。撰写的《浅谈清代云间书派的特色及影响》一文，2016 年 12 月 6 日，应邀参加上海市“清代云间书派学术讨论会”。2016 年 4 月，经国家网络艺术馆等单位评审，最终评定为“国艺兰亭奖”终身成就奖，并聘为国家网络艺术馆首席艺术家；2016 年 10 月 25 日，经《艺术人物》等单位评审，荣获“一带一路国际艺术功勋奖”金奖，并被授予“东方文艺泰斗”荣誉称号。2016 年 11 月 25 日，经《中国诗书画联盟网》等单位评审，荣获首届中国诗书画艺术终身成就奖金奖，并被授予 2016 年诗书画功勋人物荣誉称号。2016 年 11 月 28 日，经中国非物质文化学会等单位联合评审，荣获“国家非物质文化艺术传承奖”金奖。并授予“国家非物质文化艺术传承人”荣誉称号。2015 年 6 月，加入河南省书法家协会；2015 年 11 月 6 日，加入中国老年书画研究会；2016 年 5 月，经相关文化部门及网络媒体的推荐，特担任中南海诗书画院名誉院长；2016 年 12 月，加入中国书法家协会；2016 年 10 月 12 日，加入河南省老年诗词研究会等。

寄语：物质生活对一个人来说，是重要的，但精神生活更重要。如果一个人物质上富有，精神却空虚，这种富有不是真正的富有。只有在追求物质享受的同时，追求精神生活和高尚情操，才是完善的。

宋百顺 上小学时在老师的启发和指导下开始练习，热爱上书法，在隶书临摹曹全碑，篆书临摹邓如石千字文等。原任原野书画院院长，河南国际少林书画院副院长。现任中国少林书画研究会研究员、中国梅花篆研究会高级讲师、中国楹联学会（河南）联墨交流中心理事、河南省中国书画家协会会员、河南书画专业委员会理事、北京六艺嘉韵书画艺术研究院院士、长沙尚韵书画院名誉院长……。

2015 年 8 月在第五届“炎黄杯”国际诗书画印艺术大赛荣获金奖。2015 年 9 月 3 日在“纪念中国人民抗日战争胜利七十周年全国诗词书画摄影作品大赛”荣获金奖，授予“中国当代杰出爱国艺术家”、“终身艺术成就奖”荣誉称号。2015 年 10 月在“文艺复兴杯”全国书画摄影诗文大赛荣获“金奖”。授予“中华文艺复兴时代标兵”荣誉称号。2015 年 11 月在“同唱东方红 · 颂歌声声献给毛主席”纪念中国人民抗日战争胜利 70 周年中国中老年书画名家作品大展赛荣获金奖。授予“中国文化艺术传承大使”。2015 年 11 月在“伟大历程 · 颂歌献给共产党”向党的九十五华诞献礼全国中老年书画名家作品展荣获金奖，授予“杰出功勋书画家”荣誉称号。2015 年 12 月在永远的旗帜全国书画名家作品大展纪念毛泽东主席、周恩来总理、朱德总司令逝世四十周年荣获金奖，授予“中国红色书画名家”荣誉称号。在“德耀中华最美书家”被评为 2015 年十大人物，并编辑出版“中国书画顶级人物宋百顺特刊。”

2016 年 1 月在首届“孝善行天下 · 翰墨颂中华”全国孝道文化书画艺术长沙邀请展荣获金奖。授予“中华孝道文化传承书画名家”荣誉称号。2016 年 2 月在“盛世中华 · 我的中国梦”全国书画名家作品大赛荣誉金奖，授予“中华杰出书画家”荣誉称号。2016 年 4 月在“东方红 · 伟人颂”纪念毛泽东同志逝世 40 周年全国书画名家作品展荣获金奖。授予“德艺双馨 · 红色艺术名家”荣誉称号。2016 年 5 月在“东方美”全国诗联书画大赛荣获金奖。2016 年 6 月在爱我中华 · 圆梦中国全球书画名家国际交流展荣获金奖。授予“圆梦中国盛世名家”荣誉称号。2016 年 7 月在第四届“伟人颂 · 中国梦”全国诗文书画大赛荣获一等奖。2016 年 7 月在毛泽东诗词《沁园春 · 雪》创作 80 周年暨毛泽东同志诞辰 123 周年中国书法名家作品大赛，书法作品《沁园春 · 雪》《韶山冲里升朝阳》均双双获金奖。授予“中国红色书法名家”荣誉称号。2016 年 8 月在 2016 年“江山颂”全国诗书画印大赛荣获一等奖。2016 年 10 月在第三届“中国文艺杯”国际书画名家交流展荣获金奖。授予“中华当代终身成就艺术家”荣誉称号。作品已入编《中国当代书画珍品典藏》。2016 年 9 月在“纪念红军长征胜利八十周年”全国诗词书画摄影作品大赛荣获金奖。2016 年 9 月在“纪念孙中山先生诞辰 150 周年”全国中老年书画名家作品大赛荣获金奖。授予“杰出华人艺术家”，作品已入编《革命先行者 · 孙中山先生诞辰 150 周年全国中老年书画名家作品选集》。2016 年 11 月在《东方红 · 伟人颂纪念毛泽东同志逝世 40 周年全国名家作品典藏》荣获金奖。授予“德艺双馨 · 红色艺术名家”。

寄语：虽退却未休，甘做孺子牛；忘我献余力，耕耘不计酬；淡泊以明志，洁身无所求；忠心为报国，奋笔写春秋。

宋元昌 生于 1945 年，中共党员，小学高级教师；桓台县唐山镇宋家村人。从教 38 年，自 1968 年进入本村学校任民办教师，送过初中毕业班；接送过一至五年级大循环几届教学班；1991 年秋后进入邢家中学，在总务处分管校产管理、学生课本收发、校园美化、绿化等工作；1996 年转为公办教师，2005 年退休，退休后连同组织关系返回本村；曾为村委修剪我村公路旁大街旁的花木还有幼儿园、卫生室的花木；近几年又进入县老年大学学书法，业余爱好是打门球、乒乓球，2011 年已是桓台老干部书画学会会员，2013 年加入淄博市老年书画学会，2015 年 10 月荣获桓台县政协成立 60 周年书画、摄影展优秀奖。

寄语：人生易老，文艺无境。人活到老，学到老，也有很多学不到。我是基层

书法爱好者，应遵照习近平总书记在文艺工作座谈会上讲的："坚持以人民为中心，扎根基层火热的生活，用精湛的艺术为实现伟大的中国梦，弘扬正能量"。贡献自己微薄的力量。

宋修福 1939年6月出生，山东省乳山市人，初中文化，1958年1月入伍，1960年6月加入中国共产党，1961年5月提干。历任炮连指挥排长，团、师、济南军区宣传干事，烟威警备区宣传处副处长，军直属团政委。在部队荣立二等功1次，三等功3次。退休后参加烟台市军休服务处书画研究院。现为烟台市书法协会会员；河南翰墨书画院和北京华夏国艺书画院会员、理事；北京六艺嘉韵书画艺术研究院院士；中国书画家交流协会常务理事。

2012年以来，先后参加全国部分省市组织的"纪念毛主席诞辰120周年"、"邓小平诞辰110周年"、"东方美全国诗联书画大赛"、"中国梦·中华情"歌颂美丽中国全国中老年优秀书画作品展和"血铸丰碑"、"和平颂·中华情"纪念中国人民抗日战争及世界反法西斯战争胜利70周年、"纪念毛泽东、周恩来、朱德逝世四十周年全国书画名家作品典藏"以及"纪念红军长征胜利80周年"等各项书法赛事，共获得二个特等奖，10多个金奖，一个二等奖，若干个优秀奖和入展奖，并被授予"中国百强书画名家"、"百名中国传承书画家"等多种荣誉称号，作品被各书画院永久收藏。二幅作品入编由《中国书法导报》主持编辑出版的《中国书画名家代表作年鉴》（2014、2015版）；二幅作品被收录于《中国书画家大典》（2012卷），并被授予"中国书法百杰"荣誉称号。在2015年艺术界·中国书画家百杰评选大赛中，被中国书画家交流协会授予"百杰人物"荣誉称号。

寄语：作为一名书法爱好者，就是要鼎力书写伟大祖国的大好河山和繁荣昌盛，人民群众的文明美德和幸福安康；就是要勇于创新，创作更多更好的书法作品，攀登时代文艺高峰。

宋兆喜 1950年12月出生，山东青岛人，大专学历，已退休。曾获2013年"东方美"全国诗书画大赛书法二等奖，第二届"时代颂歌"全国诗书画大赛书法一等奖，2016年第八届"祖国好"华语文学艺术大赛书法一等奖，《中国文艺名家传世作品集》荣获特等奖，第二届"和平颂·中华情"全国美术书法名家邀请展金奖。

寄语：自青年时期对学习中国书画艺术视为重要爱好之一，特别对写意花鸟和草书更为喜爱。时常不断的欣赏，品味和临摹名家作品，从中品味我国传统文化艺术之大美，认识到现代文化艺人应在传统美学的基础上传承、挖掘、创新和提高，其责任是任重道远，而国家的重视尤为重要，传统艺术不应成为无源之水，无本之本，应在笔墨当随时代的前提下，创作出人民大众喜欢的好作品。

宋善兴 1944年生，上海市人，现为中国书画艺术家协会，上海市闵行区老年书画研究会、湖南长沙晚晴书画院、新疆莎车县老年书法协会会员、中国盐城市式夫书画院名誉院长、北京六艺嘉韵书画艺术研究院理事。

从2015年至2016年中参加全国各类书画大赛连续获奖：特等奖4次、其中有“魅力宜昌”全国美术书法作品展获特别金奖、在《中国文艺名家传世作品集》评审中获特等奖、金奖25次、其中有首届中国书法红瓷艺术、首届中国紫砂书法艺术作品大赛、第六届“当代羲之杯”、“革命先行者”以及纪念中国人民抗日战争和世界反法西斯战争胜利70周年、中国共产党成立95周年全国书画大赛银奖3次、其中“中国梦想杯”第四届书画大赛铜奖2次、其中有第三届“炎黄杯”国际诗书画印艺术大赛一等奖4次、其中有“滕王阁杯”第十二届全国文学艺术大赛、第七届“羲之杯”全国诗书画邀请赛二等奖1次、“伟人颂·中国梦“全国诗文书画大赛优秀奖1次、首届“王羲之奖”全国书画展，慈善贡献奖1次。

所有参赛作品均入编在各类书画典籍中，其中有9幅烧制在中国国礼陶瓷、红瓷紫砂珍品上，有9幅入刊在新年中国书画名家经典挂历和台历上。

作品获奖后被授予“中国百名书法陶瓷艺术名家”“中华当代书画大师”“中国当代终身成就艺术家”“中韩文化交流使者”“共和国红色传承功勋人物”等30多个荣誉称号。

另被“羲之书画报·当代艺苑”专刊聘为签约书画家，主任创作委员。书法作品润格为6千到1万元/平尺。有9幅作品入刊在《华夏情·世界行》国际书画艺术大师九人集大型珍签藏册中，有24幅作品入编在《岁月如歌》当代书画领军人物系列丛书2016年第二期宋善兴个人专辑中。

寄语：不忘初心，与时俱进，保持坚持、勤奋、认真、踏实的精神，端端正正写好每一个中国字，不断提高自己的书法技法水平，努力创作符合时代的优秀作品，为在传承和弘扬书法艺术事业上尽一点责任。

张胜友 福建永定人。中共党员。编审，享受国务院特殊津贴。1977年考取复旦大学中文系，1982年毕业获文学学士学位，历任《光明日报》记者、主任记者、记者部主任助理、作品主编，光明日报出版社副社长兼总编辑，作家出版社常务副社长、社长、总编辑。中国作家协会第五、六届全国委员会委员，中国作家协会党组成员、书记处书记，中国作家出版集团党委书记兼管委会主任，中国报

告文学学会副会长，中国期刊协会副会长。第十一届全国政协委员。

张虎 字啸风，号营邱村人、营邱散人，别署和风轩。1941年生。曾任《北京日报》记者、编辑，北京日报出版社第三编辑室主任，中国文联全委会委员，中国书协副秘书长，中国艺术报社社长兼总编辑、编审，中国文联高级职称评委会评委。现为中国书协中央国家机关分会副会长，中国书协鉴定评估委员会副主任，中国作家协会会员，中国生态书画院院长，新加坡书法家协会院士，北京齐白石艺术研究会顾问等，获中国书法艺术特别贡献奖。

张海 生于1941年9月，河南偃师人。1981年入党，1962年10月参加工作。毕业于河南省新乡师专理化系，大专学历。1960年7月就读于河南省新乡师范专科学校，1962年10月任河南省安阳市西大街小学教师，1964年3月任河南省安阳市总工会职工学校教师、工人文化宫干事，1975年10月任河南省安阳市群众艺术馆副股长、股长、副馆长，1982年3月任河南省书协干事、副秘书长，1985年6月任河南省书协副主席兼秘书长，1986年7月任河南省文联副秘书长、省书协副主席兼秘书长，1991年11月任河南省书协主席，1994年1月任河南省文联副主席、党组成员、省书协主任兼书画院院长，1998年8月任河南省文联副主席、党组成员、省书协主席，2000年5月任河南省文联主席、党组成员、省书协主席，2000年12月任河南省文联主席、党组成员、省书协主席、中国书协第四届副主席，2001年至今任河南省文联主席、党组副书记、省书协主席、中国书协第五届主席，2010年12月29日再次当选中国书协第六届主席。第八、九、十届全国人大代表，政协常委。

张志忠 山西文水人。中共党员。曾先后就读于山西大学、北京大学，分别获文学学士学位、文学硕士学位。曾任解放军艺术学院文学系主任、教授。主要从事中国当代文学研究及教学工作。现为首都师范大学教授，博士生导师。中国当代文学研究会理事。1974年开始发表作品。1992年加入中国作家协会。著有专著及论文集《莫言论》《执剑的维纳斯——军事文学纵横谈》《中国当代文学艺术主潮》《迷茫的跋涉者——中国当代知识分子心态录》《天涯觅美——部队作家论稿》《1993：世纪末的喧哗》《九十年代的文学地图》《求真之道》。译著长篇小说《卑微的神灵》([印度]罗易著,合译)和英国布克小说作品等。另有文学论文及译作 100 余篇。其作品曾获当代文学研究成果奖、庄重文文学奖、解放军文艺奖等。

文化名家档案》编辑委员会,又邀参特约编委。深感荣幸,2016 年 5 月《中国新时期文艺人才库》特约编委。

寄语:扬起余岁的风帆,为歌颂祖国非凡的耀煌成就施展余力,谱传诗词,绘出壮丽更好更美的祖国,让笔去挥墨花飞学露,笔挥舞雄风,使之更加绚丽多彩,繁花似锦,而有特色的社会主义光芒万丈。

张学模 笔名张汉川,1933 年 8 月 1 日生于安徽安庆太湖,中共党员。安徽函师大中文专业文化,中小学任教 40 余年,高级职称。现已退休。工作期间曾为县人大代表,被评为县先进教育工作者 3 次。曾任县、区教研员、县文科员、区中心小学校长,辅导站站长,中学教导主任等职。最爱书法,坚持学柳体十余年,对诗词写作及山水画亦感兴趣。曾任《皖江日报》通讯员,特等通讯员,发表作品有《祖母的养育之恩未享到》《在旗下成长》《秋色》《写作之我见》等。1990 年 9 月参加上海第三届“文明杯”全国书写毛笔字段位大赛,获第三段位一等奖(有证书及纪念证)。2012 年 5 月 26 日全国诗文书画大赛,格律诗获一等奖。在“钓鱼台国宾馆”颁奖,尊严而美好的时刻,感受到人生的辉煌。作品入编《东方美全国诗联书画作品集》。2013 年 4 月 20 日全国诗联书画先进工作者表彰大会,在中央党政军会议中心京西宾馆举行。同样感到无比荣耀。2013 年 5 月《当代中国文艺大家辞典》应邀参加编委。2014 年 4 月《中国当代

张秉纯 笔名质雅斋主人,1934 年 4 月出生,籍贯河北省永清县,中共党员,大学学历。退休前任管道局电信公司副总工程师,副高级工程师。现为河北省书法协会会员、国家老年书法研究会会员。

主要著作有:2016 年到 2017 年,出版书法集、书画摄影集、诗书画摄影集各一部。在第七届“祖国好”华语文学艺术大赛中,书写的对联予以发表,对联的上联是:“万卷古今消永日”,下联是:“一窗昏小送流年”,陆游篆(张秉纯书);在 2016 年《知识窗往事文摘》书法上发表作品,其上联是:“斩借荆州栖彩凤”,下联是:“聊将紫水活蛟龙”;第四届老年文化艺术节华夏保险杯 2014 年全国书画大展中对联获金奖。

寄语:“老骥伏枥,志在千里”。踏踏实实,继续努力,本着不夸大、不缩小的精神,再出一部“诗书画摄影续集”。并录入新、旧作品。在“诗书画摄影集”的部分作品后面,加注释义。

张正阳 字牧云，笔名高轩、张翔等。1975年开始在省级刊物上发表作品。曾获中国文联首届中国世纪大采风报告文学金奖、散文银奖，中华当代文学卓越才华奖（特等奖），世界文化艺术最高美学成就奖金奖及其他各类国际全国学术与文学艺术特等一等奖等奖项20余次。著有《九赋集》并获国家级著作金奖。近获中国书画特殊贡献奖，中国文学艺术界人民艺术奖，首届中国名家红色经典艺术成就奖特等奖，第二届全球华人“百花奖”书法、美术评选大赛金奖，最具影响力世界华人艺术家金奖，21世纪中华艺术辉煌成就奖金奖等十余项。被授予“中国古典文学艺术界最具成就大家”、“当代国学艺术名家”、“中华诗词界一代诗宗大家”、“中华诗教·当代律绝大师”、“中国传统文化杰出贡献人物”、“中国现代文艺百家”、“世博中国题贺艺术名家”、“感动中国文化人物”、“当代最具学术价值与市场潜力的书画家”、“共和国功勋诗书画大师”、“世界最具收藏价值——非物质文化遗产传承大师”等荣誉称号。业绩传略入编《中国散文家大辞典》《世界华人诗词艺术家传略大辞典》《中国小说家大辞典》《中国书画艺术年鉴》《世界艺术大系中国艺术》等多家大型权威辞书。系国际中华人才专家协会文学书画艺术评审委员会主席团成员，中国国家书画院名誉院长，联合国中华文化传播大使，瑞典皇家艺术学院荣誉博士，中英艺术交流形象大使，台北故宫书画院终身名誉院长、客座教授，国际中华艺术协会名誉会长，中国当代艺术协会名誉主席，中国五体书法研究会副会长兼草书专业委员会常务委员，中国书画学会副主席，中国传统文化交流协会常务副会长，中国民族艺术家协会副会长等。

多次获邀赴日本、韩国、新加坡、俄罗斯、加拿大、英、美、法、埃及等国家参展作品，多家拍卖公司要求提供参拍作品。书法作品《千年飞天梦》获首届中国艺术奖评选活动金奖之上的最高级别奖“终身成就奖”，并为航天航空博物馆展览收藏；并特授予“中国艺术飞天奖杰出贡献人物”，同时被聘为“中国航天文化艺术中心艺术顾问兼特约创作大师”。近获联合国中华文化突出贡献奖特别金奖，中国首届扇文化艺术展扇面诗书画设计大奖赛金奖等奖项。系国务院国宾礼特供推荐艺术家，国家一级书法师，中国书法家协会会员，中国散文学会会员，中国传统文艺学会艺术品评估委员会主席。被授予和平鸽勋章及瑞典皇家北极星勋章。

寄语：一个真正艺术家的灵魂，必定附丽于对世间真善美的不懈追求之中；在真中求善，在善中求美，在美中求永恒，乃是艺术生命万古不朽之真谛。

张永昌 生于1945年8月8日，山东广饶县人。1963年初中毕业于广饶一中。1965年考入广农校。1968年在文革中毕业。1983年补发了全省统一印制的中专毕业文凭。2006年毕业于经济管理本科班省党校。1999年进入县老年大学。进行文学、诗词、书画、国学等科目学习。一生酷爱学习。常有文章、诗词、书画等作品在不同类型的报刊上发表。在党校学习期间,被县大众报社,张德国同学发现,以《花甲老农读本科,不为求职为求知的》醒目标题进行了报道。先后又被其他媒体《黄河口晚报》《山东大众》农村版进行了转载。受县记者随卉芳女士委托写有《我的精神世界又得到了一次洗礼》和《一本小册子的中国传奇》等文章,在广饶大众报社发表。好学精神受到他人和社会的赞赏。收到了良好的社会效益。

热爱公益事业。向县博物馆义务捐献了《皇清辟痒禀生崔公介石》《墓志铭石刻碑》两块。义务捐款资助困难学生。在县老年大学校刊上发表了《老年大学是我家》和《孙武故里赏楹联》等文章和诗词。义务收集有价值的历史照片和资料,向县档案局赠送。

2015—2016 年期间,先后有多种类型的文章、诗词、书画参展和参与。2015 年 8 月获第五届"炎黄杯"国际诗书画印银奖。同年 9 月 30 日获抗日战争胜利七十周年,全国诗书画摄影大赛银奖及纪念杯、纪念牌等物品。11 月写成的《良好的家风家教,和谐社会的需要》文章获散文力作名家奖。并且有《中华爱国艺术家》纪念证书赠送。2016 年有散文《寻人》以副题从天下为公到合作共赢获金奖发表在《全国诗书画作品集》上。同时又在 2016 年编入由中国文化社出版发行的《中国新世纪文艺人才库》4 月出版发行。在 2015 年第七届《祖国好》,诗词发表获金奖。

寄语:终身常有诗书伴,身在桃园似神仙。潜移默化硕果丰,为民为国多奉献。人有志气永不移,博学多才无黄昏。宁做当代"孔乙己",不当来世圣贤王。无情岁月增中减,有味诗书苦也甜。敢说敢践敢担当,留得美名醉九乡。我的精神信仰是:终身接受教育、勤学向上。自力更生,天道酬勤。不忘昨天的历史,写好今天的人生,展望明天的辉煌。

张生 1938 年生,大学文化,副高级职称。中国楹联学会会员。

1958 年 8 月参加工作,1997 年 6 月退休,终生任教,先后在当地一中、二中、教师进修校、教育科任教员、副校长、副科长等职。

业余爱好,喜欢学写诗词和楹联。曾于 1984 年—1986 年先后两次参加了全国第一期、第二期由诗刊社举办的刊授学习,获得结业证证书。并于 2012 年参加了楹联学会柳州函授学院的函授学习,亦获得了结业证书。退休后,多次参加全国各类诗联书画大奖赛和其他文学艺术大赛等活动,截止 2016 年末,共获得"东方美""祖国好""华夏情""时代颂歌""炎黄杯"……等一等奖、金奖、特等奖项近 20 项。诗词楹联作品先后入编《中国楹联家大辞典》《中国当代作家书画家代表作文库》《中国酒对联大全》《中国对联作品集》2012 年、2013 年、2014 年,……等计 18 部国家级书籍刊物中。2015 年,楹联作品获"东方美"诗联书画大奖赛金奖,"祖国好"华语文学艺术大奖赛金奖。2015 年诗词、楹联作品入编:《中华姓氏楹联家大辞典》《中华张氏名人大词典》

《中国诗人年鉴2014年鉴》《百年楹联精选》《中国国粹志人物卷》《纪念抗战胜利70周年中华词典》。2016年,楹联作品获“东方美”诗联书画大奖赛金奖。诗歌作品获“江山颂”全国诗书画印大奖赛一等奖。楹联作品入编《中国当代文学艺术精品大系》。诗词作品入编《中华诗人年鉴2015—2016年卷》。

寄语:八旬风霜鬓已秋,常思往事萦心头,终身庠序育梁栋,暮岁痴情书伟猷,愧无佳作酬盛世,且喜文坛竞风流,老骥伏枥壮心在,不圆国梦笔不休。

张优良 1954年7月生,山西省襄汾县景毛乡北李村人,中共党员,大专学历,现任襄汾县戏剧家协会主席。山西省书法家协会会员,中国文化艺术研究会会员。历任县文化局办公室干事。副主任、主任、文化局、文物局副局长,局党支部书记。

在任文化文物副局长期间,分管文化市场,电影、文物、剧团工作。一、文化市场方面:成立了文化市场办公室和稽查队,严厉打击非法出版物,净化了文化市场。二、电影方面:实行全县农民交三斤小麦看一年电影工程,在全国电影发行会上发言并得到表彰。三、文物方面:文物和公安联合办公,严厉打击文物犯罪分子,盗窃文物得到抑制。并把“郑板桥、吴道子、百福百寿、北魏造像碑”等一百余块名碑碣集中到汾城,建立了汾城碑林。四、剧团方面:根据我县南辛店乡东徐村农民张月好送5个儿子参军被评为“全国拥军模范”后,组织演排了现代戏蒲剧《张月好》受到省、市、县表彰。

2010年被推选为县戏剧家协会主席后,举办了“襄汾县首届电视戏剧大赛;”“国家级双龙湖湿地公园”开幕式戏剧演唱会,多次组织戏剧名家名段演唱会;每年坚持开展电影戏剧片消夏月活动。均受到县委、县政府表彰奖励。

2013年,主编了由中国戏剧出版社出版的《襄汾戏剧志》,是融史料性、知识性、趣味性,图文并茂于一体的戏剧读物,受到业内人士的高度赞扬。

爱好书法,曾获过“中华颂”全国书画比赛楷书一等奖;“启航中国梦”全国书画摄影作品比赛获楷书二等奖;在“祖国好”华语文学艺术大赛中荣获楷书一等奖。2014年入编《中国书画500强》。

寄语:要常怀感恩之心、感恩之情、常回家看看;工作生活上要学会、理解、包容、舍得。

张宏鹏 笔名闲初,斋名爱晓斋。1932年生于安徽省黄山市歙县。中共党员,会计师(财政部授予)。大专文化,县局级退干。曾参加黄山书画院(省级)书法班学习长达十年,取得书法研究员的结业证书。

现为中国名家书画院一级书法师、国际文化艺术发展研究中心特聘书法师、香港画院书法师、《羲之书画报》签约书法家、中国书法美术家艺术创作中心首席荣誉教授、中国书画艺术领军人物、国际羲之书画院名誉院长、中国书画名家研究会副会长、中国中外名人文化研究会文化艺术委员会文化艺术研究员、安徽书法家协会会员、东方书画人物杂志委员、中国老年书画艺术编委会会员、中外名人艺术特级书画师。

2015—2016 年:获"东方美"全国诗联书画大赛等四个金奖;"时代颂歌"全国诗书画影作品大赛等两个一等奖;中国当代文艺名家名作金榜集大赛等两个特等奖,入编《中外当代文学艺术大家辞典》,并授予中外当代文学艺术家百杰称号。

寄语:一心想把中国历史文化的国粹"汉字"发扬光大。刻苦学习前辈书画艺术名家的精湛技艺。抓住人生夕阳时间,日日写、夜夜思,为写好汉字梦想成真。

张志良 生于1949 年 9 月,大专文化,小学语文高级教师。2009 年于丹阳市新区实验小学退休。2010 年入丹阳市老年大学学习。1969 年—1971 年曾担任大泊大队毛泽东思想文艺宣传队队长,并主演过京剧《红灯记》中的李玉和,锡剧《沙家浜》中郭建光等角色。1981—1983 年曾在大泊公社文化站组织的《民间故事》中当编写员,搜集和发表了二十多篇民间故事,退休前曾在各种刊物、报纸上发表文章、故事、诗词等30 多首篇。退休后,在丹阳日报、丹阳退教协、丹阳诗刊上发表文章、诗歌 50 余首篇,其中在丹阳市退教协关工委组织的纪念抗日战争胜利七十周年以及在论社会主义核心价值观的征文比赛中分别获二、三等奖。在诗集《沁芳吟草》(第三集)中发表楹联、诗歌 30 余(首)。此外,在全国老年大学组织的夕阳红兰亭文艺杯大赛中获得金奖,在第十二届天籁杯中华诗词大赛中获金奖,并在第七届"祖国好"华语文学艺术大赛和第七届华鼎杯全国诗词大赛中双获金奖。2015—2016 年在全国级的诗词刊物中有 40 多首诗词发表,这其中还有 15 首诗词被《中华诗词著作家典籍》收藏发表,荣获"当代中华优秀诗人"荣誉称号。现为中国诗词家协会会员、理事,丹阳市诗词楹联学会、丹阳市老年大学诗词楹联分会会员,沁芳诗社会员。

寄语:人生最大的财富是健康,健康虽不代表一切,但失去健康就意味着失去一切。人生最大的成就就是从失败中站起来。千教万教教人求真;千学万学学做真人。并非钱多就快乐,问心无愧心最安。忘功不忘过,忘怨不忘恩。

张其全 笔名海哨,1937 年 6 月 29 日生,江苏泗阳人。1955 年 1 月入伍,1959 年入党,1960 年毕业于海军第一航空学院,留校任教一年,1962 年 2 月起,于海军北航(青岛)飞行部队服役,曾获三等功一次,正团级,停飞后任政治处副主任,1993 年(55 岁)退休。退休后种菜、养花、做木工活;在消费者协会帮忙 5

年;在家委会任职3年;上老年大学15年;2012年4月始,从事诗词教学。

爱好文学(诗词)艺术,喜欢研读习作。作品散见于诗刊、诗报;已发表作品四百多首;有诗集《其全吟稿》出版、续集《芸窗吟草》出版。系中华诗词学会会员;《东崂诗词》副主编、《碧波》诗刊主编。

综合评论:综观其作品,笔墨凝练,意境深邃,情蕴深广。凸显对生活深入的观察和艺术的把握。行文流畅,文字对仗工整,语言质朴明达;且有清新淡雅、哲理诗句出现。谋篇布局、遣词用语,特显娴熟的技艺;特显景致与情怀、现实与历史的和谐统一。从多种角度折射出馨香的品格和高洁的志向。

寄语:抚今追昔,勇于实践,取得经验和成果。由于诗的魅力,将继续努力攀登。

张国勋 河北隆尧人,中学高级教师。中国教育学会会员,中国延安文艺学会会员,邢台市优秀教育科研型教师,学者。教科研业绩分别被选入《中国人才辞典》《中国国情报告·专家学者卷》《中华功勋人物大典》《中国知名专家学者辞典》《中国社会发展兴国人物大典》《共和国功勋人物志》,被中国专家学者协会、中国新闻聚焦杂志社授予和谐中国之星最具社会责任感的杰出教育家称号。1980年开始发表作品。曾创建《淘金文学社》,创办了《小张诗刊》。帮助历届初中生成立文学社团多个。任现职以来又有二十多篇教育教学论文公开发表。发表散文、诗歌、歌词、格言等作品200多件。

2000年《邢台日报》曾以《张国勋教学研究成果丰硕》为题给予报道。诗歌《素质教育燃圣火》,获中国教育报刊社举办的"火热的教育火红的党"全国征文大赛三等奖;参加编辑《紫色风铃》《快乐阳光》《青春飞翔》和《中国创新教育研究》《中华功勋人物大典》等书刊。被以上书刊编委会及《创新作文》《初中生学习技巧》等杂志编辑部聘为特约编委。

2013年,论文《论诗歌的创作及其教学》发表在《语文教学与研究》杂志上。该论文获河北省教师教育学会第五届优秀教育科研成果一等奖。

2014年,《谒西柏坡有感》入编《中国当代作家书画家代表作文库》。同年,又有作品获得由"中华散文网"、"《诗潮》杂志社"等举办的2014年中外诗歌邀请赛一等奖。

2015年,文艺创作成就被载入《中国文化传承人物志》。诗歌《纪念,在心中》入编《中外当代文学艺术家代表作全集》。10月,作品在2015年"中华情"全国诗歌散文联赛中,经评委会评审,荣获银奖。2015年、2016年《五岳独尊有柔情》《陶醉了,火红的流年》分别在中华散文网上展示。

2016年,作品《乡村小唱》在第三届"相约北京"全国文学艺术大赛评选中,经评委会严格评审,荣获一等奖。因此被授予"全国文学艺术精英人物"称号。6月,《登山有感》入编《中国当代文艺名家名作金榜集》。作品《幸福的背景》获第七届"羲之杯"邀请赛二等奖。6月,被中华散文网聘为中华散文网创作委员会副主席。8月,作品《乡村小唱》入编《相约北京·全国文学艺术精品集》。

《天下吉祥》获第三届中外诗歌散文邀请赛一等奖。入编《2016 年中外诗歌散文精品集》。2016 年 10 月，被中国诗书画家网聘为“中国诗书画家网艺术家委员会副会长”。12 月，《乡村小唱》等四首诗歌入编《影响当代中国的新千家诗》，由中国文献出版社出版。被中国红色文化研究院、中国诗歌万里行组委会授予“中华诗词传承与发展的突出贡献人物”称号。

寄语：用行动传承优良，发展优良，彰显民族豪迈气概；用智慧描绘生灵的伟大圣洁；感恩父母，感恩老师，感恩时代，感恩大自然赏赐的厚爱；向上向真向善向美，向着未来抒写坚定情怀。心中有风景，奉献乐万载。

张奇麟 生于 1938 年 8 月 17 日，江西省会昌县人。1954 年周田小学毕业，1957 年会昌初中毕业，被保送至瑞金中学，1960 年高中毕业，1960 年考入江西科技大学，1961 年并入江西工学院，1965 年 8 月分配在上海联合香料厂工作，工程师职称。1997 年 7 月退休。在江西工学院读大学时，开始旧体诗词创作，一直坚持到现在。在 56 年间，创作了大量的诗、词、曲。五绝 490 首，五律 512 首，五言长律 101 首；七绝 1501 首，七律 585 首，七言长律 28 首；五言古风 34 首，七言古风 22 首；词 720 首；曲 85 首；白话诗 42 首。总计 4120 首。《七律·山雨》发表于《江南诗词选》（1991 年南京大学出版社）。庆香港回归对联发表于 1997 年 6 月 20 日《新民晚报》。《鹊桥仙·相思》《沁园春·西楚霸王项羽》《伤春怨·南唐后主李煜》荣获 2014 年中外诗歌散文邀请赛一等奖。《八声甘州·秦淮遗梦》《五律·岳阳楼》《七言长律·古稀感怀》，荣获第六届“祖国好”华语文学艺术大赛金奖，并授予“当代华语文学艺术百杰”荣誉称号。《七言长律·黄鹤楼》《七律·秋思》《五律·山村》荣获 2015 年“东方美”全国诗联书画大赛金奖。《水调歌头·人生感怀》《定风波·山行》《永遇乐·游子吟》荣获第八届“祖国好”华语文学艺术大赛金奖。先后入编《中国文化传承人物志》《中国新时期文艺人才库》《中国文化艺术人物年鉴》。

寄语：一日不吟诗，三餐滋味淡；诗痴为此乐，苦守无遗憾。作品务求精，粗庸付丙丁；精华传后世，千载旧如新。诗词伴一生，传统发扬新；汗水磨香墨，豪抒爱国情。

张宗献 号拓荒、悟远，斋名逸静斋，1966 年 2 月出生于河北滦平，满族，中共党员，大学本科，现就职于滦平县林业局，师承家学，攻行、草、隶书，曾师于国际书法家协会会员、变体书法大师顾俊峰先生；现为中国国际书法美术家协会副主席、中国盐城式夫书画院名誉院

长、郑州市中原书画院高级书法师、中国书法名家联合会会员、河北省书协会员、承德市政协书画协会会员、滦平县书法家协会副主席，作品曾多次参加全国、省、市、县书法比赛，荣获中国毛泽东诗词书画艺术国际研究院举办的“庆七一、迎奥运”全国党政干部书画艺术家诗书画大赛华冠金奖及奥运功勋艺术家称号，作品被井冈山革命博物馆永久收藏，《王维诗一首》被中办警卫局管理处收藏。两幅毛泽东诗句作品被编入《中国红色艺术家书画摄影作品集》。作品先后荣获第六届“羲之杯”全国诗书画家邀请赛一等奖、第五届“炎黄杯”国际诗书画印艺术大赛金奖、第三届“伟人颂、中国梦”全国诗文书画大赛一等奖、“和平颂、中华情”全国美术书法百家邀请展一等奖、“中国梦、廉洁颂”全国书画摄影诗文艺术大赛金奖、“文艺复兴杯”全国书画摄影诗文艺术大赛金奖、第四届时代颂歌全国诗书画影作品大赛一等奖。

寄语：学中思，思中行，行中践，践中悟。

张建民 1963年2月生，山东省临沂市人，大专，执业医师，自幼学习书法，先学习柳公权正楷，后又学习王羲之《兰亭序》，期间偶涉隶、篆字体。2016年曾获得第二届“和平颂·中华情”全国美术书法名家邀请展金奖；《中国文艺名家传世作品集》获金奖；2016年“江山颂”全国诗书画印大赛二等奖；2016年“江山颂”全国诗书画印大赛获奖作品被平北抗日战争纪念馆收藏；中国书法家协会举办的第八届全国规范汉字书写大赛成人组毛笔字优秀奖；第八届“祖国好”华语文学艺术大赛中获金奖；第八届“祖国好”华语文学艺术大赛中被授予“中国华语文学艺术百杰”。

寄语：秉承中华民族优良传统，以“修己身、传国粹、扬民魂”为座右铭，不断传承华夏文化精髓。

张奇 笔名大可。生于1950年，退休前任阜阳建工集团工会副主席，政工师、摄影师。

大可自幼受教于祖母，临帖不辍，热爱书法，学习颜真卿、米芾等名家碑帖，师从书法家杨霁成、刘亦云老师，谦虚低调，以书会友，研读名家、老师书法，感悟、审美。中国建设文化艺术协会会员、“书法”、“影视”专委会会员；安徽理事；中国书法家协会安徽会员；中国华夏万里行书画家协会会员；香港文联书法家协会会员；香港文联阜阳创作中心、阜阳画院会员、高级书画师；安徽省书法家协会第二次代表大会代表（1988年），1989年入编《中国现代书法界人名辞典》，阜阳市文联第一次代表大会代表（2007年），安徽省职工美术书法摄影协会理事；南华书画院副院长；阜阳新世纪书画院副院长；共和国将军书画艺术、阜阳纪念馆理事，安徽法制工作者书画协会会员，阜阳市法制书画协会会员、阜阳市老年书画研究会、阜阳市颍泉区老年书画研究会会员，阜阳地直职工书画摄影协会副理事长，1984年书法作品被安徽建筑工会选送北京展览；1985年任阜阳地区青年书法协会秘书长。1998年作品入选、全国产业系统艺术大展、在中国美术馆展出。1999年作品入选《中国建设者》“庆祝建国50周年全国优秀作品展特刊”；作品入编《中日现代美术通鉴》《中国学者墨迹选》；作品曾刊登全国刊物《代表与维护》《中国建设者》《安徽工人报》等报纸杂志；2016作品分别获“东方美”全国诗联书画大赛银奖；“江山颂”全国诗书画印大赛二等奖；第四届“伟人颂、中国梦”全国诗文书画大赛一等奖：2016作品入编中国文化信息协会编辑《追梦中国》一书，2016作品分别参加合肥、阜阳等5处庆祝建党95周年、红军长征胜利80周年展览。多次参加省、地、市展览、并获奖。

张建林 笔名南南、南洁、小林子，中共党员，现任国家一级社团中华伏羲文化研究会常务理事、研究部主任、会刊《伏羲文化研究》编辑部主任。1970年10月生于陕西省宝鸡市陇县，后随母亲迁居甘肃省秦安县至今。1991年7月毕业于甘肃广播电视大学历史专业，大专学历。1992年分配到中共秦安县委县志办公室(编辑部)工作。2001年6月加入中国共产党。2000年9月至2002年12月就读中共甘肃省委党校行政管理专业本科并毕业。2002年8月调入天水市委宣传部工作至今。同年9月至2005年6月在职就读中共甘肃省委党校党史党建专业硕士研究生并毕业，其中于2002年11月10日被中共中央党校函授学院甘肃分院天水学区评为2001至2002学年优秀学员。

文学创作方面，喜欢进行深层次的挖掘与探讨。至目前已有《田野里，一抹残阳》《绿的遐思》《雨幕下的老槐树》《烟雨濛濛》等50多篇散文发表在《作文》《甘肃日报》《甘肃经济日报》《少年文史报》《花雨》等国家和省、市级报刊上，有《原则主任》《失落》等10余篇短篇小说发表在《北方作家》《天水文学》等杂志上；著有《爬满青藤的小屋》《废城》《红雪》《富愚》《嬗变》《乡魂》《青春日记》《穿连衣裙的季节》《紫月亮》等10部长篇小说。其中散文《卦台幽思》2010年9月获由中国散文学会评审的“中国当代散文奖”，收入《中国散文家代表作集》，本人被收录到《中国当代散文家大辞典》。目前社会兼职主要有当代新闻研究所新闻采编中心特约编辑、记者；《中国人事报》特约记者；走进新世纪丛书特约编委；湖北大学《史志文萃》特约记者；宁夏大型文学期刊《朔方》特约创作员；《中国企业家大辞典》特约编委；南方国际传记中心特聘作家及中国散文学会会员、甘肃省地方志学会会员、甘肃省伏羲文化研究会理事。曾先后六次获省市级以上奖励。

专业成果主要有《秦安县志》《秦安史话》《天水市精神文明建设志》《伏羲古籍录》《伏羲文化70问》《伏羲女娲的故事》《中华伏羲文化研究论文集(上下)》《伏羲文化论丛》等。

寄语:一个人的心目中,如果有一点圣洁而又伟大的情感,他就会笑着对待悲哀和不幸。说透了,这种情感便是真诚与奉献。正是这情感,使得一个患难者心中能拥有顽强的毅力和不屈不挠的追求,从而使他在困惑中顿省了真理,在黑暗中看到了光明,在寒冬中感觉到了暖春,在创伤面前有了不哭泣的勇气,在寂寞孤单时有了一曲心灵的赞歌;这情感,是跋涉者通过泥泞沼泽的小径,是攀登者征服高山时手与手的搀扶、脚与脚的默契,是远征者航船的帆和温柔娴静的海风;这情感,使整个世界如同一叶小舟有了固定的碇石……

张贻书 别名毛家龙、寨龙。1941年生。岳阳市人。民进会员。高级中学教师。市第二届政协委员,市文史编委、特邀编委。市诗协会员,中国国际作协会员,中国诗词家协会会员、理事。素有写作兴趣,尤喜欢诗词。创办过学生文学社,编过民兵故事,写有电影剧本《山寨后生》《杏坛圣女》。论文两篇得过省二等奖,一篇登上1984年《湖南教育》和民进中央会刊,并被收入《全国教育科研十五成果论文集》第一集和德育与班级管理《全国教育研究十五成果论文》第四集。散文有的入选1984年民进中央会刊,有的被收入《百年散文名家》第七卷。小说有的被编入湘版《中国梦小小说征文集》,《途中》获第二届全国文学艺术大赛一等奖。部分诗词被收入《选粹》《光阴·味道》《百年诗词精选》《中华当代好诗词》《红旗谱》《中国当代文艺名家名作金榜集》《中华诗词著作家典藏》等专集。50多年的诗词,自辑为《巴辞》《寨龙吟》《劲松》。2015、2016年参加全国性诗词大赛,幸得三个特等奖、一个金奖、六个一等奖、一个三等奖和一个优秀奖。并被一些大赛授予中华文化传承贡献人物、当代中华优秀诗人、和平年代德才兼备优秀诗人、诗词领军人物奖、散文名家贡献奖等。被中华诗词著作家资格评委会评为“中华诗词一级著作家”。

人生格言:人——调寄庆春泽

宇宙精华,生灵杰作,善良高贵顽强。坎坷谁无,蹉跎何等寻常。优容温雅蠲粗俗,志腾云、智慧频彰。梦堪真、鞭影文龙,叱石成羊。　　人心若被黄尘染,或贪婪厚黑①,或恶如狼。然则英豪,鼎新革故兴邦。驱邪抗恶声慷慨,舜之园、红日东窗。国安宁、人是黄金,汗注春芳。

注:①厚黑:厚颜无耻黑良心。

张嘉荣 1945年10月14日生,山东莱州人,中共党员。文化程度初中。曾任村主管会计、支部书记等职,毕业后务农至今,云峰印社社员。

寄语:浩瀚的诗书海洋为我提供了丰富营养!广阔的田野练硬了肩膀,给了我坚实的力量!七十年三农生活的甜酸苦辣,供我创作提供了无尽的素材和宝藏!

父母师友教给我怎样做人，愿为祖国五千年文明的传承贡献微薄的力量！这就是我一个农民的愿望！

张新海 曾用笔名辛田，山西省运城市闻喜县畖底镇西畖底村人，现年71岁。1945年腊月出生（公历1946年2月），1953年入学，1963年上运城师范学校。曾于1965年至1966年抽调参加社会主义教育运动（即四清），1967年分配至闻喜县东镇联区东鲁学校任教，1968年随“公办学校下放到大队来办”回到西畖村学校，1970年10月被调至薛店联区。1980年又调至畖底初中至2006年退休。在畖底初中时曾于1985年以语文教研组名义向《人民日报》发函，对初中语文第五册书上一复句的划分提出异议，因一时冲动，直接向权威提出挑战，曾一度引起满街非议，直到半年后《人民日报》一篇大块头文章委婉地予以肯定，此事才浪平风息，1987年教育局首次职称评定时，被评定为中教一级职称。

2006年退休后，在家养闲，后又参加闻喜县诗联会，2015年有感于时代召唤，写了纪念抗战七十周年长诗《永远的记忆》刊载在《运城日报》（7. 13），2016年初得知《东方美》全国征稿，随写了《颂中华·筑国梦》一诗获金奖，之后又先后获“江山颂”软笔书法一等奖，《中华颂》古词一首获金奖，还参加了第六届“炎黄杯”国际诗书画印大赛获银奖。

寄语：我信仰共产主义，我是在共产党的领导下，在社会主义雨露阳光的沐浴下成长起来的。几十年来，我与社会主义事业同生共荣。尤其是在新世纪的今天，中华民族正以空前的磅礴之势腾飞，一个文化繁荣的新时代已经到来。我情激心悦，不能不拿起手中的笔，讴歌我们伟大的党、伟大的事业和伟大的时代。

我是一棵文化小草，有幸在枯朽之年投身社会主义文化事业，甚感欣慰。“枯木逢春泛新绿，夕阳频暮尚余晖”。我愿乘祖国大业峥嵘之势，在文艺繁荣之机，借文化大师们的一臂之力，做一叶小舟，在社会主义文艺大潮中荡游，尽小草之所能，为社会主义文化蓝图增光增彩。

张敦彦 笔名文彦、文石，女，1946年出生于山东淄博。中国民主促进会会员，大专学历，中学高级教师，蒲松龄研究会会员、淄博市作协会员、山东省诗词学会会员、中华诗词学会会员、淄博市爱心姥姥扶助贫困女童联谊会副秘书长，淄博市优秀社区志愿者。博山区第八届政协委员。有散文集《用心耕耘》（获第九届中华颂图书一等奖）、文集《敦彦文萃》（获“祖国好”华语文学艺术大赛银奖）及多部合集出版。

2012年以来诗词多次获一等奖、金奖、特等奖。

2015年：诗词12首获“中华诗词竞赛”一等奖，简历、照片及作品载入《当代中华诗词名家典藏》；诗词 19 首获特等奖，入选《中华诗人全集》并被聘为特邀顾问；获得“共和国文艺爱国奖”事迹照片及诗词 10 首载入《建国 66 周年名家颂诗大典》；七律 6 首获一等奖，入选《诗壮国魂，历代优秀爱国诗词精选》；七律 15 首获“第二届中华杯旅游诗词大赛”特等奖，入选《当代诗词大典 · 旅游卷(第二卷)》。

2016 年获得“中华诗词传承与发展突出贡献者”称号，七律 6 首入选《影响当代中国的新千家诗》。

现为《淄博晚报》专栏作家。《盘阳文化》杂志特邀顾问。事迹载校史纪念册《六秩荣光》之名师榜、《中华英才大典》等多部辞书。

寄语：九岁时作文获得嘉奖滋生了作家梦，从那追梦到今天。我深知：要写好文，先做好人。长大当了教师并把爱奉献给学生，也得到了学生深爱、家长与领导信任。我深感：对社会无私奉献就是最幸福、最有诗意的人生。

张锡录 1952 年生，河北滦南人，小学文化，农民。自小热爱读书，喜欢写作。年轻时写了大量新诗，除书报刊发了少许外，其余皆存留《倾心学稿》八卷本，习作超万首。1979 年在《唐山日报》发表第一篇短文《生活的一面镜子》。1980 年在《冀东文艺》发表两篇评论，并获该刊年度优秀作品奖，还得了奖金。同年在县小报《滦南文艺》上，用“良路”笔名发表了小诗《春》，得了一元稿费，从此迷上了写诗。1988 年，用“张倾心”笔名在《唐山劳动日报》发表散文诗《煤歌》获唐山著名杂文家杨迎新好评，称写的“曲折灵动，韵律感很强”。此间，在《河北工人报》亦发表诗《红砖之歌》。朦胧诗受宠时期，全情写朦胧诗。二十世纪九十年代初期，黑龙江省七台河市文联著名诗人杨枫创办《新诗人报》，被厚爱，头版头条整版发表其组诗《美丽的梦树》，亦帮助出版 9 人合集《九重天》。传统文化的熏染，就像春风化雨，旱受甘霖；开闸放水，一泻千里，五年万首，今至八年。获过“三羊开泰”全国诗书画大赛诗词一等奖等奖项。新诗代表作有《爱的鞭子十九首》《入夜》《乡村的夜潮湿而温暖》(皆收入诗集)；旧体诗代表作有《灵隐山赋等十五首》见《第二届中华吟坛诗词家大观》。

张德贤 1936 年 3 月 21 日生，山西省吕梁市人，中共党员，大专文化，经济师，山西省国新能源发展集团晋中公司原书记。

1997 年退休至 2009 年，先后被多家中外企业聘用：晋中市招商局商务代表、晋中大通焦炭中心副总经理、《山西晚报》榆次发行站副站长、北京环宇时代国际投资咨询有限公司山西代表、美国盈丰投资集团中方商务代表、晋中金缘投资服务中心经理等。

1996 年至今 20 载，从 130 余种报刊中搜集精选珍闻秘史 1432 篇，照片 2768 幅，共 1750 页，300 余万字。按人物、事件分 30 类，组编装帧《历史揭秘·珍闻荟萃》10 集系列文集。图文并茂，新颖翔实，具有历史性、知识性、可读性、收藏性。谨以此庆祝中国共产党诞辰 95 周年，纪念红军长征胜利 80 周年。

《晋中晚报》2016 年 6 月 29 日以“八旬老人几十年搜集党史秘闻……整理成册献礼建党 95 周年。《晋中电视台》公共频道“晋中零距离”节目，在 11 月 18 日、19 日 19 时 30 分“老党员张德贤的追求”（上）、（下）进行直播。

第三届“时代颂歌”全国诗书画影作品大赛三等奖，荣获“中国文化传承贡献人物”称号；2015 年“东方美”全国诗联书画大赛金奖。第七届“祖国好”华语文学艺术大赛金奖；纪念中国人民抗日战争胜利 70 周年“和平颂·中华情”全国美术书法百家邀请展一等奖；第四届“时代颂歌”全国诗书画影作品大赛一等奖，荣获“全国诗书画影时代百杰”称号；《中国书画导报》第三届全国中老年书画创作交流研讨会银奖；入编 2016 年《中国新时期文艺人才库》；晋中市老龄委、晋中市老年书画研究会，共同主办纪念抗日战争胜利 70 周年书画摄影展。作品“忆先烈八年抗战驱日寇，维和平开创未来铸辉煌”入展；《中国当代文学艺术精品大系》特等奖，荣获“中华文艺创作先锋人物”称号；第二届“和平颂·中华情”全国美术书法名家邀请展金奖；入编 2016 年《中国文化艺术人物年鉴》。

寄语：毛主席共产党，艰苦奋斗建国。小平改革开放，经济腾飞发展。习总书记领航，纵深改革创新；反腐倡廉金棒，扫荡“老虎”、“苍蝇”；中华复兴国强，人民喜气洋洋；引领全球发展，世界人民共享。八旬身体硬朗，跨九奔百期望；续编《历史揭秘》，记录中华辉煌。

张长明 1944 年 2 月生，安徽省宁国市人，高中文化，中共党员，经商出身，退休职工。2002 年 7 月至 2011 年 10 月，担任宁国市甲路镇居委会支书、主任。期间，支部连续多年被评为先进党支部，个人连续多年来被评为优秀党员及其他荣誉称号。因撰写新闻报道和言论业绩显著，2009—2011 年被市委宣传部授予“优秀通讯员”荣誉称号，部分事迹被省地市三级党报报道，并被市委组织部、市电视台进行电视报道。同时，部分业绩和论文应邀入编《人民公仆》《世界人物辞海》《世界名人录》和《世界名人经典文集》等 20 多部文献和典籍。2013 年被宣城市（地级市）文明委评为“宣城好人”，被宁国市委评为 2013—2014 年度市级“优秀党员”。

从 2010 年初参加国内外大赛大展以来，截止到 2015 年 3 月，已获得以金奖、一等奖为主的各种奖项 240 多项，获得 460 多个作品集、典籍等入编资格，应邀出版了《21 世纪德艺双馨书画名家》，被专函邀请出版《国家文化人物张长明》《全国艺术代表人物》特刊，被中国艺术学会入选为“非物质文化遗产传承人物”，被授予 270 多项荣誉称号，其中包括 2014 年，被中国诗书画出版社会同相关政府部门、艺术机构、高校、协会学会评选

并授予(与启功先生并列)“中国艺圣”荣誉称号,被中国国家书画网、中国当代艺术研究院、中国当代收藏家协会评选为“全国德艺双馨艺术家”。20余次被邀请参与国瓷礼品、国扇礼品、国礼挂历、专题邮票、个性邮票和个性化邮资封等活动。被香港中国国家书画院聘为名誉院长,被中国诗联书画研究院聘为副院长和书画特研员,被北京墨都书画院聘为终身荣誉主席、高级理事,被中国当代艺术家协会聘为培训中心教授和理事,被北京艺联诗书画院聘为艺术顾问等20多家书画单位任职。

寄语:文化艺术应当传承和弘扬中国文化艺术的精髓,同时要不断追求创新、与时俱进,才更具有永久生命力。文化艺术必须植根人民、来自人民、尊重人民、表现人民,其形式和内容都要接地气,并易被人民大众所喜爱所接受。文化艺术必须反映时事政治,与时代发展进步同步,与国家政治同频共振,要营造和传递爱国情怀和正义仁心、鞭挞假恶丑、弘扬真善美的正能量,从而做到艺术和思想的完美统一。

张众喜 党员干部,山西省襄汾县人。现任中国书画家协会会员,书法家。曾在全国省、市、国家级书法竞赛中荣获特等奖一次;金奖29次;银奖14次;铜奖13次。同时被评为“深爱人民喜爱的红色艺术家”、“中国书画艺术成就功勋奖”、“中国时代杰出艺术家”、“一级书法师”、“培训中心教授”等称号。从小酷爱书法,书法伴随我一生,生命里离不开书法。

张清才 笔名张青,法名普净;生于1956年5月,四川合江人,中共党员,中专学历,工程师已退休。

2016年“江山颂”全国诗书画印大赛评选中获“二等奖”;《中国文艺名家传世作品集》获金奖。

寄语:静以修身,养性习书、求取书法艺术的浑景界参悟佛学的真谛。

张登茗 字习孜,号五岩山人;1959年7月22日生,2016年分别荣获:第七届全国“羲之杯”书画大赛硬笔书法一等奖,“东方美”书画大赛软笔书法金奖;全国诗书画创作年会国画三等奖,中国文艺名家传世作品书法特等奖;“网络投票的品牌影响力”书画家等荣誉;并已参加了中国硬笔书法协会会员、应聘于中国诗书画家网副会长。

寄语:孜孜以习,步步渐进。

张绍臣 1939年3月23日出生，河北省唐山市人，1954年初中毕业后自学，1958年考入河北大学中文系。1981年安徽新闻函授大学学习，68岁时读鲁迅文学院函授一年。从事19年教师、从事19年记者工作。1999年退休后患帕金森病，笔耕不辍。现为河北作家协会会员，中国纪实文学研究会会员，中国延安文艺学会员。编著出版《支前奇曲》《冀东革命故事》，2015年出版《夕阳是怎样炼红的》等25本书，计三百多万字。其中散文诗集《砚斋说禅》(200多首)发表《八斗文学》上。2004年《自学之母》一文获特等奖。2005年、2006年、2007年，三年连续获全国"感动人生"老年人征文大赛一等奖。2009年获中国散文学会、北京写作学会、华夏博学国际文化交流中心，海内外散文作家征文《五十年两首歌》获三等奖。2010年《中华杯》全国文学艺术大赛诗歌《父亲》获二等奖。同年获"全国诗文书画先进工作者"称号。以《老人应学会说、写、玩、活四门功课》获全国首届老年文化研讨会优秀奖。2011年中国社会科学院新闻与传媒研究所征文《怎么样当好爷爷奶奶》获二等奖。2011年被吸收加入中国高级专家学者联合会。同年中国当代文学研究会征文诗歌《火与血——献给王杰》获一等奖，中国纪实文学研究会诗歌《我们是中国老人》获创作最佳奖。2012年曾被中国老年学学会评奖的《老年人应该学会说、学、玩、活四门功课》论文又被评为特等奖，收集书内。2013年获河北省《幸福晚年》征文二等奖、三等奖。名字被收入《中国当代作家辞典》。2010年获"唐山市孝亲敬老之星"的称号。2014年获"河北省孝亲敬老之星"称号。2015年获河北省"善美家庭"称号。

李鸣楚 网名真胜梦，1944年12月生于上海，中共党员，本科学历，副主任医师职称。1970年4月发射东方红卫星期间执行军用通讯护线任务与航天首次有缘。1996年因病退休回沪，同年参加上海市老科协医学会。

航天事业的发展是反映一个国家经济总实力，由此开始写"航天颂"心歌习作。发表在网上或报纸杂志上，如上海老科协会讯与航天《康桥》杂志："航天生物创新礼赞"、"风展军旗如画"、"伟业璀璨真胜梦"、"蛇年新春对联"、"高奏嫦娥工程进行曲"、"中华民族复兴之路"、"壮哉9·3阅兵"、"学习习总书记系列讲话所悟"与"炎黄梦圆今朝辉"等。

曾荣获全国大赛"首届中国梦之路"二等奖一次，"第六届炎黄杯"银奖一次；"第三届时代颂歌"、"第三届伟人颂·中国梦"、"第四届时代颂歌"、"2015诗书画创作年会"、"第三届相约北京"、"江山颂——被平北抗战纪念馆收藏"、"第六届羲之杯"、"2016全国诗书画创作年选"一等奖共八次；"第五届炎黄杯"与"第六届东方美"、"第七届祖国好"、"2015中国当代文学艺术精品大系"、"第八届祖国好"、"2015中国文艺当代名家名作金榜集"、"2016中国文艺名家传世作品集"、"2016 当代文艺名家代表作典籍"金奖共五次。特等奖共三次。均被编入"中国广播影视出版社"与"中国文化出版社"出版的书集中。获 2014"中华文化传承贡献人物"、"全国诗书画影时代百杰"及 2015 年"全国诗书画精英人物"、"全国文学艺术精英人物"与 2016"中国华语文学艺术百杰"、"中国新时期文艺创作先锋人物"、"全国文艺先进工作者"、"中国当代文艺领军人物"等荣誉称号。被编入 2014"中国文化传承人物志"及 2015"中国新时期文艺人才库""新中国 66 周年文艺名家名典"与 2016"中国文化艺术人物年鉴"、"中国当代文艺领军人物大辞典"中。

寄语:航天强国伟业灿,赞颂伟绩能量传,航天情谊日月鉴,几度夕阳余热献。富强民主华夏艳,文明和谐盛世炫,复兴中华美梦圆,东方神州世代欢。

李香 原名李鹤荣,壮族,1928 年 10 月生,广西扶绥县龙头乡人。省立南高毕业,小学高级教师,中共党员,加入中苏友好协会和中国教育工会会员。

1953 年从教,供职龙头乡小学教师,1956 年桂西师范半年制小学行政干部轮训班学习。1957 年荣获县工会积极分子奖状。龙头乡小学教师体育运动队的领队。荣获县体育运动会马拉松第七名奖状。1970 年广西自治区活学活用毛泽东思想荣获五好光荣称号。1980 年入党组织。1982 年调任扶绥县龙头乡教育辅导站副站长,教师党支书。1984 年当选龙头乡第八届人民代表。1987 年龙头乡教育基层工会先进工作者。1988 年荣获中共县优秀组织工作者证书。1989 年退休。忘老则老不至、好乐则乐常来。2008 年六届"中华颂"老少文学大赛《京诗二首》荣获二等奖。2009 年广西迎国庆讲文明树新风礼仪知识竞赛活动荣获读书答题竞赛纪念奖。同年荣获盛世中华新中国六十年文艺先锋人物荣誉称号。2013 年中华夕阳红文艺作品"北京"荣获银奖入编。2015 年第二届"相约北京"全国文学艺术作品"新歌赞"荣获银奖、入编。

寄语:读书看报勤学习,大脑常用不宜闲。踩车下棋练书法,兴趣爱好多广泛。思想不衰心不老,扫除老年暮气感。莫道夕阳近黄昏,应叫晚霞红满天。

李树声 1950 年生,河北抚宁人,中共党员。毕业于南开大学中文系。历任文化部政策研究室干部,中国艺术研究院理论研究室干部,中国艺术研究院理论研究室实习研究员,中国文联理论研究室助理研究员、研究处副处长、副研究员,《中国艺术报》总编辑,研究员。中央国家机关国家社科基金资助研究课题评议组专家。1979 年开始发表作品。1994 年加入中国作家协会。著有专著《人的颖悟与梦的追寻》《诗化的记忆——对历史与文学的思考》,评论理论论文《新时期部分历史小说管窥》《难能的永恒·难释的解》《生命的极限与历史的永恒》《上帝·刑天·西西弗斯》等300余万字。

李俊杰 笔名映雪、木子、玄印居士、1953年10月17日出生，满族、大专、籍贯辽宁、山海关作家协会副主席、河北省作家协会会员、中国散文学会会员。1998年12月花山出版社外国文化名人传记丛书编委，编著长篇传记文学《歌德传》，2001年3月《散文百家》女作家专号发表《遥想美因河》，2001年4期《散文海外版》转发《遥想美因河》，2001年11月《中华散文》发表《戴手铐的小兵》，2001年首届美岛杯全国网络诗歌大赛，散文诗《钢之路》获优秀奖，2002年花山出版社名相文学传记系列，出版长篇《千古智囊——陈平》。2002年《中国当代散文精选》发表《我的海》，2002年、2003年《人民文学》杂志社外聘记者，2004年秦皇岛日报碣石人物专刊报道，长篇、电视剧《菊花海》（海之恋）、长篇剧本《樱桃泉》、长篇剧本《东流水》、长篇剧本《千古智囊》、长篇剧本《坤戾汉春》、长篇剧本《前汉风云》、诗词曲集《独影抚琴月清幽》、散文集《一棹秋风一叶舟》、书画印雕集《禅心云水天池雪》、二胡、古筝、撒克斯编曲、演奏光盘《渔舟唱晚水东流》送河北文学馆馆藏与出版签约、修改中。

寄语：虔诚祈祷、中国梦圆、风清气正、国泰民安、国富民强、天耀中华！

李万龙 1945年12月生，祖籍山西省大宁县。华中工学院（现华中科技大学）毕业，高级工程师。本人长期以来热爱诗词创作，对诗词平仄格律韵颇有研究，已作诗词二百余首，曾为心潮诗词会员。2016年在世纪百家国际文化发展中心“东方美”全国诗联书画大赛中获诗词创作金奖。

寄语：祝中国诗联书画百花园内，万朵奇葩越发娇艳。

李友春 南通大学（原南通医学院）附属医院负责医教研五十五年。中共党员，在职时参加三次烧伤（包括东方红3号），蘑菇中毒的抢救、唐山地震伤员救治。扬州大学医疗专业。1995年12月退，在职时任泌尿科主任、副主任医师、副教授。发表过数十篇论文，学生布遍全国，还有的去了国外，这些都是我的本职工作。1995年12月退休后参加南通市老年大学学习山水画、花鸟画。

参加过省、市大学及附院画展，多次获奖，其中“高风亮节”（竹石）获大学一等奖。参加2016年“江山颂”全国诗书画印大赛。在《中国文艺名家传世作品集》中，荣获金奖。

寄语：在学习绘画中既要继承传统技法，更应深入到大自然，在山林、溪流峰岭中速写、慢写、意念中创造出自己的道路，作出不懈的努力，塑造出新篇章。

李双振 1938年1月生，大专文化，中共党员。1961年7月参加工作，1972年从事教育及学习新闻写作。曾任《农村信息通讯》业余特约记者，《河北科技报》《河北日报》《衡水日报》，县宣传部及市、县电台通讯员。

生长农村，磨炼农村，对农村、农业、农民有深厚感情，是一位土生土长的农村人。几十年来，坚持党的方针，政策。在成人教育及新闻工业工作岗位上，精心耕耘，深入群众，体验生活。反映人民心声，歌颂新生活，在《中国教育报》《中国当代战略文典》《中国改革发展系列丛书》《新世纪的探索——当代改革发展文集》（第二卷）《当代领导的改革观》《农村信息通讯》《河北成长教育》《河北日报》《河北科报》《河北人口报》《河北农业科技》《农民文摘》《北京农业》《新农民》《衡水日报》及市县电台发表约数百篇铅字文。

几十年来，曾获得《中国当代作家书画家代表作文库》特等奖；2015年第七届“祖国好”金奖；2011年盛世中华第二届全国时代文艺家一等奖；2007年全国老年艺术家一等奖；《农民文摘》十周年征文二等奖；1987年河北省教委成人教育优秀教师奖；1994年《农民文摘》征文纪念奖；及市县获奖几十次。

寄语：一、人不可有暮气、傲气、霸气，要有朝气、志气更有骨气。

二、0+0=？**注**：①人生从元始，生梦出，变现状；②0+0≠8，8为叠加实数，若为满是水准，无远大理想，后面耗尽为0；③0+0=8，产生质与量的无限大。人始于0（原始知恩）因而谈何报恩，系归宿之原，是人生道德观、价值观的标准。

三、予人千石，不求一粟。

四、路靠人走，事在人为，业有人创，命由人变。

李文灿 笔名嘉灿，纳西族，1953年8月生，云南香格里拉人。1971年3月参加工作，1988年入党，2002年7月退休（中教高职）。2008年5月开始参加全国书法比赛至今共获铜奖3次，银奖3次，一等奖4次，金奖28次，硬笔书法被评为八段段位。书法作品曾展于上海世博园，北京人民大会堂，法国卢浮宫，2014年北京APEC峰会中国当代书画艺术展及庆祝联合国成立70周年纽约书画展。书法作品被入编于《文化月刊》《国宝文艺档案》等30多种书画典籍。现为中国书画艺术促进会会员、中国艺术名家协会会员、九州枫林国际书画艺术院院士、联合国和平书画院院士、北京墨缘宝书画院院士、华夏夕阳红书画艺术院理事。

寄语：继承和弘扬中华民族优秀传统文化是炎黄子孙义不容辞的。

李司亭 1941年10月出生，山东省曲阜市人，无党派，大学文化，特级书画师。现任中国书画艺术联合会艺术顾问，中国传统艺术学会终身名誉会长、北京九州兰亭书画研究院等9家书画单位的荣誉主席、北京晶韵艺宝国际文化交流中心等4家书画单位的荣誉副主席。先后被评为“人民艺术功勋”、“德耀中华最美书家十六大人物”、“十大军民艺术家”、“民族杰出艺术家”、“21世纪影响中国影响世界的十大国家级书画大师”、“世界华人顶级书画家”等。现为中国书法家协会会员，中国传统艺术学会、中国美术研究院、中国书画艺术联合会等多家书画单位的会员。

在全国征稿活动中，获特等奖4项，金奖80余项、银奖4项。出版个人书法作品集《中国书画一代大师》《解读21世纪书画领军人物李司亭》等7部，出版与他人作品合集《龙之杰》《当代名家书画作品价值指导》《中国当代书画巨匠》《国宝级书画大师三人行》等10部。数十篇作品由不同单位在海外30多个国家和地区展览。个人艺术传略与作品入编《世界艺术名家》《中华书画宝典》《收藏中国》《中华国宝级书画大书画珍品》等多部大型图书。

寄语：书法是中华民族传统文化艺术宝库中一朵绚丽的奇葩，它是东方文化的瑰宝，是一门博大精深的学问，在世界艺术之林中独领风骚，放射出灿烂夺目的光彩。在书法这一庄严神圣的殿堂里，蕴含着无穷的美，希望有更多的朋友进入它，发现更多的美，享受更多的美！

李玉生 重庆开县人，1948年生，中学语文音乐书法教师，成人教育专干，1975年入党，爱好音乐（吹拉弹唱）。书法、文学作品多次被网上、电视台、各级报刊发表。现中国书画研究会、中国民族文艺家联合会、中国书画名家研究会名誉主席，中国散文学会，中国艺术学会，中国老年书画研究会万州诗书画研究会会员，当代历史人物研究会特邀研究员，世界多元文化顾问，艺术人物杂志社，当代艺术出版社荣誉社长。当代文学家，国学家，书法家，艺术家。近年诗书在全国大赛中荣获金、银、一等奖共69次，入编《中华颂》《世界人物辞海》《魅力中国书画五大名家》《东方艺术之颠·中国艺术六大名家》《和平赞歌·国之瑰宝艺术家》《人民艺术三大家》《艺圈十大人物》《艺坛名流十二杰》《国学大成》《国家大典》《中国当代美术家书法家大辞典》《中国当代文化名家档案》《作家档案》《世界优秀专家人才名典》等100多种典籍在国内外发行和收藏，还获得“中国国学发展传承（特别）金奖”、“首届中国红色文化传承杰出功勋奖”终身成就奖——“金羊奖”、“世界和平艺术奖”。被授予“中国十大杰出艺术家”、“国学大师”、“当代最著名华人艺术家”、“最受人民喜爱艺术家”、“红色文化形象大使”、“一代宗师”、“共和国骄子”、“中国艺圣”、“世界艺圣”等荣誉称号。

寄语：诗文书画君贵美，琴棋歌舞人飘香。艺术永恒，追求艺术的人永远年轻。

李传启 重庆市巴南区人。1940 年生。大学文化。中学高级退休教师。重庆市作协会员、中国诗词家协会会员、中国当代文学学会会员。出版了《残稿芳菲》《我的人生印痕》《停停歇歇走四方》《残梦余篇》四个个人专集。曾有几十篇诗、文获省级以上奖励并入多部文集。散文成果丰硕，有四篇散文作品入选《中国散文大系》四个卷本中。几年中，区作协为其散文作品举办过两次研讨会。

2015 年，有两首儿歌作品入选《中国儿歌大系》（西南卷）。有十二首中华诗词获“首届诗词世界杯中华诗词大赛”一等奖，入选中国文联出版社出版的《红旗飘飘》诗集。不久，由中国文艺协会、中国传统美学研究会、国家知名文艺家联合会授予《文化强国 · 国家文化传承贡献奖》，同时，八首中华诗词（代表作）镌刻在奖杯上。当年，散文《逍遥登游天都峰》在“新视野杯”（我与自然）全国诗歌散文征文大赛中获一等奖并入选获奖集。2016 年，由中国诗词家协会、中华诗词研究会、中华诗词学术研究院、中华诗词著作家评委会评定为中华诗词特级著作家，并授予中华诗词领军人物荣誉称号。同时，十五首中华诗词入选中国文联出版社出版的《中华诗词著作家典藏》。同年，《我本追梦人》《咏物三赞》两篇散文入选《中国散文大系》（叙事卷）、（景物卷）两部卷本中，并获得“当代最佳散文精英奖”。年末，受中国传统艺术学会邀请，六首诗词作品入编“2017 当代诗词名家精品台历”。

寄语：人一辈子有梦想和追求，为之奋斗不息。但由于世事难料，机会不同，或命运弄人，其结果大相径庭。不过，不管是失败与成功，处顺境或逆境，都应信念坚定，锲而不舍！要永远看准目标，不迷惑，也不忘乎所以。身正心正，把稳定力，有作有为，不枉此生。

李兆顺 笔名李若秋，1938 年生，云南姚安人。中共党员，大专学历，副高职称——副译审，省译协会员，中国书协会员。

长期从事老挝语、泰国语翻译工作。1956 年投笔从戎，入伍中国人民解放军。1964 年奔赴老挝战场，度过了十个春秋岁月，亲历了印度支那战争，经受了战争的洗礼和考验。做过医学教学泰语翻译，配合医生培养了不少泰国学员。

改革开放后，配合形势，翻译报刊有关文章供领导和相关部门参考；参与公司赴老挝考察工程项目；接待来访老挝宾客，为云南改革开放走向东南亚，增进中老友谊做出了积极贡献。2011 年中国译协授予“资深翻译家”荣誉称号。2012 年老挝政府授予老挝共和国友谊勋章和证书。

热爱书法艺术，读了不少书法理论书籍，览阅了不少历代书法名家的墨迹珍宝，积极参加各类书展活动，尤以 2015 年、2016 年，积极参加围绕纪念中国人民抗战胜利 70 周年，红军长征胜利 80 周年为主题的书展活动，在国家级各类书展中，均有书作参展，获得好评：金奖 7、银奖 3、特等奖 2。部分作品还收入《中外当代文学艺术家代表作全集》《中国当代文学艺术精品大系》《和平颂 · 中华情全国美术书法作品大观》《中国文艺名家传世作品集》《纪念中国人民抗日战争胜利七十周年全国诗词书画摄影作品集》《纪念红军长征胜利八十周年全国诗词书画摄影作品集》《中国当代文艺名家名作金榜集》等。先后授予“中华夕阳红文艺先锋人物”、“中国文艺创作先锋人物”、“全国诗书画影时代百杰”荣誉称号，获“中华爱国艺术家”勋章，选为“十大爱国爱军艺术家”，评为“中国艺术贡献奖终身成就奖”十大人物之一。由于积极参与书法活动，且成就显著，2016 年中国书法家协会接纳为会员。

寄语：黑格尔曰：“艺术之目的是让他在外界寻回自我”。在寻回自我艺术的过程中，须有理性、理论和实践，更须有悟性。只有悟性才能把理论与实践沟通，融为艺术精品。在翰墨悠游的海洋中，我的感悟是：笔精于勤，悟性为先。

李吉龙 山东省泰安市肥城市人，生于 1940 年 8 月，热爱书法，更爱写作诗词、散文、爱唱京剧。

多年来，曾在省市级的报刊中发表诗歌、散文，并在 2014—2015 年中，荣获我市举办的“幸福桃都、美丽家乡”征文比赛金奖，荣获我市“龙山一品”征文大赛荣誉证书。在 2016 年 4 月份，个人作品在庆祝中国肥城第十五届桃花节征文中（肥城人咏肥桃诗词选），被评选入册，现已正式出版发行。

寄语：歌颂新时代，传播正能量。

李有京 1951 年生，大专文化，广西上思县人，中共党员；本县公安局退休干部。系广西诗词学会、中华诗词研习会、中国诗词家协会会员。个人作品有《田耕吟草》《凤岭骚花》《平江场志》等诗书集。

荣获第三届中国散文诗歌作家神州行、全国诗文书画大赛金奖；荣获第八届“祖国好”华语文学大赛金奖；荣获 2015 年度“德艺双馨文学艺术家”称号；荣获“中国爱国诗人”、“中华优秀诗人”、“中华优秀诗词家”称号……。现任上思诗词学会副秘书长。

寄语：人生出彩莫强求，乐度天年翰墨稠。淡泊人生娱晚景，扬帆艺苑写春秋。诚交四海风流客，结识全球雅士俦。宋律唐诗同探讨，旧词新韵共精修，粗茶淡饭随缘过，名利休争少郁忧。

李志信 生于1940年8月，籍贯山东省诸城市，中共党员，学历大专，财政局退休干部、职称：高级会计师、中国注册会计师。

2014年《老年日报》批准为"特约通讯员"并在各报刊投稿、发表过多篇文章。2014—2016年在中国当代文学上发表过三篇精品文章，2016年在本刊荣获"银奖"，被授予"中国文艺创作先锋"荣誉称号。2014年我的《诸城1974年8.13特大洪水纪实》、《诸城五、七干校回忆》荣获潍坊市老干部局、退休干部工作委员会二等奖。

2000年退休后，上了八年老年大学得了4个毕业证书。在老年大学，学习了电脑，自己打印共写了209篇，用邮箱投稿，大多采用。共写了十六万字的文章，还写了自传，装订成册六本。

寄语：虽然我没能为社会主义建设，做出辉煌的成就，但至少能坚持到底。艰苦奋斗，卓越进取，独善其身，以人为本，与人为善；虽没有妙笔生花之大才和流传于世之名作，但至少能用文章记录自己的经历见闻，表达一个心系国家心向党的普通人对生活的热爱与对美好未来的向往。今后更要努力学习党的十八大和习近平总书记文艺工作座谈会上的讲话。在文艺创作方面做出贡献。

李汝保 1955年12月出生，江西丰城人，中共党员，大专，系中国图书评论学会会员，中国当代文学研究会会员，中国散文诗研究会会员，中国著作家协会会员。上海浦东新区作家协会会员。

处女作《青年与电影》，1981年连中三元，先后被《电影通讯》《电影创作》《电影选刊》刊发，由此开始写作生涯至今36年。1991年以《浅谈加强书评导向之"三性"》入选首届全国书评理论研讨会，并被选入《书评的学问》一书，成为中国图书评论学会首批会员，至今26年。2001年在中华"八喜杯"诗歌征文大奖赛中评为优秀作品奖。《中国图书评论》第11期，刊登了写作读赵丽宏的散文集《日晷之影》5000余字的评论文章。赵丽宏为我作序《读书人的情怀》的《星光灿烂》，由中国文联出版社出版，至今16年。2010年出版第三本书《星海踏浪》，由老红军、老将军胥光义题写书名，书中有写作莫言的文章《写作是悲壮的抵抗》。至今6年多。2016年2月28日《新民晚报》"夜光杯/记忆"刊发了我写作的《记忆"星河"话影评》，2016年9月28日，补全影评的四个故事的《我的上海缘：记忆"星河"话影评》一文，在文汇出版社刘希涛主编的《我的自选作品》下册中出版。到出版《星火燎原——上海群众影评发展史一瞥》一书，时间不到1年。宣传词："一个人的视角，全方位的扫描。上世纪的高峰，百万人的记忆。"是用当年86岁的老将军、老红军胥光义题写的书名，如今成为"星字系列"著作推向高潮的象征。是填补上海群众影评发展史空白的一本书。

在几十家报刊发表和出版了人物专访、纪实特写、散文随笔等三百多万字作品。散文触及影、视、戏、歌；随笔涉及商、旅、书、文。主持编辑了《寸草春晖》等书籍。在各类征文大赛获多种奖项。事迹入选《中国成功人才大辞典》等辞书。散文、特写自选集《星光灿烂》由中国文联出版社出版后由中国国家图书馆收藏，条目入选《上海文化年鉴》。散文、特写自选集《雨林如宝》《星海踏浪》《星河泛舟》《星罗棋布》《星空闪烁》《星耀辉煌》《星火燎原》《星城书影》先后出版。其中5本书在上海作家协会华语文学网电子书可供阅读。第10本书《星云汇聚》和第11本书《星风丝雨》2017年出版。

寄语：我的"追梦之歌"是这一生要出版10本书，早在2002年五一期间，我将第一本书《星光灿烂》赠送给当年86岁的老将军、老红军胥光义，他是1955年的少将，1988年又获"荣誉勋章"的总后勤部常务副部长，他为我题写《星海踏浪》《星火燎原》2本书名，正好用于《星火燎原——上海群众影评发展史一瞥》，填补上海群众影评发展史空白。

李建明 中国当代实力派左右开弓书法家，中国新长城杰出艺术家，国家级书法社团：中国硬笔书法协会会员。笔名"岐人十八字"、斋号"近视斋"。出生于周文化发祥地陕西省宝鸡市岐山县。其右笔书法雄浑霸气、笔势凌健；左笔书法奇逸开张、独具风采；左右开弓书法阴阳互动、神采迸发、别具一格。

左笔、右笔书法作品在中央数字电视"书画频道"多次展播；在全国性书画大赛：《中国当代文艺名家名作金榜集》荣获特等奖；《中国文艺名家传世作品集》特等奖；《"羲之杯"全国诗书画家邀请赛》一等奖；《"东方美"全国诗联书画大赛》金奖。左笔书法荣获：《2016年全国诗书画家作品年选》一等奖；《"和平颂·中华情"全国美术书法作品大观》金奖；《"炎黄杯"国际诗书画印艺术大赛》金奖等奖项三十余次。作品入编：《中国时代文艺名家代表作典籍》《中国文化艺术人物年鉴》《中国当代文艺领军人物大辞典》等典籍、获奖作品集及拍卖图录30余部。书法作品以独具风貌的艺术特色，在全国众多参赛作品中脱颖而出，连续入选第十六、十七、十八、二十届（左笔书法）《中国当代实力派书画拍卖专场》，被香港国际拍卖有限公司授予"中国当代实力派书画家"荣誉称号。荣获《书画界》杂志社颁发的"书画界·中国书画百强榜"荣誉证书；《书画市场报》通过严格审核，授予"最具市场升值潜力书法家"荣誉称号。《中国诗书画家网》特设"李建明艺术馆"。

2016年李建明荣登"中国新长城文化榜"。题词及艺术简介镌刻于北京八达岭新长城"中国文化榜展示区"。荣获"中国长城文化金奖"，"中国新长城杰出艺术家"荣誉称号。

现特聘为：中国诗书画家网艺术家委员会副主席；国际书画名家交流展委员会委员；新加坡艺术协会名誉会长；（香港）中国文人书法家协会理事；中国书画艺术研究会理事；北京华夏国艺书画院院士；中国翰墨书画院理事；中国书法函授学院

名誉院长；香港国际拍卖、沈阳艺海拍卖代理中心特级书法家；中国书画家协会一级书法师；西安集贤堂画廊书法创作主任；中国周鼎书道院院长等。

寄语：作为一个书家来说，把字写好，写得很好到更好，只是一个基础，只是一只井中之蛙。要想由井底之蛙，爬上井沿，蜕变为骏马，走的更远；再由骏马变成云龙飞的更高，那就需要具有坚强的经济后盾作保障，否则一切都是梦想！

李建平 幼名垚平，别名谣歌，湖北监利人，生于 1963 年 11 月；高中文化，现在国企事业单位任保卫工作。1987 年 3 月至 1988 年 2 月参加中国作家协会鲁迅文学院函授部学习，同年专修书法专业课程。在工作业余时创作诗书画印，擅长篆刻，尤爱写作诗文；近年来获省市及国家级奖项 20 余次。其中特等奖一次，一等奖三次，银奖一次，优秀奖一次，金奖 20 次。篆刻作品收编 2016 年挂历与台历，书法（毛笔）已收编 2017 年挂历，作品入编《中国梦 · 中国书画名家作品大典》聘为名誉主编，《光辉历程 · 全国中老年书画名家作品典藏》聘为编委，入编大型艺术史籍《毛泽东诗词 · 中国书画名家作品选集》聘为编委；入编《中国当代文学艺术精品大系》授予“中国文艺创作先锋人物”。入编 2015 年—2016 年《“和平颂 · 中华情”全国美术书画作品大观》，入编第七届《“祖国好”华语文学艺术典藏》，诗词《党的政策人人夸》已入编《中国文艺名家传世作品集》。入编第四届《时代颂歌》并授予“全国诗书画影时代百杰”，2016 年《“东方美”全国诗联书画作品集》，个人档案（2015 年）已入编《中国新时期文艺人才库》等 20 余部典著。特授予“中国文化艺术传承大使”（牌、匾），颁发有奖杯三樽，授予颇多荣誉称号。已加入中国书画家协会、长沙晚晴书画院会员，世纪百家国际文化发展中心研究员。

寄语：闯北走南乐何求？诗书画印度晚修。爱国敬业献石油，诚信友善爱南油。李子好奇稀露面，平安静谷不抛头。建设祖国出能量，平生攻艺衰无愁。养性修身不坐禅，清心寡欲步入园。学诗能悟心灵窍，写字顿驱筋骨寒。霜生两鬓身犹健，无病无忧又一年，全心全意为人民，服务社会美容添。

李述 笔名一川，1934 年 4 月生，汉族，河北省唐山市人，中共党员，初中，开滦矿工出身，曾任记者、唐山市文联秘书长、开平区政协副主席兼区文联主席。1995 年 12 月退休。退休后，开平区老干部局安排任开平区关心下一代委员会成员。

党的十八后，习近平总书记在文艺工作座谈会上肯定了我国文化艺术领域的成就，并提出了新的要求。我虽然是个业余文化工作者（河北省作家协会会员）在党的培养教育下几十年,也应该有所表示。于是,用了三年时间,将过去所创作的诗歌,选出 120 多首印成《三余短笛》;将发表过的唐山历史事件及传奇人物 40 余篇,整理编成《青年周恩来开平做客》;将长篇小说“煤都奇案”及五个短篇编成《煤都奇案》。这三部书,均由人民文学出版社出版。

2015 年参加第七届“祖国好”华语文学艺术大赛的诗歌《王家坪古柳下的文物》荣获金奖。参加第四届“时代颂歌”全国诗书画影作品大赛的诗歌《满洲里》获二等奖,并授予“全国诗书画影时代百杰”荣誉称号。2016 年 6 月该作品又被《中国当代艺术精品大系》中评为金奖,并授予中国文艺创作先锋人物。诗作《井冈山》参加 2016 年“江山颂”全国诗书画印大赛获一等奖。

寄语:我是一名工人。参加工作受记者和作家的影响,工余时间投入文艺创作已 60 余载,写作成为我生活的一部分,是我晚年的精神寄托。

李海元 又名李春元,号霖堃。1966 年出生,山东省滨州市无棣县人,碣石山书画院院长,高中学历。无棣县书协会员,滨州市书协会员,中国大众书画院会员,中国国际书画家协会会员。中国国画院一级书法师,中国书法美术研究院高级书法师,拥有中华人民共和国艺术品价值润格证书。自幼酷爱书法、诗词歌赋,自作诗词千余首。书法以钟、王入手,兼习颜、柳、欧、赵诸家,后小楷沉醉于赵孟頫书《高上大洞玉经》、草书临习《怀素自叙帖》、王羲之《十七帖》兼顾魏隶入法并结合时人。现授业于著名书画家冰雪画大师,北京恩师高凤德先生,广饶弘道子大师和李建华先生。

2015 年“爱我中华”金誉杯全国书画大赛获铜奖,“伟人颂 · 中国梦”第三届全国诗文书画大赛一等奖,部分诗词、书法作品被《农村大众》《齐鲁晚报》《滨州日报》《无棣大众》等报刊发表。小楷《高大上洞玉经》被恩师高凤德先生题字并收藏于中国北方画院。2015 年山东电视台国际频道唐三彩栏目组专题采访报道,作品入编《国风鲁韵》精品集。作品入选济南国际会展中心展销并收藏。2015 年,第七届中国国际书画艺术大赛获银奖。2015 年全国诗书画家创作年会获得二等奖。书法作品入编 2016 卷《中国当代文艺名家名作金榜集》荣获特等奖。2016 年第三届“相约北京”全国文学艺术大赛获得一等奖,特授予“全国文学艺术精英人物”。2016 年“东方美”全国诗联书画大赛获得二等奖。2016 年“传承国粹共圆中国梦”全国书画大赛三等奖,收入《中国当代艺术家大辞典》。2016 年第四届“伟人颂中国梦”全国诗书画大赛诗词获得一等奖,2016 年作品入编《中国文艺名家传世作品集》获金奖。

2016 年 8 月底应邀赴俄纪念卫国战争胜利 71 周年《握手》国际艺术展,作品被俄国家艺术馆收藏。2016 年优酷《老家的文化人》第二十三期做李海元专访。个人传记入编《中国文化艺术人物年鉴》。

寄语:法书自然、书写心灵。书法世界让李海元为之痴狂,在他眼里,楷书犹如宁静的湖水,灵动而秀美。行书如同长江大河，时而宁静时而波涛汹涌。隶书就像山间的小溪，水流潺潺融汇一体。篆书妙同涌泉，灵秀韵美，妙不可言。草书那是情感的释放、心灵的激荡、意境与灵感的碰撞。艺术是无止境的，探索与学悟，是一生的追求，李海元，向着心中的那座艺术高峰用生命在登攀。

李振学 字静，号思悟。1941年生，河北省临西县人。1956年参加工作，1959年加入中国共产党，曾任山东省临清市委统战部副部长，市工商联主席，市商业、工业局长、党委书记、政协常委、山东省工商联执委等。

本人系诗书画业余爱好者，作品曾在省市报刊发表，近获2015年、2016年"东方美"全国诗联书画大赛金奖，2015年、2016年第六届、第七届"羲之杯"全国诗书画大赛一等奖；第七届、第八届"祖国好"华语文学艺术大赛金奖；第三届"相约北京"全国文学艺术大赛一等奖；获第四届"时代颂歌"全国诗书画影作品大赛一等奖；获2016年"江山颂"全国诗书画印大赛一等奖；获《中国当代文艺名家名作金榜集》《中国当代文学艺术精品大系》《中国文艺名家传世作品集》特等奖。已入编《中华名言词典》《中国老年大智慧》《中华盛世醒言》《全国诗书画集》等二十多部，被授予"全国百强书画家"、"全国诗书画影时代百杰"、"中国功勋书画家"、"中国文艺创作先锋人物"、"中国文艺先进人物"等称号，系中国书画协会会员、中国硬笔书法协会会员、中国诗歌学会会员。

寄语：诗书藏金凌云志，诵读静思悟后香。英模意境事无尽，学习永远在路上。我知足又知不足。我将在新的起点上，以创新的姿态，奋发进取、自我升华，为实现两个一百年奋斗目标、实现中华民族伟大复兴的中国梦尽心出力。

李兹云 女，1957年生，祖籍河北，擅长音乐、书画，现为中国国画院院士，中国书法美术研究院研究员，中国硬笔书法协会会员，深圳龙成书法协会会员，中国书画家协会会员，当代中国书画名家一级书法师，中国国际书画家协会理事，中国国画协会理事，中国国际书法美术家协会副主席。

作品多次参赛获奖，首届中国国际书法大赛，作品《将进酒》获优秀奖，第二届"伟人颂·中国梦"全国书画大赛，作品《春天的故事》获三等奖，第五届"炎黄杯"国际诗书画印艺术大赛，作品《赞钱学森》成功入展，获银奖；第二届中国"红高粱"杯书画大赛，作品《归园旧居》获500强；"东方美"全国诗联书画大赛，作品《人民解放军占领南京》成功入展，获银奖；第三届中国"梦想杯"书画大赛，作品《登鹳雀楼》获铜奖；庐山西海之夏全国艺术创作大奖赛，作品《兰亭序》获银奖，并入编《中国当代文艺名家名作金榜集》。第七届“羲之杯”全国诗书画家邀请赛作品《兰亭序语句》获一等奖;第四届“伟人颂·中国梦”全国诗文书画大赛,作品《纪念孙中山先生》获一等奖;国家级大赛获奖作品优中选优作品《人民解放军占领南京》获金奖;并授予“中国文艺创作先锋人物”称号;同歌东方美,共筑中国梦“东方美”全国诗联书画大赛,作品《齐颂东方美》获金奖;2016年“江山颂”全国诗书画印大赛作品《江山颂》获一等奖。

寄语:用积极乐观、宁静、豁达的心态去生活,在音乐,书画艺术中感悟美好人生,艺海扬帆。

李桂春 1943年4月生,天津市宝坻区人,初中学历。现为天津市老年书画研究会会员,中国老年书画研究会会员,中国老年书法家协会会员。

2015年书法学报举办的首届全国书画临创大赛,参赛书法作品,获临创艺术奖。在纪念毛泽东《七律·长征》创作80周年毛泽东诗词全国书画名家作品大展赛中,参赛书法作品荣获金奖,授予“中华民族优秀文化传承者”荣誉称号。入编《“毛泽东诗词”中国书画名家作品典藏》。

在“东方红·伟人颂”纪念毛泽东逝世40周年全国书画名家作品邀请展中,参赛书法作品,荣获金奖,授予“德艺双馨·红色艺术家”荣誉称号,并入编“东方红·伟人颂”全国书画名家作品典藏。

在伟大旗帜——纪念毛泽东主席、周恩来总理、朱德总司令逝世四十周年全国书画名家作品北京邀请展中,授予“共和国红色传承功勋人物——2016年度十大人物”荣誉称号。入编“共和国红色传承功勋人物——2016年度十大人物”大型画册典籍。

在2016年“江山颂”全国诗书画印大赛中,荣获一等奖。并在《中国文艺名家传世作品集》评审中,荣获特等奖。入编《中国文艺名家传世作品集》。

在辉煌历程——向党的九十五华诞献礼,首届中国紫砂书法艺术作品北京邀请赛中,“党旗飘飘”全国摄影、诗文艺术大赛中,分别荣获金奖和授予“中国功勋书画家”、“中国红色艺术家”荣誉称号。

寄语:中国人要写好中国字,要弘扬社会主义核心价值观,弘扬以爱国主义为核心的民族精神和以改革开放为核心的时代精神。抒发爱党、爱国、爱人民、爱社会主义的赤子情怀和浩然正气,把中华民族优秀传统文化传承下来。

李满才 笔名小草;1939年6月30日出生,山西太原人。中共党员,学历大专,工程师。山纺退休后加入山西省诗词协会、唐渊诗社社员、太原书法家协会会员。

2016年“东方美”全国诗联书画大赛获银奖;“魅力宜昌”全国书画艺术家作

品展获特别金奖;“筑梦中国”庆祝“中国共产党成立95周年”全国书法大展中获金奖,并授予“当代中华文化名家”称号;“全国诗书画家创作年会”获一等奖。第二届“和平颂·中华情”全国美术书法名家邀请展获金奖;《中国文艺名家传世作品集》书法展中书法“民族英雄·张学良将军”获特等奖。

寄语:人生不要比财富,不要比儿女们多么好;人生要比德,比理想,不忘初心;比勤劳,比对国家对人民的贡献;鄙视贪财怕死的汉奸,高歌为民族复兴;实现民富国强的中国梦,贡献出自己的青春和智慧和生命的人。

李福英 生于1960年,青海乐都县人,现任乌兰县人大常委会副主任,在职研究生学历。中国书法家协会会员、中国文化艺术发展联合会常务理事、中国书画艺术促进会会员;中国当代艺术家协会理事、东方艺术家协会会员;中国书画研究院院士、华夏国艺书画院院士、中国当代艺术家协会培训中心教授、国家一级书法师。

曾多次参加全国性的书画邀请赛、邀请展。荣获多次一等奖:作品入编《中国时代文艺家名典》《献礼十八大·中华魂·全国诗书画精品集萃》《中国书画名人宝典》等,作品已被井冈山博物馆等单位和个人收藏。2015年在“中华魂”纪念中国人民抗日战争胜利70周年全球华人书画名家作品大赛中,书法获金奖;授予“中华红色艺术家”称号:入编《中华魂·全球华人书画名家作品典藏》;同唱东方红·颂歌声声献给毛主席,《纪念中国人民抗日战争胜利70周年中国中老年书画名家作品》大展获金奖,授予“中国文化艺术传承大使”,作品入编《作品典藏》;2016年第二届“和平颂·中华情”全国美术书法名家邀请展荣获金奖。同年在海西创建民族团结进步邀请展中,荣获一等奖。2016年参加韩国产销“亚细亚美术招待展”、“庆祝联合国成立70周年美国纽约书画展”。2016年被海西州教育局聘请为中小学书法进校园辅导老师。已入编全国中小学书法美术教材。

寄语:传承传统文化,弘扬民族气节,创作更好的经典作品,为民众服务,用传统文化提升华人凝聚力、向心力,为实现伟大梦想而奋斗。

李德祥 艺名润草、天涯何处存。1963年出生,布依族,贵州省兴义市人。中共党员,中等专业文化,中国国际书画家协会会员、中国硬笔书法协会会员。自幼酷爱书法、摄影等艺术,执着的追求是理想,艺无止境。

2013年创作书法作品在第七届“中国国际书法艺术大赛”中,荣获铜奖;2016年创作书法作品在第七届“羲之杯”全国诗书画家邀请赛中,荣获二等奖,作品入编《全国诗书画家精品集》;2016年作品在《中国文艺名家传世作品集》征集中，荣获书法创作特等奖，并入编；2016 年在全国诗书画创作年会中荣获一等奖；2016 年书法作品在首届大享经全国书法展中入选；2016 年参加第三届中国国际书法大赛荣获最佳佳作奖；2016 年年展中，多幅作品入编《中国时代文艺名家代表作典籍》一书。

寄语：追求是前进的目标，荣誉是收获的鼓励，吾一生的爱好向往——书法艺术。在追求创作的路上，欣得到社会团体人士的厚爱、关心、支持和认可，心中是多么的欣慰和荣幸，以后更得在书法艺术这条道上，奋墨泼洒人生、勤练自磨，力争为社会、祖国、家乡创作更多的优秀佳作。

李开富 侗族，1951 年生，湖南靖州人，中共党员，高级文学师。初中肄业自学成才的农民。系中国文化艺术人才协会第三届主席团副主席，国家一级文学家，获邀中国国家专业人才协会增补为副会长、被聘任第三届中国世界华人作家艺术家协会理事、中国管理科学研究院特约研究员等多种职务。有小说、散文、诗词、论文、音乐等 40 余万字发表。曾获国家级特等奖、金奖、一等奖等奖项 100 余项。被授予“中华传统文化杰出传承人”、“全心全意为人民服务全国行业标兵人物”、“和谐中国 · 新农村建设十大创新人物”。政治生活中被怀化地委组织部评为“党员科教工程”先进个人、中共靖州县委、政府评为“模范共产党员”、“先进人物”等多种荣誉。有论文《要不断创新建设先进的企业文化》、诗词《羊溪流韵》著作和音乐作品专刊出版。

寄语：人生最大的痛苦，莫过于不能按照自己的意愿生活。是强者就会把路踩在脚下；是勇士决不会忘记冲锋。

李炳生 1950 年 4 月生，中共党员，大学文化，国家公务员。自幼喜爱书画，现为江西省安福县老年书画协会会员和江西省安福县武功山美术书法协会秘书长。退休后近几年来多次参加过全国各类及国际性书画大奖赛共获奖 60 多次（其中特等奖 3 次、特别金奖 1 次、一等奖 8 次、金奖 35 次、银奖 3 次、铜奖 1 次、荣誉奖 1 次、优秀奖 5 次、入展 4 次）。荣获各种荣誉称号 20 多次，书法作品已入编全国多部书画集，被主办单位永久收藏。

2010 年翰墨丹青迎世博全国老年书画艺术邀请赛书法作品荣获金奖，并被主办单位确定为世博园礼赠外宾永久收藏，并授予“当代老年世博功勋艺术家”。2010 年中国国际书画院评定为“全国优秀拔尖人才”授予“中国当代艺术名家”称号。

2010 年被邀请出席“影响中华 2010 年全国诗文书画先进工作者”表彰大会，被中国“翰林书画艺术院”聘为副院长。

2011年被“九州枫林国际书画艺术院”聘为理事,同年12月被中国书画学会任命为副主席等。2012年“时代颂歌”全国诗歌散文大赛荣获一等奖;2013年参加第二届“时代颂歌”全国诗文书画大赛荣获一等奖;2014年参加“东方美”全国诗联书画大赛书法作品荣获金奖。2015年参加第四届“时代颂歌”全国诗书画影作品大赛荣获一等奖,并授予“全国诗书画影时代百杰”称号。2016年“江山颂”全国诗画印大赛荣获一等奖,入编《中国文艺名家传世作品集》荣获特等奖。

寄语:挥毫泼墨,怡情怡兴;奉献余热,服务百姓。

李国成 笔名雄飞、蜀人,籍贯四川省南江县沙河镇,生于1944年9月10日,中师毕业,小教一级,病退教师。上初中时获得南江县第一个学习毛主席著作积极分子称号。奖学金陪我顺利渡过中学阶段,多次获县校优秀团员奖。1986年做平昌师范《青年之声》编审并获奖。1994年退休。2002年春节应对中央电视台《佳联趣对贺新春》入围。2014年获“全国咏酒诗词创作大赛”优秀奖,作品编入《中国古今咏酒诗词选集》,参赛作品进入2014年卷《中华诗人年鉴》。2014年获“东方美”全国诗联书画大赛楹联金奖。2014年10月在首届中华诗人国庆之旅暨2014年秋季中华诗人杭州采风交流会征稿评选中荣获金奖,授予“中华优秀诗人”荣誉称号。2014年获第十一届天籁杯中华诗词大赛金奖,授予“天籁之音·德艺双馨中华诗词著作家”荣誉称号。2014年10月中华艺术巅峰人物组委会授予“中华艺术巅峰人物”荣誉称号。2014年《当代中华诗词名家典藏》授予“当代诗词著作名家”荣誉称号。2014年9月成为世纪百家国际文化发展中心研究员,2015年成为中华诗词名家交流中心终身理事,2016年元旦任中华当代文人联谊会终身名誉会长。2015年元月荣获《当代中华诗词名家典藏》一等奖。2016年3月授予“中华诗词博士”高级艺术职称。荣获2016年度全国“一级诗学奖”,并授予“吟坛泰斗·当代诗圣”荣誉称号,入编《中华诗人大词典》。

2015年12月,作品入编《2016当代诗词名家精品台历》并获金奖。2016年1月中华诗词研究会评定为中华诗词终身特级著作家。2016年5月加入中华诗词学会。2016年5月楹联在《中国当代文学艺术精品大系》中荣获特等奖,并授予“中国文艺创作先锋人物”称号。2016年7月《幼儿梦》(诗)获“江山颂”全国诗书画印大赛一等奖、特等奖。2014—2016年参加全国诗词联大赛计获一个优秀奖、4个金奖、2个一等奖、2个特等奖。

寄语:美德反省修,寿长射线悠。当断下牢口,犹豫难回头。认人三年还推敲,专摧图穷那把刀。

慎独一身,幸福一生。积德修善,道路不偏。心中有大爱,前进宏图开。知恩图报,春光永好。有备无患,志当高远。得失勿糊,亏者是福。人生不做亏心事,半夜敲门心不惊。言必信,行必果。精神享受高于重于物质享受。

知识在自己头脑里贼偷不去火烧不

了。只要认准了目标，世上就没有登不上的山。身处逆境，应该庆幸，因为它将使你的生命力更强。越是危险的地段，心情更要平静，才能如履平地。不做蠢事——饱了肚子贱了身；勇于担当——敢作敢为；民族气节——宁愿站着死，也不跪着生！人活精气神，鬼赖诈残阴。

李荣坚 1934年7月生，广西岑溪市人，中共党员。大专学历，历任中学语文教师，后任岑溪中学校长。职称中教高级教师，兼职岑溪市第三、四届政协委员、第十届人大常委，广西语文学会会员。荣获广西特级教师、全国优秀教师、全国优秀侨眷先进个人称号，事迹及业绩入编《中国特级教师辞典》《中国当代知名学者辞典》等多本书。平生喜好文学艺术、爱读书、好写作，时有诗文见诸报端。退休后先后加入“中国散文学会写作中心”、“中华对联文化研究院”、“中国诗书画研究会”等6个文艺团体为创作员、研究员，参与各团体开展的文艺创作评奖活动。至今10多年创作出了一大批诗、联、散文及书法作品，有获金奖、特等奖，获一等奖居多。并入编各团体编辑出版发行全国的文集，诸如《大中华千家诗》《中国诗书画人物年鉴》《中国奥运冠军嵌名大典》《中国散文作家精品集》《中国对联作品集》《加拿大中华诗书画大展作品集》《香港联文雅集》等。《颂北京残奥会》书法在北京及加拿大展出。多年来分别荣获诸如“全国时代文艺家”、“2010全国文艺创作年度人物”、“新中国六十年文化先锋人物”、“全国诗书画先进工作者”、“十八大文艺代表人物”、“全国诗书画影时代百杰”、“中华文化传承贡献人物”、“中国文艺创作先锋人物”、“2016全国文艺先进工作者”、“中国当代文艺领军人物”等荣誉称号。

独自创作出版《园丁曲》《子君三梦》《非常校园》《老年福伯的悲哀》四部长篇小说，集结出版《石都璀璨》诗联散文书画集一本。

寄语：我总对自己不满意，即使在取得一些成绩时也常感到不足。不断反思以往，总结过去；不断矫正过失，开拓创新，并努力一步步前进。

李代山 笔名小老子，一线天主，号金真子，网名行吟人。农历1947年5月22日生于四川省安县，成都市市民、解放军总参谋部退休军官、中国诗歌学会会员、解放军红叶诗社社员、中国解放区文学研究会文艺创作委员会会员、中华诗词家协会终身会员、副会长，中华老年文学海内外联席会特约撰稿人、四川省老年诗词研究会会员、成都市毛泽东诗词研究会会员、学术部研究员，平生酷爱诗词书画文学艺术，笔耕不辍。2014年，入编中国报纸副刊研究会主编《中国盛世醒言》《中国老年大智慧》中，2013年入编大型现代汉语工具书《中华名言词典》中，有作品发表在“东方美”全国诗联书画大赛中；“华夏情”、“时代颂歌”、“中国时代文学艺术作品年选”、“中外当代文学艺术代表作全集”、“中国当代文艺名家名作金榜集”；在《中华老年文学》中均有作品发表。在第三届“祖国好”华语文学艺术大赛评选中，作品《上青城山》获一等奖，并授予“华语文学艺术百杰”称号。入编《中国当代作家书画家辞典》，编委会评审授予“中国当代作家书画家精英”称号。本人入编《中国文化传承功勋人物志》一书，入编《中国时代文艺家名典》一书，入编《中外当代文学艺术家大辞典》一书；2015年12月诗歌入编《为人民放歌》图册中，并授予“中华民族文化传承大使”荣誉称号，并获荣誉证书。本人著作《李代山诗词作品》一书，由中国文化传媒出版社出版。

杨正泉 1940年6月生，山东肥城人。1964年毕业于北京广播学院新闻系，分配到中央人民广播电台工作，先后担任编辑、记者，中央人民广播电台宣传小组组长，国际部副主任、主任，中央人民广播电台总编室主任、台长助理、副台长、台长、分党组书记。1993年调任中央对外宣传办公室副主任、国务院新闻办公室副主任，兼任中国外文出版发行事业局局长、党组书记。党的十五大代表，十届全国政协委员，全国政协外事委员会副主任，中国人权发展基金会常务副会长，中国人权研究会副会长，中国出版工作者协会副主席。

李绍航 笔名俊端，1945年3月出生，瑶族，1962年初中毕业，2005年4月在恭城县莲花镇兰洞水电站退休，6月加入恭城政协之友诗联研究会（2015年改为恭城诗词楹联学会），开始学习写诗。2009年9月参加恭城老年大学诗联班学习，2011年当班长。2011年加入桂林诗词楹联学会；2012年加入广西散曲学会《中华诗人年鉴》，2015—2016年作品“常饮盘王金鼓红薯酒感赋”（新韵二首）入选。2016年“东方美”全国诗联书画大赛，作品“贺党建90周年”荣获金奖。

杨凤山 偃月楼（堂）主人，1966年9月出生，辽宁庄河人，中共党员，大学学历，学士学位，诗人、画家、教授研究员级高级工程师。辽宁省高级职称评委会评委，2007年被评为辽宁省“百千万人才工程”百人层次。曾为《辽宁水利》杂志编辑。现为抚顺市人大代表，辽宁省大伙房水库管理局局长。

诗词作品散见于多种报纸杂志。2015年作品曾荣获第五届“中华诗人踏春行”一等奖；“首届全国诗词名家神州行”金奖；“十二届天籁杯中华诗词大赛”金奖；1988年在沈阳举办个人国画作品展。有60多幅作品被政府作为礼品赠与外国友人。2009年于天津杨柳青画社出版《杨凤山硬笔国画作品选》。

寄语:对我来说艺术是心灵的一片净土,属真的、属纯的,更是属灵的。我笃信艺术!

杨乃君 1962年生于大连,祖籍山东。字:谦余,号:山野闲人,上清阁主人。目前是中国国际书法艺术家协会会员、中国书画艺术家协会会员、中国老年书画研究会会员、中国老年学和老年医学学会科学养生专业委员会会员。中国传统文化研究会东北总会东北亚文博国际书画院执行业务院长。

多年来,从事绘画与书法活动。偏好文学、字画艺术方面的探索与创作。艺术作品多次被国家、省、市级报刊发表,并获不同奖项。2011年,创立"闪亮艺术设计画派"。1992年,在参赛由意大利国家奥委会举办的"安科纳市第十二届世界体育运动幽默漫画大赛"中创作漫画组画(共六幅),荣获银牌奖。2013年,"首届全国中老年书画大赛"中,荣获一等奖。2014年,"首届全国书画小品大赛"中荣获优秀奖。2015年10月,在"首届全国书画临创大赛"中,荣获"临创艺术奖"。在第三届"时代颂歌"全国诗书画影大赛原创诗词书法作品获二等奖,被授予"中华文化传承功勋人物"称号,作品被典藏出版。在全国首届毛泽东书法艺术大赛中获银奖,被授予"中国红色书法名家",作品收入大型红色艺术史籍出版。在纪念中国人民抗日战争暨世界反法西斯战争胜利70周年全国书画赛获金奖,同时授予"中国百强书画名家"荣誉称号,作品入编《血铸丰碑·全国书画名家作品典藏》。在"和平颂·中华情"全国美术书法邀请展、纪念中国工农红军长征胜利80周年《首届全国书画精英展》入展。

寄语:人之交往,以诚相待。诚信赢天下,日久见人心。童叟无欺,一视同仁。以爱相处,大爱无疆。艺术当在传统之上,开创新风格;承前启后,自成一派。

杨涛 1942年出生于陕西省渭南市华州区。大专学历,经济师,书法家。中国书画函授大学九五级学员、中国老年书画研究会会员、中国书画家协会会员、中国当代书画家协会会员(香港)、《中国书画通鉴》辞书名誉主编。

荣获世界和平联合总会"公益与文化和谐大使"称号,作品入编书法报社《当代书画家名录》;第六届海峡两岸书画艺术交流展(台北)获金奖;纪念邓小平同志诞辰110周年全国书画展获金奖;第八届中国重阳书画展获优秀奖;第三届"墨缘宝杯"全国书画大赛获银奖;第十五届"庐山杯"全国书画大赛获铜奖;江山颂全国书画大赛获一等奖;第十届中国·宋庄艺术节入展;中国数字艺术馆2016年中国艺术金马奖金奖,部分作品在中国老年书画报和中国数字艺术馆等传媒刊载。

寄语：中国书法乃华夏之星，民族之光，今人不仅要世代传承，继续升华，还要让这颗灿烂之星闪耀在世界文化王国之中。

杨少章 1939年出生，陕西渭南人，中共党员。陕西师大肄业、教师、小教高级，曾任中小学教导主任、校长、成教专干等职。2000年退休，现任渭南市高新区关工委讲学团报告员、网吧监督员。曾多次被市区评为模范教师、先进教育工作者、关教先进工作者和优秀政协学习组长。

诗词作品从2011年开始曾多次获奖，生平简历和人生格言被刊登在"中国诗文书画家人物大典"中，并被授予全国诗文书画先进工作者荣誉称号。2015年所写《西江月·学习习近平总书记论"群众观"有感》词二首荣获第六届"羲之杯"全国诗书画家邀请赛一等奖。所写《鹧鸪天》词三首被评为一等奖，并入编《中外当代文学艺术代表作全集》，所写《卜算子·怀念毛主席》被评为二等奖，并入编为《中外当代文学艺术家代表作全集》。所写《卜算子·赞纪检干部》荣获2015年"东方美"全国诗联书画大赛金奖。同年9月所写《钗头凤·反腐倡廉》在第七届"祖国好"华语文学艺术大赛中荣获金奖，十月所写《卜算子·学习习近平总书记对县委书记的讲话》荣获第四届"时代颂歌"全国诗书画影作品大赛一等奖，并被授予"全国诗书画影时代百杰"荣誉称号。2016年所写《赣州游》在第八届"祖国好"华语文学艺术大赛中荣获金奖，所写《学习"中国共产党章程"有感》，在2016年"江山颂"全国诗书画印大赛中荣获一等奖。2009年被授予盛世中华·新中国六十年文化先锋人物。先后入编《中国当代作家书画家大辞典》《中国当代文化名家档案》《中外当代文学艺术家大辞典》《中国文化传承人物志》《新中国六十六周年文艺名家名典》等。被中国诗书画家网艺术家委员会聘为副主席。系华夏博学国际文化交流中心会员、中国散文学会写作中心创作员、中国散文文学学会会员、中华诗词学会会员、中国诗歌学会会员。

寄语：人生心态尚要好，延年益寿活到老。莫要未老心先衰，无有雄心志消亡。耄耋之年不觉老，看书看报习为常。老翁七十童心在，扛锄下田除野草。

杨正中 字中正，笔名东华隐者，1990年1月出生，籍贯青海省西宁市，本科学历，目前为中国银行业监督管理委员会果洛监管分局科员。青海诗词学会会员，中国诗歌网蓝V诗人，亮剑文学网主编、静心斋文学艺术综合网版主，曾任"全国首届'高原杯'最美短诗创作大赛"组委会委员、评委，曾任成都南边文化传播有限公司签约作家，曾荣获第

二届中外诗歌散文邀请赛一等奖、诗词世界杯第二届中华诗词大赛一等奖、2016年“东方美”全国诗联书画大赛银奖等，曾受邀到“2016首届华语诗歌春晚青海会场”，荣获“2016年全国文艺先进工作者”荣誉称号。作品散见于《散文诗》《金融文坛》《三江源报》《青海诗词》等刊物和中国诗歌网等网络平台，同时，有作品收录于《中国当代文艺名家名作金榜集》（2016年卷）、《中国时代文艺名家代表作典籍》（2016年卷）、《诗词世界杯第二届中华诗词大赛精品典藏》等作品集。

寄语：用笔墨塑就灵魂，用文字构建桥梁，用艺术升华自我，把美分享给世界。

杨青　笔名远功，1928年4月生，上海人，中共党员，建筑工程学院毕业。中共上海市纪律检查委员会原常委，离休干部，职称是高级政工师。

建筑工程学院毕业已具备书画的专业水平，参加新四军后担任军政工作繁忙，抽空从事书画。在抗日根据地和游击区画过墙壁上大幅宣传画大字标语，上大课用的兵器挂图，渡江战役前画石印军用地图印发给部队，以后（除写过职务内文书、教材外）写过军事科普书和文稿、民兵教材，并画插图。离休后，为上海市每年举办（至2000年中止）的老战士书画展提供油画，展后捐赠给上海市慈善基金会义卖；参与全国诗、文、书、画大展赛，均获金奖多次，书画作品参展于国家博物馆、中国革命军事博物馆、中国美术馆、西柏坡纪念馆。

个人荣誉：一等功一次、二等功两次、三等功两次、侦察模范荣誉称号，2009年和2014年两届上海市离退休干部先进个人。

加入的文艺团体：中国书法院艺术顾问、国家一级书法师。

主要著作：《杨青文稿选》第一、二集（约50万字）内容为：军事知识、纪律检查知识、革命回忆录以及86幅书画作品和旧体诗10首。上海图书馆有收藏供读者阅览。2015—2016年的获奖情况：由中国萧军研究会等主办：①2016年“东方美”全国诗联书画大赛，特等奖（书法）；②第二届“和平颂·中华情”全国美术书法名家邀请展，金奖（书法）；中华文化传承与发展促进会等主办庆祝建党95周年出版诗词集《光辉的旗帜》，金奖（旧体诗10首）等。

寄语：百里行程半九十，追星赶月不延迟。黄昏夕照宜迈步，蜡炬春蚕励志时。

杨恩师　生于1941年，云南省牟定人。中共党员。

1958年高小毕业，1958年至1962年6月在云南元江镍矿，易门铜矿当工人。1959年3月1日加入共青团，7月3日加入工会组织任会员小组长。1964年元月入伍，服兵役5年。2001年12月退休，2003年9月加入牟定县老年协会，2007年12月加入楚雄州老年人书协会。

杨家程 福建省永安市贡川镇人，1920年生，福建省师范大学数学系函授毕业，厦门大学数理化教师轮训班结业。1945年高中毕业，9月永安县立初中当教师。1950年永安解放后，永安中学和县立初中合并为永安省立中学（后改永安一中）后，继续留任该校任教，期间，到厦门大学数理化轮训班学习半年。回校后，任数学教研组组长，教高一数学课程，工作中被评为先进工作者。1972年2月被调到永安五中任教，1976年因病退休，退休后，在永安四中任教1年，在一中任教5年，在老年大学工作3年。诗词《庆祝六十周年》荣获2009年“华夏情”全国诗文书画大赛三等奖。2009年12月《游沙县淘金山》荣获“中华世博杯”全国老年书画摄影诗文海选大赛一等奖。2010年《春节有感》荣获“东方美”全国诗联书画大赛一等奖。《游福清市“石竹禅寺”》荣获2010年“羲之杯”全国诗书画大赛一等奖。《母校寻踪》荣获2010年“华夏情”全国诗文书画大赛二等奖。《祭祖感怀》荣获2011年“东方美”全国诗联书画大赛一等奖。《游北京天安门》荣获2013年“东方美”全国诗联书画大赛金奖。《游将乐玉华湖》荣获2013年第五届“祖国好”华语文学艺术大赛金奖。《晨练巴溪钩》荣获2014年“相约北京”全国中老年文学艺术大赛二等奖。《纪念邓小平同志诞辰110周年颂》于2014年7月荣获第二届“伟人颂·中国梦”全国诗文书画大赛二等奖。《游龟山公园人工湖》于2015年7月第二届中外诗歌散文邀请赛中荣获三等奖。《纪念抗战胜利七十周年》于2015年11月第四届“时代颂歌”全国诗书画影作品大赛荣获一等奖。先后被授予“中华世博杯”老年文化大使，盛世中华·2010年全国时代文艺家，影响中华·全国诗文书画先进工作者，荣耀中国·全国文艺创作年度人物荣誉称号。

杨天任 生于1944年12月，湖南省新晃县人，侗族，中文大专学历，中学退休教师。自2010年起，先后有诗词作品于《名鉴》《名典》《大观》《典藏》《辞典》《全书》《经典》《辞海》《年鉴》《红诗》《诗海》《千家选》《大秦岭》《江山颂》《祖国好》《诗壮国魂》《悲壮与坚强》《伟人颂典》《精品台历》《中华民族魂》《世界名人榜》《中国作家选集》《旅游诗词联精选》《千古伟人毛泽东》《甲午中华爱国诗词榜》《全国诗词名家2015年选》《中华诗词优秀作品选》（怀化卷、桂林卷、昆明卷、成都卷）《环球吟坛》等及有关省市诗词刊物发表，著有《净泉集》。现为龙溪诗社社员。

“红色颂典”获“金奖”；“国学全书”获“金奖”；“中国梦之歌”获“优秀奖”；《当代吟坛百家杰作选》获“特等奖”；《中华旅游诗词千家选》获“金奖”；《世界著作家辞海》获“金奖”；《世界华人作家全集》获“金奖”；《中华百杰诗人精品集》（第三卷）获“特等奖”；《中华颂》获“金奖”；《中国作家·诗人百强排行榜》获“金奖”；《中华诗词著作家辞典》（2014）

获“特等奖”;《千古伟人毛泽东》获“特等奖”;《当代国学艺术名家经典》获“金奖”;《第五届中华诗人踏春行》获“一等奖”;《诗咏少林诗书画大赛》获“一等奖”;《世界诗词全书》获“金奖”;《夕阳红兰亭文艺杯》获“金奖”;《国粹杯全国诗词大赛》获“一等奖”;《第六届中华诗人踏春行》(昆明)获“一等奖”;《伟人颂典》获“金奖”;《江山颂》获“一等奖”;《祖国好》获“金奖”;第二届全国诗词名家神州行(成都)获“金奖”。

杨民生 又名鸣声,生于1931年10月,建国初期毕业于南方大学,中共党员,机关干部、政工师。中华诗词学会会员、韶关诗社社员,原乐昌诗刊副社长。1958年5月反右复查,被划为右派,送青海劳教。历时十余年,1978年幸得中共十一届三中全会政策,拨乱反正,得以平反,恢复原薪原职。又因家庭关系,组织照顾、分配原籍梅花供销合作社工作。

生平喜爱诗词文学著作,退休后,心有余力,发挥余热,创作古典诗词、因为是业余和休闲时写作,称为布衣诗人,著有诗词作品《鸣声心典》七卷、二千余首。著有地方史志《梅花风情录》一卷,部分作品入选《当代中华诗词集》《中华爱国诗词大观》《新千家诗》《中华当律诗选粹》等十余种大型诗刊,曾获得2001年韶关诗社“九龄杯”赛三等奖;2004年中华诗词学会在湘举行的“达浒花炮杯”纪念谭嗣同诞辰100周年全国诗赛优秀奖,被北京风雅颂古典文化研究所《中华诗词精品博览》编委会评为“当代最佳诗词艺术家”称号。本人知道这桂冠,只是诗坛领导给予我的鼓励和鞭策而已,使我今后只要是有生之年,有点余力,都要坚持写下去,直到生命的终结为止。词曰:一生不遇,两袖清风,以诗为伍,其乐无穷!

寄语:重家国之兴衰,轻个人之进退。铮铮铁骨,牛鬼心惊;凛凛罡风,蛇神胆怯。有敬天之愿,怀立地之情。

以忠事国,以孝事亲,两者未能得兼时,吾人应舍孝而取忠,须知没有国,便没有家,其理则明矣!

杨航 1963年5月,出生于福建省仙游县书香门第,自幼受父辈、兄姐感染,酷爱书画艺术临池不辍,大专学历。现为中国硬笔书法协会会员、一级美术师、中国书画院研究院院士、福建省书法家协会会员等。

2014年12月《民族魂·中国梦》首届“德艺双馨杯”全国书画作品展荣获一等奖;2015年1月,获首届中国国际书法大赛银奖;2015年8月,获第三届“伟人颂·中国梦”全国诗文书画大赛书法二等奖;2015年8月,获第五届“炎黄杯”国际诗书画印艺术大赛金奖;2015年10月,获第十一届“金鼎杯”全国书法美术大展赛金奖;2015年12月,中国文联民艺中心“中国传统书画名家作品展”入展;2015 年 12 月,第二届中国国际书法大赛中获优秀奖;2015 年 10 月,书法作品入选《书画市场报》第十九届中国当代实力派展拍;2016 年,入围“森茂杯”2016 全国优秀书法作品展;2016 年 5 月,“东方美”全国诗联书画大赛获银奖(中国萧军研究会、北京写作学会);2016 年 8 月,书法作品在“江山颂”全国诗书画印大赛中获一等奖,并被全国爱国主义教育基地“平北抗日战争纪念馆”永久收藏;2016 年 10 月,第一届“云举杯”全国书法家邀请赛获三等奖;2016 年 10 月获中国墨耕书画院全国书画大赛书法三等奖;2016 年 11 月,获中国出版集团、人民美术出版社举办的首届“书法中国”入围及“中秋书法周”奖;2016 年 12 月,第二届“和平颂·中华情”全国美术书法名家邀请展中获金奖,2017 年 1 月入展湖北省文联及南京随园书社主办的第五届“性灵派”全国书法展。

寄语:书法艺术作为中国古老的传统艺术,源远流长。是一门长期积淀的文化艺术,是书与法的完美结合,诸如文化底蕴与书写法度的不断提炼与升华。

杨魁元 1948 年生,吉林省九台县人,中文本科学历。自上个世纪八十年代起,一直任高中语文教师直至 2008 年退休。职称为高级教师,职务为语文教研组长,兼职教研员。曾兼职社会职务主要有哈尔滨市高考特聘评卷员、哈市广播电视大学兼职教师、黑龙江省暨哈尔滨市灯谜学会理事等。教学工作之余,撰写散文、随笔、学术论文、诗歌(以旧体诗词为主)等近百万字。

2015 年 8 月词作品《望海潮·京剧戏迷票友大赛》获第五届“炎黄杯”国际诗书画印大赛金奖;2016 年 4 月曾受聘中国诗书画家网艺委会副会长;2016 年 5 月词作品《临江仙·嫦娥三号月球探测器成功发射》获 2016 年“东方美”全国诗联书画大赛金奖;2016 年 7 月诗作品《咏中山陵》获第四届“伟人颂·中国梦”全国诗文书画大赛一等奖;2016 年 7 月诗作品《公仆赞》获 2016 年“江山颂”全国诗书画印大赛一等奖;2016 年 8 月词作品《浪淘沙·“神九”对接“天宫”》获第八届“祖国好”华语文学艺术大赛金奖,并被授予“中国华语文学艺术百杰”荣誉称号;2016 年 10 月词作品《一剪梅·听〈二泉映月〉》获《中国文艺名家传世作品集》特等奖。

杜灼山 艺名湘细龙,土家族,1953 年 11 月生,原籍湖南慈利,中共党员,毕业于中国书法函授学院(本科),现为九级书法师,二级美术师,中原书法研究会会员,天津市硬笔书法研究会会员,上海市硬笔书法联谊会会员,世界华人艺术家联合会会员,中国函授书法学院客座教授,东方艺苑特聘书画师,中铁十八局集团五公司书画室主任。

2008 年以来,作品先后入编《纪念毛

泽东诞辰115周年全国书画大赛优秀作品集》《盛世中华·中国书画名家大辞典》等二十多部作品集，被授予“中国红色艺术家”等多种荣誉称号。先后荣获天津市“第二届建筑业才艺大展”硬笔书法一等奖，上海市海内外中国书画精品展“金奖”“银奖”等。漫画、插图及论文作品在国家《施工企业管理》杂志多期发表。纪实性报道在铁道工程报、天津工人报等多次刊用并获相应奖励。共荣获书法、美术及论文类各种奖项三十多次。

2015年获上海“海内外中国书画精品展”书法金奖和中铁建文化体育工作论文一等奖。

2016年入选《中国书画家精品集》分别获书法、国画金奖；上海“海内外中国书画精品展”国画银奖；“东方美”全国诗联书画作品展书法银奖。

寄语：艺术之门至尊无上，赋有无穷尽的师资力量，最优的老师是前人，最佳的教材是大自然，最好的评委是民众，最严的考官是自己，容不得半点虚伪和自满。艺术作品永远只有进步，没有满分，只有更好，没有最好。

汪礼元 1933年10月12日出生，江苏省南通市海安县人，函授中师毕业。曾担任县实验小学教师、乡镇中心小学教导主任、少先队大队辅导员、乡教研员等职。中级职称。曾经受聘担任县教育局政务信息员兼报刊通讯员。退休后曾被小区业主选举担任业主委员会主任，并申请政府拨款改变了小区落后状况。本人主编《江苏汪氏世德堂海安支系宗谱》的“谱牒”部分内容以及在海安汪氏第94代姨表亲联谊会上的讲话《海安今昔及汪氏家谱简介》，于2010年被选入编《中华姓氏名人博览荟萃(第二卷)》，同时受聘为荣誉编委。2013年出版了《汪礼元书画选集》。即将出版本人的律诗、填词、歌曲、楹联综合汇编作品《抒怀集》。2015年律诗《延安颂》参加第七届“祖国好”华语文学艺术大赛荣获金奖。填词《沁园春·中国梦》等十首诗词参加第七届华典奖中华诗词大赛获金奖，并荣获“当代中华优秀诗人”荣誉称号。

寄语：愿历史悠久博大精深之中华文化，在世界文明的大舞台上绽放出五色斑斓之夺目光彩。

汪茂堂 1946年10月出生，湖北省天门市岳口镇人，湖北福临化工股份有限公司退休职工。1974年9月加入中国共产党，函大毕业，政工师职称。历任中华全国总工会工会法律监督员、劳动争议调解员，湖北省诗词学会会员、湖北省天门市诗词楹联学会会员、天门市新闻学会会员、天门市音乐家协会会员。天门《老年之友报》编辑、《岳口镇志》副主编。天门化工总厂和湖北福临化工股份有限公司厂刊主编，《天门日报》、天门电视台、天门广播电台、特约记者，《湖北化工信息》《天门政研》特约通讯员，以及《岳口诗苑》刊物编辑。几十年来，历任天门磷肥厂、天门化工总厂、湖北福临化工股份有限公司科长、主任、团干、工会主任和机关党支部书记。现任岳口镇夕阳红老年活动中心管委会副主任、岳口诗联副秘书长。曾荣获湖北省总工会、天门县总工会、天门市委宣传部、天门市委工交政治部、天门县燃化局等各种荣誉和奖励。近两年获天门诗词楹联学会和天门老年大学暨《天门老年报》的奖励和表彰。多年来，曾写作新闻、论文及诗词等文学作品100多篇，分别在省市报纸杂志上发表。近几年合编了《岳口诗词》和《岳口镇志》两书以及《岳口诗苑》刊物。发表《天门市市民文明公约》和《天门四城同创》全国标语征集获一等奖。《天门周刊》十年刊庆征文和《天门市文明献血》征文获三等奖。文章《湖北福临公司改革二十年年年盈利、长盛不衰探秘》被载入《中国当代改革者丛书》，《抓产品质量，树企业形象》文章获中国新闻工作者协会、中国经营时报、全国经营之光杯组委会一等奖。诗词《颂两会》获"东方美"全国诗联书画大赛金奖；诗歌《我爱岳口》获"时代颂歌"全国诗文书画大赛一等奖；诗歌《感受地震》获"中国梦之路"全国主题征文大赛一等奖和第六届"祖国好"华语文学大赛金奖；诗歌《夕阳红》、赞《岳口公园》《广场》获全国"东方美"诗联书画大赛金奖。诗歌《庆祝抗战胜利七十周年》获第四届"时代颂歌"全国诗书画影作品大赛一等奖。并授予"全国诗书画影时代百杰、《中国新时期文艺人物》荣誉称号。此外还授予"中国当代文化名家""中国文化传承人物"等荣誉称号，并颁发证书和荣誉勋章。

寄语：我们的文学艺术是为无产阶级政治服务的，是为广大人民群众服务的，要为党的事业弘扬正能量，做到老有所学、老有所乐、老有所获、老有所为。

汪懋勋 笔名一江，1923年9月生，中师文化，中共党员。历任中学教导主任、工会主席、理论辅导员，1981年在四川仁寿县太平中学退休，之后在成都教育学院代职，曾主编仁寿县文宫中学等二校校志。曾任仁寿县文宫区退休协会、老年协会、关心下一代协会理事、通讯员及仁寿县板燕乡上述协会副会长、老年学校副校长、教务主任等职。上世纪以来，热衷诗词和文学写作，先后参加巴蜀诗词创研会、嫘祖文化促进会、东坡诗社、邛崃诗社及仁寿诗词学会等。现任嫘祖文化促进会仁寿分会顾问、东坡诗社仁寿分会副会长、仁寿诗词学会理事、副主编等职。已有1000余首诗词在上述诗社会刊和首都的"东方美"、"江山颂"等多家诗词大赛和出版单位以及河南《开封府楹联诗词选》，湖南《岁岁诗心》，四川《朱德颂》《四川红色旅游诗词选》《巴蜀诗钞》《汶川抗震救灾诗词选》等专辑发表。

从2008年起，先后出版《迎奥山花》《蒿之韵》诗词集和《箴言集》《蒿之粹》短篇小说集。尚有《五味人生》《耄岭狂吟》《一江诗话》《一江艺韵集》《聋翁谜联集》等五稿待出版。

近年投稿参赛诗词，大多获评金奖、银奖、一等奖、特等奖、金爵奖、金帅奖等以及“当代杰出艺术家”、“世界华人至尊艺术家”、“吟坛泰斗”、“当代诗圣”、“十大军民艺术家”等荣誉称号。

2015年，第九届“新视点”抗战精神赞全国诗词大赛进入特等奖提名名单；“八一颂”诗词获一等奖；“天籁杯”第十二届诗词大赛获中华诗词精英奖；“华鼎奖”全国诗词大赛获金奖；“冬奥会申办成功题贺”获一等奖等。

2016年，第四届中国作家薪火相传获艺术奖；“东方美”全国诗联书画大赛获金奖及《中国文艺名家传世作品集》特等奖等。

寄语：余生于书香门第，长于贫困环境。孩提幸福，青壮艰辛。领略五味人生，饱尝人间辛辣。自幼受良好教育，及长存纯正心灵。有俭朴美德，无奢靡劣行。为人忠直和善，处世磊落光明。敦孝悌，重信义，有恩图报，有义铭心。

陆长辉 笔名无望斋主。1945年出生于上海青浦，华东师范大学中文系毕业。工作之余，喜欢写作，书法。多次参加全国举办的文学创作活动并获奖，曾荣获“优秀作家”、“功勋作家”等荣誉称号。2005年从学校退休后，大多时间从事成人书法业余教学。2008年4月曾在上海曲水园成功举办个人书法展览，展出正行草篆隶书法作品80余幅。首发《陆长辉书法作品选》。2014年6月，在青浦区美兰美术专修学校挂牌成立“陆长辉书法研究工作室”，在成人业余书法教学、书法实用理论和历代玉器书法（玉简书法和古玉书法）方面进行探索、实践及大量资料的收集和整理。8年以后的2016年11月又在上海举办“陆长辉篆书作品展”，展出篆书作品40余幅。以甲骨文、钟鼎文、六国古文、籀文等大篆及秦篆、汉篆等小篆为历史演变过程予以展示，在单一书体及古老书法展览方面作了成功的探索。由权威出版社编辑出版《铁钩银划见功夫——陆长辉和他的篆书作品》。现为国家一级书法师，中国传统文化诗书画协会理事，中国北京六艺嘉韵书画研究院院士。中国通俗文艺研究会会员；上海通俗文艺研究会理事、副秘书长；上海炎黄文化研究会会员；青浦区书法家协会、作家协会理事等。简历入编《上海市现代书画家名录》《中国文学艺术家名典》《中国当代作家大辞典》。书法作品曾多次入选《中国绘画年鉴》。近年来多次参加国内外大型书法比赛和展览，赴香港、台湾和东南亚各国参加书法交流活动，不少书法作品流传海内外。

寄语：乐于墨海中游弋，喜在书山上远眺。

沈长庚 1950年11月生，入编作品《倡正之路》长篇小说。

作者曾在《人民日报》《法制日报》《中国教育报》《人民代表报》等报纸杂志上发表关于教育教学研究，民主法制建设和文艺作品，部分获奖，先后入选《中国专家人名辞典》《世纪丰碑》《中国知名专家成就荟萃》《世界名人录》。

书法作品曾在诸多全国大赛中获奖，获“书法名家”称号。

诗词也在多次全国征稿大赛中获金奖、银奖、特等奖。

寄语：读书是我毕生的爱好！写作是我人生的乐趣！

沈永照 笔名健生。号紫汀翁，1935年6月出生于江苏无锡，中共党员，大专学历，小学高级教师，1993年退休。系中国硬笔书法协会会员，中国艺术名家协会会员、中国书画创作院院士、中国老年书画研究会会员，中国诗书画家网艺术家委员会副主席、华夏博学国际文化交流中心会员。

在全国书法大赛中多次获奖，2014—2016年仅特等奖、金奖、一等奖荣获30多个。被授予“当代华语文学艺术百杰”、“中华文化传承贡献人物”、“中外当代文学艺术家百杰”、“中国红色书法艺术名家”、“全国诗书画影时代百杰”、“老年书画家百杰”、“中国文艺创作先锋人物”、“共和国红色传承功勋人物”、“中国当代文艺领军人物”、“2016年全国文艺先进工作者”等数十个荣誉称号，并为重点推介的100位“中国诗书画名家”、“中国当代文化名家”之一。被聘为长沙晚晴书画院醴陵窑手绘工艺大师。

获奖作品入编《中外当代文学艺术家代表作全集》《当代写作》《血铸丰碑·全国书画名家作品典藏》《中国书法名家毛泽东诗词作品选集》《全国诗书画家精品集》《“孝行天下·美丽中国”庆祝新中国成立65周年“贵友杯”全国名家大型书画展作品集》《中国文艺名家传世作品集》《中国时代文艺名家代表作典籍》及所参加的全国大赛获奖作品精品集。入选“第八、九届中国重阳书画展”、“中国毛泽东诗词书法作品展”、“血铸丰碑全国书画名家作品大展”、第一、二届“和平颂·中华情全国美术书法名家邀请展”。在第三届全国硬笔书法家“十杰百强”作品评审中入选，荣获创作奖。多幅作品入编2016年、2017年挂历；多幅作品入围“中国书法红瓷”、“中国紫砂书法”国礼珍品。为江苏省无锡广播电视集团（台）无锡广新影视动画技术有限公司首部柯尔克孜族舞剧纪录片书写片名。

2014年4月出席于北京国家党政军会议中心——京西宾馆举行的相约北京全国中老年文学艺术大赛颁奖典礼，同时在北京大学举行的获奖人员创作论坛上作《老人练习书法好处多》的专题发言。

2015年4月出席于北京钓鱼台国宾馆举行的“中外当代文学艺术家高峰论坛”。

2016年10月参加于浙江省湖州举行的“第九届中国重阳书画展”。

艺术简历入编《中国文化传承功勋人物志》《中外当代文学艺术家大辞典》《当代书画家名录》《中国新时期文艺人才库》《新中国66周年文艺名家名典》《共和国红色传承功勋人物——2016年度十大人物》《收藏中国》《中国当代文艺领军人物大辞典》。

寄语：紧跟时代，胸怀祖国和人民。

沈家林 生于1927年12月1日，云南省江川区江城镇温泉村旱街二组。1948年10月，全州解放，参加中国人民解放军三十八军，任过警卫班副班长，卫生处收发等职。1950年1月加入中国共产党。7月转为正式党员，初中文化。1952年4月复员回家。8月调出工作，在江川银行任过副行长、行长、支书、财金局副主任等职。1983年11月由国税局离休回家。回家后，在温泉村委会任老协会副主任，抓文艺工作。给文艺组写过二十多份花灯、诗歌、好人好事等材料。其中：怀念建党九十周年诗歌赞，2011年被“感恩人生”当代纪实诗歌大赛评为三等奖。诗歌赞澳门回归祖国，2012年被“中华颂”全国文学艺术大赛评为二等奖。

陈虹 吉林省四平市人。大学文化。中共党员。高级工程师。历任中共福建省委统战部副部长、林业部经营司司长、政协福建省委常委等职。1991年6月1日任民政部副部长，8月兼任中国国际减灾十年委员会秘书长。1992年10月兼任中国抗灾救灾协会理事长。1993年8月至1999年12月任国家民族事务委员会副主任，党组副书记，常务副主任。后任中国藏学研究中心党组书记（正部级）。第六届、第九全国政协委员、第十届全国政协常委。

陈晋 1958年10月生，籍贯四川省简阳市，研究员。1978年至1982年在武汉大学中文系学习。毕业后分配到文化部中国艺术研究院工作。1983年至1986年在中国社会科学院研究生院文学系学习，获文学硕士学位。1982年后供职于文化部中国艺术研究院，1986年分配到原中共中央书记处研究室。1987年调中央文献研究室工作，历任中共中央文献研究室第一编研部副主任、主任，《党的文献》《文献与研究》杂志主编，中共中央文献研究室室务委员。现任中央文献研究室副主任。

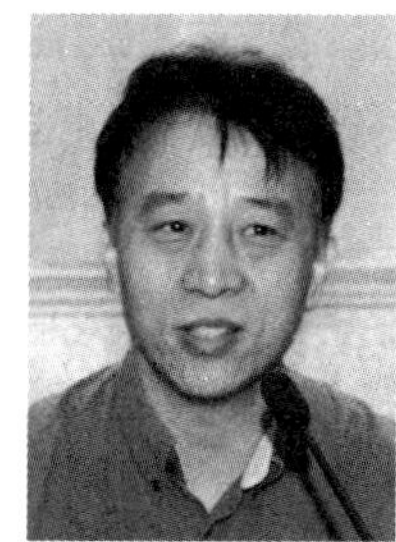

陈洪捷 北京大学教育学院教授，博士生导师，教育与人类发展系主任。1983年毕业于北京大学西语系德国语言文学专业。1998年在北京大学获教育学博士学位。多次赴德国大学和研究机构进行研究。兼任北京大学德国研究中心主任，《北京大学教育评论》主编，

《北京大学德国研究》主编，中国蔡元培研究会秘书长，中国德国研究会理事，澳大利亚《高等教育》顾问、编委。

陈为群 原名绍双，壮族，1938 年 9 月 3 日生于广西恭城县。中共党员，1955 年 1 月参加解放军，先在广东海丰 3140 部队三支队团直炮兵连，任战士。改编后任连、营文书，1959 年转业到广州市公安局工作，先后参加过农村和工厂“四清”运动（即社会主义教育运动），“文革”期间进过“五七”干校，后调入广州市建筑材料工业局，曾任党委秘书，1974 年回归市公安局直至退休。

参加过《广州日报》《羊城晚报》通讯员培训班和《人民文学》函授班学习。先后多次向有关报刊投稿，参加有关征文活动。有作品在《广州日报》和《人民文学》刊出。已入编《中国时代文艺家名典》《中国当代作家书画家大辞典》《中国文化传承功勋人物志》和《中国新时期文艺人才库》等典籍。已出版的作品有诗歌：《颂伟人》《咏鸟》《纸与文化》《忆彭湃英名》《伟人颂》《游香港纪事》《广州》《保健提要》《看》《赞·飞翔》《梦话》《颂七一》《“八一”劲》《赏花》《观鱼》《轻松游澳门》《全国“两会”舞东风》《迎春曲》《脑手开辟未来》《新乐章》等。散文：《粮食》《我认识的党委书记》《我们都是来自五湖四海》《难忘的老首长》。世纪百家给制作《文化联谊卡》。《硬笔书法》，还有《老照片的故事》三篇。

2015 年—2016 年获奖作品：《曲折的爱情》（上）获评金奖（中、下尚未寄出），《难忘的老首长》再入编“精品集”并获特等奖。

寄语：为人民爱人民人人如亲人，攀高峰求大同个个学雷锋。

陈德金 1947 年 12 月出生，祖籍皖肥东。南京市浦口区汤泉街道人，中共党员，小学高级教师。

“当代中华文化名家”、“中国文艺创作先锋人物”、“中国文化艺术杰出人物”、“全国诗书画影时代百杰”、“国家一级书法师”。

《中国翰林书画艺术院》研究员，院士，副院长；《北京华夏兰亭书画院》院士；《中华书画学会》副主席；《中国硬笔书法协会》会员；《中国当代书画名家协会》会员；《世界华人书画家交流协会》名誉会长；《国际书画名家交流展委员会》名誉主席；《香港·中国书画家协会》理事；《台湾海峡两岸文化交流协会》理事；《南京市书法家协会》会员；《南京长江书画研究院》理事；《南京长江书法家协会》理事。

获奖情况：1969 年 3 月至 1973 年 3 月：沈阳军区独立一师，师直属部队“队前嘉奖”三次；从事教育教学工作，获市、区、县人事局三次“工作优秀”证书；2012 年、2013 年、2014 年三年书法作品三次在中央电视台数字书画频道展播;《和平颂·中华情全国书画展》一等奖;《第四届“时代颂歌”全国诗书画影作品大赛》一等奖;《东方美·全国诗联书画大赛》金奖;《中国当代文学艺术精品大系》特等奖;《“筑梦中国”——庆祝中国共产党成立95周年全国书法大展》金奖;《首届“王羲之奖”(中国书协、中国美协、中国翰林院主办)》优秀奖;《“歙砚杯”·中国梦全国书法大赛》优秀奖;2016年秋书法作品,受特邀,参加临沂、青岛两地国展中心文博会展览;《“庐山杯”——第十六届全国书画展》银奖。

寄语:生命来自父母,不辱使命。用不懈的努力,将点面形成文字,将文字组成词汇,将词汇编织文章,将文章蕴含精神,将精神融入人类,将人类推进文明,将文明宏扬光大!淡看身躯随时远,笑贺名节芳人间!

陈之芬 1931年2月15日,生于甘肃省兰州市西固区陈坪乡深沟堡68号,中共党员,大学文化,原任兰州二十一中校长、书记职务。现任中国文化艺术人才协会副主席,国家一级艺术家。中国书画研究院研究员,高级书法师,省、市、区书画协会会员。其书法作品在全国及省市区大赛中均获金奖,2008年3月纪念周恩来诞辰110周年书画赛获金奖,同年又获兰亭书画赛金奖,2009年3月全国老干部书画赛获金奖,2010年1月获华夏香魂千古梅颂书画赛金奖。特授予“中国当代金奖艺术家”称号,2010年获纪念抗美援朝60周年书画赛金奖。同年9月获庆祝中国共产党诞辰九十周年书法金奖。2012年获军魂书法金奖;2013年获第四届“羲之杯”一等奖,2014年7月获第二届“伟人颂·中国梦”书法赛一等奖。2015年4月获“东方美”全国诗联书画大赛金奖。同年5月毛泽东诗词金奖,2016年1月“孝行天下翰墨颂中华”长沙邀请展中获金奖,并特授予“中华孝道文化传承书画名家荣誉称号。2016年4月获“东方美”金奖。同月又获《永远的旗帜》金奖,5月获筑梦中国书法金奖。

寄语:自幼爱书法,耄耋仍奋发。人老心不老,古树著新花。退休无闲杂,专心学书法。字求结体美,书体字一家。厚古是传统,碑帖临名家。临创要结合,作品重章法。穿上古人鞋,走出新步伐。书法逢盛世,展览也参加。

陈必高 号农夫,1948年9月出生于江苏省射阳县海河镇陡港村十组。中共党员,大专学历,现住射阳县海河镇农经楼。曾任陡港村党支部书记、海河镇农村经营管理站副站长等职。在任陡港村支部书记期间曾受射阳县委表彰的先进党支部和先进个人。2008年10月退休(全民事业编制)。业余爱好书法、诗词、楹联创作。先后加入中国楹联学会、中国当代书画名家协会、北京长城书画院、盐城市书法家协会、射阳县书画家协会，均为会员。作品多数赠送领导和亲友。2015 年参加盐城抗日胜利 70 周年楹联书法展获“三等奖”。2016 年参赛书法作品均为自填词。获“特等奖”一个、“一等奖”一个、“金奖”三个、“银奖”一个。被有关单位授予“德艺双馨·红色艺术家”。“中国时代文艺名家”、“红色功勋艺术家”、“中国廉政文化时代尖兵”、“全国美术书法名家”、“华语文学艺术名家”、“中国红色艺术家”等荣誉称号。作品《沁园春》纪念母校入选中国书法报社、老年书画研究会举办的“中国重阳书画展”。

寄语：人生百年，微不足道。
岁月流淌，阴晴圆缺。
不以物喜，不以己悲。
努力攀登，毫不气馁。
和平心态，把握幸福。
忠党爱国，继续前行。

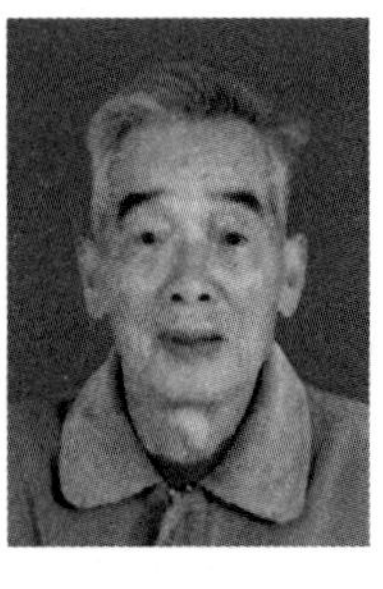

陈正 原名陈进晃，1927 年 7 月生于广东信宜怀乡杨梅寨。抗日战争后期，单线领导人被杀，父亲被日寇所杀。军校毕业、昆明师院毕业。广东省阳山县黎埠中学退休教师。奉区委梁景燊书记之命，带领一帮同学参军支前。两广战役结束进军云南，参加“援越抗法”（比抗美援朝早）。在部队任政治宣传员、文化教员、秘书。在部队主要在红军团（109 团）、第十速成中学工作。1951 年在红军团一连以建制连参加云南军区代表团去重庆参加西南军区召开的“五一”运动大会，政治时事测验为云南军区代表团夺得第一名，西南军区《人民战士》报聘请为特约通信员，四兵团《国防战士》报、十三军《建军》报聘为通信员。四兵团培养通信员，新华社四分社社长穆欣亲自授课，获益很大。

寄语：周总理面喻：“脱下军装仍要革命到底”。向总政肖华主任承诺“永远做党的宣传员”。这是我的底线。

陈永法 笔名宸石、丹诚，1961 年出生，江苏省灌南县人，浙江大学行政管理本科毕业。现为杭州市机关党务工作者，工程师。发表航空维修、装备管理、部队建设、基层党建等理论研究文章共 40 多篇，获奖党建理论研究文章 20 余篇，利用业余时间创作格律诗、词共 300 余首，发表若干首。2015—2016 年，《七律·春游西湖》获 2015 年全国诗书画家创作年会一等奖，《五律·漫步杭州古新河》获第三届“相约北京”全国文学艺术大赛一等奖，《七律·缅怀革命先驱孙中山先生》获第四届“伟人颂·中国梦”全国诗文书画大赛一等奖，《七律·缅怀中国民主革命伟大先行者孙中山先生》获第六届“炎黄杯”国际诗书画印艺术大赛金奖，《七律·除夕感怀》获第八届“祖国好”华语文学艺术大赛银奖和

《中国文艺名家传世作品集》金奖，部分作品入选《2015 年全国诗书画家作品选》《全国诗文书画大赛作品大典》等多部选集。著有《机关党支部工作手册》《党支部工作一本通》《党支部工作一本通修订本》《努力做合格共产党员》(均为浙江人民出版社出版)等著作。系中国硬笔书法协会会员，《羲之书画报》签约诗书画家。

寄语：日月勤虔伴，分时倍切亲。青春从未老，学识与时新。

陈岩 又名陈岩君、陈雪岩、陈雨岩、陈新、圣人等。诗人、画家、书法家、经济学家、管理学家、金融学家、政治学家、哲学家、物理学家、教育学家等。中国人民大学博士后，浙江大学博士后，南开大学博士，美国伊利诺大学高级研究学者。现任教宁波大学，中央民族大学教授，杭州江干全球系统科学研究所研究员，东亚研究院院长等。作为诗人，代表作"一个中国的诞生"、"我是一个诗人"、"观潮"等，写诗 2 万多首。作为画家和书法家，创立了东方山水抽象画和东方人物抽象画，创作书画 1 万 2 千多。作为经济学家，对多个诺贝尔经济学奖获得者的理论进行了发展。作为管理学家，创立了呼叫中心管理学等。作为金融学家，写出了第一本《国家金融战略》等。作为政治学家，代表作"论人民性"、"论亚洲的未来"等，在和平和理性上，而不是像亚历山大和成吉思汗用火与剑的暴力统一亚洲。作为哲学家，提出了"尼采死了，上帝永恒"的哲学命题等。作为物理学家，对爱因斯坦的理论进行了发展。作为教育学家，提出了创新的教学理念，培养了包括中国、德国、法国、俄罗斯、日本、韩国、印度、伊朗、马来西亚、印度尼西亚、土耳其、刚果、孟加拉、卢旺达、坦桑尼亚、墨西哥等国学生 3000 多人，被人称为"伟大的教师"。著有《东亚再崛起》《亚元》《亚盟》等 20 多部著作，发表 300 多篇文章，一些思想观点有一定影响，倾心致力于中国、亚洲和世界的和平与发展。

陈育 1951 年出生，海南省万宁市人，中共党员，大学学历，在广东省清远市第一中学工作，中学高级教师，已退休。《岭南诗社清远分社》社员，诗刊《子曰诗社》社员，《中华当代文学学会》会员。作品曾刊登在《清远一周》《清远报》广东《支部生活》《诗词世界》等报纸杂志，以及入选清远诗社所编《诗花烂漫》《耆英诗韵》等书籍。

《沁园春 · 咏木棉花》荣获第二届"相约北京"全国文学艺术大赛二等奖，并入选《相约北京 · 全国文学艺术精品集》;《青松赞》荣获 2016 年诗词世界杯第二届中华诗词大赛一等奖，并入选《中华诗词大赛精品典藏》;《观黄果树大瀑布》荣获 2016 年"东方美"全国诗联书画大赛金奖，并入选《东方美全国诗联书画

作品集》;《清丽双臻·草原情》荣获香港“蔡丽双杯草原情”全球华文内蒙古风情填词大赛佳作奖。

陈克柱 1954年7月生,山东省莱芜人,毕业于山东省莱芜师范学校,退休教师,国家一级教师。2015年在“东方美”全国诗联书画大赛中获得楹联组金奖,2016年在《中国文艺名家传世作品集》中荣获银奖。2016年在“东方美”全国诗联书画大赛中荣获楹联铜奖。

寄语:沿着习总书记指引的文艺为人民的宗旨方向,殚精竭虑,为繁荣我国的文化艺术事业多出精品,教育当代,启迪后人。

陈添发 1949年9月生,系广东省紫金县人。中共党员,大学学历,中学一级教师,曾任小学教导主任、校长、教研员,现任镇老人协会秘书长。曾入编《中国对联作品集》(2015年卷)一书。2016年“东方美”全国诗联书画大赛楹联“金奖”。2016年“江山颂”全国诗书画印大赛楹联“一等奖”。第八届“祖国好”华语文学艺术大赛书法“金奖”。2016年中国文艺名家创作论坛楹联“特等奖”。现为广东岭南诗社社员;中国楹联学会会员;中国楹联学会对联文化研究员。

寄语:轩内擂台竞对联,人生自信觅贤缘。忠心耿耿勤耕作,赤胆拳拳苦钻研。谦拜诗骚扬国粹,敢和泰斗比联仙。遂圆《年鉴》金牌梦,灿烂夕阳七彩颜。

陈智瑞 1963年4月出生,内蒙古自治区巴彦淖尔市临河区人,中共党员,大专文化,内蒙古自治区巴彦淖尔市政协人口与资源环境委员会主任。国家一级美术师(书法类),中国硬笔书法协会会员,北京六艺嘉韵书画艺术研究院院士,巴彦淖尔市书法协会会员。

自幼爱好书法艺术,工作和学习之余临摹不辍,尤其喜欢欧颜柳赵各种书体。曾获由中国硬笔书法协会对外交流委员会等举办的第七届“羲之杯”全国诗书画家邀请赛书法类一等奖、第四届“伟人颂·中国梦”全国诗文书画大赛一等奖;翰林书画院主办的首届王羲之奖全国书画展优秀奖;获得2016年“东方美”全国诗联书画大赛金奖;获第四届“金紫荆杯”筑梦中国全球书画名家香港国际交流展金奖;筑梦中国——庆祝中国共产党成立95周年全国书法大展金奖,2016年“江山颂”全国诗书画印大赛一等奖;由中国影响力网等主办的2016年中国书画500强一等奖;由江西省文学艺术联合会等单位举办的“滕王阁杯”全国第十二届文学艺术大奖赛书法类二等奖等多个奖项。其书法作品被《中国时代文艺名家代表作典籍》《2016年全国诗书画家作品年选》《滕王阁杯作品集》等多部书法著作收录。

寄语:我的童年是在中国北方农村度过的。童年是艰苦的,也是快乐的。虽然吃穿不好,但一大群孩子你追我赶挖野菜、捡柴禾、捉迷藏、打沙包……直至有一天父亲买回了粉笔,为我的童年涂上了新的色彩,让我爱上了写字。后来便是上学、工作,忙个不亦乐乎。但不管做什么,对写字的痴迷却从来没有淡化过。年过五十,写好书法竟然成为我新的梦想,我喜欢我的梦想,将矢志不移地追逐我的梦想,直至永远……

陈琪 1956年出生于四川成都,1998年1月–12月中国作家协会鲁迅文学院普及部结业,并获优秀学员称号,1998年4月中国作家协会鲁迅文学院研修班结业。2011年10月获第三届“祖国好”华语文学艺术大赛三等奖,2012年4月获第十届“中华颂”一等奖。同年参加2012年全国时代文艺家创作论坛大会。2013年获得第五届“祖国好”华语文学艺术大赛金奖。同年参加2013年全国时代文学家创作峰会。并获“全国诗文书画先进工作者”荣誉称号。2014年应邀参加“全国当代作家书画家高峰论坛”并获“中国当代作家书画家精英”荣誉称号。2015年入编《中国文化传承人物志》一书。现为中国散文学会会员。中国散文学会创作中心创作员。著有诗集一部。

寄语:祖国太平大家好,人人皆有好梦想。

陈奋光 1961年8月生于广东,籍贯福建。无党派人士。中山大学哲学大专学历,统计员职称。热爱中国文化,喜欢读书看报,也有诗作、歌词、格言之类发表,入集并获金奖若干。

寄语:用平常心,说平常话,写平常字,干平常事,走平常路,做平常人,过平常日子……

陈德云 1939年7月22日生,中共党员。1956年前,在湖南省益阳市读书,至1964年,先后在株洲市两家企业任秘书,至1968年,在株洲日报社任编辑记者,至1987年,在株洲市委宣传部任新闻专干、科长,曾在《人民日报》《光明日报》《工人日报》《经济日报》《湖南日报》等报刊发表文章约百万字。至2000

年，在株洲市政府地方志办公室任副主任修志、退休。

2013年，学习写诗，撰写《提倡老人学雷锋》，获全国大赛金奖。2015年，撰写《盛世老人幸福歌》，获全国大赛一等奖；2016年，获《中国当代文学艺术精品大系》特等奖。2016年，撰写《见证株洲变美赋》，获“江山颂”全国大赛一等奖。2016年，撰写《光耀全球中国人》，获“东方美”全国大赛金奖。同年，在《中国文艺名家传世作品集》评审中，荣获特等奖。

寄语：一生以德为本，不做逆德事；先学做人，持正约身。老来勤耕德云，读写诗为伴；后学立言，陶冶心灵。立志朝名符其实终；不管月圆缺常察省。

陈鹤沛 生于1932年11月，云南寻向县人。中共党员。中师学历，职称小教高级。1993年3月退休，被群众推选为寻甸福康小区领导做服务工作。

1950年前分别在小龙街、凤仪小学读书。1951年1月—1952年6月当任行政村文书。1952年7月—1953年3月参加措助征工作，下半年进曲靖专区参加文训班学习。1954年1月—1956年9月高张徐小学任教，10月后调泸百师范学校读书。1956年10月—1959年6月调尹武迎水小学任教。1959年8月—1964年6月调县人民委员会文教科工作。1964年7月—1965年3月调东川铁路参加领导小组修铁路。1965年4月—1979年12月调牛街农中任教又调金沅公社沧溪小学一面任教，一面搞四清工作。1980年—1993年3月调倘甸白章村小任教到退休。

2016年分别参加县、省门球活动，当任裁判和小组长。参加县、省老干部书画、诗词协会学习。2014年10月参加省硬笔书法展被专家评为优秀奖。2015年9月参与“和平颂·中华情”和“纪念抗日战争胜利70周年大阅兵”书法展荣获三等奖。2016年荣获篆字书法三等奖。

陈登武 笔名东涛，斋号墨耘斋主。1940年5月出生于山西闻喜县，自幼喜爱书法绘画，初学唐楷，后学行书喜二王米芾等；隶书学张迁碑、已瑛碑等；草书学怀素、张旭、王铎等名家经典。坚持自学，刻苦习练。曾得到名家徐文达的指导。六十个春秋精勤不懈，精用笔。擅各体，创出了自己的风格。爱好广泛，除爱书法绘画外喜欢创作词曲，还自创“太极舞龙剑”套路。现为：2014中英艺术交流形象大使、中国书画名家研究会名誉主席、中国书画协会会员、中国书协会员、山西省书协会员。举办个人书画展多次，报纸多次专题报道，拍摄电视专题片数篇。作品传略已入编《世界文化名人录》《和平颂》《当代中华老年书画艺术家精品集》等50余种大型典籍，作品被多家艺术机构和博物馆等单位收藏。作品参加全国各种大赛荣获大奖、荣誉称号及勋章多次，其中：1995年被中国书画家艺术交流协会、中国书画艺术名人研究院等多家单位联合评为“当代书画艺术名人”称号;1999 年参加全国民间工艺美术书法大赛获特别金奖,并获“海峡两岸德艺双馨艺术家”称号;2005 年被中国国学研究会评为“中国国学杰出贡献奖书画类金奖”,并授予“国学杰出贡献艺术家”称号;2005 年参加纪念抗日战争胜利 60 周年全国老年书画大赛荣获勋章;2007 年参加燃情岁月全国书画作品北京邀请展获金奖;2012 年参加龙翔鸿运龙行天下全球华人龙年龙字书法大赛,被评为金龙奖;2014 年参加欢庆十八大三中全会胜利召开中国书画北京邀请展被评为金奖;2014 年获“第二届中国文化和平奖金奖”,并授予“世界和平艺术大师”称号;2014 年参加中国梦全国诗词书画摄影作品大赛,获得“中华爱国艺术家”勋章;2014 年被世界文艺家联合会评选为“2014 中英艺术交流形象大使”,并授予“世界文化名人”称号;于 2001 年出版个人书法集《龙字书法》,2011 年出版个人书画诗文集《墨耘集》。

寄语:我行我素心怀笔墨,感受艺术苦乐人生。

陈麒百 原名陈润光,1938 年 10 月 3 日生,1958 年 8 月参加教学工作,中师毕业,中共党员。中国诗词协会会员。小学高级教师,曾任小学校长。任教 37 年,在工作期间听从领导同志的调派,曾到小峰、电六、扶隆、西江、那勉、那勤、教良、大江边小学任教。所到的学校做到爱校如家、爱生如子;多方面关心学生的健康成长、学生在德智体等方面得到全面发展。教学效果好,学生考试成绩高,家长尊重、学生尊敬、干群称赞。1960 年被县评为劳模积极分子,多次被教育局评为县教育先进工作者。退休后,由于素来爱好中华诗词,好写诗,在蓝伟诗人的鼓励下,认真动笔写诗参赛。在第七届“中华颂”全国老少文学大赛中荣获二等奖;在 2010 年“东方美”全国诗联书画大赛中荣获一等奖;入选盛世中华·第二届全国时代文艺家;在纪念“辛亥革命百年”文艺作品征集评选活动中荣获“情系中华”优秀创作奖,并被授予“中华爱国之星”称号;在第二届“炎黄杯”国际诗书画印艺术大赛中荣获金奖;在纪念毛泽东同志《在延安文艺座谈会上的讲话》发表 70 周年文艺作品征集活动中,被评为金奖,并授予“当代文艺先锋”荣誉称号。作品入编《永恒的光芒——全球优秀华人诗歌颂典》一书。在 2013 年“东方美”全国诗联书画大赛中荣获金奖,作品在《中国当代作家书画家代表作文库》中荣获一等奖;2014 年,在“纪念邓小平诞辰 110 周年”和“中华人民共和国成立 65 周年”系列征文中,荣获特等奖;编入《颂歌献伟人唱响中国梦》一书,特授予“当代杰出爱国诗人”荣誉称号;2015 年“东方美”全国诗联书画大赛中荣获金奖;在第八届“祖国好”华语文学艺术大赛中荣获金奖;在《东坡赤壁诗词》《十万山诗词集》《防城港雅韵》《防城诗讯》均有发表。

寄语:一技之长好立身,书中金玉任搜寻;墨毫贵重频珍爱,告诉学童惜秒阴。鸟贵有翼,人贵有志;穷要志气,富要科技;人怕无志,树怕无皮;胸无大志,枉活一世。助人为乐,济人于急;好事多为,自强不息。君子爱财,取之有道;庶民爱财,勤俭致富。

陈立国 1988年11月生,贵州省纳雍县人,农民家庭。童年以一首"光明歌"而名震乡里。由于种种原因,初中示毕,便南下务工,打工期间,仍坚持创作诗词达数千首,足迹踏遍祖国的黄河两岸,大江南北,因此增长见识不少并结识当代诗侠钱明锵、丁垂赋、盛郁文等。其作品《沁园春·华》、《满江红·雄》、《过岳王坟》、《淝河怀古》、《西湖游》等最具代表性,2013年加入浙江新时代诗社,2014年加入毕节乌蒙诗社。

苏忠越 字弓长、号青云山人,1943年生,福建省永安市人,中学语文高级教师,教学论文《漫谈语文课外教学"工程"》入编《中国当代语文教育研究文库》第一卷,教学论文获全国语文教师四项全能竞赛一等奖,并入编《全国语文教师四项全能竞赛获奖精选》,曾被聘为华中教育信息研究中心特约研究员。现为中国文化艺术研究会常务理事,江西省人文书画院院士,画圣吴道子艺术馆名誉馆长,中国书画艺术家创作中心理事等,自幼学书,后以临习王羲之行书为主。多年来参加"庐山杯"等几十次全国书法大赛,多次获金奖,多次被中国书画500强组委会评为百佳人物,摄影作品获"滕王阁杯"中国南昌第十届文学艺术大赛一等奖。作品入编《紫光阁国礼名人录》《中国书画收藏指南》《中国书画家大典》《法国卢浮宫中国书画名家邀请展精品集》《中华艺术瑰宝》《中国书画艺术典藏》《2015华人美术年鉴》等几十部典籍,近年多幅作品入选烧制国礼珍品"中国红瓷"。曾被授予"德艺双馨艺术家"等荣誉称号。作品多次参加各类展览并被收藏。

时东兵 中国散文网创作委员会副主席,中国诗歌学会会员,上海市创造学会常务理事、副秘书长,文艺委员会主任,诗学研究中心研究员。上海市公务员创新能力培训讲师团团长,全国万名优秀创新创业导师。现在大学为本科生、研究生教授《诗歌美学》《创新思维》等课程。主要研究方向:中国现当代文学、美学及创新思维。曾参与"上海世博墨韵"等书画展并获奖,荣获俄罗斯中国文化年使者荣誉。

作品翻译介绍到美国、德国、日本等国家和香港及台湾地区,已在国内外报纸杂志发表诗歌、散文、小说等达百万字。荣获澳洲彩虹鹦国际作家笔会杰出文人桂冠，世界网络诗人协会网络时代十大知名诗人，中国十大校园诗人。连续获得第二届、第三届“中外诗歌散文邀请赛”一等奖，及各类文学大赛奖项数十项。在诗坛被誉为“诗魔”，第三代诗人的优秀代表。

麦健华 笔名心雨，出生于1962年9月30日，广东台山市人，会计师、教授、博士。系北京西商国际心理医学研究院全国理事会副会长、北京西商国际心理医学研究院教授委员会委员、北京西商国际心理医学研究院江门分院院长、中国职业教育协会副会长、西安国际商务进修学院客座教授、国际人才研究院院士、中国科学管理研究院研究员、中国小说学会会员、中国散文学会会员、中国诗歌学会会员、中国网络诗歌学会会员、广东省作家协会会员、江门市作家协会会员、台山市作家协会理事、中国诗杂志社签约诗人、蔡文姬历史与文化研究中心特约研究员和签约作家、广东省台山市立信会计与电算化培训中心兼五邑大学成人高等教育台山教学点校长等。

多年来，撰写小说、散文、诗歌、论文等体裁文章1000多篇，分别在《世界文艺》《中国诗》《侨乡文学》《台山文学报》《中国网络文学精品2015选》《中国作家世纪论坛获奖作家文库》等国内外杂志和《中国作家网》《中国文学网》《中国网络诗歌网》等网站发表；著有《企业经济管理》《会计基础工作必读》《论文集》等财经类著作五十多部，以及《麦健华文学作品集》《花之恋》《收获》《扬帆起航》文学著作四部。有40篇小说、散文和诗歌分别获得全国、省、市征文大赛奖项。其中小说《心系》《升职》获得中国作家世纪论坛大赛二等奖，小说《人生若只如初见》《中奖》获得中国网络文学精品2015年选二等奖，小说《婚礼》获得第三届全国文学艺术大赛二等奖，小说《农场》获得首届蔡文姬文学奖三等奖，小说《助人为乐》获得首届健康杯全国散文小说大赛优秀奖；散文《波士顿之行》获得河北省采风学会主办首届“采风作品全国大赛二等奖，散文《茶之乐》获得首届“官家老茶杯”文学大赛优秀奖；诗歌《走向胜利》获得第八届“祖国好”华语文学艺术大赛金奖，诗歌《扬帆起航》获得第六届“炎黄杯”国际诗书画印艺术大赛金奖，诗歌《故乡》获得第二届“中华情”全国诗歌散文联赛金奖。

被评为中国网络诗歌学会《中国诗》杂志第40诗星、2016年度诗星，被中国国际文艺家协会授予“中国杰出文化名人”。被中国萧军研究会、北京市写作学会、北京世纪百家国际文化发展中心联合授予“中国华语文学艺术百杰”，被中国大众文学学会、首届蔡文姬文学奖评选组委会授予“德艺双馨优秀作家”，被中国管理科学研究院授予“全国人文社会科学名家”，被中国职业教育协会评为“全国百强职校优秀校长”等光荣称号。其业绩被收入《世界名人录》《世界人物辞海》《世界华人专家名典》《中国专家人名辞典》《中国世纪专家》等十多部辞书。

八画

欧阳中石

1928年生于山东省肥城市。著名的学者、教育家、书法家、书法教育家。首都师范大学教授、中国书画国际大学董事局名誉主席、学术委员会主席、博士生导师。欧阳中石是中国当代艺术大师，既是一位学问家，又是一位教育家。高中毕业后在济南某小学任教，教过各个年级。20世纪50年代初，考取了辅仁大学哲学系。一年后进入北京大学哲学系，主修中国逻辑史，拜在逻辑学大师金岳霖门下。1954年，欧阳中石毕业于北京大学，开始在中学从事基层教育工作。他教过中学的各门课程，深得学生敬重。在长期从事中学教学的实践中，他对语文教学中长期存在的一些问题进行了积极、深入的思考，运用他敏锐的目光和明辨的思维，以及对中国语言文字特点独到而深刻的理解，提出了一套科学的语文教育改革方案，并在中学试点，取得了令人瞩目的成果，得到了各界的一致好评。

欧阳大春

字焕彩，笔名吴伯乐，1966年元月生，侗族，贵州省天柱县人。高中学历，现中共预备党员，锦屏县林业局职员。省诗词学会会员，北京市世纪百家国际文化发展中心研究员。

北京市世纪百家国际文化发展中心，北京市写作学会和中国萧军研究会授予“中国当代华语文学艺术百杰”、“中国文化传承贡献人物”和“中华文化传承功勋人物”荣誉称号。中华爱国工程联合会，中华爱国网授予“甲午年中华爱国诗词家”荣誉称号，中国红色文化研究院，中国诗歌万里行组委会授予“中华诗词艺术优秀传承人”和全国老年大学授予“中华夕阳红文艺模范”等荣誉称号。中国当代文学艺术精品大系编委会和北京市世纪百家国际文化发展中心授予“中国文艺创作先锋人物”荣誉称号。辛亥革命网、华夏民族艺术院、中国近代史研究所授予“文学艺术先行者”荣誉称号，中国红色文化交流协会，毛泽东思想研究会，中国传统艺术学会授予“十大军民艺术家”荣誉称号。

2015 年荣获书法二等奖 1 次、一等奖 1 次。诗词金奖 1 次。2016 年荣获诗词金奖 2 次。

寄语：一个人只要有远大的志向和梦想，就像白云和流水，山再高、竹再密，都不会妨碍他的通过。

欧阳晓芬

1959 年 2 月生，自幼爱好书画，师承父教，农民、油漆工。1989 年毕业于中国书画函大，毕业作品论文《学画牛》《浅淡山水画设色》和《朝发行舟》发表于中国书画报。1991 年加入省美协会员、齐白石书画研究会会员，《张家界山水》获省美协一等奖。任涟源县文化馆、工艺美术厂（1982—1990 年）设计员。因家庭生活困难，无法维持生计。1991 年南下打工 19 年，自动离职。1979 年毕业于湘潭大学机械系。有缘得名师指导。

师从丁剑虹、周宗岱、曾晓浒、颜家龙、徐照海、毛致用、白雪石、李可染、陆俨少、黄润华、姚治华、梁树年、薄松年、高冠华、马西光、田世光、黄独峰、杨向阳、杨太阳、黄均、郭怡琮、关山月等名师。自然师斋由关山月老年命名。2015—2016 年，五、六届炎黄杯银奖；江山颂、中国梦二等奖；和平颂·中华情银奖；长征 80 周年银奖入编；第八届山水画、海岸书画交流展金奖、中国文艺名家传世作品金奖，诗书画家双年获金、银奖等。

寄语：天道酬勤，人生学何穷。舍得为舒，心诚久远。

周强一

生于 1949 年 3 月，号宝葫逸人。自幼酷爱书法、绘画艺术，一生从事文化宣传工作，自 1975 年—1994 年在乡镇任文化站长二十年，后调到市文化局工作至退休。自创胶东葫芦烙画工作室，现任莱西市书画协会理事，中国书画协会终身理事。

业精于勤，由于对书法、绘画艺术的酷爱，每天笔墨耕耘不止，数十年未废弃一日。经过多年的潜心学习、磨炼积累了较深厚的艺术功底，书法艺术别具一格，书法作品在历次省、市及全国书法大赛中获奖，并多次在出版物中刊登。尤其擅长葫芦烙画艺术，烙画葫芦中《领袖红太阳》系列、《金玉满堂》系列、《八仙过海》

系列、《十八罗汉》《年年有余》《国色天香》等作品，在亚太旅游博览会上受政府邀请参加展览，作品被众多国际友人及国内大企业家收藏。葫芦烙画艺术多次在《半岛都市报》、电视台等新闻媒体宣传报道，受到社会好评。

乐善好施，热心社会公益事业。书法作品及葫芦烙画作品，在民间广为流传，他每年抽出一些时间无偿为中小学生及葫芦烙画爱好者进行艺术辅导，传授葫芦烙画技艺，形成了浓郁的文化艺术氛围，团结了一大批艺术工作者和爱好者共同学习，探讨、耕耘。

寄语：弘扬传统文化、追求高尚艺术、服务人民大众，是他一生的追求和努力方向，他的理念是：生命不息，耕耘不止，服务大众，与民同乐。

周岱华 笔名霓虹，女，1954 年 2 月出生。湖南宁乡人，现住湘潭市。中师毕业，小学高级教师，中国老年书画协会会员，中国书画家协会会员，中国书画名家协会会员，从事教育工作近四十年。爱好书法，就读老年大学多年。作品曾两次获伟人颂中国梦诗书大赛二等奖；庐山杯全国书画大赛银奖；第九届重阳全国书画大赛二等奖；全国书画名家大赛金奖，毛泽东诗词全国书画大赛金奖。有作品分别刊登在《全国诗文书画作品选集》；《炎黄诗书画印精品集》；《中国书画名家作品典藏》；《当代书画名家录》；《中华传世名家作品典藏》等。

寄语：几经历练，几经坎坷，人生路上总蹉跎，生活就像一场比赛，只要走进赛场就是勇者。

周易 原名周平，笔名黎阳、李弘，浙江临安人。大学本科毕业。1948 年秋参加革命。建国后，曾在县文教科、专署文教科工作五年，后长期在中学执教。1983 年离休。1987 年复出任桐乡县志办副主任、县志副主编，前后 10 年。1994 年邀集诗友成立凤鸣诗社，任社长近 20 年，开展多项诗词活动。诗词作品多次获奖。现为中华诗词学会、中国楹联学会会员、中华诗词文化研究所研究员。编著有：革命回忆录《风雨征程》《说唐诗》丛书（8 种）、《图说中国历史》《凤鸣诗词丛书》《周易诗文选集》等多种。

周开明 天津商业大学退休教师，1944 年 4 月出生，天津市人，中共党员，研究生班毕业，喜欢书画。退休前，在校从事包装专业的教学、科学和设计工作。退休后潜心研习书法，长于篆隶。

近年来，在所参加的书画活动中，经常作为特约作者投送作品，所得奖项有：由国家老龄委主办的“第四届老年文化艺术节”全国书画大赛获书法银奖；由中国书画家协会等单位主办的“纪念抗日战争胜利七十周年第十五届庐山杯全国书画大赛”获书法银奖；由天津市《中老年时报》等单位主办的“第四届中老年文化艺术节书画展入展并获最佳作品奖”；由中国萧军研究会、写作学会和世纪百家等单位主办的第二届“和平颂·中华情全国美术书法家邀请展”入展并获金奖；“东方美”全国诗联书画大赛获金奖；由长沙晚晴书画院等单位主办的纪念《沁园春·雪》发表七十周年全国书法家作品大赛获金奖；由香港各界文化促进会、中国工艺品交易所等7单位主办的、面向海内外的纪念孙中山诞辰150周年书画巡展大赛入巡展并获奖金。

寄语：书精载道，恰然其中。

周国祥 又名周晟全，1945年11月生，湖北省公安县人，幼承家学，中国中西医结合医学会会员。毕业于中医学校，中医主任医师，国家注册中医执业医师。

幼承庭学，研习岐黄，对四大经典都进行了细心的研读，并四处拜师求教，熟知药性，精通医理，明药组方，愈求疗效，在临床应用的四十余年里吸取了宝贵的临床经验，在实践中得到了丰富的真理，十余年间研究发明出“癌症概要”八笙汤治疗各种肿瘤癌症，《名医的土壤》《尊养三宝，惜身百年》，八笙汤五例案例，还阳丹案例验证等，特别对肝癌、肺癌、胃癌、肠癌、喉癌、乳癌等多种癌症治疗，每收奇效，对拒之门外不治癌症，通过治疗再去进行客观的现在仪器检查，其癌细胞不翼而飞，对中晚期癌症患者能达到不同程度延长生存时间与改善生存质量。在对于尿毒症临床治疗中，不通过透析而用上述治疗而痊愈。能使青盲、瞽目复明。

笔者道医结合，尊宗教《易经》，文哲史，诗书画样样精通。为县市诗联会员，中国诗词研究院副院长，《民族医药报》社特约通讯员，《民族医药报》举荐肿瘤医生，中国国际医师管理协会颁发特命“公安县治疗肿瘤服务站站长”，中国名中医网聘为专家，《科技信息报社》誉授中华名医，《中国远程教育杂志社》授百家特技名医，全国健工委中央老干部健康指导委员会特聘为专家委员，世界医药研究中心中国传统医药研究院曾聘为总院副院长，现任科委委员肿瘤专家，承蒙各科技部门与众多学院学会信任与抬爱，常年电讯信函如金玉满堂。

周金堂 1948年2月出生，系河南省沈丘县人，中共党员，大专学历，新闻系专业，退休干部。现居住上海。爱好书法及诗词写作。

2014年在第二届金紫荆杯·辉煌祖国：中国爱国书画名家精粹获书法金奖。2015年在大美印尼·多彩巴厘，纪念亚非会议六十周年全球书画名家交流展中获书法金奖。2016年在江山颂全国诗书画印大赛中，诗《敦煌梦》获二等奖。

2016 年中国文艺名家传世作品集评审中,《敦煌梦》诗获金奖。2016 年在清廉中国·全国书画摄影诗文艺术大赛中,《敦煌梦》诗评为金奖。

寄语:让夕阳照亮艺术。

周建(原名万仁)逸雅堂主人,1958 年生于大连,祖籍山东,大学文化。中国书法研究院会员、中国楹联学会对联文化研究院研究员、世纪百家国际文化发展中心研究员、中国楹联学会会员、中国中老年书画研究会会员、市楹联协会副主席、市毛泽东书法艺术研究会会长、中国国际书法艺术家协会会员、鑫金涛国际书画院院长。入编《中国文化传承人物志》《当代中外文学艺术家名人录》《新中国 66 周年文艺名家名典》《中国当代文学艺术精品大系》《中国书画名家 2016 经典艺术挂历》首页、《中国新时代文艺人才库》《中国文化艺术人物年鉴》。

2015 年三幅作品选入经典官窑国礼瓷器;2016 年三幅书法作品入选经典国礼官窑,被授予"彩绘工艺大师";多幅作品在日本、韩国、澳大利亚展出并收藏;出席 2014 年北京全国人大会议中心召开中外华语文学艺术高峰会;出席 2015 年北京钓鱼台国宾馆召开的中外当代文学艺术家高峰论坛并在大会发言。出席 2016 年在北京人民大会堂召开的纪念中国共产党成立 95 周年"光辉历程——时代画卷·全国特约诗文书画名家精品大典"颁奖盛会,书法作品在获得特等奖基础上又被评为"最美书法奖";近年来在重大国际国内国家级书法邀请展赛中共荣获特等奖 3 次;金奖、一等奖 31 次;银奖、二等奖 3 次;铜奖两次。多幅作品被羲之书画报等中外大型专业刊物典籍收录、刊登。作品多次入展北京京西宾馆等。在首届中国国际书法大赛中获铜奖;在全国首届毛泽东书法艺术大赛获金奖;被授予"中国红色书法名家"作品收入《大型红色艺术史籍》出版。在 2015 年中外当代文学艺术家高峰论坛书法作品获"特等奖";作品入编《中外当代文学艺术家代表作全集》;在第六届"羲之杯"全国诗书画家邀请赛中获大赛"一等奖";作品入编《羲之杯—全国诗书画家精品集》。在纪念中国人民抗日战争及世界反法西斯战争胜利 70 周年全国书画大赛获金奖;同时授予"中国百强书画名家"荣誉称号,作品入编《血铸丰碑·全国书画名家作品精选》。在纪念抗美援朝战争 65 周年全国中老年书画名家作品大赛中获金奖;被授予"中华爱国功勋艺术名家";作品入编《全国中老年书画名家作品选集》。在"伟大历程·颂歌献给共产党"向党的九十五华诞献礼,全国中老年书画名家作品大赛中获金奖;被授予"杰出功勋书画家"荣誉称号;作品入编《全国中老年书画名家作品典藏》。在纪念抗战胜利 70 周年全国书画名家作品大展中,入展北京京西宾馆并获金奖;被授予"中国红色书法艺术家"称号,作品入选国礼珍品官窑红瓷。在 2015 年全国诗书画家创作年会中,获一等奖;作品入编《2015 全国诗书画家作品年选》;被授予"2015 年全国诗书画精英人物"。在 2016 年全国当代文艺名家高峰论坛暨《中国当代文艺名家名作金榜集》中获特等奖;入编

《金榜集 2016 卷》。在第七届“羲之杯”全国诗书画家邀请赛中，获一等奖。在《中国当代文学艺术精品大系》中，书法作品“赤壁怀古”获特等奖。被授予“中国文艺创作先锋人物”称号；作品优先编入该书。在第二届“和平颂·中华情”全国美术名家邀请展中，行书书法作品，毛泽东七律“中国人民解放军占领南京”成功入展并获金奖。在第八届“祖国好”华语文学艺术大赛中，书法作品，获金奖。在“2016 年全国诗书画家创作年会”中，行楷书法作品，获一等奖。荣获“2016 年全国文艺先进工作者”荣誉称号，行草书法作品“赤壁怀古”入编《中国时代文艺名家代表作典籍》。

寄语：学书需胸中有道义，书乃可贵，人为艺，曾重识。保持人格的独立和艺术的自我抒怀。把文学、书法艺术视为人生的终极目标。无论艰难曲折还是荣誉赞美，皆泰然处之。

周强　祖籍山东，作家、评论家。历任某报社编辑、世纪百家国际文化发展中心主任、北京市写作学会副秘书长、中国解放区文学研究会文艺创作委员会主任、中国萧军研究会副秘书长、会长助理。兼任《作家时代》总编辑、《百家》主编，中国百家文化网总编辑、中国大众文化学会理事等。大型品牌文化活动“祖国好”华语文学艺术大赛、“东方美”全国诗联书画大赛、“时代颂歌”全国诗文书画大赛主要组织者。主编有《“祖国好”华语文学艺术文集》《“东方美”全国诗联书画作品集》《当代中国文艺家大辞典》《中国当代文化名家档案》等 20 余部精品典籍。

周宜珍

1963—1980 年在句容县当小学教师，1980 年下半年—1995 年在镇江市总工会任干部。在总工会期间曾被评为先进工作者，优秀党员。1988 年—1994 年，6 年时间里，负责信访工作，三次被评为市先进集体，三次被省总工会评为先进个人。当时是每两年评选一次。

退休后 1997 年上市老年大学学习书法、国画，2010 年停了书法课，改上诗词课。曾担任市老年书画协会理事（14 组组长），两次被评为先进小组。多次被评为先进会员，作品多次参加市内各种书画展，也参加过省联谊会书画展。

国画诗词得奖情况（2015—2016 年）国画：《百寿图》获金奖（2015 年“东方美”全国诗联书画大赛）；《英姿万古》获一等奖（2015“和平颂·中华情”全国美术书法百家邀请展）；《岁寒三友图》获金奖（2016 年第二届“和平颂·中华情”全国美术书法名家邀请展）。诗词：《和张祐题金陵渡》获一等奖（2015 年第二届“相约北京”全国文学艺术大赛）；《咏油菜花》获金奖（2016 年“东方美”全国诗联书画大赛）；《颂表彰百名全国优秀县委书记》获一等奖(2016 年第三届"相约北京"全国文学艺术大赛);《壮心诗社部分社员登新北固楼》获二等奖(第四届"伟人颂·中国梦"全国诗文书画大赛 2016 年);《颂中国共产党九十五华诞》获一等奖(2016 年"江山颂"全国诗书画印大赛)。

寄语:人的一生是短暂的,时间是宝贵的,珍惜时间就是珍惜生命。能在有生之年珍惜时间,珍爱生命,持之以恒地从事自己喜爱的艺术来充实晚年生活不是非常快乐的事情吗?我的座右铭是:"淡泊名利,追求快乐。"

周重岳 千里丘山,1939 年 3 月生,湖南新化人,中共党员,退休干部,中国国家诗书画院荣誉院士、中国传统文化诗书画协会理事(长期)、中国当代历史人物研究会终身特约研究员、中国人物传记学会终身荣誉理事、中国回忆录研究会终身会长、中国数字艺术馆终身馆长。获"世界和平文艺奖"、"最美夕阳红"、"中国艺圣"、"中国艺术博士"、2016 年度中国艺术金马奖金奖、2017 年度中国艺术金像奖金奖。

退休 18 年来参加全国诗文书画比赛(展览)80 余次,获奖 80 余个,其中特等奖 9 个、金奖 41 个、一等奖 19 个……,并获"中华时代骄子"、"第二届全国时代文艺家"、"影响时代的力量—劳动者之星"、"中国文化传承贡献人物"、"德艺双馨诗词箴言名家"、"世纪智慧之星"、"世界华人杰出创新人物"、"社会主义精神文明建设优秀人物"、"民族精英"、"2014 北京 APEC 峰会书画展"、"最具影响力的书画名家"等荣誉称号 60 多个。

散文:《追忆周恩来同志光辉的一生》《今朝更好看》《永远的怀念》《缅怀伟人圆中国梦》。

论文:《论世界观与党风建设的关系》《加强世界观改造是党风廉政建设的根本》。长篇通讯:《洁白的栀子花》《药海风流》。格言、感悟箴言入编《中国共产党人优秀格言选集(一)、(五)》《中华名人格言》等。诗词:《九三大阅兵庆典抒怀》《槎溪行》获特等奖,入编《中国当代文学艺术精品大系》。10 首诗入编《伟大的胜利》(抗战诗词集);21 首诗 2 幅楹联入编《建党大典》(诗词集);9 首诗词入编《永远的光辉》(诗词集);5 首诗、5 条格言入编《中国当代诗坛名家精选》;5 条箴言入编《践行党的群众路线箴言录》;3 首诗入编《中国当代作家书画家代表作文库》获特等奖;21 首诗词、2 幅楹联入编《当代文坛——百家传世精品选》获金奖;2015 年 10 首诗词入编《颂歌献伟人,唱响中国梦》获特等奖;2015 年 15 首诗词参加纪念抗战胜利 70 周年全球诗文书画大赛,获"红色文艺创作大奖金奖"作品入编《世界文化名人录》。2015 年硬笔书法《喜看嫦娥三号成功登月》获特等奖,入编《中外当代文学艺术家代表作全集》;2015 年毛笔书法毛泽东词《沁园春·雪》在《中国文艺名家传世作品集》评选中,荣获特等奖;2016 年《长征》——追和毛泽东《七律·长征》《清平乐·习马会》参加第二届"和平颂·中华情"全国美术书法邀请展获金奖;2015 参加纪念中国人民抗战胜利 70 周年书画展,获"中国爱国书画名家"称号;2016 巴西里约奥运会书画展获“最高荣誉成就奖”称号;2016“迎神十一载人航天飞行成功”书画展获“中国载人航天艺术成就杰出贡献艺术家”称号;2016年诗书《战略转移关节点》《中国建造自己的太空实验室》《民主先驱》——纪念孙中山先生诞辰150周年,参加2016全国书画家创作年会征稿,获一等奖。2016年硬笔书法《双重礼》纪念中国共产党成立95周年,在《2016年全国特邀诗文书画名家精品大典》评选中,获“最美书法奖”。2016年诗作《九三大阅兵抒怀》《铭记历史》《缅怀先烈》《冷观现实》《珍爱和平》《开创未来》获金奖,作品入编《伟大的胜利》(抗战诗词集)。

曾参加中国散文学会创作中心、中国解放区文学研究会文艺创作委员会、北京市写作学会诗书画委员会、中国通俗文艺研究会、世界华人艺术家协会、中国人物传记学会、中国老年书画家联谊会,受聘湖南省直机关书画家协会创作中心特聘书画师、受聘北京书山之路科学研究院特约研究员。

寄语:夕阳无限好,日子匆匆过,岁月不留情,过好每一天。坚持老有所学,老有所乐,老有所为。老牛自知夕阳短,不用扬鞭自奋蹄。不忘初心,有始有终,其乐无穷。

岳宣义 四川省南江县人,中央党校研究生学历。1962年参军,历任战士、班长、干事、股长,团政治处主任、团政治委员,师政治部主任,集团军政治部主任,河南省军区政治委员,济南军区政治部副主任,中央纪委委员,中央纪委驻司法部纪律检查组组长,司法部党组成员等职。第十六届中央纪律检查委员会委员,第九届全国人民代表大会代表。中国人民解放军少将。中国作家协会会员。曾率部参加自卫还击,保卫边疆作战、长江抗洪以及督查“非典”等重大政治斗争、军事斗争和同重大自然灾害、传染病疫情的斗争。

屈坤照 1950年10月1日生于广东。初中文化,广东省中山市长虹诗社成员,中国解放区文学研究会文化艺术创委会成员,世纪百家国际文化发展中心研究员,华夏博学国际文化交流中心创作员,中华诗词研习会会员,曾多次获奖并被有关单位选编入典,被评为“新中国60年文化先锋人物”、艺术家、诗词家、词神等……2015年有关单位评获如下:

中华国粹百杰人物、中华当代文学艺术家百杰人物、新时代百杰诗词人物、东方美全国诗联书画大赛金奖、文化强国、国家文化传承贡献奖、世界和平文艺奖、第二届中外诗歌散文邀请赛金奖、世界华人诗词艺术家、第七届“祖国好”华语文学艺术大赛金奖……近2016年有关单位评奖如下:

东方之子、人民最喜爱的金奖艺术家、十大军民艺术家、祖国好华语文学艺术大赛金奖、国家文化建设贡献人物、共

和国文艺爱国奖、三羊开泰全国诗书画创作大赛一等奖、第二届“相约北京”全国艺术大赛一等奖……

寄语:尽管只是沧海一粟,但愿为宏扬国粹尽绵力,哪怕才疏学浅,作品难与名家前辈相比,但已尽力,表达着人民在党中央领导下,共度峥嵘岁月,并取得辉煌成就,圆梦了初衷,作为民间文艺爱好者,会被国家认可了是无上光荣,应继续为日益繁荣的祖国歌颂。

於明然 号雅格榆人,1958 年 2 月出生于安徽明光市,籍贯江苏盱眙县。自幼喜爱唐诗宋词,1975 年高中毕业,1976 年下放务农,1977 年参加上海复旦大学教授华东六省一市文艺巡回辅导。在明光市五七大学学习诗歌与文学创作,那时文艺刚刚冒芽,心里非常渴望。1980 年招工在明光市土产公司任采购员、经营部经理、经济师。1988 年毕业于安徽省电大汉语言文学专业,深感祖国文化博大精深,爱好传统武术、收藏、盆景、象棋、唱歌、书法等。明光市诗词学会理事、副秘书长、省诗词学会会员、省散曲学会会员、中华当代文学学会会员、签约诗人。

2016 年 4 月 28 日,《百年诗词精选》(第二卷)中国当代诗歌资料馆收藏。2016 年“东方美”全国诗联书画荣获银奖。2016 年荣获诗词世界杯第二届中华诗词大赛一等奖。2016 年 7 月 20 日,由辛亥革命网等授予“文学艺术先行者”荣誉称号。2016 年 8 月 8 日,由中国红色文化交流协会等授予“十大军民艺术家”荣誉称号的通知。荣获“十大军民艺术家”称号。2016 年 10 月 9 日,授予“中国梦·德艺双馨艺术名家”荣誉称号,获得“百年艺术奖”。

寄语:渴望、想往、坚守是成功的必由之路。

易林林 笔名晓一,号全信文士。1944 年 11 月生,大学文化,江西南昌人。国家一级书法师、一级美术师。现为“世界华人华艺术家联合会”,“中国海峡两岸书画家协会”、“影响中国书画家协会”、“北京夕阳红文化俱乐部”、“中国传统文诗书画协会”会员;“中国传统文化诗书画协会”理事(该会大连创作室副主任)。

荣获:“中国当代杰出艺术家”、“中国文化强国先锋人物”、“2014 北京 APEC 峰会最具影响力书画名家”、“人民红色书法家”、“中国书画艺术百杰”等荣誉称号;且被多家艺术院所聘为“高级书画师、客座教授、名誉院士”等。2015 年作为“中国书画名家代表团”正式成员,赴欧参加意大利米兰国际交流展,且被聘为“中欧文化大使”。2015—2016 年画作:《皓月雄风》和书法作品(行草)均获金奖;且被收入“抗战颂·爱国心·强国梦——中华翰墨书画名家大典”中,并被“中国人民抗日战争纪念馆(海外)”收藏；书作《翰墨苦旅》荣获金奖，且被收入“纪念中国人民抗日战争胜利七十周年——全国书画名家作品典藏”中；画作《天马行空》荣获银奖；且被收入“文艺复兴——全国书画摄影诗文艺术大赛获奖作品集”中；书作《毛主席诗“长征”》荣获金奖，并被烧制成国礼珍品红瓷。近年先后出版《林林书画诗文荟萃》《林林书法作品选》《林林中短篇小说选》等著作。草书诗联和“艺海生辉”两幅书作；“腾飞”、“合家春游”两幅画作均获金奖，且被“APEC 中华艺术博物馆”收藏。

寄语：成为作家、书画家是我从青少年时代起就有的梦想。虽然我已年逾古稀，也不是所有目标都已达成，但是我仍需不忘初心，为自己设定的目标苦苦求索。毕竟有追求的人生才是精彩的人生。

庞传训 1947 年生，笔名：霞光。山东省梁山县人，大专学历。中医世家，中医执业医师。受父亲的影响，自幼酷爱书法，临摹颜真卿楷书及二王行书数遍。在李苦禅入室弟子刘月楼老师的指导下，从王羲之草诀歌到十七帖及孙过庭出书临摹百遍之多，怀素千字文自叙帖数遍，为写好行书及草书奠定了可靠的基础。追求浑然天成及大气磅礴之神韵。落笔收笔胸有成竹，全神贯注，一气呵成。现为水浒书画院理事，济宁市书协理事。2016 年革命先行者，纪念孙中山先生诞辰 150 周年全国中老年书法大赛荣获金奖，并授予“杰出华人书法家”荣誉称号。2016 年北京六艺嘉韵金奖，院士。

庞中华 四川达州市人。生于 1945 年，1965 年毕业于西南科技大学地质勘探专业。著名书法家、教育家和诗人，当代中国硬笔书法事业的主要开拓者。现任中国硬笔书法协会终身名誉主席，庞中华硬笔书法学院院长，曾当选为第八届全国政协委员。庞氏硬笔书法，清新秀逸，兼善各体，自成一家，被誉为“庞体”。他独创的“快乐立体教学法”享誉国内外。海内外舆论称他为“中国硬笔书法第一人”。

孟凡辉（钟之），1960 年 10 月生，中共党员，大专文化，现为个体劳动者。自幼喜爱文字、书法，近年来多次参加书法学习，参与赛事活动。

2015 年以来获全国“羲之杯”书法三等奖；全国“纪念世界反法西斯战争暨抗日战争胜利 70 周年”书法金奖，“德耀中华”最美书家书法金奖；并作为封面入编；全国“牢记历史 · 珍爱和平 · 振兴中华”书法金奖；全国“文艺复兴杯”诗文金奖；全国“当代名家名作金榜”金奖；全国“盛世中华·我的中国梦”书法金奖；全国“东方美”诗文银奖；中国文艺名家传世作品集诗文金奖等，入编十余部国家级书法、诗文赛事作品集。

寄语：我将秉持：情系家园，脚踏实地，不忘初心，继承传统，崇尚经典，顺应时代一路前行，为人、为字、为伟大祖国的复兴鼓与呼！

林智正 笔名锺源，1938 年 12 月 2 日生于福建长乐市梅花镇，中专学历，专职会计。本人好古敏思，兴趣广泛，喜欢文史，热爱阅读和诗词赋对，爱好乒乓球、篮球、象棋、音乐、戏曲、灯谜、旅游等。

现为中国楹联学会会员、中国楹联学会对联文化研究会研究员、北京华夏诗画院副研究员、被邀聘任中国文化艺术发展联合会副主席。2015 年 5 月授予“艺坛领袖人物”荣誉称号。并颁发奖牌与证书。作品陆续选登“福州古今楹联集萃”、“朱熹杯海内外征联撷英”、“新世纪对联大典”、“中国对联作品集 2012—2015 年卷”、“百年楹联精选”等一百多副。2016 年度被邀参加评选百名“华夏功勋人物”表彰活动与第二届“行业优秀专家学者”交流论坛，同时荣获“东方美”、“祖国好”大赛金奖，《中国文艺名家传世作品集》特等奖。

寄语：人活到老学到老，工作到老。做自己喜欢的事，博览群书最快乐。阅读能养心，可以怡神明智。书籍是朋友，也是通向实现梦想的桥梁。千万不要嫌迟，只要能坚持，有勇气就会有奇迹。

林法中 生于 1930 年 11 月，籍贯福建省福州市。1948 年 10 月加入中国共产党，并参加党领导的“骆驼社”，出版《骆驼月刊》，1949 年 8 月参加中国人民解放军第 31 军青年干部大队，11 月在解放厦门战斗中立三等功。厦门解放后部队即实行抗大式的军政训练。1950 年 10 月学习结业，分配到 91 师通讯连任文化教员，后又调 91 师速成小学，立四等功 3 次。1955 年转业调入福建师大学习，毕业后从事中学教育教学工作，1985 年 4 月参加福建省中学教育研究会，1988 年 5 月评为中学高级教师，1991 年 3 月在福州市闽侯二中离休，享受处级待遇。离休后在鼓楼区华大街道九彩社区义务 19 年。获奖作品有：与梁超浩、林士锋、陈良正、陈孟庄合写的《黎明前的呐喊》刊登在《福建党史月刊》2007 年第 5 期，与翁其华合写的《龙山兴胜迹浩气扬八闽》，刊登在《炎黄纵横》2013 年第 2 期；在建党 90 周年，福建省老干部局——“与党同呼吸、共命运、心连心”征文，所写《加入“骆驼社”迎接福州解放》获三等奖，并编入《党在我心中》征文优秀作品集中。2013 年 11 月加入福州市作家协会，2014

年“中国梦之路”征文,《革命战争的胜利是党的群众路线的胜利》获一等奖,载入《中国梦之路》。2014 年 12 月编写《红色记忆》一书 60 千字,由中共福州市委党史研究室《福州党史》编辑部主编。

2016 年“江山颂”——全国诗书画印大赛,诗作《感恩党我的母亲》获特等奖。最近所写《物华人杰出类拔萃》——古镇螺洲风物人文纪事,刊登在《炎黄纵横》2016 年第 10 期。

寄语:坚定理想信念,弘扬“滴水穿石”的实干精神,宣传党的优良传统。“不忘初心”增添正能量。苟利国家生死以,岂因福祸避趋之?

林伦 笔名静心,1947 年 12 月出生,福建云霄人,大学(中文专业)学历,云霄实验中学退休,中学高级教师,中国硬笔书法协会会员、福建省云霄县离退休教师协会秘书长、云霄县老年学学会理事、云霄县政协松洲学社副秘书长。

第五届“炎黄杯”国际诗书画印艺术大赛“金奖”;2016 年“东方美”全国诗联书画大赛“金奖”;第七届“羲之杯”全国诗书画家邀请赛“二等奖”;2016 年第六届全球华人华侨书画大赛“优秀奖”;吉尼斯千幅“茶”字书法征集暨《中国茶文化书画作品》邀请展“入围奖”。2016 年“江山颂”全国诗书画印大赛“一等奖”;第四届“伟人颂·中国梦”全国诗文书画大赛“二等奖”;第九届中国重阳书画展“入展”;第八届“祖国好”华语文学艺术大赛“金奖”;第六届“炎黄杯”国际诗书画印艺术大赛“金奖”;2016 全国企事业职工书画大赛“优秀奖”;2016 年第三届“翰墨九州”影印诗书画艺术作品大赛“优秀奖”;2016 第四届全国最有实力暨最有影响力书画大赛“优秀奖”;2016 年全国“健康老龄化”高峰论坛“优秀论文奖”;2016《中国文艺名家传世作品集》“特等奖”;第二届“和平颂·中华情”全国美术书法名家邀请展“金奖”;《中国时代文艺名家代表作典籍》入选;2016 年全国诗书画家创作年会“一等奖”。

寄语:中国书法,应从古今名家那里,悟其理、纵其神、得其志、净其心,然后才能形成独具个性的风采。而要做到软硬兼施、齐头并进,则应在流动的线条中,寻觅到硬笔书法的强度和力度,更要在线条流畅、婉转、柔和、飘逸,如行云流水的软笔书法中,让线条更坚挺,让软硬这一似不可调和的矛盾体,在笔下得到完美和谐的统一。软硬兼施,皆能形成秀雅、古拙、灵动、舒展的表现风格。

林良美 1929 年 11 月生,福建省南安市人,中共党员,高中毕业。退休公务员,省优秀党务工作者,省书协会员,省老年大学诗词学会会员。

2015—2016 年获奖作品有:诗歌:1. 纪念毛泽东同志诞辰 120 周年《时代伟人》,中国诗词最高奖毛泽东诗词奖典藏一等奖;2.《中外当代文学艺术家代表作全集》特等奖;3.第五届“炎黄杯”国际诗书画印艺术大赛金奖;4.“勿忘国耻·圆梦中华”纪念抗日战争胜利70周年全国诗词大赛特等奖;5.“江山颂”全国诗书画印大赛一等奖;6.纪念中国人民抗日战争暨世界反法西斯战争胜利70周年“世界和平文艺奖”;7.《光辉历程·时代画卷》全国特邀诗文书画名家精品大典最美诗歌奖;8.纪念孙中山诞辰150周年第四届“伟人颂·中国梦”全国诗文书画大赛一等奖;9.2016年“江山颂”全国诗书画印大赛一等奖;10.“党旗飘飘”全国书画摄影诗文艺术大赛银奖;11.《中国文艺名家传世作品集》特等奖;12.《中国时代文艺名家代表作典籍》全国文艺先进工作者。书法:《日出东方·中国毛泽东诗词书画作品典藏》金奖,中华德艺书画名家。

寄语:动笔悟道,随兴而作。

林晦安 湖北应城人,1926年生。幼时念私塾8年,大学念国文系,热爱古典文学和书法。离休后参加各种展赛,获金奖和各种“桂冠”很多。现在是:国家注册高级书法师、中国榜书家协会、中国书法家协会和中国书画家协会会员,湖北省老年书画研究会和孝感市老年书画研究会会员、沈阳艺海特级书法家。出版有《林晦安行草书法选》(2015文联出版社)。

寄语:严(严格、严谨、严密)于律己。宽(宽松、宽容、宽厚)以待人。尊重别人,就是尊重自己,帮助别人,不是为了回报。一个“热爱人民,关心人民,处处为人民着想;不求私利,廉洁自律;具有世界眼光,超前思想,纵横捭阖,游刃有余”的领袖,才是真正的人民领袖!

林萍 字堃生,生于1941年2月。山东日照人,中共党员,退休干部。书法从楷、行入手,兼习行草和硬笔书法。学生时代就非常喜爱毛笔书法,在书法老师指导下,临摹诸家碑帖;工作之余阅览多种书法艺术典籍和期刊,临池不辍。退休后在日照市老干部大学专修书法,书法技艺又有新的提高。作品曾在全国性书画大展赛及邀请赛中,多次获金奖、一等奖、特等奖等。现为日照市书协、日照市老年书画研究会、中国文人书法家协会、世界华人书画名家协会等会员、北京华夏国艺书画院、中国书画艺术科学院等院士、北京墨都书画院荣誉主席、国家一级书法师等。作品及资料已入编《中国记忆·当代书画艺术典藏》《中国书画展览年鉴》《民族魂·中国中老年书家名家作品典藏》《复兴之路·当代中国艺术成就展获奖精品集》《中华百年国粹》《中国书画百年》《百年联墨大典》《中华国粹人物年鉴》《中国兰亭诗书画大典》《中国时代文艺家名典》《中国当代书画名人档案》《中国草书选集》《中国行书选集》《中国书画家大辞典》《中国当代作家代表作文库》《紫光阁·国家名人录》《红色经典·纪念中国人民抗日战争暨世界反法西斯战争胜利70周年》《中国当代文学艺术精品大系》等40多部书画艺术藏典。被授予“上海世博会杰出书画名家”、“中国当代百位中老年优秀艺术家”、“中国书画百杰”、“国粹杯·中国实力派人民艺术家”、“中国百名国礼红瓷书法艺术名家”、“中国文艺创作先锋人物”、“当代中国艺术名家”等荣誉称号。

寄语:写好中国字,做一个中华国粹书法艺术优秀传承者。

罗海文 字贤国,江西南昌人。因门前有竹,号有竹斋主,毕业于清华大学美术学院中国书法研究生班。喜爱书法,一生在书海墨田中辛勤耕耘,临池不辍,几十年来,以历代名帖名碑为师,润墨习字,勤勉磨砺。书法作品参加全国比赛并多次入展、获奖。现为中国书法家协会会员、江西省书法家协会会员,中国人民艺术家协会会员,国家一级书画师,北京丹青堂书画艺术中心名誉主席。

书法作品参加全国书法比赛,并多次获奖入展。作品入编《中国篆书选集》《中国行书选集》,《中国历代书法家选集》等典籍,出版有《罗海文书法作品集》一书。被多家艺术团体分别聘请为签约书法家、高级书画师、理事,名誉院长等职。并授予“当代艺术名家”、“中国翰墨艺术精英”、“中国书画艺术名家”等荣誉称号。

寄语:书法是中华文化的艺术瑰宝,历代前贤留下的名帖名碑是我们学习的榜样。吾爱书法,一生临池不辍。古诗云:“丹青不知老将至,富贵于我如浮云”,我已退休,仍将继续努力,生命不止,奋斗不息,写出好的书法作品是我一生的追求。

罗纶 1955年12月出生,笔名云湖山人,湖南省湘潭市人。1985年毕业于湖南省轻工业学校美术专业,1991年毕业于湖南省工艺美术学院。现任湖南省民间艺术研究会常务理事。

2015年“一路春风一路歌”在湖南省级刊物《景天艺术》中发表,2016年在“大爱中华善行天下”首个“中华善行日”湖南慈善美术书画作品集中发表“马到成功”等作品,其中四幅作品,被湖南慈善总会收藏。

2016年全国美术书法名家邀请展中“草原之春”获银奖。2016年“魅力神州”全国诗书画名家作品邀请赛中获金奖。2016年“革命先行者”纪念孙中山先生诞辰150周年,全国中老年书画名家作品大赛中荣获金奖,并授予“杰出华人书画家”荣誉称号。2016年全国诗书画创作年会中获特等奖,并在《羲之书画报·诗书画家》中发表。

在长期的艺术生涯中执着专注,早期

主要从事西画，后期学习中国绘画。主攻：画马，闲暇时坚持出入马场写生，探究其运动规律，研究其结构动态。把西方的造型艺术和中国画的传统笔墨融入一体，创造出自己独特的画马风格。

寄语：本人坚信“一分耕耘一分收获”在未来的艺术道路上不断探求，认真学习，传承和弘扬中国传统绘画艺术，在中西结合的艺术道路上努力拼搏。

罗昌林 1948年9月15日出生，浙江省建德市人，文艺作品曾多次在全国性大赛中获奖，2016年入拍第二十届“中国当代实力派书画拍卖专场”，并被授予“2016·最具艺术市场投资人物”荣誉称号。

罗仁骅 1950年元月参加工作，中共党员。历任小学教员、中共湖南省委党校哲学教研室辅导员、基层供销社主任等职。毕业于耒阳师范学校，1991年退休后，参加耒阳市杜陵诗联学会及老年书画学会。作品曾多次获北京、湖南、衡阳、耒阳等地刊物的金奖和第一名。著有《春蚕集》《诗集》和《暮鸦集》画册。

寄语：出淤泥而不染，濯清涟而不妖。

罗秉旺 出生于1941年农历5月5日，壮族，广西凤山县人，中共党员，大专。曾在隆梅小学、凤山县中学、广西百色师范读书。1963年参加教师队伍，先后在隆梅附中、砦牙中学、凤山县教研室和凤山县中学从事英语教学。任教期间，到宜山师范、广西师院和上海技术师院学英语，参加南宁师院英语函授，并获得该院外语系发的毕业证书。1994年获中学高级教师职称。

2010年5月起，参加县、市、广西诗词协会，共写律诗300余首。在《凤岭诗苑》《金城诗词》《龙江诗联》《河池诗词》《同芳苑》《三门海》《八桂诗词》和《老年之音》发表律诗六十余首，有诗在凤山中亭、老里、八龙、凤山县中学《文泉》边、东兰县《感恩园》和穿龙岩等地刻碑。《忆故侣》《东兰隆奋游感》和《咏价值观》等五首律诗，获2015年度夕阳红兰亭文艺杯全国老年大学诗文大赛金奖。《红阳颂》《赞明君》《中国梦》《穿龙岩》《忆贤妻》等八首律诗，在诗词世界杯中华诗词大赛中获一等奖。参加2016年“东方美”全国诗联书画大赛，《为两岸领导人握手而作》律诗一首获金奖。《光辉历程》和《雄狮醒》等十五首诗在第十三届天籁杯中华诗词大赛中获精英金奖。《为两岸领导人握手而作》，2016年《中国文艺名家传世作品集》评审中，荣获特等奖。“漫游三门海”律诗一首刊登于《凤山人大》。2016 年江苏省常州市舣舟诗社举办的第四届传统诗词大赛中，《咏常州》七律一首，获入选作品。

寄语：一生中，影响我最深的名联是：做个好人心正身安魂梦稳；行些善事天知地鉴鬼神惊。常常萦绕脑中的四句话是：忠心献给国家，孝心献给父母，爱心献给社会，热心献给他人，信心留给自己。

罗昭培 罗华，字昭培，又名罗周昭培，笔名华培、甄颜、建晓、剑山逸叟等，别号綦南山人，网名白塔村夫，1944 年 12 月生，重庆綦江人，国防大学五年制本科毕业，1976 年 6 月加入中国共产党，1994 年 7 月提前病退，退休前任兵工企业处长兼基层党支书记 10 年余。后在重庆经济大辞典编委会任采编工作，在私立重庆华桦实验学校任物管处主任、基建工程施工管理、基建工程预结算等工作近 10 年。在企业工作期间，先后被评为企业优秀党员，优秀干部，优秀党务工作者，先进生产（工作）者，企业标兵，铜梁县园林绿化工作先进个人，重庆市城市房屋普查工作先进个人，西南兵工局优秀政研会员，国家机械委 8 号工程基建管理奖等。在华桦学校工作期间，曾多次被评为学校好干部，优秀党员等。从小就比较喜好近体诗词、对联和写作等，从上世纪 80 年代开始，积极参加两广、湖南、四川等地多家诗联社活动，先后加入中华诗词学会、四川省和中国楹联学会等会员；重庆市诗词学会第三届理事会理事；重庆市楹联学会第一届理事，第二届、第三届副会长；璧山区楹联学会第一届、第二届副会长，第三届副会长兼秘书长；璧山县金剑山诗书画社第六届理事会副秘书长，第七届副理事长兼秘书长，第八届、第九届顾问；重庆市工程师协会会刊《新晴诗词》编委，璧山《金剑山》季刊和《璧山楹联》年刊副主编；中国国家诗书画院高级研究员；曾为璧山区老年大学讲授近体诗词课等。已有许多诗词联、书法、摄影、论文等刊于上千种（部、期）书报刊，部分作品获奖或被多次选用。业绩入载许多部大型辞书。已编著出版有多卷集个人专著图书《坡顶创作选》。与友人合编有《秀璧雅韵 300 首》等图书多册。

寄语：笔蘸三江水，写天写地；胸怀四海情，抒爱抒憎。

金汉忠 讨斋人，出生于 1958 年 6 月 20 日，初中毕业，做过文艺宣传，21 岁之后一直是自由职业，是个团员（油漆装潢工）在工作中特别吸引我的就是人家的书法、油画、国画。然后自己自幼起到现在有空就沉浸在笔墨颜色中，但无长进，水平太浅。在 2014 年中国美术总评榜中为百强艺术家，2014 获全国草人杯作品展览书法优秀奖，作品被收藏。2015 年纪念抗战胜利 70 周年书法作品在全国百家邀请展中获二等奖。2016年国画在全国诗书画印大赛中获二等奖。2016年庆祝东坡书画院成立十五周年邀请展中书法一等奖。特授予“东坡书画院德艺双馨艺术家”称号。2016年国画获优秀奖被中国书画网络电视台收藏。

寄语:不断努力,向高师心学。墨笔志训到最后一息,前人继下去,后人才续来。

范曾 江苏省南通市人。中国当代著名学者、思想家、国学大师、书画巨匠、文艺家、散文家、哲学家、艺术理论家、美学家、历史学家、教育家、鉴赏家、杂学家、讲演家、社会活动家、慈善家、诗人。1955年入南开大学历史系,1957年入中央美术学院美术史系,一年后转入中国画系,1962年毕业;1962年至1978年供职于中国历史博物馆,创作历史画,研绘中国古代人物服饰史料;1978年至1984年任中央工艺美术学院副教授;1984年回南开大学组建东方艺术系并任教授,系主任。现为中国艺术研究院博士生导师、研究员,南开大学文学院终身教授,文学院、历史学院博士生导师,中国海洋大学人文社会科学研究院院长,山东大学特聘教授。著有《范曾诗稿》《庄子显灵记》《范曾的艺术》《范曾散文三十三篇》《老庄心解》《尊贤画集——范曾与八大山人神会》《大丈夫之词——范曾论文新作》等百余种。本人自评有24字:痴于绘画,能书,偶为辞章,颇抒己怀;好读书史,略通古今之变。

范文金 笔名一唱,晚成;生于1940年8月,四川荣县人,中共党员,大专学历。现任中国诗书画家网艺术家委员会副主席。

荣获盛世中华2010年时代文学家、筑梦中华2013年文艺创作人物,华语文学艺术百杰、中国夕阳红文艺模范、中华文化传承人物等光荣称号。

在2015年和2016年中,因赶定《范代家谱》《梦之旅》《报恩泉》和《荷花》等四本书,仅参赛三次。

2015年7月,以嵌名联五幅参赛获金奖;2016年6月以对联五幅参赛获金奖;同年秋以诗三首参赛获银奖。

苟国恩 1938年6月生,重庆市永川区人,高中,1956年4月参加工作,同年11月加入中国共产党。曾在永川区(县)供销社、商业局工作,任股长:在永川区新店乡任党委书记、宣传部干部干事,物价局党组书记、局长;永川区第十

一、十二届人大代表;同时任区第十一、十二届人大常委专职委员,分管财经工委工作。正处级职务。政工师、经济师,1999年12月退休。退休后,任永川关工委委员、永川区"红旗"、"胜利"、"南大街"小学校外德育辅导员、曾聘任永川供销社、统计局顾问;曾担任永川区老年书画研究会副秘书长;系永川区楹联学会、永川区诗词学会、重庆市诗词学会会员、国家级《诗刊》子曰诗社社员。2016年书法《使命》在"东方美"全国诗词书画大赛中荣获银奖;2016年10月"书法"作品获《中国文艺名家传世作品集》"金奖";2016年诗词作品《纪念中共建党95周年》荣获第八届"祖国好"华语文学艺术大赛"金奖"、并授予本人"中国华语文学艺术百杰"荣誉称号。

寄语:少壮不努力,老大徒伤悲。

郎慕中 上海人,1927年2月出生。曾任干部、高中语文教师、文学编辑。20世纪50年代开始纯文学小说创作,后热衷情节小说,著有中长篇小说《金三角毒枭》《谍海情波》《海盗》《刑警队长》《阴谋的漩涡》《劫机犯》《青山泪》《青鸟行动》;散文集:《青灯漫笔》(书)《虹霓漫笔》(电子书);纪实文学:《艾丽娜》《罗洪:一位摩写人生的真正小说家》《樱花泪》《叶辛印象》《一个律师的轨迹》《峥嵘岁月忆龚玫》《法国小姐的中国情》《一个刚烈的女子》《孤岛时期的杀人魔窟"贝公馆"》《当年缅泰边境的烽火岁月》等。现已转写散文、随笔、游记、历史小品。散文《梯与船》《风月沧桑》《武夷采风》《城市变奏曲》等作品曾被评为上海市、全国征文奖。责编的长篇情节小说,其中《迷宫》《母狼别墅》成为畅销书,受到读者欢迎好评。上海市作家协会会员、上海通俗文学协会会员。

郑中录 河南省太康县人。中原水东书画院会员、中国文化艺术研究会理事、台湾海峡两岸文化交流协会副主席。中国环艺书画展荣获"最佳风格"奖,作品编入"中国实力派名家"并出版。

2016年5月"东方美"全国诗联书画大赛中荣获"银奖",作品入编《东方美全国诗联书画作品集》;2016年6月,南京长江书画院"筑梦中国"书法大展中荣获"金奖",颁发"镀金金杯",并授予"当代中华文化名家"荣誉称号;2016年7月,中国诗书画网大赛中荣获"二等奖";2016年8月,"江山颂"全国诗书画印大赛中荣获"一等奖",颁发"镀金金盘",作品由平北抗日战争纪念馆收藏,颁发"收藏证书";2016年8月,中国国画院、全国书法美术家作品展中荣获"特别金奖",颁发"镀金金牌",并授予"全国艺术界名师大讲堂特邀主讲名师"荣誉称号,作品由中国国画院、三峡美术馆收藏。

2016年11月,东坡书画院全国书画展中荣获"二等奖",并授予"德艺双馨艺术家”荣誉称号。

自幼热爱祖国文化、酷爱书法、一生临池不辍。近几年,博览众家、犹挚于绘画(梅花字、竹叶字),擅长于榜书、草书。参加书画院6年,近两年多次参加全国的书法展、书画展等。荣获特大喜讯,不断飞来。作品编入典籍近20部。

郑则霖 1943年7月8日出生。中专毕业。现在福清市老年大学古典诗词学会。中共党员,2003年7月从玉林小学退休。退休前任玉林小学校行政领导小组分管德育主任。兼任校总务主任、教研组长、班主任等职。退休后续教、无偿支教多年,计从教48年小语一级职称。多次评上市、镇学区优秀教师;多次选上党代表,工会代表;多次获得小学生作文比赛优秀辅导奖。2004年4月获聘青岛市成功少年文艺中心编委会特邀编委。2008年获共青团福清市委、市教育局、市少工委颁发“优秀辅导员”奖。2016年11月获“中国文艺名家传世作品集”特等奖。本人著作在省级发表多篇,市老年大学及融川诗潮发表古诗50多篇。近作“茶园诗词”九章三百首即将脱稿。本人坚持助人为乐,尽已之力帮人,也曾以微薄之力从1992——2012年计20年间(建校、村、路、助学等公益事业)无偿捐款壹拾万元。

寄语:本人认为,信心永远是实现崇高理想前奏,在人生征途上必须永远充满必胜信心。在处世为人尽量做到积善扬德,始终认为上善若水,厚德载物。百善孝为先。应知人头之上有神灵,平生不做亏心事,夜半敲门心不惊。善有善报,恶有恶报,只是时间迟早。

郑忠华 又名中华,笔名山人,1971年4月生,杭州建德人。现为中国书画家协会副会长、中国书法家研究协会副主席、中国书法家协会会员、中国硬笔书法协会会员、中国人民美术家协会副主席、中国收藏协会副主席、香港国际华人书画家协会副主席兼浙江省分会会长、香港书画艺术中心特约书法家、香港国际华人书画家协会上海培训中心客座教授、中国硬协教育委员会浙江委员会委员、世纪百家国际文化发展中心研究员、中国剑光书画院理事、中华名家艺术馆馆长、中国翰林院书画家协会会员、浙江省硬笔书法家协会会员。其书法作品多次荣获全国大赛金奖。2014年荣膺“中华知名专家”荣誉称号,被授予“中国艺术人才”称号、“中国梦优秀艺术家”荣誉称号、荣获“当代硬坛最具实力书法家”荣誉称号和“中国书画名家”荣誉称号,2016年被授予“中国文化传播大使”荣誉称号。连续荣获2013、2014、2015、2016全国书画500强。

书法作品及传略入编《“盛世中国”书画界最具贡献人物献礼65周年》《2014年中国美术书法人物年鉴》《中国当代硬笔书坛名家大典》《走进艺术大

师》《全国诗文书画作品选集》《新中国66周年文艺名家名典》等。

自2014年开始,《中国书法家网》《中国美术家网》《人民美术网》《中国网》等各大新闻网络媒体争相转载报道其创作事迹。2015年1月为武汉科技大学城市学院《凌云报》创刊题词,5月30日,在北京钓鱼台国宾馆参加第六届"羲之杯"诗书画邀请赛颁奖大会。2016年书法作品入编《中国名片——一带一路》邮票、庆祝中国共产党成立95周年《时代先锋》邮票、《华夏情·中国梦》邮票及明信片、2017中国书法名家明信片、2017年《金鸡报晓》台历。书法作品已通过各省市代理商流通到全国各地及海外市场。

郑永泉 字思源,广东陆丰市人。1960年高中毕业,小学退休高级教师,教导主任。陆丰诗社理事、中华诗词会员、首届中华一级诗人、中国诗词家协会名誉会长。其作品在第四届"全国诗词年度北京峰会"征稿大赛中获一等奖;2014年"东方美"全国诗联书画大赛中作品"赞农田免税并补款"获金奖,并参加了北京钓鱼台国宾馆颁奖大会;《首届中华诗人国庆之旅作品选》征稿评选中获金奖;2015年"东方美"诗联书画大赛中作品"山乡行"再获金奖;第四届"时代颂歌"全国诗书画影作品大赛"忆当年整治螺河"获一等奖。《国学全书》《世界华人作家辞典》《当代国家艺术名家经典》等入编作品被评金奖,华人杰出成就奖,并授予"当代一级作家"荣誉称号。汕尾市日报栏目《诗颂农家新变化》曾专题报道。

郑代源 1936年4月生,广东阳江市人,中共党员,阳西县档案局副局长,1999年9月退休,诗联书文爱好者。曾参加中国书画函授大学阳西县分校、阳江市分校各学习两年,均毕业。中国楹联学会会员。2015年获世界和平文艺奖,金猴奖等;2016年获十大爱国爱军艺术家、实干楷模、全国当代诗联名家、中国当代百名艺术家、首届国际文化艺术金马奖——华人文学艺术奖金奖,东方之子·人民最喜爱的金奖艺术家、国学六大名家、文学艺术先行者、十大殿堂级艺术家、国家文化输出战略形象大使、出彩中国诗人传播大使、中国长征文化艺术奖金奖、耕耘奖最高荣誉奖、一带一路·世界文化贡献人物、当代优秀中华诗人、中华百业文化形象大使、中华名人、入编新版世界名人录、世界和平的维护者、首届中国国学奖——创作成果类金奖、吟坛泰斗·当代诗圣、中国艺术贡献奖·终身成就奖等。(2008年也曾入编新版世界名人录)。拟出版《小杂汇》的诗词联书文等方面内容的集子。

寄语:1. 愿中华文化艺术在全世界枝繁叶茂,百花绽放,硕果累累;2. 勤学勤工勤创作,爱家爱国爱人民;3. 人们的生产、

生活和社会现状等都是创作的源泉；4.歌颂虔诚真美善；针对贪伪丑恶；5.写作要跟时代的脉搏，平白易懂大众化，勿忌隐晦深奥，让人看不懂。

郑振乾 1929年3月出生，浙江省江山市人，笔名蓝天、白云、白帆、江山，系中共金华市委党校副研究员，中共党员（1953年8月入党），原《金华党校学刊》主编和金华市新四军研究会《婺州风云》会刊副主编。现为金华市作家协会、中国散文学会、中国纪实文学研究会、中国延安文艺学会会员，中国国际文艺家协会博学会员。《世界文艺》杂志驻地记者，《文学世界》杂志专栏作家，《共和国骄子》大型丛书聘任常务编委，《中国和谐之声》杂志编委会顾问，《文化人物》杂志终身荣誉主席，英国皇家艺术研究院敦聘荣誉院士和客座教授等。

与人合作出版有《300名作家文学青年的写作心声》（冰心写书名，郑振乾致函敬请臧克家写了序。郑振乾任该书第一副主编。1990年2月由安徽文艺出版社出版一万册），《历代名人咏金华》（上册）（郑振乾受金华市文联主席王晓明之邀，用半年时间，在家中编成此书，郑振乾任该书执行副主编，由中宣部副部长、文化部代部长贺敬之写书名、中国作协副主席、浙江省作协主席黄亚洲写序，2005年9月由浙江大学出版社出版）等10部书。文学作品全国获奖20多篇，其中一等奖8篇（包括国际金奖、特等奖、金奖），二等奖两篇（小说、散文各1篇），三等奖4篇，优秀佳作奖多篇。

书法：从2009年至2016年，受邀应征6次，均获金奖（包括特等奖、特别金奖）其中第5次应征书法："崛起中国永不称霸，中国人民珍爱和平"于2015年9月在纽约联合国总部庆祝联合国成立70周年书画展展出，受到联合国官员兼联合国中国书会会长温学军的大为赞赏，他说：郑振乾的书法"作品笔精墨妙，自成一家，讴歌了主旋律，弘扬了正能量，充分体现了博大精深的中国传统书画艺术，深受国外专家和业内同仁的认可"。

先后被授予"品识双馨才华人物"（《人民日报》海外版《书与人生》栏目编辑部）"特提名为构建和谐社会、中华民族知名作家""中国文艺终身成就艺术家""当代中国艺术名家""中国实力派人民艺术家""中国文化和平大使""世界和平艺术大师""中国当代最具收藏价值书画家""复兴中华杰出文化大家"等荣誉称号。

寄语："热爱真善美，痛恨假丑恶，一生伸正义，为人解忧悬"。"一个人的生命是有限的，生老病死是客观规律，任何人都无法抗拒，因此我们说，时间就是生命，在有限的时间里，脚踏实地，为社会为人类多做点有益的事是人生最有意义的"。"诚信是做人、交友之本，不讲诚信，则丧失自己之人格，失去朋友也"。"文品人品，人品为先；言行一致，文人根本；面对现实，敢于写真；激浊扬清，促人奋进"。

九画

侯天庆 1945年7月生，江苏无锡人，祖籍安徽滁州。在职研究生文化程度。中国散文学会写作中心创作员、中华诗词学会会员、北京写作学会诗书画委员会研究员、（原）中国管理科学研究院特约研究员。

一、论文和著作

《浅议诗词吟唱挖掘、保护和传承》刊登于2008年全国第二十二届中华诗词研讨会优秀论文集。中华诗词网转载；《浅议夏承焘先生有词学成就》刊登2010年全国第二十四届中华诗词研讨会优秀论文集。中华诗词网和国内其他诗刊转载；《对十老诗选的美学欣赏》刊登2011年全国二十五届中华诗词研讨会论文集；《浅议诗词韵书越千年》刊登2014年全国诗词网，文章作为学术资料被多位学者采用。2015年山西太原理工大学史文山教授公开表明，其《中国古代诗词曲韵书100种》是根据侯天庆《浅议诗词韵书越千年》文章，进行修改和整理而重新定稿的。

二、诗词作品

诗词作品从2010年起陆续被《中华诗词》《诗词世界》、山西武邑诗刊、浙江雁荡诗刊、晋韵诗词、东北关东诗词网等诗词媒体采用；2010年《樵夫吟草》诗集出版。《樵夫吟唱》（樵夫吟草序）和作品，被江浙沪多家诗社、诗词班和书法班作为辅助教材。

三、诗词作品获奖情况

2010年荣获第八届“中华颂”全国文学艺术大赛一等奖；2014年荣获《中国当代作家书画代表作文库》特等奖；2014年荣获第六届“祖国好”华语文学艺术大赛金奖，授予“当代华语文学艺术百杰”荣誉称号；2015年荣获第四届“时代颂歌”全国诗书画影大赛一等奖，授予“全国诗书画影时代百杰”荣誉称号；2016年荣获

《中国当代文学艺术精品大系》特等奖，授予"中国文艺创作先锋人物"荣誉称号；2016年荣获《中国当代文艺名家金榜集》金奖。

四、待梓作品

中篇散文《严家桥》；赋体文《樵夫吟唱》修改版；赋体文《三里桥》；散文诗《我的梦》；五言排律《我的愿》；散文诗《江南雨》21阕；七言古风长诗《同学情》12阕。

寄语：以诗会友，以文结谊。传承和发扬中华传统文化为己任，广结天下同道之士，切磋古音韵文化精华。

荔效伍 生于1966年10月，甘肃省庆阳市宁县人。2016年对联习作荣获2016"东方美"全国诗联书画大赛银奖，《中国文艺名家传世作品集》金奖。

我母生前画荻垂训，催我耕读为乐，教我淡泊处世。看到我的作品终于被文化界认可，庆幸自己平生心血浇出一果。而今她老人家仙逝，我很悲哀，但她的精神永远是我蓬勃向上的动力。

寄语：休将善心扶狼性，且训雄狮护羊群。冷眼向阳看世界，热血倾注追梦人。

侯文昉 1934年生，陕西周至人，1953年毕业于天水军校。中共党员，工程师，曾任铜川市市志编委。诗词作品入编《中国当代文艺名家名作金榜集》《中国文艺名家传世作品集》《中国时代文艺名家代表作典籍》等30余部诗词集。楹联作品入编《中国古今楹联选集》《中国楹联年鉴》《中国楹联家大辞典》等多部楹联典籍。书法作品入编《中国历代书法家选集》《中国二十世纪美术人物图典》《中国知名书画家收藏宝典》等40多余部书画典籍。2015年书法作品参加永远的旗帜——全国书画名家作品大展获金奖；参加中国书画名家意大利米兰国际交流展获金奖；诗词作品2016年在"江山颂"全国诗联书画印大赛中获一等奖；在"东方美"全国诗书画大赛中获金奖。被授予"2016年全国文艺先进工作者"称号。

封锦湘 字若水，衡水市人，1946年10月出生于河北省武强县。中共党员，大专学历，退休前为河北省衡水市工商行政管理局科长。现为中国民间书画研究会会员，河北省书法家协会会员，中国国际书法艺术家协会会员，衡水市文学联合会会员，衡水市书法家协会会员。本人自幼酷爱书法，熟练各种美体。部队转业后，着重研习"二王"、怀素、孙过庭及当代名家草书字帖，师古参今，博采众长，在草书发展上有深厚基础。书法特点：笔势流畅，雄浑坚劲，奔腾激放，气韵生动。书写中追求大气磅礴，自由狂放，行云流水，一气贯成。草书作品获2015年"第五届"中国民间书画大赛优秀奖；2016年"东方美"全国诗联书画大赛金奖;“江山颂”全国诗书画印大赛一等奖;第二届“和平颂·中华情”全国美术书法名家邀请展金奖;中国文艺名家创作论坛及《中国文艺家传世作品集》特等奖;第三届中国国际书法大赛佳作奖,并授予“中国国际书法艺术家”荣誉称号。

寄语:本人自幼喜欢书法,酷爱草书。虽无拜师求艺,入校深造,但诸多古今书法名家一直是我崇拜和励志的老师。我虽已年越古稀,但追求书法上的真善美,是我人生中最大的乐趣。“老骥伏枥,志在千里,烈士暮年,壮心不已”。书法路上,不求最好,但求更好,艺无止境,永不满足。

恽震世 1940年9月出生,籍贯江苏常州。大专学历,中共党员。1955年10月在纪念长征胜利20周年之际,以“震世”笔名在报纸杂志上发表歌颂“长征”的诗文(震撼世界的壮举——长征),后笔名作名字沿用至今。1962年国家三年经济困难时期,大学停办回家务农。任基层干部,1964年4月抽调省社教工作队任组长、工作队副队长。1967年2月回乡任大队副书记、革委会副主任。1971年12月进入教师队伍任初三语文、政治教师。曾抽调武进县征兵办公室任秘书三年,镇党校、成校校长多年。退休后任武进区南夏街道离退休二支部书记。平生爱好业余创作,在地方、中央等报纸杂志上发表诗文2000余首(篇)。近几年在“中华诗词”、“华夏情”、“炎黄杯”、“东方美”、“祖国好”、“中国梦”等大赛中获得特等奖、金奖、一等奖50多次。担任地方群众文艺团体理事多处。应邀为群众写诗、词、赋、联闻名当地。

寄语:1.追随人民脚步,走出方寸天地,阅尽大千世界,心随人民跳动,写出心底乾坤,服务人民百姓。2.丈五高楼撑得起一轮月色;万千翰笔写不尽五洲风云。3.诗堪入画方称妙;人到执求乃是真。砚涵云海;笔舞龙蛇;发挥正能量。

贺敬之 1924年生,山东峄县人,著名诗人和剧作家。1942年毕业于延安鲁艺文学系。历任鲁艺文工团创作组成员,华北联大文学院教师,中央戏剧学院创作室主任,《人民日报》文艺部副主任,文化部副部长兼文学艺术研究院院长,中共中央宣传部副部长,文化部代部长。中国文联第四届委员,中国作家协会第一、二、三、四届理事及第三届副主席、书记处书记、第五届名誉副主席,中国戏剧家协会第三、四届常务理事,中共第十二、十三届中央委员,全国第七届人大常委。40年代开始发表作品,1945年和丁毅执笔集体创作我国第一部新歌剧《白毛女》,获1951年斯大林文学奖。著有诗集《放歌集》《贺敬之诗选》《贺敬之文艺论集》《朝阳花开》《回答今日的世界》,长诗《回延安》《放声歌唱》《雷锋之歌》《中国的十月》《三门峡——梳妆台》等。

贺海龙 1973年3月生,祖籍安徽宿松,中共党员,大学本科,现任上海市司法局主任科员。

从小爱好文化艺术,毕业于艺术专业,现为上海市市级机关合唱团成员,平素爱好书法艺术,2015—2016年曾先后参加“东方美”全国诗联书画大赛,荣获银奖。参加“江山颂”全国诗书画印大赛,荣获一等奖。参加第八届“祖国好”华语文学艺术大赛,荣获金奖。作品被北京平北抗日战争纪念馆收藏。

寄语:孔子曰:“生而不有,为而不恃,长而不宰,是为玄德”,做一个有“玄德”的人,追求人生的品味、道德、崇法尚德,笃学博思;追求人生高、雅、美、上等艺术境界与思想信仰,“真、善、美”是我一生的信奉原则,不活在别人的观念里,在艺术和生活的领域里,勇敢地去追随自己的心灵与直觉。

赵大年 满族,北京人。1949年参军,历任文工团员、文化教员。专业作家,北京作家协会理事、副主席。中国作家协会会员,中国电影艺术家协会会员,中国少数民族作家学会副会长。著有长篇小说《大撤退》《九重天》等6部;中篇小说《公主的女儿》《二七八团》《青果黄花》等20部;短篇小说集和散文集《紫墙》《西三旗》等6部;电影《车水马龙》《琴童》《玉色蝴蝶》等7部;电视剧《皇城根》(合作)等100余集。多部作品获全国和报刊文学奖。被译成英、法、日、韩文在国外出版、发表。是著名的京味小说家。日本出版的《现代世界文学全集》单设一章评介其描写满族生活的多篇作品。

赵友廷 1950年11月生,山西平陆县曹川镇头村人,中共党员,大专学历。曾任中共平陆县委政研室主任、县委办主任、县委统战部部长、县政协副主席,中教一级职称,2011年1月退休。2012年至今任县党建研究会会长、运城市党建研究会理事,中国散文学会会员。

曾在《人民日报》《光明日报》《体育报》《内部参考》《山西日报》《山西教育》《山西卫生报》《山西红小兵》《运城日报》《运城拼音报》《河东文学》《山西人民广播电台》发表和播出文章1000余篇。曾撰写:《华工娇子——周彦华》通讯,收入全国《农民企业家》一书;《林海荡金舟》通讯,收入全国《来自改革开放第一线的报告》一书;《母爱之光》散文,获全国亲情征文大赛二等奖,并收入《亲情征文集》一书;《苹果生产的灿烂前景》调研报告,获山西省政研系统评比三等奖;《娘的书儿的梦》散文,获运城市征文大赛三等奖,并收入《我读书我快乐》一书;《应当重视山区人民吃水问题》和《用花香和绿色为运城添彩》的提案,获运城市政协优秀提案奖;著《血泪凝铸的回忆》一书,全部赠予社会各界和部分中学师生。

寄语:时代之声在飞扬,圆梦之火在燃烧。我们的生活风景这边独好，事业风景空前独好，未来风景会越来越好。我们应当践行昨天不忘记，今天倍珍惜，初心不忘记，圆梦更努力。我们这代人，信仰是崇高的、坚定的；我们这代人，使命是光荣的、神圣的。

赵守野 1965年出生，浙江温岭人，字贤蛟。道不远人，紫莲山书院执行者、中国书法艺术家协会会员、世纪百家文化发展中心理事、湖南邵东县书协会员。自幼酷爱书画，初习颜真卿、欧阳询、柳公权书体，80年代开始专研草书，拜帖于二王、米芾、权素、张旭、沈鹏等名家，作品曾多次获奖，出版。入编《世界书法文化艺术大展作品集》《东方美全国书画作品集》，其作品被国内诸多艺术爱好者收藏。

赵广献 1955年1月出生，籍贯山东，退休公务员，摄影高级职称。2015—2016年，荣获“中国文艺创作最高成就奖”、“中国十大优秀文艺创作者”、“全国德艺双馨艺术家”、“非物质文化遗产传承人物”、“中国文化艺术类终身成就奖——金奖”、“金莲花艺术奖·摄影类创作金奖”、“国际和平艺术家”、“中国艺术终身成就奖”、“中国艺术特别成就奖”、“国家文化传承贡献奖”、“金猴杯最高成就奖·金奖”、“十大军民艺术家”、“国艺兰亭奖·终身成就奖”、“十大爱国爱军艺术家”、“中国艺术金马奖”、“中国艺术金像奖”等荣誉称号。同时出版发行了个人摄影专集《佐山摄像》《国家文艺名人专访特刊》《国家文化人物》。现为中国艺术摄影家协会会员、中国文学艺术工作者联合会副主席、国家一级摄影家、世纪百家国际文化发展中心研究员、中国文艺家联合会副主席。

寄语：热爱民族民间文化艺术，强调“天人合一”，人与自然的和谐。创造完美，追求快乐。

赵庆春 自幼酷爱书法艺术，几十年来从未停止过对书法艺术的追求。经过一段学习，90年代先后毕业于天津茂林书法学院、河南省书法函授院，退休后又加入河南省老年书法院习书三年。初习欧柳，后改二王，近习于友仁草书，比较熟练掌握楷、行、草、隶、篆各体。作品多次参加国内外大型书法大赛，许多作品荣获等级奖，多次被艺术机构收藏。1993年中国当代名家书画国际大赛荣获金奖，作品7月在美国纽约孔府大厦展出。爱克发华人硬笔书法艺术中国展，被选入北京民族文化宫开幕首展并赴香港、台湾、泰国、加拿大等地巡展，许多佳作还赴日本、新加坡、欧美巡展。1998年国际现代名家书画大画册被评为金奖，近年来荣获等级奖，各项荣誉更多，如：北京华夏雅风书画院等单位联合授予“中国影响力当代书法美术人物100家”荣誉称号。北京军天书画院辉煌65载荣获金奖并授予“中华功勋书画家”荣誉称号，曾被多个艺术机构聘请，特别被长沙墨苑书画院聘任为名誉院长，被中国书画学会选拔为副主席，担任北京华夏兰亭书画院院士等职。

佳作入专集《国际现代书法集》《国际著名硬笔书法家作品集》《跨世纪中国艺坛奇才》，建国60周年大型书画集《祖国颂》等10多本。现为郑州市、河南省书协会员，中华书法艺术研究会会员，世界高级硬笔书法艺术家。

寄语：耕耘七十秋，桃李竞风流，翰墨伴一生，书魂大世家。

赵俊双 笔名寒松，主要作品(获奖情况)：2016年10月在《中国文艺名家传世作品集》评审中荣获金奖。2016年5月“东方美”全国诗联书画大赛金奖。2016年“江山颂”全国诗书画印大赛获一等奖。2015年9月“和平颂·中华情”全国美术书法百家邀请展获一等奖。平北抗日战争纪念馆收藏了2016年“江山颂”全国诗书画印获奖作品。2016年9月入围纪念中国共产党成立95周年暨辽宁美协成立60周年美术作品展。作品2016年荣获第二届“和平颂·中华情”国展金奖。作品《乡土》入展国家卫生部老干部书画展优秀奖。作品《早春》荣获“世纪经典”国画大赛一等奖。《江南春雨》荣获庆祝中华人民共和国成立60周年金奖。作品《竹形》参加了国家税务书画展并获奖。

寄语：人生格言：莫急，30年河东30年河西；火上房也莫急，因为你无能为力，急又何用。不如顺其自然，自然有道，道法自然，所以，自然而然，长寿之道也。

赵鸿德 1940年1月出生，祖籍河北。燕赵后人，彭城学士，中共党员，大学本科学历，高级工程师。1963年7月北京钢铁学院毕业。2000年2月于徐州钢铁总厂冶金工业设计室退休。自幼酷爱书画艺术并受过良好家教。退休16年来专心从事学习、研究和创作，成绩斐然。

2016年获奖情况摘要如下：首届“万福杯”迎新春全国书画大赛，以“奋发图强，振兴中华”荣获一等奖，作品被收藏。“东方美”全国诗联书画大赛，以“同歌东方美，共筑中国梦”获银奖。第七届“羲之杯”以《书圣王羲之》获二等奖。第六届“炎黄杯”国际诗书画印艺术大赛以“不忘初心，砥柱中流”获银奖。第八届“祖国好”华语艺术大赛以“同歌祖国好，共圆中国梦”获银奖并被授予“中国华语文学艺术百杰”荣誉称号。第二届“和平颂·中华情”全国美术书法名家邀请展以“己所不欲,勿施于人”获银奖。2016年全国诗书画家创作年会,以“不忘初心,继续前进”获三等奖。“书圣王羲之”入选收录《中国时代文艺名家代表作典籍》。“同歌东方美,共筑中国梦”获金奖并入选《中国文艺名家传世作品集》。

寄语:书山有路勤为径,学海无涯苦作舟。活到老,学到老,工作到老,为祖国社会主义文艺事业大发展,大繁荣努力做贡献!

赵宏欣 1963年3月出生,河南省洛阳市人。中共党员,本科学历。现任河南省宜阳县工商行政管理局办公室主任。系河南省作家协会会员,中国诗歌学会会员,洛阳市作家协会理事,宜阳县作家协会主席,宜阳县政协委员。

1984年在山东《枣庄日报》发表小说处女作《山村轶事》和在《洛神》发表诗歌处女作《哦,花椒香》步入文坛,至今在全国数十家报刊发表中短篇小说及小小说作品百余篇和诗作百余首。短篇小说《热爱北京》获第二届“河南省五四文艺奖”银奖。中篇小说《双升》荣获《小说选刊》首届全国小说笔会征文三等奖。中篇小说《风吹米兰折》荣获《小说选刊》第二届全国小说笔会优秀作品中篇小说类三等奖。中篇小说《红土》荣获首届“2012全国散文、中短篇小说”年度评选中篇小说类一等奖。小小说《斗狗》荣获第九届全国微型小说(小小说)年度评选三等奖。小小说《约会》荣获首届“奥德曼红酒杯”全国暨海外华人小小说大奖赛优秀奖。散文《神灯》荣获《散文选刊》全国散文奖三等奖。诗歌《梦见一朵唐朝的牡丹》荣获由洛阳市人民政府与中国诗歌学会共同举办的全国牡丹诗词大赛二等奖等30余项国家、省、市重要奖项。另有数十篇小小说被《小小说选刊》《儿童文学》《青年博览》《红豆》《特别关注·爱你》《百花园·小小说原创版》《牡丹》等数十家刊物发表和转载,50余篇小小说被选入多种年选、名家排行榜和中考、高中语文试卷。

著有中短篇小说集《红土》、小小说集《斗狗》、诗集《心灵放歌》《拥抱太阳》和李贺生平传记史诗《李贺歌传》。

郝玉平 1941年出生于安徽阜阳市。1961年8月入伍,武警总队服役,历任战士、班长、排长。1970年复员回家,先后担任过仓库管理员、分厂厂长,厂党委办公室主任职务。其作品多次在老年大学展出。2013年起先后参加湖南长沙中国书法名家毛泽东诗词作品选集,安徽合肥二十三届“中华杯”、北京“中华夕阳文艺杯”、“北京翰林国尚文化艺术发展中心”等单位举办的大赛中,均获得很高的荣誉称号,2017年元月4日批准为安徽省老年书画联谊会会员。

郝志 生命长短随自然，不义之事绝不沾。荣辱廉耻记心间，不争不比心恬淡。知足常乐心情喜，人生烈火燃暮年。夕阳光辉照征程，桑榆暮景晚节健。缅怀先烈忆忠骨，不忘初心效先贤。忆往昔峥嵘岁月，话今朝小康梦圆。二春余热映心田，听党指挥永向前。

寄语：遵党教导，好自修身。豪情壮志，忠贞做人。凝心聚力，继往创新。传代之风，爱国之本。

郝正刚 笔名墨茗棋妙。1970 年出生于辽宁省大连庄河市。现供职于庄河市公路管理段，中共党员。辽宁省大连市楹联家协会会员；辽宁省庄河市书法家协会会员；中国翰林书画院大连分院顾问。

2016 年“东方美”全国诗联书画大赛银奖；2016 年“江山颂”全国诗书画印大赛二等奖；2016 年“中国文艺名家传世作品集”金奖；2016 年“长征·永远的丰碑”——隆重纪念中国工农红军长征胜利八十周年全国书画作品创作大赛一等奖；2016 年“纪念红军长征胜利八十周年全国诗词书画摄影作品大赛”金奖。2016 年“弘扬长征精神·决胜全面小康”——大连市纪念中国工农红军长征胜利 80 周年诗词征集活动二等奖。2016 年“诗韵荷香”中华荷花诗词创作活动创作奖。诗词作品入编《中华诗人年鉴》(2015—2016)《中国吟坛名家影像大典》；诗联散见《诗词月刊》《大连日报》《大连楹联》《地铁时报》《庄河记忆》《冰峪》《庄河报》《红崖艺苑诗社》《竹韵清幽》等杂志、报刊与微刊。

郝铭庆 1973 年生，初中文化，农民，诗人书法家。曾获《青年歌声》第三届歌词歌曲创作大赛歌词二、三等奖，诗词、诗歌入编《中华腾龙当代诗词大观》(2005 年卷)、书法作品入编《东方美全国诗联书画作品集》《羲之杯全国诗书画家精品集》《炎黄杯诗书画印艺术精品集》《祖国好华语文学艺术典藏》《书画梦·羲之杯中国书画名家作品集》《2015 年中国当代文艺名家金榜集》。2015、2016 年书法作品获“东方美”银奖；2015 年书法、2016 年诗词获“祖国好”金奖；“和平颂·中华情”获书法二等奖；“江山颂”获书法一等奖；“时代颂歌”书法获二等奖。2015“书画梦·羲之杯”纪念抗战暨世界反法西斯战争胜利 70 周年全国邀请展书法获“银奖”；2015 年“中国当代文艺名家金榜集”获书法金奖；“羲之杯”全国诗画家邀请展书法获 2015 年二等奖，2016 年一等奖；第五届“炎黄杯”国际诗书画印艺术大赛书法金奖；2015 年全国诗书画家创作年会书法二等奖；2016 年“伟人颂·中国梦”诗文书画大赛书法三等奖；第三届"中华腾龙"诗文书画大赛书法二等奖。并授予2015年"时代百杰""中国当代杰出艺术家"荣誉称号;2016年"全国文艺先进工作者"荣誉称号。

寄语:生活的道路就如同一道彩虹,有时会让人感觉很迷人想像,因为它是一幅画。

郝鹏起 1933年8月生,山东单县人。山东省潍坊市人民医院临床药学药物研究室主任药师、临床药学教授,发表论文240余篇,出版著作9部,填补国内空白3项,并获国家银奖,入编《当代中国科学家与发明家辞典》《世界名人录》等几十部典籍。诗词爱好者。诗词作品发表在《人生格言经典》《人民的胜利正义的胜利》《中华爱国人士名言录》《胜利之歌》《中华精英格言名典》《永葆共产党人先进本色·诗词集》《永葆共产党人先进本色·名言集》《时代的强音——为中国加油》(奥运寄语)《时代的强音——为中国加油》(红色诗选)《共和国建设者智慧格言宝典》《八荣八耻箴言录》《全国优秀诗词集》《全国优秀格言集》《中华当代美德诗选》《精彩中国·诗词艺术卷》《精彩中国·格言艺术卷》《奥运之歌诗词卷》《中华精英颂歌贺盛世》《中华精英盛世感言录》《中外哲理名言》《中华名人格言》《中国当代诗词格言名家博览》《当代颂诗大典》《情系中华——世界杰出华人先锋榜》《永恒的光芒——古今中外名家语录精编》《永恒的光——全球优秀华人诗歌颂典》以及《华夏医魂·华夏名医风采卷》《百年中华——共和国主流人物盛典》《世界优秀专家人才名典》《感动中国文化人物》《中国崛起·共和国建设专家铭鉴》《我们的队伍向太阳》等。擅长诗词艺术的研究、探索与创作,注重深入实际感悟人生。

寄语:幼年随父抗日忙,幸运受到党培养。开国将士风云录,教业执著展辉煌。改革开放献身心,临床药学获银奖。国际成就首创者,国家省市都表彰。

离休之后献余热,诗词格言中外扬。中华百年又丰收,感动中国感动党。世界人物辞海至,杰出国学金匾奖。夕阳金辉与时进,如意如愿慰炎黄。

钟良倡 69岁,江西省瑞金市人。一生好学上进,尤其爱好书法、美术、诗词、楹联。无奈家境贫寒一路坎坷,终于在1966年,初中毕业后失考回乡务农。村中贤达之长辈悉知我对农村社交礼节略知一二,就推荐我去为乡村百姓操办红白喜事为职,就一直到现在古稀后还未退班。当然还未到花甲期间,从而对诗联这方面的知识已上瘾入迷。故先后在《嘤鸣百韵》《中国八大法定节日对联集锦》《中国通用行业对联汇编本》《中国楹联大辞典》《中国古今楹联墨迹》《中国楹联家大观》《中国古今楹联选集》等书上发表作品。特别是在《东方美》全国诗联大赛,《纪念红军长征胜利八十周年》和《中国文艺名家传世作品集》当中连续获金奖、银奖、特等奖。中国楹联学会会员。

寄语:年青甘当作田佬,夕阳誓为文艺家。

钟灿华 1944年11月生于江西赣州。中共党员。1969年7月毕业于北京师范大学中文系。先是担任中学语文教师,后从事新闻记者、编辑工作,主任编辑。2004年开始中国古典诗词研究与写作。陆续在国内刊物上发表过散文、通讯、诗词等作品。系中国广播电视学会会员,中国电视艺术家协会会员,北京世纪百家国际文化发展中心研究员,诗刊子曰诗社社员,赣南诗词楹联学会会员。出版方面:任《中国诗词著作家金榜集》名誉主编、《中国梦践行者·中华诗经》名誉主编。先后还聘为中国当代艺术出版社副社长,华夏文艺出版社终身名誉社长,宋庄国际书画院终身院长。

2014年以来,在“东方美”、“祖国好”、“时代颂歌”等多项国家级文化艺术类大赛中,诗词作品分别获得金奖5个、一等奖3个、特等奖2个。此外,还获得2016年度中国艺术金笔奖,2016年度中国艺术金马奖。《临江仙·翠浪塔》一词,在《中国文艺名家传世作品集》评审中荣获特等奖。先后被授予“中国文化传承功勋人物”、“中国华语文学艺术百杰”、“中国国际艺坛巨匠”等荣誉称号。个人简介与作品入编《中国历代诗词家辞典》《中国新时期文艺人才库》《当代兰亭雅集》《中国文艺名家传世作品集》等20余部大型辞书和典籍。个人专集有《中国线装文库·钟灿华作品集》(华夏文艺出版社出版)。

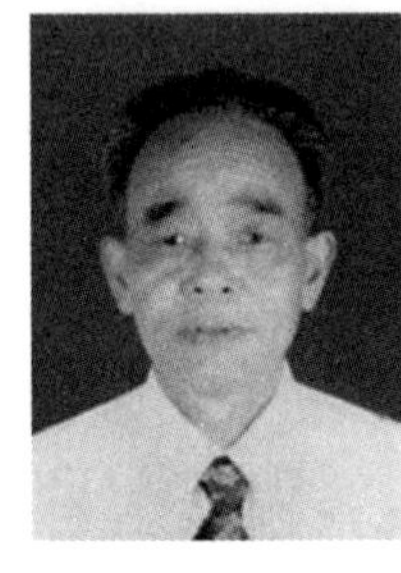

钟春根 诗是一个国家美好心灵的展示,它凝聚着中华民族的优秀精神。格律诗、词是伟大中华民族文明的精髓,最讲究声律与对偶。诗、词创作技巧的高超,思想的高远,确是中国诗体的规范。

生活是诗的沃土,时代是诗的灵魂,继古精华力求创新,追求精品,与时俱进。

姜宗汉 1956年出生于河南许昌。曾任解放军北京卫戍区警卫第二师及武警北京市总队某部排长、武警河南省总队某部中队指导员、大队教导员、支队后勤处长(副团职)、副支队长、武警中校警衔;河南省许昌市公安局治安管理支队副支队长、公安一级警督警衔。

自幼喜爱文学，尤其对诗词楹联情有独钟。现为中华诗词学会、中国楹联学会、中国海峡两岸书画家协会、世界华人华侨艺术家联合会会员；中国楹联学会对联文化研究院研究员、解放军红叶诗社社员。2015、2016 年参赛诗、联作品曾荣获第七、八届“祖国好”华语文学艺术大赛、第四届“时代颂歌”全国诗书画影作品大赛、2015、2016 年“东方美”全国诗联书画大赛、第二届“相约北京”全国文学艺术大赛、纪念中国人民抗日战争胜利 70 周年全国诗词书画摄影大赛、纪念抗战胜利 70 周年中华国粹艺术创作活动、纪念红军长征胜利 80 周年全国诗词书画摄影作品大赛、第五届“炎黄杯”国际诗书画印艺术大赛、“国粹杯”全国诗词大赛、北京 2022 冬季奥运会申办成功国粹题贺创作活动、2015、2016 年全国诗书画家创作年会、2016 年“江山颂”全国诗书画印大赛中获得多项金奖和一等奖。先后被授予“当代华语文学艺术百杰”，“中华文化传承贡献人物”，“中国梦”终身艺术成就奖、“中国当代杰出爱国艺术家”、“中国文艺创作先锋人物”等荣誉称号。作品及传略编入《当代楹联家大观》《中国楹联家大辞典》《中国古今楹联选集》《悼念孟繁锦先生挽联选》《中华国粹志》《中国文化传承人物志》《中华姓氏楹联大词典》《中国对联作品集》《百年楹联精选》《中华诗典》《北京冬奥会申办成功国粹艺术题贺大典》《中国当代文艺名家名作金榜集》《2015、2016 全国诗书画家创作年选》《中国新时期文艺人才库》《新中国 66 周年名家名典》《中国当代文学艺术精品大系》《中国楹联报》等。

寄语：“漫漫人生路，走好每一步”；“视人民如父母，将艺术当生命”；“把青春献国防一生无悔，用热血铸盾牌万家太平”。我要用心去触摸属于自己的阳光，用手去画属于自己的精彩天地，用爱去创造属于自己的未来。

姜忠东 1948 年 12 月生，江苏泰县人，中共党员，高级政工师。历任部队放映员、共青团县委副书记、财政局人秘科长、市控制社会集团购买力办公室主任，党支部书记等职，2009 年 2 月退休。

退休后，诗作《我与共和国一起成长》在 2012 年“时代颂歌”全国诗歌散文大赛中获一等奖；诗作《怀念敬爱的李勇同志》在 2013 年“东方美”全国诗联书画大赛中获银奖；2014 年，散文《身边的楷模很感人》在首届“中国梦之路”全国主题征文大赛中获一等奖；散文《吾妻黄冬英的明鉴与美德》在 2015 年“东方美”全国诗联书画大赛中获金奖；诗作《赞歌献给两恩师》在 2016 年“东方美”全国诗联书画大赛中获金奖；诗作《缅怀朱总司令逝世四十周年》在 2016 年“江山颂”全国诗书画印大赛中获一等奖。目前，业已把在职时发表于省级以上刊物的 30 篇文章，连同未发表的重要文稿计 25 万字，辑录为《姜堰游子文墨写真》文集，用小楷毛笔悉数抄完，融文墨于一体，拟出版成书，留人生足迹于后辈。

楷书书法作品，先后获江苏省财政系统优秀奖，纪念长征胜利 70 周年全国书画邀请赛银奖，纪念井冈山建立红色革命根据地80周年全国书画大赛金奖，苏州市财政系统书画摄影征稿展特别奖，获奖作品入编相应的作品集。从2002年5月起至2012年4月止，创作的小楷手抄名著《红楼梦》书法册页，共装帧成121册。装帧册页长0.5米，宽0.37米，册页面堆积高度2.1米，创世界纪录协会——世界上堆积最高的小楷手抄名著《红楼梦》世界纪录。2013年10月11日经世界纪录协会派员现场认证，获颁《世界纪录证书》。

寄语：遭遇饥馑者，方惜五谷之味美，千金难买少年贫；逆境未必是坏事，面临坎坷，冷静思考，坦然应对者，方能深悟人生哲理；种瓜得瓜，种豆得豆，勤耕耘者，收获必丰，是永恒的人生定律；古稀之年，尤显光阴之金贵，把想做的事做好，难道不是一种人生乐趣？

姚金国 笔名铭之，1963年5月出生，江西省东乡县人。师范中文系专科学历，中共党员，中国硬笔书协会员。公务员。工作之余爱好书法和读书。2015年度分别获得由中国硬笔书法协会对外交流委员会等社团主办的第三届“伟人颂·中国梦”全国诗文书画大赛金奖、第五届“炎黄杯”国际书画印艺术大赛书法类金奖。2016年，由中国萧军研究会、北京市写作学会、世纪百家国际文化发展中心联合主办的“东方美”、第八届“祖国好”、第二届“和平颂·中华情”全国美术书法大赛(展)均荣获金奖。荣获由中国新闻培训网主办的“丹墨情·中国梦”2016年全国企事业职工书画大赛优秀奖。荣获《中国当代文艺名家名作金榜集》特等奖和《中国文艺名家传世作品集》特等奖。

寄语：书法是中华文化的瑰宝，我愿在这片天地里辛勤耕耘，弘扬传统，努力创作出符合人民群众要求的精品力作。

姚巍 笔名为正。大学本科毕业，研究生课程班结业。曾先后在高中、中专、大专与本科院校执教，多次被评为优秀教师与优秀班主任。2007年从大学退休。现任文化人物杂志社终身名誉社长等职。在几十年的教师生涯中，一直坚持学习和写作。公开发表论文30多篇，12次在全国及国际学术活动中获奖。课余，从事文学创作。著有2个剧本、3部长诗。发表散文多篇。19次在全国文学活动中获奖。散文《教授留下的难题》获《散文选刊》全国散文奖一等奖：散文《浦东开发战略令上海腾飞》获中国散文学会“当代最佳散文创作奖”；散文《五十五年的坚守》获2015年中国年度散文奖金奖；散文《我当班主任》获2016年“东方美”全国诗联书画大赛金奖。2010年9月，获首届“感动中国文化人物”称号；2010年11月，获第七届中国“文华奖”之最佳成就奖；2012年6月，获聘为《文化人物》特刊封面人物；2014年10月，获“世界和平艺术大师”称号；2015

年6月，获“联合国中华文化传播大使”称号；2015年8月，出任《世界文化名人录》（当代中国卷）荣誉主编并担任封面人物；2016年6月，获中国文学艺术界“十大军民艺术家”荣誉称号。2014年，中国党建新闻调查网授予“最美默默奉献好教师”称号。作品被列入“当代中国国学名家系列丛书出版工程”出版。

柯德才 1951年生，江西省瑞昌市人。江西大学汉语言文学专业，中教高级职称。中国语文教学研究会、中国语文报刊协会、中华诗词学会、江西诗词学会会员。瑞昌市诗词联学会常务理事、副会长兼副主编，《瀼西诗词》主编。有诗词作品在《中华诗词》《中华吟薮》《江西诗词》《绍兴诗词》《长坂坡诗词》《白石诗词》及《中国词苑大观》《中华诗词优秀作品集》《近五十年环球汉诗精选》《华夏吟友》等上百家诗词刊物发表作品。《咏瀑》获全国“百花杯”短篇优秀作品奖。《改革春潮世纪风》获“世纪杯”文学作品大奖赛优秀作品奖。2015年获中华诗词杂志社“白云深处、靖安人家”诗词大奖赛优秀奖。发表散文多篇，《贤母园遐思》《故乡雨韵》等散文入选《中国散文家力作选》，楹联获2016年“东方美”全国诗联书画大赛银奖。十多首诗词被武汉文学艺术展览馆所收藏。著有诗集《流年杂咏》。

寄语：把悠长的思念留给来者，把美好的回忆留给人民。信誉是走向成功的通行证。信誉是人生的又一张身份证。宽容是强大的表现，懦夫无资格拥有。用爱己之心去爱人，用警人之心来警己。大海能包涵一切，学做大海吧！

段必瀛 又名海洋，1931年1月生于河南省偃师市，中共党员。高师毕业参军，直至离休。曾荣立二等功，多次荣获军区嘉奖，荣获模范青年团员、优秀共产党员、五好队员、优秀学员等称号，荣获胜利勋章。现为中华诗词学会会员、新疆诗词学会会员、解放军红叶诗社社员、中国国家诗书画院高级研究员，中国文化艺术协会副会长，中华全国文学艺术家联合会副主席，北京艺联诗书画院名誉院长。与友人合著《金凤集》《溯源诗词集》。

诗词作品参加全国性大赛，获得特等奖、一等奖、金奖数十次。作品收入诗词著作家、辞源、辞海、大典、大辞典、诗词名家台历，评审中均被评为金奖。先后授予“中华当代唐风派诗人”“爱国杰出诗人”“新中国文艺旗手”“德艺双馨 · 世界桂冠国学家”“世界汉诗名家”“国学文化大师”“中华诗星”“中华诗书画一级作家”“世界华人一级作家”等。近两年又荣获“中国艺术金砚奖金奖”“国家文化传承贡献奖”“中国文化艺术大师”“一带一路 · 世界文化贡献人物”等。

寄语：灾难沉重的中华民族，百余年来历经磨难辛酸。为了她的自由解放、复兴崛起,有多少志士仁人、革命英烈,艰苦奋斗、顽强拼搏、前仆后继、视死如归。(仅八年抗战,全国军民就牺牲三千五百万人)才换来今天的小康日子与和平盛世。人民的文艺就是要尽情歌颂真善美,无情挞伐假丑恶!

胡申之 安徽省庐江县人,1949 年 2 月出生,中共党员,本科学历。1969 年 12 月毕业后分配到省大型企业工作,历任总厂工会委员会委员。文体生活部主任,分会主席,劳务处主办科员。经济师,副处长,人事处处长,医保主任,总厂技校负责人,合肥汽修科技技术学校任副校长,省科技职业技术学校副校长等职。本人自幼学习国学,喜爱诗书,经常在厂报刊物发表诗歌文章。多年来得到世纪百家、华夏博学、翰林国尚、羲之书画报、中国诗书画家网、中国散文网等文化团体褒奖。多次获奖。如时代颂歌一、二等奖。中国梦伟人颂一等奖。文艺杯银奖,夕阳红孔子文艺杯金奖,中国梦之路一等奖。东方美金奖,祖国好金奖,全国诗书画家创作年会特等奖,江山颂一等奖,并被收藏,羲之杯特等奖,炎黄杯金奖,《中国当代文学精品大系》金奖,《中国文艺名家传世作品集》特等奖,《中外当代文学艺术家代表作全集》特等奖,《中国特邀诗书画名家精品大典》特等奖。作品、艺术简历和艺术观、座右铭编入《中国时代文艺名家代表作典籍》《中国当代文学艺术家大辞典》《中国文化传承人物志》。被聘为《百家》特约编辑、特约编委、华博会员、特约编委。羲之书画报诗书画家签约诗书画家,在中国诗书画家网开设个人艺术馆,被聘为艺委会副主席、艺术家协会副会长。同时,被授予“中华夕阳红文艺模范”、“中外当代文学艺术家百杰”、“全国诗书画影时代百杰”、“全国文艺创作先锋人物”、“全国诗书画精英人物”、“全国文艺先进工作者”、“中华文艺传承先锋人物”等荣誉称号。

胡元华 1946 年出生,广西平南县人,中共党员,医学临床检验主管技师。自小爱好书法,先学柳公权字帖,后集古今各大名家之长,不断提高自己的书法技能。从 2015 年至 2016 年,在这两年里,参加全国性书法大展赛中,荣获一等奖五次,金奖二十五次,最佳书法奖一次,特等奖一次。并被授予“中外当代文学艺术家百杰”、“爱国书画艺术百杰”、“中华红色艺术名家”、“中国著名书画家”、“中国红色书法艺术家”、“人民红色书法艺术家”、“中欧文化大使”、“共和国红色传承功勋人物”、“中国红瓷书法艺术名家”、“共和国红色传承功勋人物——2016 年度十大人物”等荣誉称号,作品均载编入书。个人照片和简历,载入《中外当代文学艺术家大辞典》《新中国 66 周年文艺名家名典》《中国新时期文艺人才库》。现为北京华夏博学国际交化交流中心会员、长沙晚晴书画院醴陵窑手绘工艺大师、国艺瑞京书画院名誉院长、国艺瑞京井冈山创作基地名誉主任兼客座教授、华夏夕阳红书画艺术研究院院士、中国诗书画家网艺术家委员会副主席。

寄语：继承和发扬中国文化艺术传统，更好地为广大人民服务。

胡正文 1938年生，四川省通江县泥溪镇人，高中文化，退休教师。1947年入私塾读孔孟三年，1951年读国立学校，1958年参加教育工作。经几次起落，教小学14年，初中15年至2002年退休。

1998年参加“桃花源杯”小作品邀请展获佳作奖；2000年参加“寿星杯”书法大奖赛获世纪佳作奖；2005年“夕阳之歌”征稿获金奖吸收为夕阳红书画院会员；参加中国文人书法大赛获金奖，聘为南京长江书画院名誉院长，一级书画师职称；2006年作品入编《中国书画名作精品收藏宝典》吸收为夕阳红书画院院士；被中国华夏国艺书画院聘为“客座教授”；2008年参加“迎奥运国际交流展”获金奖；授“当代实力派书法家”称号；2009年参加“草圣杯”大奖赛获金奖；参加纪念刘少奇同志诞辰100周年获金奖，授爱国书画家称号；2010年九州枫林国际书画艺术研究院聘为院士；2011年作品赴台湾展出获金奖，授“海峡两岸文化大使”称号；“纪念辛亥革命100周年”获金奖。联作入编《新世纪对联大典》；2012年“张謇故里”征联大赛获入围奖。加入中国楹联学会会员。书法作品赴韩国丽水世博会展出获金奖；2013年“东方美”诗联书画大赛获金奖；“印象周宁”高山茶全国楹联书法大赛获入围奖；2014年“联颂大别山”获入围奖，联作入编《中国楹联家大辞典》。联作入编《中国古今楹联选集》；2015年入档《中华国粹志——人物卷》；书法作品赴意大利米兰世博会国际交流展获金奖；联作在“天下归德·古城商丘”征联中获入围奖；“祖国好”华语文学艺术大赛中联作获金奖；纪念抗战胜利70周年百家邀请展获一等奖；中国楹联学会对联文化研究院聘为研究员。2016年“湘潭·昭山示范杯”全国征联获优秀奖；纪念孔子诞辰2567周年获“孔子文学奖”；2016年参加卫辉市“住建杯”大赛获“联墨双征奖”；2016年“客俗桃源·廉洁陆河”全国联墨创作大赛入选。

寄语：人生的价值不能以金钱衡量，要看给人们留有什么样的回忆。

胡发松 生于1945年6月16日，现居湖北省武汉市。本人喜好文学，小诗在全国多媒体及诗社出版200余首，多次获省、市、县优等奖和一、二、三等奖。

从小出身贫寒，父亲早逝，与母相依为命。自幼立志奋发图强，为母争光！因家境贫困,无钱上学,只得自学各项知识。出学堂门后,艰苦自学深造。历任:会计、教师,县轻工办驻汉供销科长、律师。后因种种原因,避难河南新县10余年,现归故里。

胡伟超 笔名逸鸣,1965年3月出生于浙江永康,中共党员,公安民警。现为当代中国艺术家,艺术简历和人生格言入编《当代中国文艺家大辞典》《中国当代作家书画家大辞典》《中国当代作家书画家代表文库》。2015年《中国文化传承人物志》编委。博学百家,激情人生,用一腔正能量,感动福禄寿喜财时的颜色。在红绿灯下,写尽云泉滚滚。一直以来,在坚持本职公安工作基础上,积极学习、创作。

现为世纪百家文化发展中心会员,羲之书画报诗书画家,百家编辑部特约编辑。中国文人书法家协会顾问,中国书画研究院常务理事,北京华夏画艺书画院理事、金华市公安文联书法创作委员会会员。2010年自从第一届"羲之杯"全国诗书画家邀请赛得三等奖后,创作激情一发不可收。2014年诗书画作品有幸入选《相约北京全国中老年文学艺术精品集》《东方美全国诗联书画作品集》《中国当代作家书画家代表作文库》等。2015年诗书画作品入选《炎黄诗书画印艺术精品集》《祖国好华语文学艺术典藏》第七卷,《东方美全国诗联书画作品集》《相约北京全国文学艺术精品集》《全国诗书画家精品集》等书籍。2016年《中国新时期文艺人才库》特邀编委,《新中国66周年文艺名家名典》编委。

寄语:人的一生充满色彩,如长虹七彩华丽,大展雨后生命,沉默时黑白两种颜色古朴、古拙、高古,充满诗情画意,给人遐想和哲思。我们何不精神饱满追求学习,工作生活,何不综合分析研究了解人生的密码,流畅曲水,畅叙幽情,创造未来的丰富。

胡同彦 出生于1948年6月4日,河南省宁陵县孔集乡桑庄村人,号同庆者,斋号听雨轩,桑医艺人。毕业于河南六二六大学,平生医疗生涯,待人诚实,谦虚谨慎,青年时期对中国书法艺术产生深厚的兴趣,手执墨笔在广阔的天地里耕耘40余年,受市书法大家及本县书法家老师指导,逐渐走上书法艺术道路,有着多年的辛勤耕耘,笔耕生涯,辛勤汗水执着执迷,奋斗探索的灵感性,得古法出新意,习古而不腻古,学人之长,又开拓出自己的创新意境。

作品曾多次参加全国省市县书法展;2016年3月参加苏鲁豫皖四省联展,已入作品集;2016年9月国际诗书画印大赛获银奖;2016年10月全国第六届"庐山杯"大赛获银奖;2016年10月全国美术书法名家第二届"和平颂中华情"大赛获金奖;2016年纪念孙中山诞辰150周年全国书法大赛获金奖;作品深受书法家及同行一致好评;现为中国老年书画研究会会员,中国老年书画家协会会员,商丘市老年书画院书法师、商丘睢阳区梁园区书画院会员、商丘云鹤研究会会长。

寄语:虽然进入老年期,但是非常热爱书法,目的为了弘扬中国文化艺术,弘扬国粹,更重要的是为了下一代,更好地发展、开拓、继承传统文化艺术。

胡季武 1927年生,湖北建始人,中共党员。中教一级,中师毕业,已离休。是湖北省诗词学会、江南诗词学会会员,东坡赤壁、岳麓、长白山等诗社社员。自编有《春刍诗词集》《芸香阁诗词集》《楹联诗文合璧》。其作品以极为凝练的笔墨,烘托出极为深邃的意境和深广的情蕴,凸现了他对生活的深入观察和艺术把握。行文简洁犀利,想像奇特新颖;文字对仗工整,清娴淡雅幽香,语言质朴明达,刻画细致真切。无论是谋篇布局还是遣词用句,都显示了其娴熟的艺术功力,创造性地实现了景致与情怀、现实与历史的和谐统一,自然而然地从多种角度折射出其馨香的品德和高洁的志向。抚今追昔,勇于创新,在创作实践中丰富和发展了新的理论,取得了丰硕的成果和宝贵的经验,撰写了多篇(首)具有较高学术研究价值的诗作或作品,在学术界引起了广泛关注,为有关部门和相关研究领域的专家学者提供了理论上的参考借鉴,为中国文学事业的繁荣和发展做出了突出贡献。2004年12月,其个人业绩光荣入编俸梓惠主编、新风出版社出版的《华夏嘤鸣》(第二集)一书中。30多年来,佳作入编国内外刊物和专著3000多件,获奖200余次。特别是载入世界文化名人录及国内大型专著不下三十余部,被聘为诸多名(荣)誉职衔。

寄语:人生岂尽如人意,我只严防愧于我心。少务虚名多务实,宁亏自己莫亏人。火车疾驶循双轨,生命长存重五伦。卑躬屈节非吾愿,励志修身守我真。有限闪光皆显像,无名花卉亦争春。百折不挠酬壮志,一鸣中肯足惊人。老无卖老情无限,精益求精业益彰。惟在动中堪养静,常从忙里且偷闲。

胡治美 生于1936年10月,女,江苏省南通市人,中专学历。现已退休(公务员),原职称会计师,退休后在2005年5月加入老年教育书画研究院为院士。

2015年1月作品国画“瑞雪迎春”在第六届“祖国好”华语文学艺术大赛评选中荣获金奖,并授予“当代华语文学艺术百杰”荣誉称号,又在《祖国华语文学艺术典藏》(第六卷)中登载。2015年4月在《中外当代文学艺术家大辞典》中由国家出版社公开出版并授予“中外当代文学艺术家百杰”荣誉称号;2015年9月作品摄影在第七届“祖国好”华语文学艺术大赛评选中荣获金奖；2016 年 6 月作品国画在《中国当代文学艺术精品大系》评选中荣获特等奖，并授予“中国文艺创作先锋人物”荣誉称号！

胡春波 1938 年 7 月出生于满族世家，沈阳人。1963 年毕业于吉林工业大学。曾任吉林大学汽车工程高级工程师，从学生时代开始一直牢记着“人生最美好的，就是在你停止生存时，也还能以你所创造的一切为人民服务。”自立目标：“修身、齐家、治国、平天下。”

有人说，封建是一处废墟，实际上废墟并不可怕，没有废墟就无所谓昨天，没有昨天就无所谓今天和明天。废墟昭示着沧桑，让人偷窥到民族步履的蹒跚，展现着“封建一废墟一沧桑”的客观规律。假如承认人之本能和欲望五千年并无本质变比；假如承认金钱由工具变目的倾向五千年来不但没有减退反而有所增强；假如承认社会对权力的制约和监督，只是人类近二百年的事，而且至今尚无万全之策：假如承认人类的社会利益和社会成员利益难于一致的话，作为人类社会二千年寸步不离的封建幽影，必然还要在相当时间继续追随着、纠缠着、影响着社会上的众多人。作为当今社会的主人不能视而不见、听而不闻、无动于衷。面对封建废墟的客观存在。以及长期以来对它钓体认和感悟，必然导致对生命和存在、价值和规律的思考，其实，对封建废墟大可不必回避，也不必谈虎色变，应该说这是整个人类的重大课题，总要有人研究它、攻克它、铲平它。“梦荡三部曲探索人生路”可谓首开文学史上关联篇之先河，用百万字长篇来阐述“修身、齐家、治国、平天下”的命题，应该能说得清楚！

寄语：中国文学史上有四大名著，可谓人人皆知，若说中国文学史现象中有四块“石头”，恐怕知者甚少，这就是：16 世纪《西游记》中的“仙石”、18 世纪《红楼梦》中的顽石、20 世纪《梦荡沧桑》中的“沙石”、照此类推第四块应是 22 世纪《待梦而来》中的“醒石”，其共同主题是反封建。

胡玉强 生于 1937 年，山东莱阳市人。七岁入学，烟台师范学院数学系毕业。先后任过中学教师、县委、乡镇文书、秘书、宣传委员、文教卫助理等职。自幼喜爱书法，1991 年退休后，毅然勤学书法，苦练写字，取得了一定进步，得到了一些荣誉。曾在中日书法展、莱阳市老年人书画大赛中获过奖；在“东方美”全国诗联书画赛中获书法金奖；在“江山颂”全国诗书画印大赛中获书法一等奖；在第八届“祖国好”华语文学艺术大赛中获书法金奖，并授予“中国华语文学艺术百杰”荣誉称号；在第二届“和平颂 · 中华情”全国美术书法名家邀请展中获书法金奖；在出版《中国文艺名家传世作品集》评审中获书法特等奖。

胡佐安 1949年生于济南章丘，中国书画函授大学济南分校毕业，“85级”，同年加入山东省书画艺术促进会。

2001年在北京获中国书法家称号，其作品为金奖，由中国艺术研究院文化艺术研究中心市场部和书画商和大会代表，组成的评委会审议；中国艺术人才库批准为二十世纪跨越人才并特邀成立北京一方净土文化发展中心，章丘书画院担任院长或主任等负责人，不辱使命勇挑重担。中国艺术家“五个一”工程办公室来信邀座谈。2015年纪念抗日战争胜利70周年“和平颂·中华情”全国美术书法百家邀请展获三等奖。走上了庄严神圣的中央党政军会议中心京西宾馆颁奖台，为山东人民争取了荣誉！为章丘市人民争得了荣誉！为枣园人民争得了荣誉！

寄语：人要有毅力否则将一事无成！

胡琼林 1949年生，福建龙岩市人，中共党员。现为中国诗书画家网艺术家委员会副主席、副会长，江西省人文书画院常务理事，中国书画名家协会会员，龙岩市书协会员，永定区书协会员，福建土楼书画院常务理事，下泽镇书协常务理事。

2014年，首届中国梦之路全国主题征文大赛一等奖；滕王阁杯第10届文学艺术大奖赛二等奖，第三届时代颂歌全国诗书画影作品大赛二等奖，并授予“中华文化传承贡献人物”荣誉称号；2015年第六届羲之杯全国诗书画家邀请赛二等奖；第四届时代颂歌全国诗书画影作品大赛二等奖，并授予“全国诗书画影时代百杰”荣誉称号；纪念抗日战争胜利和平颂·中华情全国美术书法百家邀请赛一等奖；全国诗书画家创作年会三等奖；艺术界中国书画百杰编委会授予“中国书画百杰”荣誉称号；东方美全国诗联书画大赛金奖；中国当代文艺名家名作金榜集金奖；中国南昌第9届金秋笔会滕王阁杯全国第11届文学大赛一等奖；2016年第七届羲之杯全国诗书画家邀请赛获一等奖；2016东方美全国诗联书画大赛获金奖；中国当代文学艺术精品大系获金奖；并授予“中国文艺创作先锋人物”荣誉称号；2016江山颂全国诗书画印大赛获一等奖；第四届伟人颂·中国梦全国诗文书画大赛获二等奖；中国南昌第10届金秋笔会滕王阁杯第12届全国文学大赛获一等奖；第八届祖国好华语文学艺术大奖赛获金奖，并授予“中国华语文学艺术百杰”荣誉称号；第六届炎黄杯国际诗书画印艺术大赛获银奖；炎黄春秋神州龙全球杰出华人奖杯国际邀请赛获一等奖；入选中国时代文艺名家代表作典籍并授予“2016年全国文艺先进工作者”荣誉称号；2016全国诗书画家创作年会获一等奖，并授予“2016全国诗书画精英人物”；入选2016国粹杯中国书画百强名家评选大赛并获“中国百强书画名家资格”。2017年2月由中国诗书画家网、中国散文网、华夏博学国际文化交流中心联合授予“中国当代文艺领军人物”荣誉称号，第二届中华书画杯全国书画名家香港国际交流展金

奖,作品均入编作品集。

寄语:练习书法,传承传统的中华文化,练书法,能沉淀思想,提升涵养和气质,让灵魂充满香气。练书法好处很多,比如心要静,要有耐性,还要有慢节奏,练习书法所需要的耐性和优雅是对浮躁情绪的最好消解,是对高频生活的最佳治疗(起到健体作用)。师古出新,一边临摹练字,又可以把唐诗宋词学习一遍,增加知识,可谓一举三得。

十画

翁家春 福建省福清市人。1936 年 11 月出生，在远离市区中学执教 42 年。66 岁离开讲台。在这个岗位上，面对的是“人”，我把他们当作自家人看待，需要解决的问题是：学会做人，学会学习。我尽心尽责为他们的健康幸福成长，在人海、书海、科海里探究，献出才智。

学生时代任过班长、团支书等职。在医学院攻读五年制临床专业，因需要提前到地区中专任教。1970 年随学校搬迁到离家百里的贫困公社任教。10 年后调到离家 30 里的中学、职专任教。为解决面对现实的问题，自购世界教育名著，自订报纸、杂志学习。1980 年第 8 期《红旗》杂志，刊登中科院上海脑研究所张香桐所长写的“开展大脑研究，提高民族智力”文章。正合我意，把它定为研究实践的方向，自订《教育研究》《心理科学》杂志。参加大学函授，两次两专业。首届毕业，抽选到中科院心理研究所进修。攻读当代前沿科学之一《人类的认知——思维的信息加工理论》，并聆听作者诺奖获得者赛蒙的讲课。紧接着参加副所长刘善循、朱新明研究员领衔的部委课题。在职与退休共十次自费赴京，聆听国内外专家讲课，回校实验。撰写论文 10 多篇在师专、师院、心理所相关刊物上发表，最后一篇获奖是：“因脑施教，学习的策略”。刘善循主编的《6s 超级学习的策略》《学习环节优化的策略》出版。自订的《教育文摘周报》汇编相关资料，结合推广科研成果到今天。去年省有关单位到我家乡名镇检查效果满意。

教育是见效果慢的科学和艺术。长期生活在基层，理解人民的需要和愿望。从科学研究为主走向艺术创作。诗文参与市老年大学汇编出版。近几年向北京相关单位奉上作品，中国国际报告文学研究会授予“德艺双馨诗词箴言名家”荣誉称号。北京十个单位联合纪念抗战胜利70周年、红军长征胜利80周年征文,分别获银奖、金奖,并授予“中国当代杰出爱国艺术家”荣誉称号。曾荣获“中国文化传承功勋人物”、“祖国好艺术家”荣誉称号。

中学高级教师。曾是中国心理学会会员。作为特邀嘉宾出席第一、二、三届全国心理学家大会。是中共福清市老年大学第一任临时党支部书记,现还是出席名镇党代会代表。

寄语:“人不立志,一事无成!立志,是成功起点;成功,归于不懈的奋斗;奋斗,步向的阶梯是:读书,实践、探索、创新!”1980年贴在自家墙壁上,现制成名片赠送学生。认识脑、开发脑、保护脑;启智、扶智、促智是我永远的工作。我站在学生、儿女面前是第一个学习的榜样!

莫言 生于1955年2月17日,原名管谟业,祖籍山东高密。中国当代著名作家。北京师范大学文艺学硕士,北京师范大学教授。他自1980年代中以一系列乡土作品崛起,充满着“怀乡”以及“怨乡”的复杂情感,被归类为“寻根文学”作家。2011年荣获茅盾文学奖。2012年荣获诺贝尔文学奖。其作品深受魔幻现实主义影响,写的是一出出发生在山东高密东北乡的“传奇”。《生死疲劳》《蛙》两部作品所具有的罕见的宗教情怀,使它们超越了中国作家同行,而进入了世界文学的行列。莫言的业绩,也使他当之无愧地获得了诺贝尔文学奖的殊荣。

莫泽国 笔名骆駷黔首,1928年2月出生于重庆市江津区,中共党员,高中学历。原中共重庆市委党校教务处副处长,离休干部。自幼酷爱书法,习书颇勤。参加革命后,忙于工作,涉书不多。离休后,重温书法,进入老年大学研习书法已十六年。现为中国老年书画研究会会员、中国文化艺术研究会会员、画圣吴道子艺术馆研究员、翰墨书画院理事。

其书法作品多次参加全国性书画大赛,8次获金奖(一等奖),2次获银奖,一次现场创作铜奖。作品入编《中国书画500强》(2012卷),并评为十大年度人物;入编《中国当代作家书画家代表作文库》《中国文艺名家传世作品集》,均获特等奖;还入编一、二、三届《中国重阳书画展入展作品集》《中国当代书画名家墨迹选》《羲之杯全国诗书画优秀精品集》《中国当代老年书画家大典》《中国书画名家代表作年鉴》(2010年珍藏卷、2011年卷)《全国离退休干部优秀书画经典》《喜迎十八大·中国书画艺术精品珍藏大典》《书法报·老年书画》三次刊发其作品,七幅作品由主办单位永久收藏。

2016年,又先后获第八届“祖国好”华语文学艺术大赛金奖;第六届“炎黄杯”国际诗书画印艺术大赛银奖。

《中国知名专家学者辞典》(第四卷)

《共和国建设档案》(2011 卷)《中国文化传承人物志》《辉煌的成就·中国共产党建党九十五周年成就博览》(人物卷)均收录其事迹。

莫纯宝 1937 年 8 月生,现居广西恭城,1956 年 8 月参加工作,历任小学教师、校长等职。小学高级教师。1997 年 8 月退休。

2010 年春入县老年大学诗联班学习,并加入茶江诗联协会。习作曾被选编入《中华十二生肖大辞典》《抗战胜利七十周年中华诗典》及《东方美全国诗联书画作品集》等书刊。

2015 年以来,曾在中国人民抗日战争暨世界反法西斯战争胜利 70 周年的诗词创作中被“中国诗书画联谊会”、“中国艺术传媒协会”授予“爱国为民模范文艺家”称号,并获“中华红色经典文艺创作”贡献奖、金奖,在第四届“时代颂歌”全国诗书画影作品大赛中获一等奖,并被授予“全国诗书画影时代百杰”称号;被“中国诗书画联谊会”、“中国传统艺术研究会”授予“德艺双馨艺术大师”称号,并获“金猴杯”中国诗书画印最高成就奖金奖;在首届国际文化艺术金马奖大赛中被授予“首届国际文化艺术金马奖——华人书画艺术金奖”,在 2016 年“东方美”全国诗书画大赛中获金奖;在 2016 年“江山颂”全国诗书画印大赛中获一等奖等。

寄语:大地回春事不迟,向阳古树焕新枝。高层施令承先粹,黎众齐心继后驰。烂漫花鲜千岭韵,参天林茂万山诗。光辉双百九州照,万点龙鳞放彩时。

莫测 笔名:静然,原长期从事医疗临床与教学工作,先后在省级以上期刊公开发表专业论文 35 篇,并多次获得省级和全国性科技论文奖。2011 年退休,即受聘担任本县老年教育委员会讲师团高级讲师。自幼喜爱书法,退休后,有更多时间参与书法练习活动。近几年参加了一些书法展赛并获奖。

首届全国中老年创新书画大赛最佳创作奖;红高粱杯书画篆刻大赛金奖;全球华侨华人书画大赛二等奖;“东方美”全国诗书画大赛银奖;第三届“伟人颂·中国梦”全国诗文书画大赛一等奖;第六届“羲之杯”全国诗书画家邀请赛一等奖;第三届全国中老年书画创作银奖;第四届“羲之杯”全球书画艺术大赛二等奖等;第五届全国老年书画展获入选入编;2015 年全国诗书画家创作年会一等奖;2016“万福杯”迎春书画大赛狂野派金奖;2016 年中国橘洲书画美术展金奖等。第三届“相约北京”全国文学艺术大赛一等奖;第六届“炎黄杯”国际诗书画印艺术大赛一等奖;2016 年国际武术书画大赛一等奖;江山颂书画大赛一等奖;全国企事业职工书画大赛三等奖;全国第四届“中国梦想杯”书画大赛银奖;部分作品入编《中国书画导报》社编辑出版的《当代书画市场》杂志(第 13 辑),并被授予 2016 年度最具收藏潜力书画家荣誉称号等。中国老年书画学会(终身)会员、中国民间书画研究会会员。

柴耀恩 字孝雨，笔名莫问。生于1941年5月，河北省吴桥县人。兰州铁路局退休干部，平生爱好书写，常与名人交流，在他们的鼓励下于2015年开始投稿参赛，获得“东方美”全国大赛金奖，北京清芳轩书画大赛金奖，抗日战争胜利80周年书画展金奖，湖南毛泽东诗词大赛金奖北京六艺全国书画展金奖，“羲之杯”全国大赛一等奖。2016年又获湖南翰华书画院金奖。现为平凉市陇东书院常务院士，并被聘为北京国际清芳轩书画艺术中心常务院长，北京六艺嘉韵书画院院士。

殷启和 笔名殷波。中共党员，经济师。中师肄业。1941年8月12日出生，安徽省安庆市岳西县店前镇前河村人。1964年至1967年参加伟大的社会主义教育运动，即四清运动，任工作队员。1971年务农。1971年入党。1972年参加工作，任前河中心学校教师；1974年起任前河中小学副校长；1977年任前河乡党、革委会秘书；1980年起任前河乡人保委；1984年起任徐良乡党委组织委；1987年起任前河乡党委副书记、前河乡人民政府乡长；1990年任银河乡人大主席；1991年起任店前镇人大主席；1992年10月起任前河乡政协工委主任；1998年起任前河乡正局级主任科员。2002年1月退休后进行业余创作。曾在北京科学教育出版社《桃李园内》发表作品小辑、安徽省《安庆日报》《谷雨报》《岳西报》多次发表文章，《当代文学选萃》丛书及安徽《安庆诗词》《岳西诗词》曾多次发表新体诗作。著有《桃李园内》《文吟辑》。现任当代作家协会三级会员。散文作品《跟官吃官》荣获2016“东方美”全国诗联书画大赛金奖；该文并荣获2016《中国文艺名家传世作品集》特等奖。作品敬录《张若虚诗春江花月夜》荣获2016中国萧军研究会书法一等奖。

寄语：著名文学家高尔基说过：“书籍是人类进步的阶梯”。治国、治家都得有文。我已76岁了，我拟多读书，多写书，读书明志。像周恩来总理那样“为中华之崛起而读书”。发挥余热，保持晚节，奋斗不息，全心全意为党和人民服务。

凌跃进 跃上书坛创不易；进入美梦博中圆！本人高中毕业，读书时代爱好广泛，尤其书联。近两年来书法参赛曾多次获多个奖项。

第五届“炎黄杯”国际诗书画印艺术大赛荣获“银奖”。中国硬笔书法协会等3家单位举办。

在第一届“儒商杯”全国书画家企业家书法美术作品邀请展中，书法作品荣获“金奖”并授予“中国美术书法百杰”荣誉。举办单位：中国企业文化促进会，中国书画研究院。

2016年6月，在向党的九十五华诞献礼，首届紫砂书法艺术作品大赛中，荣获“金奖”，特授予“中国紫砂(陶艺)书法艺术家”荣誉称号。举办单位：北京东方兰亭国际书画艺术中心等四家单位；

同年9月在第八届“祖国好”华语文学艺术大赛中，荣获“金奖”，并授予“中国华语文学艺术百杰”荣誉称号。举办单位：中国萧军研究会等四家单位。

同年9月在纪念《沁园春·雪》创作80周年暨毛泽东诞辰123周年，中国书法名家作品大赛中荣获“金奖”，特授予“中国红色书法名家”荣誉称号。举办单位：长沙弘文书画院等几家单位。……

寄语：滴水穿石；持之以恒。创豆叶隶书，左圆右圆，里圆外圆，尖角有几？秀人生精彩，早写晚写，日写夜写，业余无闲！

1975年11月至1977年元月，为普及农业学大寨，我曾任工作组长，主营里仁公社仁爱大队开展学习。

在我以上的工作中，我所主管的长话工作，几乎年年被评为先进科室，在全国长话学吉林的双学双争竞赛活动中，被评为邮电部优秀科室。曾出席过省先代会。1年多的农业学大寨，我主管的仁爱大队，被评为“先进大队”。政治生涯中，曾被评为“优秀共产党员”。

1994年7月退休后，2007年7月，我住进了衡阳市夕阳红老年公寓。在这里，我积极参加老年大学学习，学书法、学诗歌等，成为衡阳市诗词学会会员。

关于诗作，我平常注重宣传鼓动在《衡阳晚报》和一些小报小刊报发表过。2016年，东方美全国诗联书画大赛《七一感怀》《修水坝》《老樟树颂》评为金奖。

凌桂香 生于1939年6月，中专学历，1958年7月参加工作。中共党员，1994年7月退休。在我为电信工作37年的生涯中我先后从事如下的一些工作：1958年7月至1972年9月任长话员，长话班班长；1972年9月至1978年3月任衡阳市地区邮电局政治处干事，1978年3月至1990年3月任衡阳市邮电局长话科副科长；1990年3月至1993年5月任衡阳市邮电局长话科科长；1993年5月至1994年6月任衡阳市邮电局电话语音公司主任、经济师。

唐光林 1936年10月生，四川叙永县人，少读四书、诗经和幼学。解放后高小毕业教民校，1955年1月入伍，在中国人民解放军云南边防公安七十一团服役。1957年1月加入中国共产党，1958年1月转为正式党员。服役期间历任战士、文书、班长、司务长、副政指、中队长和武警云南临沧边防支队副参谋长等职。1985年3月转业到四川泸州市公安局做收审工作，1996年10月退休。

散文四篇，在北京夕阳红文化发展中心全国征文大赛中均获一等奖。即：2011

年《共和国的旗帜》(缅怀革命先烈、回忆八百仓战斗);2012年《回眸军旅》(三年义务兵戍边三十春);2013年的《辉煌足迹》(勐沧公路修筑记);2014年《激情燃烧的岁月》(献身祖国边疆)。

2015年"东方美"全国诗联书画大赛中词稿"中华代代强"获金奖;2016年"东方美"全国诗联书画大赛"赞九三阅兵忆抗战"获金奖;《中国文艺名家传世作品集》评审中荣获特等奖。2016年北京夕阳红文化发展中心全国征文大赛中"党旗飘飘(共产党救中国)"、"人生回望(回望第一次)"获一等奖。

寄语:常说七十古来稀,而今八十不稀奇。社会主义制度好,人民康乐享太平。八十寄语颂祖国,国强力盛事业兴。跟咱习总追梦去,余晖笔耕留后人。

唐社民 1945年1月生,陕西省商洛市人。1969年毕业于西北大学,长期从事教育工作,任职校长、副教授,系陕西省书法家协会会员。本人自幼喜习毛笔字,从教后常以写一手好字为荣。退休后始学书法,曾先后在江苏和西安市上老年大学书法研究班多年,经书法老师指点,博览群帖,心追手摹,临习不辍,笔艺书理互进。因受传统书法影响较深,故学书以修身养性为要,以翰墨寄情怀,偏爱潇洒飘逸灵动清新的书法意趣。不欣赏片面追求新奇,故意将文字弄得支离破碎,使结体变形,狂怪散乱的所谓现代书风。

其书法作品曾多次刊登在《书法导报》等报刊上,曾参展纪念辛亥革命100周年全国书法大赛、纪念中国共产党成立95周年全国书法大赛、纪念抗日战争胜利70周年全国书法大赛及纪念红军长征胜利80周年全国书法大赛均获金奖。

寄语:人生花甲仍为春,自由王国任游巡。心如东海旭日红,蓝天云飘柳下吟。长寿基因承父母,四时健美靠己身。自信今生越百年,松柏如我我似神。(《六十抒怀·2005年1月撰》)

夏云 笔名宏云,曾用名耀帮。1928年12月生,遂昌县大柘完全小学毕业,浙江省遂昌县人,1949年参加革命工作,1953年5月参加中国共产党,历任遂昌县公安局副局长、黄沙腰区委书记、西屏镇委书记兼革委会主任等职。在职时,能积极做好业余报道工作,曾几次被县广电局评为优秀通讯员。

1985年退休后,参加浙江省诗词与楹联学会、中国通俗文艺研究会、中国散文学会、丁芒文学艺术研究会,中国作家创作协会名誉主席、中国国家诗书画院高级研究员、中国国际诗书画院名誉院长、世界文艺家联合会终身理事、国际中华诗词研究院终身名誉院长。曾撰《宏云散志》《瑞山诗草》《瑞山诗草续集》《一代宗师》等书籍。已写近体诗一千余首,在县、市、省及全国两百余刊物中,登出九百余首。在全国参赛展评中荣获国际金奖2个,国际优秀作品奖1个,国家级特等奖18个,金奖88个,银奖1个,一等奖22个,二等奖7个等一百余项。文艺业绩,在《中华文明榜》《盛世中华》《世界文化名人录》等60多个刊物入编,并授予"中国百佳名人"、"中国作家特级著作家"、"世界汉诗特级著作家"、"诗学状元"、"当代诗坛泰斗"、"中国艺圣"、"一代宗师"、"艺术博士"、"世界艺圣"等百余个光荣称号。

寄语:社会的文化艺术,是描绘人们的精神面目,物质生产发展和变化的动力,是推进社会发展的精神力量。本人已日落西山,但要发挥残阳闪光的力量,为社会贡献一份微薄的美德。

北京华夏国艺书画院、九州枫林国际书画艺术院、北京萃林东方书画院、中国老年书画研究会、东坡书画艺术研究院、中国文化艺术发展联合会、环球翰墨文化艺术院、北京同舟国际书画院、湖北省老年书法家协会。

2015—2016年获奖情况:全国书法竞赛金奖26次,银奖4次,全国诗词竞赛获特等奖2次,金奖5次。

寄语:当今在实现中国梦的伟大征程中,不仅要有一种强烈的文化使命意识,更要有一种自觉的担当意识。为此我愿为传承书画艺术,弘扬中国传统文化,增强国家文化软实力,为把我国建成文化强国,让中国的文化和精神走向世界而奉献力量和奋斗不息。

夏孝慈 1944年9月生,湖北省竹溪县人,中共党员,大专,现任十堰市老年诗书画研究会副秘书长。

现为国家一级书画师、国家一级书法家、国家十大军民艺术家。

个人荣誉:"全球书画五百强"、"中国当代最具收藏价值书画家"、"中国百强书画名家"、"中泰文化交流大使"、"中欧文化大使"、"中韩文化大使"、"中国文化形象大使"、"2016年全国文艺先进工作者"、"中华优秀诗人词家"、"中国文艺创作先锋人物"、"中国华语文学艺术百杰"等称号。

加入的文艺团体:中国艺术家协会、

夏晓春 生于1950年10月,湖南省衡南县冠市镇人。中师毕业,进入湖南师大美术学院进修培训。退休教师,自幼酷爱书画。从事中学美术教学四十余年。现任北京华夏国艺书画院顾问;湖南省书画家协会会员;衡南县书法家美术家协会会员;衡南县诗词楹联学会会员。艺术简历于2011年记载于《中国现代书画家名人录》一书。在社区、县、市、省级书画大赛中多次获奖。1998年参加衡阳地区美术教师书画大赛荣获二等奖;1999年参加建国五十周年全国书画大赛荣获金奖;2000年荣获全国美术教师书画大赛铜奖;2001年被评为"书画教育优秀指导老师”光荣称号;2002 年荣获全国中老年人书画大赛金奖;2003 年荣获首届东方之光书画大赛银奖;2004 年被评为“中华书画教育优秀老师”光荣称号。

2005 年参加全国美术教师书画大赛荣获最高金奖;2006 年参加纪念毛主席逝世 30 周年毛泽东诗词全国书画大赛荣获银奖;2007 年参加全国梅、兰、竹、菊美术大赛荣获金奖;2008 年参加县级书画大赛两次荣获二等奖。

2009 年参加庆祝建国 60 周年全国书画大赛荣获银奖;2010 年 3 月参加中国人民志愿军抗美援朝 60 周年全国书画大赛荣获金奖。同年 8 月参加纪念毛主席逝世 35 周年全国书画大赛荣获金奖;并授予“毛泽东思想艺术化百强书画家”光荣称号。同年 10 月参加“橘子洲杯”全国书画大赛荣获金奖;2011 年参加庆祝中国共产党成立九十周年全国书画大赛荣获金奖;并授予“具有民族正义感的艺术名人”光荣称号。同年参加纪念辛亥革命 100 周年全国书画大赛荣获金奖;并授予“辛亥百年百杰书画家”光荣称号。

2012 年参加县级书画大赛两次荣获二等奖;2015 年参加《纪念抗日战争胜利七十周年书画展览》评为优秀奖。

湖南省教师职称评为高级教师,多次出席县、市、省级先进工作者。208 名学子参加全国少儿书画大赛分别荣获金、银、铜奖及优秀奖。

书画作品被国内收藏机构收藏,教育部授予“园丁奖”光荣称号,2016 年 11 月参加“和平颂 · 中华情”全国美术书法名家邀请展荣获金奖。

寄语:作为一名美术家,我们要有自己的文化追求,服务人民,服务社会,为实现中华民族伟大复兴的中国梦而努力奋斗。

徐培华 1951 年 10 月出生,籍贯浙江省宁波市宁海县。中共党员,大专毕业,2011 年退休。系中国大众文学学会旅游文学委员会委员、世纪百家国际文化发展中心研究员、《百家》编辑部特约编辑。散文作品《喜看桃花》获美文天下 · 首届全国旅游散文大赛三等奖;散文诗《我爱祖国的草原》获 2012 年“时代颂歌”全国诗歌散文大赛一等奖;现代诗《美丽吉祥的路》获第五届“祖国好”华语文学艺术大赛金奖;古体诗《多情的春风》获第四届“时代颂歌”全国诗书画影作品大赛一等奖;《华山行》《乡村春忙》《慈善美》《感受鄞江古镇》获“东方美”全国诗联书画大赛金奖 4 次;《赞象山港跨海大桥》《时不我待》《榜样》获“祖国好”华语文学艺术大赛金奖 3 次。以上 11 次参赛并获奖的作品分别发表在与大赛相关的作品集中(其中 2015—2016 年 5 次)。《华山行》入选《中国当代作家书画家代表作文库》并得特等奖。《时不待我》入选《中国当代文学艺术精品大系》并得特等奖。《感受鄞江古镇》入选《中国文艺名家传世作品集》并得特等奖。简历入编《当代中国文艺家大辞典》《中国诗文书画家人物大典》《中国当代作家书画家大辞典》《中国当代文化名家档案》《中国文化传承人物志》《中国新时期文艺人才库》。被授予“全国诗文书画先进工作者”、“筑梦中国 · 2013 全国文艺创作年度人物”、“当代华语文学艺术百杰”、“中国当代作家书画家精英”、“全国诗书画影时代百杰”、“中国文艺创作先锋人物”、“中国华语文学艺术百杰”等荣誉称号。

寄语：在情感奔放的艺术原野，只有智慧能播种希望，只有汗水能浇开花朵。在这里，一分耕耘，一分收获，多一些创新，就会多一些精彩。

徐定锴 1939年5月生于浙江青田，1964年7月杭州大学（现浙江大学）中文系毕业。1966年4月加入中国共产党。1964年9月至1967年2月，先后在浙江省诸暨、缙云等地参加社会主义教育运动，在办公室做秘书工作，任团支部、团委书记。1969年1月，进浙江省青田县革委会、县委机关，负责新闻报道工作。粉碎“四人帮”后，先后任县中学党政、县直属镇党委、县纪委、丽水师专（现丽水学院）党委办、丽水工业学校党委和行政主要领导；任县政府办、中共青田县委、师专党委、省政协丽水地工委等单位领导成员。1995年参与浙江省政协编辑《浙江文史集粹》，为编委、副编审；1998年参与中华书局出版的《青田石雕艺杰》编撰，任该书顾问。1999年7月退休，连任两届丽水市政协离退休干部党支部书记，三次被评为优秀党务工作者、优秀党员，支部被丽水市委评为先进基层党组织，被市委组织部、老干部局评为丽水市示范性离退休党支部和五好党支部。同时，曾分别担任第一、二届丽水市政协之友社理事、市直机关党群老年体协主席、丽水市老年书画研究会常务副会长兼秘书长（主持工作）、市直老干部书画协会秘书长和副会长、市诗词学会副会长等。2005年任浙江《丽水华侨史》主编。书法作品多次参加全国性及省市展赛获奖，2014年后，分别获全国老年书画研究会和《书画学报》中老年书画大赛优秀奖、三等奖、二等奖，8幅书法作品被长江出版社出版的《中国书画百杰（2015卷）》收入；诗词作品多次参加全国性大赛，分别获金奖、一等奖、特等奖。曾任二、三届全国老年书画研究会理事、中国老年书画家交流协会常务理事。

徐士文 又名石文，1944年生于江苏灌南。自幼酷爱书画，因家境贫寒，无力科班深造和拜请名师。

书本是良师益友，天地万物的生灵是绘画创作的源泉。通过长年的绘画研习和实践，继承传统、博采众长、大胆创新，苦习写意花鸟，尤其牡丹、鱼虾、蔬果等题材，逐步形成了自己的绘画风格，并在绘画的道路上取得一定的成绩。

作品在全国大赛中多次获奖：华人华侨艺术家联合会、中国海峡两岸书画家协会等单位联合举办的《纪念毛主席在延安文艺座谈会讲话发表七十周年》全国书画年展中，作品《祖国颂》获金奖，个人荣膺中国经典红色艺术家称号；国家发改委、中国经济导报社主办的首届《关注生态·美丽中国》全国书画大赛中，作品《秋江花月夜》获入选奖；中国书画家艺术家协会等单位主办的《庆祝中华人民共和国成立六十五周年》书画大赛中,作品《春艳》入编《中国书画名家典藏》一书;中国国画院等单位主办的《魅力桃都全国美术家作品邀请展》中作品《送君一枝春》获铜奖;中国书画报主办《相约香江·中国书画(十年成果)交流展》中,作品《紫藤花开醉水香》获优秀奖;在《文以载道·旗帜先行》香港纪念孙中山诞辰150周年书画大赛中,作品《燕促春风》获入选奖。

现为中国书画家协会会员、一级美术师;中华老年书画家联谊会会员;北京华夏国艺书画院高级书画师;中国(香港)艺术品交易所签约书画家;江苏连云港、淮安市美术家协会会员。

寄语:理想是美好的,探索是艰难的,虚心方可进步。孜孜不倦,持之以恒,脚踏实地的朝着既定目标前行,我们的航船就一定能克服种种挑战险阻,乘风破浪地驶向胜利的彼岸,实现人生价值的那一刻充满引力,每个人都会通力努力迎接它的到来。

徐明 笔名红柳,作家,1965年6月15日生,江苏常熟人,退伍军人,中共党员,大专学历。中国人民财产保险股份有限公司常熟中心支公司高级业务经理。中国作家雨花读者(常熟)俱乐部核心成员。1987年12月,被中国人民解放军新疆军区授予"自学成长标兵"称号,先后两次荣立三等功。2015年被中国人保江苏省分公司评为"优秀共产党员"。2015年被评为"江苏省农民读书明星"。书法:获2016"江山颂"全国诗书画印大赛一等奖。2016年《中国文艺名家传世作品集》评审中荣获特等奖。2013年11月,由广陵书社出版《雪莲花》。2017年,由中国文史出版社出版军旅纪实文学《边关军人》。

寄语:笔墨当随时代,书画创作、文学创作始终站在社会发展的前沿,我将心怀祖国人民,响应时代召唤,追求艺术理想,用积极健康的文艺歌颂人民,用文化的力量温暖人、鼓舞人、启迪人、引导人,为繁荣我国文化艺术,弘扬中华灿烂的历史文化,不断创新创作出人民大众喜爱的文化艺术作品,以赞美我们这个伟大的时代。

徐树荣 笔名浪浪,1949年4月生,广东省清远市人。中共党员,大学汉语言文学专科毕业,政工师。曾任中国人民解放军万山要塞区政治部干事,广东省清远市直属人民武装部部长,中共清远市直属机关工作委员会副书记,清远市城市建设管理监察支队政委,政协清远市二届、三届委员会委员等职。现为清远市老干部大学耆英诗社社长;中华诗词学会会员;《诗刊》子曰诗社社员;广东省、清远市老干部书画诗词摄影家协会会员;岭南诗社清远分社暨清远诗社社员。参与过中共清远市委市政府主编的《清远新市建设的哲学思考》一书起草工作;撰有《当前城管队伍思想政治工作探微》一文,并获得广东省建设职工思想政治工作研究会论文一等奖；另外，《沁园春·抗战英豪把敌攘》《七律·家乡美》《七律·南疆行》《满江红·端午怀古》等作品分别幸运入选中国当代文学研究会主编的《中华赞歌·当代诗词名家选集》中国诗书画家网主编的《相约北京·全国文学艺术精品集》(第三卷)、中国萧军研究会主编的《东方美全国诗联书画作品集》(2016 年卷)、中华当代文学学会主编的《第二届诗词世界杯中华诗词大赛精品典藏》一书中，并获得一等奖；《西江月·北江之春》《高阳台·缅怀孙中山》等作品幸运入选《诗词之友》编辑的《百年诗词精选》(第三卷)。

寄语：我喜欢大海的浩瀚；我喜欢大海的执着；我喜欢大海的无私；我喜欢大海的包容。

徐惠珍 中共党员，1932 年 8 月 10 日出生，主治医师，原杭州拱墅区人口和计划生育局局长。1984 年在《浙江人口通讯》杂志上发表《做好婚前检查开展生育咨询》，1987 在《钱江晚报》头版头条发表《年轻人啊！不要做啃老族》，1988 年 7 月在《杭州日报》上发表《加强流动人口计划生育管理，已是刻容缓》。1988 年 8 月《杭州市独生子女身心健康状况分析》获市优秀论文奖。1997 年作品《夕阳无限好，何须愁黄昏》获浙江省新闻工作者协会、浙江省计划生育委员会优秀奖，获荣誉证书、奖金。2008 年参加第六届“中华颂”老少文学艺术大赛、作品《寄往天国》，第八届“中华颂”全国文学艺术大赛，作品《祖国我为你自豪》，第九届“中华颂”全国文学艺术大赛，作品《我的金色夕阳》，第十届“中华颂”全国文学艺术大赛，作品《让茶馆走出国门》，先后四次均获一等奖。2008 年“华夏情”全国诗文书画大赛，作品《有感于汶川大地震》获二等奖。2009 年“祖国好”华语文学艺术大赛，书法作品获二等奖，2010 年“东方美”全国诗联书画大赛书法作品获二等奖，2010 年“影响中华”全国诗文书画大赛作品《碧水青山，层峦叠峰》获一等奖，2012 年全国文学艺术大赛作品《我生活在最幸福的城市——杭州》获一等奖，2012 年第二届“炎黄杯”国际诗文书画印艺术大赛，书法作品获银奖，2012 年获“中华颂”特别成就奖。入选盛世中华·新中国六十年文化先锋人物；当选盛世中华·2010 年全国时代文艺家；入选影响中华·2010 年全国诗文书画先进工作者；当选荣耀中国·2010 年全国文艺创作年度人物；入选盛世中华·第二届时代文艺家；2012 年全国时代文艺家；中外当代文学艺术家百杰。

入编中国时代文艺家名典、中华颂全国文学艺术精品集、华夏诗文书画家人物大典、羲之杯全国诗书画家精品集、东方美全国诗联书画作品集、中华颂全国老少文学艺术精品集、当代中国文艺家大辞典、中国当代作家书画家代表作文库、祖国好华语文学艺术精品典藏、相约北京全国文学艺术精品集、中外当代文学艺术家大辞典、中国当代文艺名家名作金榜集、新中国 66 周年文艺名家名典。

从 2008 年至 2017 年 3 月 8 日止先后获特等奖 5 次，一等奖 12 次，二等奖 5 次，三等奖 12 次，金榜奖 1 次。

徐耀福 1963年7月出生，浙江省衢州市人。大专文化程度。1983年3月参加工作，曾任衢县岩头乡政府文化站站长，乡团委书记，1988年调任衢县文化局从事专职书画展览工作。1992年调县二轻工业局工作，2002年至今个人创办农业公司，是衢江区老年书画研究会成员。

参加2016年“东方美”全国诗书画大赛，获得由世纪百家国际文化发展中心颁发金奖。

寄语：坚持不懈，努力拼搏，不断创新。个人坚持30多年的书法创作的体会是：师古而创新，不断临摹历史碑帖，反复思考，每日临池不断，勤字当先，努力成就完美的艺术人生。

徐太锓 笔名瓜络，1937年出生，初中学历，曾任县司法局副局长，已退休，中共党员。高级政工师，中华诗词学会会员。1954年参加工作，曾在县委办、组织部、新河乡、青瑞中学等9单位任职，1997年退休。退休后，时常著文吟诗，另有《荒山不绿战斗不止》《花园刺绣》等20多篇文章，著有《瓜络吟草》诗集一部。在北京市有关文艺团体开展的“东方美”、“时代颂歌”等多项大赛中，参赛20多首诗词，分别获得大赛特等奖1次，金奖4次，银奖1次，一等奖4次，先进工作者2次。其中2015年—2016年获奖5次分别有：2015年8月获“炎黄杯”金奖；2015年9月第七届“祖国好”金奖；2015年8月获第十二届“天籁杯”金奖；2016年10月获第七届“羲之杯”一等奖；2016年11月入编《中国时代文艺名家代表作典籍》，并授予“全国文艺先进工作者”荣誉称号。入编《新中国66周年文艺名家名典》，2016年1月中华诗词著作评委会、中华诗词研究会评定为“中华诗词一级著作家”，并颁发了《中华诗词著作家》资格证书。

徐化奎 1968年生，山东济宁人。中华诗词博士，吟坛泰斗。当代诗圣。作品在第三届全国文学艺术大赛获一等奖，第七届“羲之杯”全国诗书画家邀请赛获一等奖，第六届中华诗人踏春行征稿赛获一等奖，第二届“诗词世界杯”中华诗词盛典大赛获一等奖，第八届“祖国好”华语文学艺术大赛获金奖，第六届“炎黄杯”国际诗书画印艺术大赛获金奖，第二届“中华情”全国诗歌散文联赛获金奖，2016年“东方美”全国诗联书画大赛获银奖，2016“江山颂”全国诗书画印大赛获二等奖。入选《中华当代好诗词(第二卷)》并获一等奖，《中国文艺名家传世作品集》并获金奖，《影响当代中国的新千家诗》，《中国时代文艺名家代表作典集》，《百年诗词精选（第三卷)》,《全国文学艺术精品集》,《中国作家排行榜》,《一带一路艺术先行者》,《中华诗人大辞典》(传世孤本),《中华诗词博士典藏》,《中华吟坛十八大家》,《华语文学艺术典藏》等。传略入编《中国文化艺术人物年鉴》,《中国当代文艺领军人物大辞典》,《中华诗人大辞典》,《中国老作家大辞典》等大型典籍。评为“天籁之音·德艺双馨中华诗词家”、“中国华语文学艺术百杰”、“文化传承百佳诗人”、“全国文学艺术精英人物”、“中国当代文艺领军人物”、“一带一路艺术先行者”、“中华诗词传承与发展的突出贡献者”、“全国文艺先进工作者”。2016 年授予“吟坛泰斗·当代诗圣”称号。荣获“毛泽东诗词奖”、“一级中华诗学奖”、“中国作家薪火相传艺术奖”、“中华诗词精英奖”等个人奖项。

寄语:*爱心恒大——爱永远是伟大的,无边际的。愿爱心在人间永恒,让世界充满爱!*

徐亮春 1951 年 11 月出生,中共党员,中师退休教师,小教高级,获“中国文艺创作先锋”称号,中国书法家收藏交流协会会员。

2015 年“中国抗战胜利 70 周年”全国书画大赛书法获金奖;

2016 年“中国当代文学艺术精品大系”获书法特等奖;“中国共产党诞生 95 周年”全国书画赛获书法金奖;“江山颂”全国书画大赛获书法金奖;“中华情”全国书画大赛获书法金奖;“纪念孙中山先生诞辰 150 周年”全国书法大赛获书法一等奖。

徐祯霞 生于 1972 年 3 月 18 日。供职于陕西省柞水县文化馆。笔名秦扬、徐祯燮。大专学历,无党派。中国作家协会会员,鲁迅文学院 29 届全国中青年作家高研班学员。中国散文学会员,中国诗歌学会会员,陕西作家协会会员。陕西散文学会理事,陕西乡土委员会副主任,陕西青年评论委员会副秘书长,商洛市青年作家协会副主席,商洛市作家协会理事。2008 年开始文学创作,已有 1000 余篇文学作品刊发于各类报刊、杂志,30 余次获奖,80 余次上国家级刊物,作品遍及国内外 180 多个城市和地区,见刊于《中国作家》《北京文学》《延河》《散文百家》《美文》《文艺报》《中国文化报》《中国艺术报》《人民日报》、美国《侨报》、香港《大公报》《澳门日报》《海外文摘》《知音》《中学生文摘》《第二课堂》《高中语文天地》《小品文选刊》《思维与智慧》《新语文课程导报》等。被商洛市团委评为“寻找身边青年榜样的人物”、自学成才的典范,当选 2012 商洛年度十大新闻人物,作品入选 10 多种文学读本,多次入选中学语文试卷和各类中小学生教辅读物,散文作品多次被电视台选用,并制成音画作品报省里评奖,散文

《绿城》曾获“陕西广播电视影视作品三等奖”,《牛背梁上望长安》获得中国首届旅游散文大赛三等奖,被网友制作成配乐散文朗诵在网络上传播。时至今日,公开发表作品300余万字,著有散文集《烟雨中的美丽》和《生命是一朵盛开的莲花》,《烟雨中的美丽》作为“青少年课外读物百部文库”出版,公开发行,并上了2015年中国南京青少年图书展销交流会,进入各中小学院校图书室。被誉为“商洛实力派高产女作家”。2015年获得首届西凤杯散文大奖赛亚军,2016年7月《烟雨中的美丽》获得全国首届丝路散文优秀著作奖,2016年9月《棣花之荷》获奖全国首届“你我荷”散文大赛特等奖。入编大型人物传《商洛人》。为首个被陕西省作协推荐鲁迅文学院录取的商洛作家,首个加入中国作家协会的柞水作家。

寄语:写作不为别的,只为用文字照亮人心,给世界一抹阳光的色彩。

奚志山 1964年11月出生,安徽芜湖县人,中共党员。中国硬笔书法协会会员,中国诗书画家网艺术家委员会副主席,中国书画艺术家创作中心会员,画圣吴道子艺术馆理事,芜湖市书法家协会会员。

其作品多次在全国书画大赛中获金奖等奖项。2015—2016“东方美”全国诗联书画大赛硬笔书法类金奖;2016第七届“羲之杯”全国诗书画家邀请赛硬笔书法二等奖;2016第二届“和平颂·中华情”全国美术书法名家邀请展书法类金奖;2016庆祝东坡书画院成立十五周年全国书画邀请展书法类一等奖。

寄语:艺术需要一种勇气,一种塑造和革新的精神,是弘扬真善美及健康向上的社会正能量。人要有自信,要有“海纳百川,有容乃大”的心态。自信是成功的第一秘诀,唯有自信,才敢于进取,勇于奋斗,要全面地认识自己和社会,确立适合自身的目标,并制定行之有效的执行方案。每一次选择必须是一次超越,否则就不要选择。按目标去奋斗,人生才会更精彩,生活才会更充实。

贾学松 1932年生,湖南省永州市人,中专文化,中共党员。1951年参军,1956年转地方,历任区卫生所长、中学团辅导员、衡阳、零陵地委组织、宣传、统战部干事、副科长、主任、地区医药局副局长、经济师。在43年(志愿军三年)革命经历中,立一小功,两次评为县卫生、地委机关先进工作者。现为省、市老年书协会员、理事,江苏乔木故里、河南东坡、北京清大华文、华夏国艺、六艺嘉韵书协理事、院士。1993年退休,编撰出版了《零陵地区医药志》《上房村志》《回眸人生》《茶余饭后》等书。2001年入市老年大学,撰写的诗词、书法作品,在全国各类大展赛中,获金、银、铜、优秀奖137次,其中2015、2016年,获金奖13次、银奖2

次，优秀奖1次，并将这些获奖作品编印出版了《晚年生活杂写》《我的书画集》。2005年纪念长征胜利70周年诗词，获国际优秀论文奖，世界学术成果研究学术委员会的评价是：您的力作，在学术界引起广泛关注、代表相关领域阶段性较高水准，无论是选题立意，还是论证叙述都有很强的理论性、科学性和专业指导性。并且有很高的学术思想、学术价值及学术见解。为有关学术机构和相关学术领域的专家学者提供了主要参考研究价值和借鉴作用。世界管理科学研究院的评价是：您的学术理论成果，深得社会各界重视，具有很高的科学理论价值及指导意义，并在认识上有重大突破和创新，具有新发现、新思维、新观点。取得了革新性的结论和重大发现，已达到国际先进水准。

寄语：人的一生是有限的，不管做什么，都应有所作为。在实现全面小康和复兴中华新长征的路上，坚定信念，用长征精神，红军斗志，在自己的岗位上，勇于担当，创新工作，做到集古之成，防己之疏，少出差错，卓有成效，生命不息战斗不止。

资道元 1949年7月出生，湖南省耒阳市人。中专学历，机械工程师，退休前在铁路工作。担任过机械钳工、机械工程师。广州铁路集团长沙铁路总公司耒阳水泥厂厂长，长沙铁路总公司耒阳火车站党委书记。

自幼爱好书画艺术，多年来努力学习、写生、临摹，特别是退休后时间充足在绘画的基础上爱上了根雕，利用绘画的审美和根雕的立体感结合，加上各家的电视教学，使自己的绘画技能不断提高。

2015年获得以下荣誉："东方美"全国诗联书画大赛银奖。纪念中国人民抗日战争70周年"和平颂·中华情"全国美术书法百家邀请展一等奖。"走进深圳"——中国书画名家作品大赛优秀奖。第四届全国老年书画大赛优秀奖。

2016年获得"东方美"全国书画大赛金奖。"江山颂"全国诗书画印大赛一等奖。"国之韵"——全国书画家作品邀请展入选奖。作品被中国书画网络电视台收藏。"魅力宜昌"全国书法美术家作品展特别金奖，同时授予"全国百强书画名家"荣誉称号。作品由中国国画院三峡美术馆收藏。被一带一路全国书画名家百米长卷创作工程组委会，中国国画院聘为主创书画家。

寄语：热爱诗书画，给退休生活增加了活力，陶冶了情操。并结交了朋友，使人努力奋进，为老子所说：为学日益，为道日损，知足不辱。

郭兴华 祖籍河北盐山，美术学博士。中国美术家协会会员。主攻中国画山水人物创作和美术学研究，致力于古典学融入当代绘画的研究。现任总政宣传部《解放军美术书法》杂志执行主编，解放军美术书法研究院学术研究部主任，总参美术创作院秘书长，中国人民对外友好协会艺术创作院特聘研究员。多次在全国、全军大型美展中获奖，多幅作品被国内外有关机构或个人收藏。绘画作品多次刊载于《中国书画报》《美术观察》《中国美术》《美术研究》《中国美术报》《羲之书画报》《解放军画报》《解放军报》等报刊，先后于《美术》《美术观察》《解放军美术书法》等核心权威期刊发表学术论文50余篇。

郭东美 字懿丹，号心语堂，1961年11月生于山东青州市，现居青岛，国家一级美术师，中国传统文化诗书画协会理事，青岛美术家协会会员。现任青岛市市南区翰轩书画院常务副院长，青岛齐鲁春秋书画院副院长。

自幼酷爱国画艺术，从事绘画艺术工作30余年。广泛学习研究中国绘画艺术多年，作品多次参加全国和省市书画展赛，多次获奖。并被国内外有关单位、部门书画爱好者收藏。

国画《群峰浮海上，一棹水云间》获"和平颂·中华情"全国美术书法百家邀请展一等奖，入编《中国新时期文艺人才库》，在《中国当代文学艺术精品大系》评审中，荣获特等奖，被授予"中国文艺创作先锋人物"。作品《春风得意》在2016迎神十一载人航天飞行成功中国当代书画名家精品展全国大赛中荣获金奖，入编《飞天梦·强国梦·中国梦——中国当代书画名家精品大典》作品集，并被评委会授予"中国载人航天艺术成就杰出贡献艺术家"荣誉称号。获奖作品《荷趣》入编中华翰墨书画名家大典。

寄语：艺无止境，学无止境。跟着感觉走，潇洒写百态。

郭郅都 1937年10月生于山西省山阴县，1964年山西大学政治系哲学专业毕业后，从事教育工作多年。1974年调山西省委信访局任处长。平时爱写作，楹联作品入编"2001－2010年十年楹联精品怀历"，嵌入《川陕苏区将帅碑林》，在全国楹联大赛中曾获"全国百佳"和"全国百杰"；诗作入编《十年浩劫诗词联宝典》《中华之魂·伟人颂诗词联大观》等；并获"全球华人至尊艺术家""十八大文艺代表人物"、"青花杯·中华传统文化最高成就奖"、"中国当代艺术名家"等光荣称号。2016年5月又获"东方美"全国诗联书画大赛金奖，受邀参加在北京人民大会堂举办的颁奖典礼。论文《邓小平理论是当代中国的马克思主义》入编《中国专家大辞典》和《中国新世界发展论坛》并受邀参加"WTO中国新世纪发展战略研讨会"的交流。著有《信访探索》（30万字）和《随行集》。现为中华诗词学会、中国楹联学会、山西诗词学会会员。

寄语：热爱艺术，追求和奉献艺术是我一生的梦想和快乐。

郭松亭 山东省博兴县人，生于1935年2月，大学文化。退休前任山东省滨州地区计生委主任、党组书记、计生协会会长等职。中共山东省委、省政府授予“先进工作者”等荣誉称号。退休后，参加滨州市、山东省、中国老年书画研究会，2001年被聘为北京九州书画院院士；2005年被吸收为中国国学研究会研究员等。书写的文章、爱国语录、格言、寄语等入选十几部书集。书法作品在全国大赛中被评为精品奖、一等奖、金奖等，作品入选《中华世博题赠艺术大典》《中国书法家志》《建党九十周年大典精品集》《喜迎十八大全国书画创作大赛精品集》《中国草书选集》《毛泽东颂典》《纪念中国共产党建党九十五周年书画大事记》等七十多部典集。

郭富小 笔名傅晓、谷岩、田川等。1930年11月生，山西榆社人。抗日战争时期曾任儿童团长，后参加抗日少年先锋队、民兵。1946年入伍，曾在太行区党委工作，1949年调“长江支队”南下解放福建，历任晋江专署科员，青年团安溪县委干事，《福建青年报》编辑，古田水电站人事科员，福州造纸厂党委秘书，仙游度峰糖厂科长，宁化县通用机械厂股长，宁化县政协副秘书长，三明市政协文史办副主任等职。1950年开始文艺创作，作品有诗词、通讯、小说、散文、人物传志、美学论文等。作品多发表于《福建日报》《福建文艺》《三明日报》《厦门日报》等刊物，部分收入《中华诗词》《福建诗词》专集，现为中华诗词学会会员。曾主编《三明文史资料》，编辑出版了《三明历代名人诗词选》，著有诗词集《足迹》《杜鹃楼吟草》《雅兴词草》《夕阳诗草》人物传记《史海杂记》。其辞条辑入《中国当代艺术界名人录》《中国人才世纪献辞》《二十一世纪人才库》《世纪诗词大典》《中华诗词家名典》，其诗词曾获各类奖项及各种荣誉称号二十六次，并获中华诗词作家评审委员会授予《中华诗词一级诗词著作家资格证书》。

郭介成 名绍暹（鸿暹），字锦春，笔名甄石，艺名明仁、明仁一言。1944年仲春出生湖南慈利龙潭河镇楠木堉村。1962年毕业于湖南水利电力学校农田水利专业21班。大专学历。曾任乡镇联校校长，中共联校支部、总支部书记。中学高级教师，国家一级书法师。慈利县政育农产品专业技术协会安全纳吉终身顾问。慈利县老年书画诗词协会会员、中国传统文化诗书画协会理事、中国诗书画家网艺术家委员会副会长、中国硬笔书法协会会员；中华八卦科学大挂象研究所所长、世界华人交流协会副会长。全国小公民道德建设优秀园丁、中国十大预测名师、中华八卦科学原理理论创始人、2015 全国诗书画精英人物、共和国求是十大杰出楷模、新中国国学大师、中国文化艺术杰出人物。

少习书法。七旬,书法作品十余次参加全国相关大赛、邀请展。分获一个二等奖、一个三等奖外,余均获一等(金)奖。《我爱我的中国》(硬笔)获"炎黄杯"国际诗书画印艺术大赛一等奖;《中国书法》等 22 件作品,在《羲之书画报 · 诗书画家》月刊、《丹青歌盛世 · 翰墨颂中华》(新华出版社)等报刊、精品集出版;《周易 · 中国人的智慧》《八卦 · 无字天书》(篆书)在 APEC 中华艺术博物馆收藏;《自强不息》《珍爱和平》,参加中国人民抗日战争胜利 70 周年阅兵庆典书画艺术邀请展暨国际巡展后,由中国人民抗日战争纪念馆(海外 · 旧金山)收藏;篆书《忆江南 · 龙魂》在 2016 巴西里约奥运会中国当代书画名家精品展获"最高荣誉成就奖",并于纽约、巴黎、温哥华巡展后,巴西圣保罗艺术博物馆收藏;同时,作品被推荐与著名书画大师黄永玉、范曾三人合集出版《2016 巴西里约奥运会 · 走向世界的中国当代书画名家〈龙之魂〉特刊》,由著名书画大师范曾题写书名,国际奥委会原主席雅克 · 罗格题写前言并签名。《阮郎归 · 太空踏青来——同步原韵和欧阳修〈踏青〉》《五绝 · 徜徉天宫归》(篆书),获 2016 迎神十一载人航天飞行成功中国当代书画名家精品展金奖,在国际巡展后,中华航天艺术博物馆收藏。

中爱文学。义务创办辅导蓓蕾文学艺术社。文学社两次被省授予优秀文学社团。六项科研成果被教育部关工委等授予优秀成果一等奖 3 项、二等奖 2 项、三等奖 1 项;同时,先后 3 次被授予全国中小学德育新成果展评活动先进个人、组织工作先进个人。50 多首诗词、格言公开发表,《秋风》获中国文化报三等奖,《课堂 · 教师 · 讲台》等获金奖。

晚研周易。撰著《八卦科学活水源泉》。发现、诠释、创立八卦生成科学原理理论。《卦,科学的模型》《一个返朴归真的伟大社会实践》《诡秘地二进制中国数码符号——阴阳爻符号》论文等多次获特、一等奖,并出版。阐述了"卦,揭示一切科学规律归宿和认识源头的物质世界矛盾运动本质模型"。破除了"卦是迷信的符号"的迷信。从实践到理论、从古文献到事实依据,彻底论证了"卦,即中国古代用中国数码符号写出的二进制数",恢复了卦的科学本来面目;为论证中国古代实施了二进制记数,提供了理论和事实依据,真正为八卦科学正本清源。

寄语:求真理二一年奔红船来觅强盛中华道路展描美景;护使命十八届操神舟上履复兴民族征程砌造宏图。横批:真命天子。

郭广海 生于 1937 年 3 月,山西省高平市人。1961 年山西省运城卫校毕业,同年参加工作,先后在高平市米山、赵庄、寺庄、釜山等乡镇卫生院任医士、医师、院长、主治医师等职。1999 年 5 月退休。2005 年作为《米山卫生院院志》编委会成员参与其编撰工作。2001 年 4 月加入高平市老年书画研究会,其作品收入《高平市老年书画集》一书。2007 年

11月在全国第三届《感动人生》老年人征文大赛获书法二等奖（地点人民大会堂）。2008年4月20日在全国政协礼堂荣获第六届“中华颂”老少文学艺术大赛书法一等奖，并授予“中华写作艺术名家”荣誉称号，随之被推荐加入北京市写作学会诗书画委员会研究员和华夏博学国际文化交流中心会员。2008年11月22日荣获全国第四届《感动人生》老年人征文大赛书法一等奖（北京国谊宾馆）。2009年4月10日加入中国散文学会写作中心创作员。2009年4月23日荣获第七届“中华颂”全国老少文学艺术大赛书法一等奖，并授予“中华文学艺术精英”荣誉称号（北京钓鱼台国宾馆）。2009年9月16日受聘为《作家时代》编辑部签约书画家。作品刊登于2009年10月第10版《作家时代》。2009年10月获2009年“祖国好”华语文学艺术大赛书法二等奖（京西宾馆）。2009年10月荣获中华世博杯全国老年书画、摄影、诗文海选大赛书法一等奖，特授予“中华世博老年文化大使”称号。2010年2月当选盛世中华2010年全国时代文艺家。2010年10月评定为“影响中华2010年全国诗文书画先进工作者”。2010年8月30日被《羲之书画报·诗书画家》聘为“签约诗书画家”。2010年11月10日荣获中华兰亭杯全国老年（大学）书画摄影诗文大赛“特等奖”，授予“中华老年兰亭艺术家”称号。2012年6月入编《中国时代文艺家名典》，2013年7月入编《中国诗书画家人物大典》。2013年12月20日中华夕阳红文艺杯全国老年（大学）文艺大赛中荣获金奖。被授予“中华夕阳红文艺模范”荣誉称号。2016年5月荣获“东方美”全国诗联书画大赛金奖。

寄语：“夕阳无限好，可惜近黄昏。”今后，只要有机会，身体条件尚可，我将还要振奋精神，力争做一些力所能及的工作，尽可能的做出一些成果、贡献，努力吧！

高运甲 1936年11月出生，江苏泰州人。中国书法家协会会员。自幼酷爱翰墨，潜心习字。墨迹清隽、飘洒、豪放，在现代书坛享有盛名。其作品被选入“二十世纪书法大展”，“中华人民共和国五十周年书法大展”及庆祝香港、澳门回归等书法展。曾应邀赴日本、韩国、澳大利亚、意大利、挪威、德国、法国等40多个国家和我国港澳台地区进行文化交流。历任中国文联副主席、党组副书记，文化部部长助理，第九、十届全国人大代表、全国人大教科文卫委员会委员。

高智敏 国家一级书法师。字号：秉德；艺名：山泉。中共党员，退休教师。1950年2月生，山西省忻州市保德县人，受书香大家族的熏陶，自幼酷爱文学与书法，多年来临池不辍。获“共和国德艺双馨艺术名家”、“上榜著名书画家”、“中国书画行业模范艺术家”荣誉称

号。先后被中华人民共和国文化部分别授予“优秀书法家”、“中国书法艺术十大名家”和“中国书画国礼艺术家”荣誉称号。2015年11月入选2016年度中美文化交流大使暨中美杰出华人邮票艺术家人物。任国际名家书画院副院长、客座教授，中国书画研究院常务理事，中国书画艺术家创作中心理事，中国艺术家协会理事，中国书画艺术家创作中心理事、中国文人书法家协会艺术顾问、画圣吴道子艺术馆艺术顾问，中国晶韵艺宝国际文化艺术交流中心委员会理事，中国华夏万里行书画家协会理事，中国海峡两岸文化艺术研究院副院长，中国传统艺术学会名誉会长，中国书画名家协会会员，北京翰艺阁书画院副院长，北京华兴阁书画院名誉副院长，北京华艺亭书画院高级创作研究员，北京华夏国艺书画院高级书画师，忻州市老年书画研究会会员，忻州市诗词联学会会员。

先后在全国书画大赛中荣获金奖45项，国际金奖17项。诗词入选《中华诗词名家志》传略入选《中国当代文化名家档案》《中国新时期文艺人才库》，艺术简历及座右铭入编《中国文化传承人物志》，传略入编《当代书画名家作品价值指导》(10人卷)；作品入编《世界艺术名家》《中国书画500强》，荣获“华人百强书画家”殊荣。2015年10月，在“血铸丰碑”纪念中国人民抗日战争暨世界反法西斯战争胜利70周年全国书画名家作品大赛中获金奖，并授予“中国百强书画名家”荣誉称号；2015年10月，在2015“黄山杯”全国书画摄影大展赛中获金奖；2015年10月，在中华一家亲——全国书画名家作品交流展中被评为优秀奖，作品被厦门美术馆收藏；2015年10月，在第十届“德耀中华·最美书家”全国中老年书画名家邀请展中获金奖，并授予“2015德耀中华·最美书家”荣誉称号。

寄语：以贤教修身，用圣德养人。矢志不渝将中国传统文化传承到底，是我一贯的人生主张和信仰。我一直青睐中国的古老文化，是因为她是中华民族真正的文明所在，更是中国的精髓元素，他将永远给社会的繁荣与兴盛起着至关重要的引领动力。

高双印 1939年4月生，自幼就喜欢写毛笔字，从上中学开始练习书法，工作中不断用毛笔字写信文，退休后更专心，多次接触优秀书法家。我的老师张忠信(优秀书法家)多次指导，作品时获书友好评。

2007年参加洛阳日报社夕阳红书画班专心学习篆、隶、楷、行系统书法理论。尤其对颜真卿书体反复临摹、练就笔力、专工精道、结字及体能、独具风格，其作品多在俱乐部悬挂展出。

在以书会友广交朋友的书法交流活动中，积极参加全国性书法与省级笔会多次获金奖和奖杯，其作品多次入编《中国书法名家典藏》并荣获“红色艺术家毛主席风骨的追随者”。

平时，我们的指导老师张向东、王德权等对字体的习练非常认真，不断督促我们读帖、临摹，要我们确切掌握其特点。对我们的进步非常关怀，由于指导老师要求严格，其作品多被部分书画院采用。几年来我曾与下列书画院联系过,中国诗书画家网、硬笔书法对外交流委员会、华夏博学交流中心,北京六艺嘉韵书画研究院、江西九江硬笔书画研究院、长沙翰华与楚墨轩书画院、长沙(北京)清芳轩书画院、南京长江书画院、广东珠海(北京)书画院、北京华夏国艺书画院、中国农民影视书画家协会、北京军天书画院、洛阳市洛龙区书法分会等多被聘为理事或院士,尤其多谓是常客。我的作品亦出现在北京锦墨轩、北京翰艺阁、北京逸泽轩、长沙弘文等书画院编印的珍藏书籍中。

寄语:书法历来似做人,从真向善自求新,磨穿铁砚耗千血,始见个中精气神。盛年不重来,一日难再晨,及时当勉励,岁月不待人。

高玉龙 又名澜公,1937 年 5 月生于蚌埠市,高级工程师、一级美术师、中国书法家协会会员、全国建设职工文化艺术协会理事、安徽省根艺研究会理事、中国国画创作委员会副主席、北京诗联书画研究院院士、蚌埠市美协会员等。本人喜爱书法、绘画、根雕等艺术、书画作品曾无数次参加国际、国内书画大赛并获奖,入编书及收藏。获过一、二、三、金、银、铜、精品奖、特别金奖、特等奖、书画大家奖、当代书画家名人证等。还荣获各种荣誉称号七十余次。到目前为止共获金奖 108 次、特金奖 2 次、特等奖 3 次、一等奖十余次、二等奖、银奖、铜奖若干次,还有 3 次荣获当代书画家名人证书,书画大家证书及大家名作。2014 年 3 月荣获首届国际华人书画名家终身成就奖;2016 年 10 月被中国艺术大师网、中国文艺书画院授予“国艺大师”称号并入编《当代国艺大师宝典》,书画根雕作品在 2000 年 3 月投蚌埠市有线电视台录制专题节目。根雕参加过全国首届根雕展、安徽省首届根雕展、蚌埠市盆景根雕展、个人专题根雕展,根雕照片多次刊于《中国花卉报》、根雕论文 1985 年刊于《花木盆景》杂志第一期,根雕于 1994 年获蚌埠市首届群众艺术展特别荣誉奖。退休后专攻书法及中国画至今。

现完成硬笔篆书古诗词近 2000 首(唐、宋、元、明、清每朝代 300 首,篆书现代诗词等),现都分别装订成书。退休前在单位完成 300 余件根雕。

寄语:书画是我一生的爱好,从未间断。我有信心、有决心利用夕阳余热为人民多留一些作品,为党为人民多做一点贡献,因为我是一名党员,在有限之年应多为党为人民做一点好事,多向先进人物学习,艰苦奋斗、勇往直前。

高雁雪 笔名飞雪,1931 年生于山东无棣县,山东教育学院毕业。中共党员,原滨州市文联副主席,一级作家。中国作协会员,中国文学艺术家联合协会名誉主席。有诗、散文专著 12 部,享受国务院特贴专家,诗“鱼鳞河”受茅盾主席表彰。进入二十一世纪从事新古体诗创作。2015 年“和平颂”选入《和平颂》(下诗文卷),被评为世界和平艺术大师,并被中国传统艺术学会选入“2015 中国诗词名家精品台历”获金奖。新时期文艺评审委员会、华夏文学作家评审委员会、世界华人文化艺术研究院举办的“新时期文艺百花奖”中(金奖 1 名、银奖 10 名、铜奖 100 名)他的诗“铁道游击队”等获金奖。2016 年中国文艺家交流协会、中国纪实文学研究会、“纪念抗日战争暨世界反法西斯战争胜利70周年”征文中,获金奖。首届国际文化艺术金马奖,他的诗“平溪天灯”获得华人书画艺术奖金奖。中国萧军研究会、北京市写作学会等单位举办的2016“东方美”全国诗联书画大赛中,他的“大爱颂”获金奖。中华散文网、华夏博学国际文化交流中心举办的第三届中外诗歌散文邀请赛中,诗“游子归故”获一等奖。《国学名家辞海》他的诗“言行录”、“十八青春树”等获奖,授予“国学脊梁·杰出人物”称号。

高道国 1934 年 3 月 16 日,出生于安徽省马鞍山市含山县林头镇高周村。1960 年毕业于清华大学工程物理系。在西安交通大学和四川大学从事原子核物理学的理论教学和科研工作。主要著作有《核子——核子相互作用与核反应》一书。科研方面获得部级科技进步三等奖。职称是副教授。

书画是业余爱好。曾在成都老年大学学习中国山水画,自学钢笔画、油画、花鸟画。多次参展全国、省、市各种书画展,并多次获奖。其中 21 米的长卷钢笔画《天府锦江图》获得“中华颂”全国文学艺术大赛一等奖。

寄语:老有所为,老有所乐,陶冶情操,与人为善。

高增凡 1937 年 10 月生,河北省玉田县人,中共党员。1960 年中师毕业后一直从事教育工作,教师、校长、中学一级教师,60 岁退休。祖父、父亲都是琴、棋、书、画爱好者,我的书法艺术主要来源于先辈的熏陶和教导,从小就喜欢书法,在工作岗位上和退休后书法练习一直不断。

在 2011 年 7 月,“和平杯”第三回全国中老年书画摄影诗文大赛,荣获“一等奖”。2016 年 4 月,第六届“当代羲之奖”中国书画家作品邀请赛,书法作品荣获“金奖”,并获“21 世纪杰出书画家”称号,得到了奖杯和 21 世纪杰出书画家勋章。同时被聘为羲之书画报当代艺苑书法专刊主任创作委员,书法作品润格为 6000—10000 元人民币/平方尺。均发表在羲之书画报当代艺苑 2016 年 6 月 1 日的第二版上。2016 年 6 月,北京墨缘宝书画院主办的畅想中国梦第四届“墨缘宝杯”书画大赛,荣获了书法作品“银奖”。获得了奖杯、奖牌、银奖证书和收藏证书。

其作品收录发表在畅想中国梦第四届墨缘宝杯全国书画大赛作品集一书中，同时被聘为“北京墨缘宝书画院院士”。

2016 年 6 月，由世纪百家国际文化发展中心等单位举办的“江山颂”全国诗书画印大赛中，书法作品荣获了“一等奖”。以后又对近年来“东方美”、“江山颂”“祖国好”等多项国家级文化艺术类大赛的获奖作品中，优中选优进行再评审，我的书法作品又荣获“特等奖”并收入《中国文艺名家传世作品集》一书和《中国文化艺术人物年鉴》一书中。

寄语：书法艺术是中华民族文化艺术的宝贵财富。书法看似容易，实则博大精深，要学好书法艺术首先要下大力气、下真工夫，贵在坚持、持之以恒、必有所成。

钱四青 1936 年 11 月 28 日生。祖籍安徽枞阳。13 岁自愿参加革命队伍。1952 年毕业于南京第三通信学校无线电报务系。（系中专）后在舟山海军巡逻艇大队历任报务员、台长等职。曾参加解放“一江山岛”等沿海敌占岛屿的战斗，多次立功受奖。1955 年入党，1958 年转业地方后，在邮电部门，仍负责邮电通信工作。1996 年底离休，曾连续 16 年被上级党委授予“优秀共产党员”光荣称号。工作之余，坚持学习研究文史、诗词、集邮。曾发表各类文章 60 余篇，诗词 100 余首。正准备出版《四青文集》和《四青诗集》《永恒的爱》，曾参与编著《陈霸先研究文集》。应邀担任《中华钱氏名人志》编纂顾问，中国炎黄文化出版社特约编审，《吴越钱氏》杂志特约撰稿人。《钱王传》历史电视剧，历史顾问。中国钱镠研究会特邀委员，杭州钱镠研究会特约会员。长兴陆羽茶文亿研究会理事等众多学术头衔。曾任长兴县文史研究会副秘书长，负责对南北朝，五代十国的文史研究，“历时 15 年，足迹皖江浙”完成了自炎黄为一世，下至父辈 117 世，续修的个人“钱氏家谱”艰巨工作，这在当代钱氏家族中还少见的。故被众多钱氏家族，称谓：“浙北续修钱氏家谱第一人”和“为吴越王寻根的人”。因此曾受到多家报刊、电视台采访报到，并应邀前往各地进行宣讲介绍。曾多次出席全国、国际钱镠研究学术研讨会。其中撰写的《吴越钱氏追根溯源》和《长兴是吴越钱氏祖先的发源地》的论文，受到了众多的海内外专家学者的赞同，也给钱氏后裔寻根问祖，提供了历史依据。目前又被聘任为：“长兴县历史文化研究会”名誉顾问和“长兴县钱氏文化研究会”顾问，为发掘长兴历史文化出谋划策。为续修“钱氏家谱”弘扬钱王功德，贡献自己的一份力量。

荣获 2011 年“华夏情”全国诗文书画大赛一等奖，2012 年被授予“全国时代文艺家”光荣称号。2012 年又荣获第十届“中华颂”全国文学艺术大赛诗文一等奖。同年又荣获 2012 年“东方美”全国诗联书画大赛诗文一等奖。并荣获全国第四届“祖国好”华语文学艺术大赛一等奖。荣获第三届“炎黄杯”国际诗书画印艺术大赛金奖。荣获 2012 年“时代颂歌”全国诗歌散文大赛一等奖。2013 年荣获第十一届“中华颂”全国文学艺术大赛一等奖。又荣获 2013 年“东方美”全国诗联书画大赛金奖。又荣获 2013 年第

四届"羲之杯"全国诗书画家邀请赛一等奖。又荣获2013年"华夏情"全国诗歌散文邀请赛一等奖。又荣获2013年第五届"祖国好"华语文学艺术大赛金奖。又荣获第三届"炎黄杯"国际诗书画印艺术大赛金奖。又荣获第二届"时代颂歌"全国诗文书画大赛一等奖。又荣获第五届"祖国好"华语文学艺术大赛金奖。又荣获"相约北京"全国中老年文学艺术大赛一等奖,并被授予"中国当代作家书画家精英荣誉称号"。又荣获2014年"东方美"全国诗联书画大赛金奖。又荣获第五届"羲之杯"全国诗书画家邀请赛一等奖。又荣获第二届"伟人颂中国梦"全国诗文书画大赛二等奖。又荣获第六届"祖国好"华语文学艺术大赛金奖,并被授予"当代华语文学艺术百杰"荣誉称号。2015年又荣获:《中外当代文学艺术家代表全集》特等奖。又荣获:第二届"相约北京"全国文学艺术大赛一等奖。又荣获第六届"羲之杯"全国诗书画家邀请赛一等奖。又荣获2015年"东方美"全国诗联书画大赛金奖。又荣获第四届"时代颂歌"全国诗书画影大赛一等奖等诸多奖项。并被聘请为:中国诗书画家网艺术家委员会副主席。并邀任《当代中国文艺家大辞典》特约编委。聘任国际文化发展中心高级研究员。一首《难忘的峥嵘岁月》经编委会评审。被评为"金奖"。并入编《中国时代文艺家代表作年选》,应邀出席"全国时代文艺家创作峰会"和"全国诗文书画先进工作者"表彰大会。曾经九次进京均在首都党政军会议中心——京西宾馆参加全国颁奖大会。受到了国家各部委老领导亲切接见。多次在北京大学参加全国文艺家创作论坛大会。20多种获奖作品均入编全国诗文书画精品集。

寄语:陶冶自我,怡乐他人。文艺除了表现自我,还应有益于世道人心。文化专长:诗文创作,文史研究。

袁著晓 1943年10月12日生于山东省即墨县(今属青岛市城阳区),中共党员,大专文化,空军正团职退休。历任卫生员、卫生统计、军医、航医主任、卫训队长、卫生副队长、曾任中国科协中西医结合学会会员、中国民族艺术家协会副会长,中国书画学会副主席。"龙虎杯"国际华文诗词艺术大赛组委会授予"当代诗仙"荣誉称号,"中华诗星杯"中国杰出诗人精英大赛授予"中华诗圣"荣誉称号。作品入编多家典籍如《中国诗人大辞典》《世界华文诗词艺术博览全书》《中华诗词十佳精品选》《世界传世诗词艺术家大辞典》《胜利之歌》等,个人主要著作《国防绿之歌》《杏林杂谈》《同属选集》等。曾获空军先进航医主任,荣立三等功。除诗词创作之外,书法作品入编《中国书法家作品选集》,创作诗书画三维一体"十二生肖明信片",创作歌曲《槐花盛开的时候》《槐颂》,合作《飞越梦想》(张玉珠词袁著晓曲)及相声小品等。

袁著晓崇尚奉献精神,如其诗:"欲入佛门须八戒,超出凡胎凭九转,在世不为人造福,岂如草木美自然。"《追踪当代诗仙》作者薇薇说:"袁诗充满阳光,充满正气,充满正能量,是一个爱国的人民诗人。"邵荣棠先生(中将)说:"袁诗不论在政治上思想上艺术风格上和生活内容上都有高度深度和厚度”。

寄语:再看《花木兰传奇》有感:城外列队君送臣,君臣情义感人深。江山动容唱赞歌,天地洒泪谢忠心。高官厚禄俱不要,古今中外树典范。共产党员应先进,身言并重学木兰。

袁志国 笔名袁老,艺名竹人,字玄空,号半仙。1956 年 8 月生,祖籍湖南。大学文化,高级经营师。社会职务荣誉:世界文化名人研究院高级研究员(终生),文艺博士,德艺双馨著作家,十佳山水田园诗人,国家一级作家。出版有《迷人的收藏》《天涯三人行》(三人合著)《藏品诗文集》《大美天音》《天道问情》《半仙文集》等。另著有长篇小说《梦中情》及 20 部书稿。筹建三个书室名“诗聚斋”(冰心、贺敬之题写);“陶扇轩”(吕济民、孔可立题字);“天音阁”(广东著名书画家卓曙题签)。好诗书画印及音律,并搜集制作乐器,从梦中发明“双箫笛”。擅长竹笛(口笛)古琴演奏。其诗词代表作《赞武当》《梦少林》《奥运三字经》《口笛·鸟鸣曲》《七弦古琴》《书告子孙》。音乐作品《武当》《鸟鸣曲》《佛歌》《神仙汤》《抒情》《情结》《卧龙》。并与作曲家合作三十多首歌曲。书画篆刻作品《和平》《韶光》《墨竹图》《漓江春》《十二生肖》《一代伟人》发表入画册。其中“墨竹图”选入《世界著名书画家真迹博览大典》。散文代表作《月亮美人》《游龙门》入选《中国散文大系》;《说“三美”》《参观上海鲁迅纪念馆》收入《东方美全国诗联书画作品集》并获金奖。还有《世外桃源作归宿》在“中外诗歌散文邀请赛”获一等奖,并选入《中国当代文艺名家代表作典藏》。

寄语:我一直在思考……快乐着也苦恼。我终于从中国的佛道儒家经典里,找到了人生的答案和极大的精神寄托。如果说中国古代有四大发明,那么它蕴藏着更多更大的发明。倘若没有优秀的传统文化滋润心灵,那我们的精气神就散了,生活将会索然无味。

袁瑞珍 笔名:媛漠、紫菊,出生于 1951 年 12 月 28 日,女,四川省夹江县人,中共党员,大专学历。曾任中国核动力研究设计院党委工作部副部长、中国核动力院机关工会主席、中国核动力院院报总编,高级政工师。四川省职工思想政治工作研究会常务理事、四川省企业文化学会理事、四川省散文学会副会长。诗歌《祖国颂》荣获第八届“祖国好”华语文学艺术大赛金奖,被授予“中国华语文学艺术百杰”荣誉称号。中国文艺名家传世作品集特等奖,散文《沉醉喀纳斯》2015 年荣获第二届四川散文奖,散文《击败平庸》荣获中国核工业报征文一等奖,散文《大海、浪花与水滴的感慨》荣获四川省国防科工办征文一等奖,散文

《凝望黄河》荣获四川省散文学会十佳散文奖。现为中国散文学会会员、四川省散文学会会员。《四川散文名家自选集》副主编,作品入编《中国散文大系》(抒情卷、旅游卷、女性卷)《中国核潜艇之路》《中国核电从这里起步》《祖国好华语文学艺术典藏》《中国文艺名家传世作品集》《四川精短散文选》《川渝散文百家》《川鲁现代散文精选》《当代四川散文大观》《巴蜀剑魂》《绵阳散文选》等。2016 年 1 月获第二届四川散文奖,2016 年 8 月获第八届"祖国好"华语文学艺术大赛金奖,2016 年 10 月获《中国文艺名家传世作品集》特等奖。

寄语:散文是情与思的结晶体。丰沛的情感与睿智的思想碰撞所产生的火花,无论将永恒闪亮还是在瞬间熄灭,都是生命的真实和历史的存在。惟愿用心倾诉真情,用情演绎生活。

晏凤兰 1938 年生,退休于 1999 年 12 月底(副厅级),中共党员。现为河北省书画研究会会员、河北省诗词协会会员、中国诗词家协会会员、毛泽东诗词研究会会员。

多首诗词及格言被编入全国获奖的书籍中,被多家诗词单位授予"伟大复兴传承诗人"、"中华诗词一级著作家"、"当代桂冠国学家"、"当代实力派诗人"、"中华文艺创作先锋人物"、"新中国国学功勋人物"、"共和国骄子"、"共和国脊梁"、"中华诗词德艺双馨著作家",2014 年 10 月被中国党建新闻调查网、中国红色交流协会、中国发展与改革研究院授予"新中国建设功勋人物";2015 年 10 月 1 日被中国党建新闻调查网授予"国魂——推动中华民族伟大复兴功勋人物";2016 年"全国文艺先进工作者"等荣誉称号。

《青年礼赞》《冬去春来》新诗体,由苗博配音朗诵入《中国梦——当代大型诗词作品配乐朗诵特辑》并编入《中国国学大辞典》(第四卷);被纪念中法建交 50 周年题贺活动组委会邀函,所写"中法文明辉宇宙,稳维世界铸和平",书法被展出,授予"纪念中法建交 50 周年中国题贺艺术名家"称号;反法西斯胜利 70 周年邀请函,所写"华人是世界和平优良种,神州为世界和平播种机",书法被展出,并被收藏,授予"中华爱国文艺家"称号;纪念毛泽东诞辰 120 周年"翰墨颂伟人"用行草写毛主席的诗,获"中国红色艺术家创作最高成就奖"金奖,在军事博物馆展出并被收藏等。

寄语:为社会文明进步作奉献,实现世界和平,解放全人类是我的理想信仰。

十一画

曹东彬 笔名曹兴平，1937 年 10 月生于广东和平县，1960 年毕业于西北师范大学，先后在中学、教师进修学校工作。中共党员。1991 年评为广东省中学特级教师，1998 年退休。1981 年后曾在国内报刊发表诗词、散文、随笔、论文一百五十多篇。散文《翠山竹海》，2010 年在作家出版社编辑出版的《中国当代散文家力作选》中发表荣获一等奖。诗词《九连行》等五首登在中央文献出版社编辑的大型诗集《红色颂诗——庆祝中共成立 90 周年诗词文献》中。2012 年 4 月散文《梅岭遐想》，荣获《散文选刊》全国散文评比一等奖。2014 年 2 月散文《柳风海韵》荣获中国当代作家代表作编委会的特等奖，并入编《中国当代作家代表作文库》一书，2014 年 10 月，游记散文《夏日游庐山》在世界孔子文学艺术奖中荣获金奖，并入编《世界文艺精英榜》大型典籍，世界杰出华人联合协会特授予“世界孔子文学艺术和平大使”荣誉称号。2015 年 9 月，散文《东海明珠——鼓浪屿》在中外诗歌散文邀请赛中，荣获一等奖，作品入编《中外当代诗歌散文精品集》。2015 年 10 月，散文《夕阳山外山》入编《中国散文大系 · 叙事卷》，并荣获“当代最佳散文创作奖”。2015 年 10 月，散文《神奇的武陵源》在新视野杯“我与自然地”全国散文诗歌大赛中，被评为散文类一等奖。2015 年 11 月，作品《山村小景》在第四届“时代颂歌”全国诗书画作品大赛评选中，荣获一等奖。诗歌《山村春色》在 2016 年“江山颂”全国诗书画大赛评选中，荣获一等奖。2016 年 9 月，诗词《踏莎行 · 春色赏悦》在第八届“祖国好”华语文学艺术大赛评选中，荣获金奖。系中华文学艺术家协会会员，中国老干部作家协会会员。2006 年出版散文集《读山昌水》，2012 年出版散文随笔集《山后岁月》。

寄语:社会生活是文艺创作的源泉,社会生活是文艺创作的广阔天地。一切文学艺术都来自生活。只有热爱生活,深入体验生活的人们,才能登上艺术的殿堂,创造出惊世的珍品。艺术道路是曲折的,没有平坦的大道可走,只有不畏艰难,勤奋刻苦学习的人,才能攀登上艺术的高峰。

曹玉良 1934年11月生,上海人,中共党员,高中毕业,先后在上海社会科学院、上海市政府办公厅工作。处级干部退休。2004年6月在单位“争先创优”活动中,被上海市政府办公厅机关党委评为优秀共产党员。系上海漫画协会会员,北京世纪百家国际文化发展中心研究员。

1979年至1994年为宣传反腐倡廉在《解放日报》《生活周刊》《人民日报》和《瞭望周刊》等上海和全国报刊上发表漫画150余幅,其中两幅在《漫画世界》和《工人日报》获奖。

1995年至今为宣传上海在改革开放发展中城市面貌巨变,创作了《上海新景观图》为主题的系列著名景观画100余幅。该画2001年在市人事局和上海书画研究院举办的“人间重晚晴”优秀书画展中获二等奖,2002年、2005年上海人民出版社出了初版及修订版2次,并同大型作品《上海世博园主要场馆分布图》在上海教育电视台《常青树》和《解放日报》《新闻晨报》进行了采访播报。

2014年至2016年作品《喜看今日路》《民族魂》《铭记历史弘扬伟大抗战精神》和《喜看今日路》分别被北京世纪百家国际文化发展中心,和平颂中华情全国美术书法百家邀请展和《中国当代文学艺术精品大系》等评委,评获二个金奖、一个一等奖和一个特等奖。并授予“中国文化传承人物”“中国新时期文艺人才”和“中国文艺创作先锋人物”等称号。作品《喜看今日路》等入编《中国当代文学艺术精品大系》等相关书籍。

寄语:九十年代,在改革开放中,上海城建高速发展,一个大美的国际大都市已为各国青睐。我决心浓彩扬申城,这是终生最有价值做的事。

曹文焕 1933年2月生,湖北长阳县人,土家族,1959年秋毕业于宜昌师范专科学校(师专学历)。1951年开始从事教育事业。中学一级教师,曾于本县三中、七中、八中教书。在校任教初、高中语文课。伴随教坛四十余春秋,曾获数十次先进工作者称号。1992年7月离岗退休,居家养老,养花写作。

在长期教育工作中,与文学有缘,爱好阅读古今文学书籍。研读唐诗宋词,爱好创作诗词、散文。退休后仍笔耕不辍,以对社会现实生活的灵感,反映新时代,赞颂祖国壮丽河山。某些诗词作品发表于网上及报刊。著有《清江诗集》。武汉

《心潮诗词》诗友,2016年度,参与世纪百家国际文化发展中心主办的全国诗联书画大赛文化活动,其投稿诗词、楹联作品,荣获两次金奖、一次特等奖、一次一等奖。《正宫·小梁洲·新婚礼赞》荣获“东方美”大赛金奖,并编入《中国文艺名家传世作品集》特等奖。荣获“江山颂”《颂贺龙元帅》一等奖。楹联《富国强军》荣获金奖,并授予“中国华语文学艺术百杰”荣誉称号;《中国文化艺术人物年鉴》编委会推荐为“年鉴人物”。

寄语:创作古体新诗词,借鉴古典诗词风格,运用韵律。选取时代新颖题材,蕴含真善美的艺术灵魂。形象描写意象,意象托情,借景借物抒情,情融于景,诗味尽在情意中。形象描写意象,抒写生发的丰富多彩的想像。运用多种修辞手法,精美语言,创造新意象,自然产生了深远意境,生动形象,深化题意。诗味美、意境美、音韵美、风格美,尽在诗中。写好古诗新词不容易却也是可能的。爱好诗词创作,力求出精品,攀登诗词艺术高峰。

“伟大历程·颂歌献给党”向党的九十五华诞献礼全国中老年书画名家作品大赛金奖,并授予“杰出功勋书画家”称号。

2016年第一届中国老年诗书画大赛活动一等奖;“东方美”全国诗联书画大赛金奖;“盛世中华·我的中国梦”全国书画名家作品大赛金奖,并授予“中华杰出书画家”;庆祝中国共产党成立九十五周年,首届中国紫砂书法艺术作品大赛金奖;庆祝中国共产党成立95周年暨红军长征胜利80周年全国第四届“中国梦想杯”书画大赛银奖;中国硬笔书法协会第七届全国诗书画家邀请赛二等奖;第四届“金紫荆杯”筑梦中国全球书画名家香港国际交流展金奖并授予“中华当代书画大师”称号等。

寄语:自幼热爱书法、自小学起便坚持临帖,中年因家庭生活原因,曾二十几年无暇顾及,直到进入老年。卸下生活重担,便一头扎进书法海洋,早晚不惰,在多家书画展投寄作品,并取得了点成绩。我将以此为动力、刻苦习创、努力进取、力争再上一个新台阶。

曹在伟 笔名博原,1950年3月生,初中学历。淄博书画家协会会员、淄博市小楷书法家协会会员、淄博市老年书画协会会员。

2015年“十五届中国世纪大采风”书法特等奖;“走进深圳·中国名家作品展”优秀奖;第四届“时代颂歌”全国诗书画影作品大赛一等奖,并授予“全国诗书画影时代百杰”称号;

曹锡祥 85岁,原籍山东省,6岁进入私塾学堂,在学堂的7年里特别热爱书法书法、临摹、临帖,当时的临帖有颜帖、柳帖等。1956年4月参加了石油工作,大学程度,退休后更加酷爱书法,每次的书法都获得了好评,多次获得荣誉证书。现为中国书画研究院会员,高级书法师,中国书协会员书法家,在第十届金鼎奖全国书画大赛中荣获金奖。在滕王阁全国第十一届文学艺术大赛中荣获一等奖。

曹庆义 笔名心缘,网名情义。1949年12月4日出生。山东费县人,中共党员。先后毕业于山东大学物理系、泰安师专中文系。1970年2月参加工作,长期从事中小学教育教学和管理工作;曾先后担任山东莱钢集团公司中小学党政主要领导和莱钢集团公司原教育处机关干部。技术职务中学高级教师。2009年11月退休。现任莱钢老年诗词学会会长。爱好文学、诗词和书法。系山东省老干部诗词学会会员、中华诗词学会会员;莱钢老年书画研究会、山东省老干部书法协会、中国老年书画研究会会员,中国文化艺术研究中心会员、理事;多幅书法作品曾先后在省以及全国举办的书法展评活动中获奖。2007年荣获"中华颂"全国书画大赛书法入选奖;2008年荣获"2008中国奥运年奖"、赠奥运书画长卷作品评选大赛二等奖,同时被授予"2008中国奥运年奖中国书法家"称号。2012年获得全省老干部喜迎十八大书画摄影展优秀奖。在全国离退休干部"同心共筑中国梦"主题活动中,荣获2013至2014年度书法总评二等奖。有楷书、行书等多幅作品分别刊登或收编在《东方美全国诗联书画作品集》、《山东老干部杂志》、《红叶传媒》以及《"青岛保税杯"全国老年书画大赛作品选》、《中国老年书画研究会会员作品集》。编辑印制了诗集《心海放歌集》(一、二)和散文集(第一集)。参加2011年山东省老干部纪念建党九十周年诗词楹联大赛,新诗《延安精神》获得一等奖(见《赤子心声》集)。参加2012年山东省委老干部局、老干部之家杂志社共同举办的"诗书画影抒情怀,喜迎党的十八大"主体活动中,作品新诗《党和人民永远心连心》获得一等奖;在全国离退休干部"同心共筑中国梦"主题活动中,荣获2013至2014年度诗词总评三等奖。在中国大众音协2013年以来举办的《中国梦、音乐情——全国原创词曲创作展演活动》中,所创作的歌词《中国梦,我的梦》荣获"优秀奖"。诗作《抗日英雄杨靖宇》获得2015年山东老干部纪念抗战胜利七十周年三等奖;在2015年《国粹杯全国诗联大赛》评选中,所创作的诗词获得一等奖,同时被授予《中华国粹传承人》、《百杰诗词名家》荣誉称号。被收编于2015年出版的《中国文化传承人物志》。

寄语:人生的真正价值不是个人享受,而是他为社会做了哪些贡献,是为当今和后世留下了哪些精神的和物质的财富。

梁桂荣 1950年9月出生,湖南望城人,中共党员,大专学历,2010年10月退休,湖南省国税局副厅级干部。

经评定为注册会计师,经济师和税务师,2008年曾任第四届中国国际税收研究会学术研究委员会会员。2011 年 11 月与周兰翔同志撰写的《综合与分类相结合的个人所得税机制研究》一文荣获第七届全国税收优秀科研成果个人二等奖。2012 年 12 月撰写的《基于纳什均衡的税收征管政策研究》一文,荣获第六届全国税收学术研究优秀成果一等奖。

2016 年书法创作成果主要有:2016 年 8 月,荣获第六届"炎黄杯"国际诗书画印艺术大赛铜奖。2016 年 11 月,荣获第二届"和平颂·中华情"全国美术书法名家邀请展银奖。2016 年 11 月荣获 2016 年全国诗书画家创作年会二等奖。2017 年 3 月,荣获第四届"相约北京"全国文学艺术大赛二等奖。2017 年 4 月,荣获 2017"东方美"全国诗联书画大赛金奖。2017 年 4 月,荣获第八届"羲之杯"全国诗书画家邀请赛一等奖。2017 年 2 月,加入中国硬笔书法协会会员。

寄语:收纳年鉴大熔炉,方家云集尽风流。珍惜时光常习作,矢志笔下龙凤游。

梁世伟 出生于 1949 年 3 月,壮族,广西南宁市人,中共党员。大专文化,长期担任语文科教师,中级职称。青年开始对文学深感兴趣,有新探讨研究,并不断创作,某些作品在省级报刊曾得以刊登。参赛作品《忆秦娥·中秋节》荣获 2015 年"东方美"全国诗联书画大赛金奖;参赛作品《西江月·纪念抗战胜利阅兵观感》已荣获第四届"时代颂歌"全国诗书画影作品大赛一等奖,并授予"全国诗书画影时代百杰"荣誉称号。

寄语:诗书绵世泽,翰墨永留馨。

梁纯忠 侗族,大专文化,中学一级教师,现为县老科协教育分会会员。出生于 1947 年 1 月,湖南省邵阳市人。

1959 年小学毕业,1962 年初中毕业后回家务农。1964 年 9 月经村、乡两级推荐和文化考试被保送进入湖南武冈师范学习,1968 年 2 月师范毕业后分回本县长安营乡岩寨完小任教。1972 年 9 月培训结束后返回本县长安中学任教。1973 年 2 月至 1976 年 4 月在县文教局落实政策办公室搞专案。1976 年 9 月返回长安中学任教。1976 年 9 月调本县丹口中学至 1978 年 8 月。1978 年 9 月又调回长安中学至 1981 年 8 月结束。获得大专文凭,进修结束后返回本县长安中学任教,直至 2007 年退休,前后从教 39 年。

酷爱文学,但更爱文艺。诗歌,作为文学宝库中的艺术品,读来朗朗上口,细细品味却催人奋进!然而,诗歌结构的严谨,非一朝一夕所能达到的,因而在创作诗歌当中,遵循的是"发扬工匠精神,精雕细琢,反复推敲,力求完美,直到觉得自己满意为止。多年来,我的这一人生创作格言引领着我在创作的道路上尝到了收获的喜悦。

1993 年元月参加北京市经济调查中

心主办的新春联有奖征文大赛,参赛作品获得优胜奖。2013 年 9 月参加第七届“祖国好”华语文学艺术大赛荣获银奖。2014 年 11 月参加第三届“时代颂歌”全国诗书画影作品大赛获二等奖,并授予“中华文化传承贡献人物”的荣誉称号。自 2007 年退休后十年时间内,先后 4 次被评为城步苗族自治县老科协教育分会优秀会员。

寄语:发扬工匠精神,精雕细琢,反复推敲,力求完美。

梁先章 曹夫,1963 年 3 月 12 日出生,湖南省保靖县人。土家族,毕业于香港剑桥管理学院。中国报道记者,兼中国国家书画院副院长、中国文化管理协会会员、政协书画院名誉院长、全国文化艺术专业职称资格认证中心教授、世界教科文卫组织执行委员等。从事文学艺术创作、医学武术研究。主要作品《中国乡村见闻录》《我们的村庄》《西水风光》《梦花赞》《中国百年传世经典》等。入编《世界名人录》《世界人物辞海》《世界华人艺术大师》《世界艺术大师》《全球最具影响力二十位艺术家》等辞书中。曾被授予“中华艺术形象大使”、“首届感动中国的文化人物”、“爱国主义艺术家”、“第二届全国道德模范候选人”、“亚太地区特殊贡献人物”、“世界艺术大师”、“一代宗师”、“世界艺神”等荣誉称号。并获香港科学院荣誉博士学位和“人类杰出贡献奖”等。

寄语:我总想把昨天的各种失败和浪费的时间追赶回来。

梁聂泰 笔名时添羽,籍贯广东南海,1949 年出生。出身艺术世家,1882 年祖父在上海滩开设第一家“联珠”影楼,是经营照相业的拓荒者。有遗传基因、受熏陶,青少年即获声乐、演讲比赛区级奖项,亦有小诗、短文变为铅字的记录。有在艺术类专业校、企任中层管理之经历;负责教务,专司影视制作后期演员发掘、遴选及组织调度之职且完全胜任。作品有:《超霸女郎》《三毛从军记》《绝境逢生》等数十部……近年来书画研磨更是勤奋与专注,又有幸得到吕荣炜、徐子风大师不吝赐教,固有学养与艺术积淀相交融而厚积薄发,仅几年来参与全国书画比赛屡获殊荣达四十多次,其中,国画《青山若浮动》《大龙山樵——观瀑》在第二届相约北京文学艺术大赛与东方美全国诗联书画大赛中各获一等奖、金奖。2015 年、2016 年第一、二届和平颂·中华情邀请展,受邀二幅行书作品《松风阁》与《毛主席用兵真如神》参展又分别获一等奖、金奖,且由平北抗日战争纪念馆收藏。楷书《登鹳雀楼》荣获一等奖又入编中外当代艺术家代表作品 2015 年卷,受邀中外当代艺术家高峰论坛,行书《白日依山尽》获最佳书法奖,行书《山行》获特等奖入编中国文艺名家传世作品集,第八届祖国好华语文学艺术大赛,草书《一条大河》获金奖,第五届炎黄杯《出塞》获一等奖,第六届炎黄杯国际诗书画印大赛,行书《江南春》又获金奖。其他作品如《画梅》《韬光养晦》《凉州词》分别入编中国当代名家名作金榜集,诗文书画作品大典及作品年选,个人传略编入《中国当代文艺领军人物大辞典》《中国新时期文艺人才库》《新中国66周年文艺名家名典》《中外当代文学艺术家大辞典》被授予"当代文化艺术百杰"、"中国文化艺术领军人物"、"中华文化传承贡献人物"等称号。

寄语:综观一系列研磨,创作参赛及获奖过程也是我奋斗、践行收获与升华之过程。为弘扬民族文化,以拳拳爱国心,尽份绵薄之力是种责任与担当而乐此不疲,越战越勇!

梁辅寰 1935年11月生,广西南宁人。中共党员,大学文化,教师生涯(1957—1996年)退休。开始教小学,1960年,县教育局送广西南宁师专培训后教初中;1970年初又经教育局送去高中教师专业培训后任教公社办的高中。1988年调至第四十二中学。

八十年代初,经本地文艺组织推荐参加南宁市文联,九十年代开始参加全国各地诗联竞赛活动。曾获不少奖励和荣誉,2014年中央艺术交流大使,入世界文化名人录;另有"神舟飞天奖"。2016年又获"中华传统文化杰出传承人物"称号;还有文艺团体荣誉领导、领军人物、理事、研究员称号等。

寄语:当今,在以习近平为核心的党中央领导下,我国社会主义的建设事业如日东升地发展,成就辉煌;我们中华民族像一巨人挺立在亚洲的东方。国际地位得到迅速提高,国格尊严受到世人尊重。

在两会精神鼓舞下,愿天下的炎黄子孙在党中央领导下,为加速我们中华民族的伟大复兴,同心同德,再接再厉,献谋献策,竭尽全力;在实现中国梦壮丽事业上作出更巨大而又无私的奉献。

梁德育 笔名岑朗,号得雨轩主人,得雨堂主,德育室主。祖籍甘肃岷县,中共党员,中央党校行政管理专业毕业。系中国当代书画协会名誉主席,曾任中国诗书画家网艺术家委员会副主席,北京墨缘宝书画院名誉院长。现任梁德育艺术工作室长。自幼在父亲梁蕴琨、母亲陈连生的指导下,随同大哥梁德福、二哥梁德才、三哥梁德玺学习诗词曲赋,正在进行楷书史及楷书发展趋向性研究。2015年至2016年荣获大奖多次。2016年6月新体诗《早晨,一束阳光伸进木窗,带着花草香》在《中国当代文学艺术精品大系》评选中,荣获特等奖,并授予"中国文艺创作先锋人物"荣誉称号!2016年10月新体诗《黄昏的步行街》在《中国文艺名家传世作品集》评审中,荣获特等奖。新体诗集《情爱进行时》即将出版。

寄语:创作梦想和愿望就是深入学习习近平主席在中国文联十大、中国作协九大开幕式上的讲话,力争做到文化自信,用文艺振奋民族精神;坚持服务人民,用积极的文艺歌颂人民;坚持创新创造,用精湛的艺术推动文化创新发展;坚守艺术理想,用高尚的文艺引领社会风尚。

梁业兰 1953年8月生,广西玉林市人,葵阳高中毕业,北京自修大学函授两年。曾在葵阳文化站工作多年。现为玉林市文学艺术界联合会会员、玉林市书法家协会会员、兴业县、玉林市和广西区诗词学会和楹联学会会员,北京六艺嘉韵书画艺术研究院院士,中国书法函授学院客座教授。自幼爱好文学创作(诗词、对联、小说、民间故事和影视剧本等),常有作品发表。小说曾获国家级二等奖,2015年《共圆中国梦》(诗),获北京东方美全国诗文书画大赛金奖。对联曾获诗联社冠军和优秀名次;同时爱好书法艺术(正楷、草书、篆书、隶书、仿宋、宋体、黑体等),2014年获北京军天书画院金奖,授予"辉煌60载·中华功勋书画家"荣誉称号,2014年获北京六艺嘉韵书画艺术研究院金奖,授予"中华书画交流大使"荣誉称号(书法作品经权威专家润格评定为2800元/平尺),2015年获北京军天书画院金奖(书法作品并载2016年挂历),授予"中国百强书画名家"荣誉称号,2015年北京东方兰亭国际书画艺术中心举办纪念抗美援朝战争65周年全国中老年书画名家作品大赛中获金奖,授予"中华爱国功勋艺术家"荣誉称号,2015年获中国书画函授学院出版《中国书画家精品集》第23卷金奖,2015年获长沙晚晴书画院金奖,授予"人民红色书法艺术家"荣誉称号。2015年6月入编《中国文化传承人物志》。

寄语:歌颂真善美,鞭挞假恶丑。

梁维域 笔名梁冽、梁凛。1939年3月4日生于吉林省吉林市盐务职员家庭,祖籍辽宁法库县。1960年毕业于辽宁锦州师范学校(中文班)。当过中小学教师和物资企业干部。"文革"期间当过秘书、编辑;受过残酷迫害。1979年成为中共党员,做过党务工作、报刊通讯员、创作员及特约记者。1996年以"世纪末"(组诗)参加大型多人诗集《南吟北唱》的出版;主编中国幼儿第一想象画——《王之骄想象画》,由吉林大学出版社出版;中篇小说《失乐园》2007年由作家出版社出版。该书由锦州市作家协会等单位举办的五十多名专家、学者、领导参加的小说创作学术研讨会上受到不同凡响的好评:"小说既朴实无华又不缺文学功底,是一部难得的历史教科书"、"作家写出了具有大时代的好作品,为中国文坛带来了一抹燃烧的星星之火,填补了一段历史空白"(《锦州日报》有报道)。第七届"祖国好"华语文学艺术大赛(诗歌)获银奖。《梁维域诗集》近期出版。现为辽宁省当代文学研究会会员、渤海大学区域文化研究所研究员、辽西区域文化研究会副会长、锦州市作家协会会员。

寄语:一生坚持真理和正义、鞭挞邪恶,人民利益高于一切;坚持人类理性勇气和信念,为大爱而生,曙光即在前方。

梁焕美 女,1952年5月出生,横县横州镇人,中师毕业,城司小学退休教师,小教高级职称,是中华诗词学会、中国楹联学会、广西诗词学会、广西楹联学会、南宁市诗词学会会员,原横县诗词楹联学会副秘书长现任副会长。至今有80多首作品分别入编县、市、区、国级诗刊。曾获《2013对联中国》、《2014对联中国》优秀作品奖,2015年广西《和谐建设在基层》春联作品一等奖。2015年先后7次参加全国诗词大赛,荣获一银四金(含一等奖)、两个特等奖。并获中华诗词学会研究院,中华诗词研究院、中华诗词著作家典藏编委会、中华诗词著作家评定委员会授予2015年"中华诗词一级著作家"荣誉称号。荣获国赛奖诗词作品有:七律:咏遂昌百亩梅林春景、登鹳雀楼有感、人间广厦处处写神奇、三月踏青拜谒慈感庙、牢记历史、点赞建筑农民工、祝福祖国、为横县横州镇中心校城司小学点赞。七绝:春归、题鹳雀楼、端午吟、亮丽横县更怡人、喜云表旺庄村民种桑养蚕致富、欢乐广场舞、再赞茉莉、国耻难忘、莉乡山村春景;词:破阵子·中国登山英雄赞,该词在"东方美"诗词书集众多作品中喜获石英专家评委的点赞鼓励。蝶恋花·游西津、醉花阴·普救寺之白马解围、诉衷情·纪念抗战胜利70周年、清平乐·欢庆北京成功申办2022冬奥会、诉衷情·继承先烈遗志同圆国梦。

寄语:人生短暂,党恩似海。与其蹉跎岁月,不如尽挖潜能,多做有益、积德的实事,回报国家和社会,这也就体现了自己的人生价值。

梁玉坤 1942年出生,黑龙江省双城市人,中共党员。毕业于北京解放军后勤学院卫勤系,锦州石化公司医院副院长、党总支书记(正处级),主治医师。全国职工医院文化建设协会理事,中国社会学辽宁分会会员。主要简历:1963年参加中国人民解放军,在职期间,先后在沈阳军区军医班和中医提高班学习四年,在锦州医学院附属医院内科进修一年。历任部队军卫生处助理、师卫生科长兼医院院长。曾参加"中国逻辑与语言函授大学"学习。参加了沈阳军区《防病手册》和解放军《新中国预防医学史》的编写工作;在解放军《后勤杂志》和《人民军医》等刊物上发表过学术文章:编写的《卫生科普手册》获沈阳军区卫生科普二等奖。因参加唐山抗震救灾医疗救护和抓部队师医院"标准化管理工作"成绩突出,先后两次荣立三等功。在部队工作

24年，1987年转业到地方工作，他始终保持军人本色，自强不息，连续四年获锦州石化公司优秀论文一等奖。有较强的医院管理和学术研究能力，在省以上学术会议上发表学术论文6篇。在《锦州日报》《锦州石化报》等报刊上发表过40余篇新闻稿件和卫生科普文章。他的事迹，收录在1990年4月国家主编出版的《中国工程师辞典》一书中。1995年9月去香港、美国考察学习，并购买了医疗设备，增强了锦州石化公司医院竞争力。他从事医疗卫生工作40多年，对医院的管理和建设做出了贡献。1997年《锦州日报》组织，在《锦州日报》陆续刊登的“辽西医学专家肖像谱”，其中有一篇文章介绍了他的生平事迹，并刊登了个人素描画像，在社会上产生了良好影响。2002年退休以后，他参加了“双城梁氏族谱”的编写工作，并担任副主编，补家史之缺，续家史之无，使族人清晰地了解前世今生。在工作和治家方面，他强调：要珍惜自己的工作，珍惜自己的名誉，珍惜自己的身体，珍惜自己的家庭。他对“人的一生皆由己，好坏功过在自己，怪天怨地不怪己，归根到底害自己”的警句倍加赏识。2014年全国发行的《中华姓氏通鉴》一书，刊登了他的个人生平事迹。2015年“东方美”全国诗联书画大赛，他写的“立身处事之道”散文，荣获金奖，并刊登在《东方美全国诗联书画作品集》一书中。他喜欢收藏，是辽宁省钱币协会会员。他思维敏捷，勇于探索，晚年仍笔耕不辍，目前，正在编写《古玩收藏汇编》一书。他以“天道酬勤”为自勉，写作成果丰厚。

寄语：立身以忠孝为本，学习以刻苦为本，工作以敬业为本，交友以诚信为本，居家以勤俭为本，做官以不贪为本。堂堂正正做人，兢兢业业做事。

梁新艺 1960年生，湖北襄阳人，大学学历，1986年加入湖北省美术家协会，1985年漫画《疑难问题》获《中国青年报》全国大中专学生漫画摄影大赛冠军，1987年漫画《某君改革之后》获全国青年漫画大赛冠军。近年来研究水墨十二生肖，2016年《灵猴》获征信中国五百强。本人独创“水墨十字画法”得到专家认可，2016年《郭沫若先生》获第三届中华艺魂峨眉山杯全国书画展优秀奖。

寄语：我喜爱生肖文化，收集了大量生肖资料，以拟人化的手法，大写意的风味，追求水墨味、漫画味、装饰味、趣味性。

梁元光 1943年6月出生于湖南蓝山县九嶷山下蓝屏农村，中共党员，军校毕业，1961年蓝山一中参军入伍。参加过三线建设和援越抗美战争。1969年转业，2002年退休。曾被评为五好战士，军校五好学员，社教先进工作者，各种嘉奖。到地方后先后被评为优秀党员，先进工作者等等。退休后，为充分利用有限时间，不吝惜钱财，淡泊名利，进行古代历史研究。选修族谱，（史记就是谱蝶，后来欧阳修更加完善族谱）选写“梁姓通史”已出版，著有“湘江源之谜”已出版，《黄帝九世孙——舜帝》《姓氏脉络史》《中国脉络通史》以及诗词百余首，与

《启功双人集》出版为舜帝《南风歌》注释，已有四十多首先后获奖，并转载，字数上百万之多，先后加入中国作家创作协会，系一级作家，历史研究员，被聘为“中国传统艺术学会终身名誉会长”，加入子曰诗社为社员，世纪百家国际文化发展中心研究员、华夏博学国际文化交流中心会员、中国传统艺术学会艺术传承人名誉会长，六十年代初《铁道兵报》战士通讯员，八十年代被聘为中国水利报零陵站特邀通讯员。已入中国当代文化名家档案，荣膺“全国文化名人代表”，被“世界文化名人研究院”聘请担任名誉院长。获得过爱国诗人，红色诗人等称号。被中华诗人评委会，当代文人杂志社，中华文学艺术家协会，评为一级(格律诗词)“中华诗人”。诗词《我是炎黄子，我爱湘江源》获2014年“东方美”金奖。(《湘江源峤山》《三分石、香炉石》《轩辕黄帝》《舜帝庙有两庙》)甲午战争120年专辑，“民族复兴之路”载：《破阵子·三沙属中华》《最早飞行员》《红军连长吴福祥》等湘江源英烈。2014年中华诗人国庆之旅中华诗词学会、文学艺术家协会、毛泽东诗词研究会、《中华诗词杂志社》《当代文人杂志社》、南风歌、唐虞舜帝所作和《黄帝生寿丘》被载入作品选。2013年蓝山县读书月征文获奖情况：《潇湘情》《苍梧歌》《蓝山传芳塔东塔》《武王散宜生对话》等获奖。蓝山诗词各期登载有：《舜陵初探》《媓嫫故词》以及《七绝盼父归》(援越抗美)、《纪念抗日志士梁智》《老兵希望》等。2015年获中华民族复兴会、中华民族基金会中国传统美学研究会纪念中国人民抗日战争暨世界反法西斯战争胜利七十周年“共和国文艺爱国奖”。散文“湘江源”获第二届“相约北京”全国文学艺术大赛二等奖。

梁松华 笔名岩松，山东寿光人，1956年出生，自幼喜爱书法，1974年12月20日入伍，在福州军区32614部队利用业余时间刻苦练习各种书体书法，现为清华美院书画高研生，在校学生期间师从杨琪、程大利、李松、李魁正、施云翔、洪厚甜、刘延铭、苗培工、肖云飞、杨赛蜂、马子骞等教授、老师学习各种书体技巧与美术书法理论知识。现为中国书画家协会会员、中国硬笔书法家协会会员、中国文化艺术市场促进会会员，中国榜书家协会理事，华夏夕阳红书画艺术研究院理事、寿光市荟华书画院院长。荣获《和谐盛世》全国书画摄影诗文大赛书法作品金奖。荣获首届《夕阳红杯》全国“八老”大型书画巡展书法作品金奖；被授予“人民功勋书画家”荣誉称号，作品入编《中国书画大辞典》，并参与终身成就奖的角逐。应邀出席全国“八老”纪念毛泽东同志诞辰120周年大型书画巡展韶山等地的巡展和人民大会堂的纪念大会及台湾拍卖会，作品远销韩国、日本等国家。荣获第五届“羲之杯”全国诗书画家邀请赛一等奖。获得全国第二届“中国梦想杯”书画大展赛银奖。红色经典，纪念毛泽东诗词《沁园春·雪》发表70周年全国书法家作品大赛中荣获金奖，2015年8月纪念抗日战争胜利七十周年全国榜书展荣誉奖。荣获“世界榜书联合会”“上海榜书研究会”优秀作品奖、全国榜书大赛“赣榆老街杯”获奖、荣获“和平颂·中华情全国美术书法百家邀请展一等奖”，2015年8月7日荣获全国纪念毛泽东诗词《沁园春·雪》发表七十周年金奖；2015年8月获纪念抗日战争胜利

七十周年全国榜书大展奖。荣获“中央数字电视书画频道”第四届迎新春美术作品奖；荣获中国文化艺术市场促进会2014全球华人“书龙画马公益大奖赛”书法作品奖，作品被主办方永久收藏，被授予中外当代文学艺术家百杰荣誉称号。

戚其仑 1939年4月10日出生。山东省威海市戚家庄人，高中，技师。曾任大连市冬泳协会《大连冬泳》杂志主编、编辑及大连市冬泳协会常务理事，冬泳科研部部长。《人民摄影报》会员。

《摄影与摄像》杂志举办全国花卉摄影大赛获铜奖，作品《天女散花》。《摄影与摄像》杂志举办全国风光摄影大赛获优秀奖，作品《夕照燕窝岭》。《摄影与摄像》杂志举办全国人物摄影大赛获优秀奖，作品《靓女》。第二届“祖国好”华语文学艺术大赛摄影作品二等奖，作品《天女散花》，并荣获“华语文学艺术百杰”称号。第四届“时代颂歌”全国诗书画影作品大赛获摄影一等奖，作品《畅游大海·放飞梦想》，被授予“全国诗书画影时代百杰”称号。《中国当代文学艺术精品大系》获摄影特等奖，作品《畅游大海·放飞梦想》，授予“中国文艺创作先锋人物”称号。中国游泳协会冬泳委员会出版《中国冬泳》大型画册刊登30余幅摄影作品，《全国冬泳通讯》杂志刊登7余幅摄影作品。温州市精信印务设计出版《大连冬泳》大型画册任主编、编辑并刊登摄影作品。

寄语：摄影、冬泳、音乐、文学是我的爱好。摄影充实了我的生活，摄影给了我艺术享受，冬泳给了我健康快乐。

黄杰林 生于1966年4月，广东省珠海市斗门人，中国硬笔书法协会会员，中国诗书画家网艺术家委员会副会长，羲之书画报书画家。擅长“左手写反笔字书法”。2015—2016年近两年参加征稿比赛获奖情况如下：

1. 荣获2015年全国诗书画家创作年会二等奖。2. 荣获第三届“相约北京”全国文学艺术大赛二等奖。3. 荣获第七届“羲之杯”全国诗书画家邀请赛一等奖。4. 荣获第四届“伟人颂·中国梦”全国诗文书画大赛一等奖。5. 荣获2016年“东方美”全国诗联书画大赛金奖。6. 荣获第六届“炎黄杯”国际诗书画印艺术大赛金奖。7. 荣获《中国文艺名家传世作品集》特等奖。8. 荣获2016年“江山颂”全国诗书画印大赛一等奖。9. 荣获第二届“和平颂·中华情”全国美术书法家邀请赛金奖。10. 荣获“大沥杯”广东省首届硬笔书法作品展览入展提名。

寄语：自幼酷爱书法尤其左手反书。虽没有就读过专业的书法学院和名师的指导，但经过本人的不懈努力自练，终凭苦心积学在短短几年时光中厚积薄发，脱颖而出，终得佳绩。概而言之，书法是建立在综合修养基础上的艺术。以执着的勇气不断的修炼这门艺术，我相信能在自己的艺术道路上走得更远，更辉煌，也更令人瞩目的。

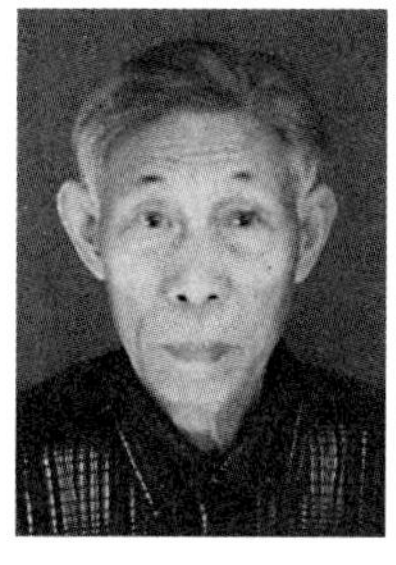

黄笃生 九三学社社员，1937年2月生，山东青岛人。1959年考入北京地质学院地质系，1964年9月毕业，被分配到山东工作。在山东从事地质勘探工作20年；1984年调入枣庄市，主要从事科技开发及管理工作，直到1998年退休。在这期间发表地质论文10余篇，专著4部。职称为高级工程师、研究员，职务为总工程师，兼职枣庄市矿业协会副会长及政协常委。退休后，做些义工及科技杂事，并发表短篇小说5篇，政论文章6篇，发表诗词230多首；为中华诗人一级(格律诗词)，并为山东老干部诗词学会会员，中国诗词名家交流中心理事会理事，中国老年作家协会理事会理事，中华诗词家联谊会会员，中华诗词博士、中国艺术博士。

近期主要著作及获奖情况：第四届中华诗人踏春行获一等奖，特授予“中华优秀诗人”荣誉称号。首届中华诗人国庆之旅获金奖，特授予“中华优秀诗人”荣誉称号。第五届中华诗人踏春行获一等奖，授予“中华优秀诗人”荣誉称号。首届全国诗词名家神州行，获金奖，授予“全国优秀诗词家”荣誉称号。“国粹情·中国梦”乙未重阳中华诗词名家峰会作品10首，被授予“中华国粹传承人”荣誉称号，“百杰诗词名家”荣誉称号。中国作家薪火相传，长安金鼎奖。第七届“祖国好”华语文学艺术大赛评选，荣获金奖。在纪念世界反法西斯战争暨中国抗日战争胜利70周年的作品，荣获“世界和平奖”“当代中华名人”荣誉称号。

在2016年举办的“中国传统文化创新名人论坛暨迎新茶话会”，授予“中国创新文化名人”荣誉称号，作品获得一等奖。在长沙·韶山举办的“中国梦·韶山情”大型红色纪念活动，授予“行业创新先进人物”称号，作品获得一等奖。第六届中华诗人踏春行暨2016年春季云南昆明采风交流会，诗词作品获得一等奖，并授予“当代诗坛之星”荣誉称号。在2016年5月“东方美”全国诗联书画大赛作品评选中荣获金奖。在2016年6月举办遵义会议，授予“中华诗词博士”艺术荣誉。荣获2016年度中国艺术金笔奖、中国艺术金马奖、中国艺术金像奖，三者均为金奖。

在第二届全国诗词名家神州行暨2016年全国诗词名家成都采风交流会作品评选中，荣获特等奖。全国中华诗人美丽中国行及采风活动中，作品荣获2016年度中华诗词“一级中华诗学奖”，并授予“吟坛泰斗·当代诗圣”的殊荣。中国诗书画出版社高票评选为“中国艺术博士”称号，又授予“一代宗师”称号。在2016年度中国艺术出版社授予“中国艺术金笔奖”，荣获“2016年度中国艺术金马奖金奖”。在2016年中国文艺名家创作论坛暨《中国文艺名家传世作品集》的作品评选中荣获特等奖。

寄语：通过长期学习和实践，深知中国在共产党领导下，全国人民经过革命、建设改革三个阶段，改变了中国一穷二白的面貌。中国人民站起来了,中国人民富裕了,中国强大了,成为世界上第二大经济体,真正民富国强,强大的军队成为世界和平发展的保证力量!我愿用笔来歌颂伟大的党,伟大的祖国,伟大的人民!学习使人进步,锻炼使人坚强;思考使人智慧,写作使人灵敏。“人生苦旅乐每天,半生辛苦半生甜;来到人世创业绩,留给后人科艺篇”。

黄兆荣 1948年12月生,1974年参加工作,广西河池地区宜州市优秀教师。2008年12月退休。

2015年5月,在“东方美”全国诗联书画大赛中,作品《习近平主席访问蒙古国》《移民山村》《慰祖灵》三首获金奖,并被世纪百家文化发展中心聘为研究员,上京领奖。2015年9月,在“祖国好”华语文学艺术大赛评选中《赞莫振校长的人生价值观》共三首,获金奖再次上京领奖。2015年11月在“时代颂歌”全国诗书画影作品大赛,《以史为鉴》《圆明园的教训》《感怀九三阅兵》获一等奖。2016年5月在“东方美”全国诗联书画大赛评选中作品《观礼花》《列车上的父子》《三姐恋故乡》获金奖。2016年6月,《历史性的握手》《习近平访美》《贺银老师曾孙女弥月之喜》,入编《中国当代文学艺术精品大系》并授予“中国文艺创作先锋人物”,获勋章一枚。此外获得勋章还有“中国文化传承功勋人物”,“当代华语文学艺术百杰”二枚。

寄语:潇潇春雨李桃壮,耿耿丹心梁栋生。百米清悠,任你池中搏浪水。一身康健,学它岭上傲霜松。

黄年忠 无锡东郊人氏,失地农民,闲农笔名,1952年生,中共党员,大专学历,技师职称。三旬混迹于社队办企业及私营企业,主管技术工作,得益于长期在工农业生产一线,舞镰挥锤,练就一身遇事亲历亲为的动手能力。

最近两年,闲着无事,涉足砚田,玩玩笔耕,茧手捉刀,自己刻方“红牛”肖印,让它代表劳动人民。再赋它“不怕虎”之初生牛犊精神,到处乱闯,借国内国际各类文艺展赛平台,尽情玩耍于砚田之中,且意外收获颇丰。2016年度,荣获第一届“中国老年诗书画大赛”一等奖,作品入编《国际艺术家大典》(珍藏版),还获赠“世界当代最具影响力艺术家”资格证书;被推荐加入“中国艺术名家协会”成为会员,中国书画创作院院士,中华诗书画研究院院士,获赠书法作品润格证书。

参加第三届“中国六艺杯”中日韩三国书画名家国际交流展,荣获金奖,授予闲农“中韩文化交流使者”荣誉称号;作品《农言无忌》入展韩国首尔及北京,个人传略及作品入编《中华当代书画珍品典藏》大型巨著;还获赠豪华金质勋章,成为“北京六艺嘉韵书画艺术研究院院士”。

参加“中国书画名家唐山澳洲世园国际交流展”，作品被评为金奖。闲农为纪念唐山大地震四十周年而创作的《史无前例》诗歌三节，入展唐山世博会展及澳大利亚，授予闲农“中国文化形象大使”荣誉称号。作品及个人传略入编《中国书画名人大辞典》（英汉双语），还加入“北京九州枫林国际书画艺术研究院”成为该院院士。

闲农的其他软硬书法作品带着“红牛”标记，原创诗歌词赋夹杂点农民的汗酸味散见于各类“获奖作品典集”。

黄庆炳 广东省云浮市云安县高村镇双洞人，系中国美术家协会会员，启功先生弟子，亦曾得到广东名家关山月老师指教，中国文学美术协会理事，启功书法协会理事，广东画艺委会委员、中国漫画协会会员，广州花山月书画社副会长，广东云浮彩凤书画社副会长，广东云浮老年书画社理事，广东云浮书画社行业协会理事。曾多次获得各地书画院举办的全国性书画比赛金奖（一等奖）。并被书院授予“杰出华人书画家”、“中国紫砂（陶艺）书法艺术家”、“海峡两岸书画交流文化大使”、“东坡书画院德艺双馨艺术家”等荣誉称号。在广东美术家协会获“突出贡献奖”，在广东云浮市文联获“优秀画家”奖，出版有《黄庆炳作品集》、诗集《远山与旧梦》等发行。漫画与幽默发表在广东《英德日报》《广州日报》《肇庆日报》《云浮日报》，并出版有《黄庆炳漫画与幽默》三本。在北京和上海发行，漫画被英德、广州、肇庆日报及羊城晚报收藏。书画作品被北京荣宝斋及日本、台湾、香港、俄罗斯、博物馆等收藏。

黄有尊 曾用名黄有专，壮族，1944年10月出生，中师函授结业，广西横县那州社区人。自参加全国诗书画影大赛以来，在2015年“东方美”《毛泽东英明》荣获金奖。2015年第七届“祖国好”华语文学艺术大赛，《喜看春节拔河赛》荣获金奖。2015年第四届“时代颂歌”全国诗书画影大赛《日本鬼投降》荣获一等奖。并授予“全国诗书画影时代百杰”荣誉称号。2016年“东方美”全国诗联书画大赛《南宁一日游》荣获金奖。2016年10月评选入编《中国文艺名家传世作品集》，《南宁一日游》荣获特等奖。2016年“江山颂”全国诗书画印大赛《看斑马》荣获一等奖。2016年评选入编《中国当代文学艺术精品大系》《毛泽东英明》荣获特等奖。并授予“中国文艺创作先锋人物”荣誉称号。

寄语：通过参加全国诗书画影大赛，能有机会看到同行人的作品，学习他们的写作方法，取他们之长，补自己之短，对自己学写诗书方面，有了一定的进步和收获。为了繁荣文艺创作，传承祖国文化，共筑中国梦想，希望文艺爱好者，踊跃参加到这个大赛活动中来。

黄日轮 出生于1926年，省立12中毕业，即从事中小学教育工作。40年来曾多次获优秀教工称号。退休后，涉足文化艺术工作，担任程思远副委员长题写书名的《苍松诗联》主编，加盟《昆仑月》，入编《中国谊文房四宝专家传集》。受聘为《文学世界》专栏作家，受邀出席第七届全国诗人文学家书画家创作年会。著有《日轮书斋吟哦》诗集。作品散见《宾阳日报》《广西老年报》《文学人》《南国文潮》《人民的胜利、正义的胜利》《胜利之歌》《时代的强童——炽国加油》《永葆共产党人的先进本色》《盛世中华人物大典》《中华名人格言》《祖国颂》等书刊杂志。

黄骏骑 1951年9月生，安徽潜山人，本科学历，曾任县政府办公室主任、县委常委、县委办公室主任、宣传部长、县委副书记、县委县政府督查组长等职；系中国散文学会会员、安徽省作家协会会员，入选《中国散文家大辞典》。

杂谈散文，见诸《人民日报》《人民日报海外版》《中国文物报》《中国绿色时报》《中国人口报》《中国国土资源报》《农民日报》《北京日报》《国家电网报》《中国劳动保障报》《中国气象报》《中国红十字报》《中国矿业报》《解放日报》《内蒙古日报》《安徽日报》《阳光》《安徽文学》《优质农产品》等数十家报刊。

出版《一得集》《泥土的升华》《踏着月光上天柱》，均被国家、省图书馆收藏。有作品获奖，《读者》《文摘报》转载，收入《当代散文小品20家》《当代10名作家散文今选》《月光城副刊散文精选》《点亮你心中的灯》《安庆60年文学精品选》《我与文化遗产保护征文选》《2010中国亲情散文年选》《读者·（乡土人文版）2013年度精选集》《美哉天下·中国旅游散文优秀作品集》《散文选刊·全国散文奖获奖作品集》《中国散文大系》（抒情卷）（旅游卷）等。

2015－2016年在全国各级报刊发表文章160篇30余万字。

寄语：不教一日闲过，激情相伴终生。

黄木笔 字勤书，中共党员，1932年出生于福建古田县。1949年9月考入福建人民革命大学。服从组织分配，先后在将乐、南平、尤溪、永安、沙县等地政府、群团部门工作。现离休（享受处级待遇）。离休后自费报名参加沙县老年大学学习太极拳剑、电脑、诗词、散文、写作与欣赏、书法、国画、电子琴等课程。在老师们的精心辅导下受益匪浅，尤其诗词老师给我很大帮助和启迪。有多篇散文、书法被有关报刊采用。其中《看中国，观世界——上海世博园游记》、《党恩造就我们一代人——纪念共产党成立90周年》两篇文章,荣获《中国老年报》、福建省委老干局二等奖。我还喜欢和家人一道去国内外观光旅游。离休廿多年来坚持每年自费出游1—2次。旅游归来感念颇多,每每都将所见所闻、所思所想,写成文字,编印小册子。

寄语:旅游见证了我离休后的体能和毅力。见证了我们国家改革开放卅多年来的巨大变化。我坚信中国共产党一定有能力带领全国人民全面建成小康社会,实现中华民族的伟大复兴。

黄森庆 1942年9月27日出生,广东省兴宁市人,中共党员,大专。个人荣誉:中国时代文艺家、中华老年爱国文艺家、中华夕阳红文艺模范、文艺先锋、中国当代作家书画家精英、中外当代文学艺术百杰、中国文化传承功勋人物、新中国66周年文艺名家、中国华语文学艺术百杰。主要著作诗词散文。

2015年至2016年全国文学艺术大赛获奖情况:《中外当代文学艺术代表作全集》诗获一等奖,第二届"相约北京"大赛诗获二等奖,"东方美"大赛散文获金奖,第六届"羲之杯"大赛诗获一等奖,第二届"中外诗歌散文"大赛获一等奖,第七届"祖国好"大赛诗获金奖,第五届老年大学文艺大赛散文获金奖,第五届"炎黄杯"国际诗书画印大赛获银奖。第四届"时代颂歌"诗获一等奖,2015年诗书画家创作年会诗获一等奖,2016年《中国当代文艺名家名作金榜集》诗获特等奖。第三届"相约北京"大赛诗获二等奖,2016年《中国当代文艺名家金榜集》诗获特等奖。第三届"相约北京"大赛诗获二等奖,第六届"东方美"大赛诗获金获,第七届"羲之杯"大赛诗获二等奖,2016年《全国特邀诗文书画名家精品大典》诗获最佳诗歌奖,《中国当代文学艺术精品大系》诗获特等奖,"江山颂"大赛诗获一等奖,第四届"伟人颂 · 中国梦"大赛诗获二等奖,第八届"祖国好"大赛诗获金奖,《中国文艺名家传世作品集》诗获特等奖,第六届"炎黄杯"大赛诗获银奖,2016年创作年会诗获一等奖。现为华夏博学国际文化交流中心会员。

寄语:中国文化培育我成长,从少年开始勤奋读书写作,梦想当作家,50年写作历程,大器晚成,激情如火追夕阳,余热发光。学习与时俱进,国内个大事激发诗情,让每一首诗发出光彩,为人生和社会争光!

黄金良 笔名:墨松,1956年8月出生,初中文化,自学诗、书、画,福建莆田人,中共党员,残疾军人,现任中国书法协会会员,国家一级书法师,国家一级书法家,中国硬笔书法协会会员,中国当代书画名家协会会员,中国当代艺术协会会员,中国书画协会会员,福建省书法协会会员,宋庄国际书画院理事,中国书画艺术联合会书画艺术顾问,

海上书画缘杂志顾问,北京华艺亭书画院高级创作研究员,中国诗书画家网艺术家委员会副会长等。

2016年“纪念红军长征胜利八十周年”全国艺术大展荣获金奖;2016年“勿忘国耻·复兴中华”荣获金奖;2015年“血铸丰碑”全国书画名家作品大赛荣获金奖;2016年“盛世中华·我的中国梦”荣获金奖;2016年第四届“金紫荆杯”荣获金奖;2016年“东方红·中国书画名家作品大赛”荣获金奖;2015年“书画丹青赛”荣获佳作奖;“2015年全国诗书画创作年会”荣获特等奖;“2016年全国诗书画创作年会”荣获一等奖;2016年第三届“中国六艺杯”荣获金奖;2016年“滕王阁杯”荣获一等奖;2016年第三届“相约北京”荣获一等奖;2016年第六届“炎黄杯”荣获金奖;2016年第七届“羲之杯”荣获金奖;2016年全国第十届“庐山杯”荣获铜奖;2016年“伟大历程”荣获金奖;2015年纪念毛泽东《七律·长征》荣获金奖;2016年“盛世中华·我的中国梦”荣获金奖;2016年“东方美”全国诗联书画大赛荣获银奖;2016年“永远的旗帜”荣获金奖;2016年“铭记历史·不忘血泪”荣获金奖;2016年“向党的九十五华诞献礼”荣获金奖;2015年“纪念中国人民抗日战争暨世界反法西斯战争胜利70周年”荣获金奖;2016年“牢记历史·珍爱和平·振兴中华”荣获金奖;2015年第四届“时代颂歌”荣获一等奖;2016年“东方红·中国橘洲”荣获金奖;2015年“同唱东方红·颂歌声声献给毛主席”荣获金奖;2015年“纪念毛泽东诗词《沁园春·雪》荣获金奖;2015年“伟大历程”荣获金奖;2016年第七届海峡两岸交流展荣获金奖;2016年在《中国当代文学艺术精品大系》授予特等奖,以上都是全国性诗书画展赛。

入编《伟大历程·庆祝中国共产党诞辰九十周年全国中老年书画名家作品典藏》《中国书画七十年鉴》《血铸丰碑·全国书画名家作品典藏》《同唱东方红·颂歌声声献给毛主席中国中老年书画名家作品典藏》《纪念毛泽东七律·长征创作80周年“毛泽东诗词”全国书画名家作品典藏》《筑梦中国全球书画名家典藏》等。

曾授予荣誉称号:“中华当代终身成就艺术家”、“人民艺术功勋”、“中国红色书法名家”、“十大军民艺术家”、“杰出功勋书画家”、“中国百强书画名家”、“榜样中国杰出书画名家”、“中国艺坛杰出功臣”、“中华当代书画大师”、“中国当代文艺领军人物”、“文学艺术先行者”、“2016年全国文艺先进工作者”等。

黄庭模 苗族,笔名天野。1942年2月出生,重庆市彭水县人,中共党员,大专文化,经济师。现为中国诗书画家网艺术家委员会副主席,重庆市江夏文化研究会黔江区联络处副主任。1961年参加工作,在彭水县邮电局,历任班组长、支局长、邮政管理员、政工干事,县局副局长、县局党总支书记。1989年调黔江地区邮电局任干部劳资科科长,正科级监察员,纪委委员,后任监察室主任。机构改革后,任黔江区邮政局党委委员、纪委副书记、监察室主任、审计科科长,党群支部书记、黔江区钓鱼协会秘书长等职。2004年退休后任彭水县棣棠虾溪黄氏国位支族委员会主任、主编，出版、发行虾溪《黄氏渊源集》族谱一书，从事姓氏文化研究。2008年加入黔江区诗词楹联学会为会员，坚持写作，积极投稿，弘扬祖国传统文化。2010年起曾先后参加"祖国好·华语文学艺术大赛"、"东方美·全国诗联书画大赛"、"羲之杯·全国诗书画家邀请赛"、"炎黄杯·国际诗书画印艺术大赛"、"相约北京·全国文学艺术大赛"、"时代颂歌·全国诗书画影作品大赛"、"伟人颂·中国梦·全国诗文书画大赛"、"华夏情·全国诗文书画大赛"、"感恩人生·全国纪实诗歌散文大赛"、"中外诗歌散文邀请赛"、"2015年全国诗书画家创作年会评选"等共计参赛33次，荣获一等奖20个，二等奖1个，金奖9个，特等奖3个。其作品入编《祖国好华语文学艺术文集》《东方美全国诗联书画作品集》《华夏情全国诗文书画精品集》《时代颂歌全国诗歌散文精品大观》《羲之杯全国诗书画家精品集》《炎黄杯诗书画印艺术精品集》《相约北京全国文学艺术精品集》《全国诗书画作品选集》《感恩人生当代纪实诗歌散文集》《伟人颂·中国梦全国诗文书画作品大典》《中外当代诗歌散文精品集》《2015全国诗书画家作品年选》《全国诗书画家精品集》等28部中，共计发表作品138件，其中有23件作品被选入《中国当代文学名家名作金榜集》均获特等奖。1997年编纂一篇论文题为《企业党支部与生产经营刍议》荣获重庆市渝中片区职工政研会三等奖。2016年12月编著《南海波韵》诗集一部，几年来的辛苦努力，初见成果。2010年起先后被聘为百家编辑部特约编辑、世纪百家国际文化发展中心研究员、北京市写作学会学术委员会创作员、高级创作员。同时授予"华语文学艺术百杰"荣誉称号，并已当选"荣耀中国2010全国文艺创作年度人物"、"筑梦中国2013全国文艺创作年度人物"等荣誉称号。2015年10月被聘为"中国诗书画家网艺术家委员会副主席"。

寄语：平等平生平淡度，不偷不抢不贪赌。为民为国为脱贫，共建共享共同富。

黄永荣 1929年6月13日出生，壮族，广西德保县人。中师文化，中共党员。1953年8月分配到靖西市工作。历任中小学教师。市教研室教研员、市总工会职工校教员、市水利指挥部办事员、市政府机关业务科长等职。1955年荣获靖西市和百色地区授予模范教师称号。1963年市选送到南宁首届少数民族文学讲习班进修。现在是靖西市诗联学会理事、百色市诗联学会理事、广西诗词学会会员、中华诗词学会会员、百色市老年大学诗词班学员。1985年至今，先后发表诗、词668首。著有《诗联选集》《云山放笔》和《吟稿选萃》三本诗集。作品入编全国精品选集27部，诗词376首，荣获全国性大赛等级奖205首。被中国国学协会授予新中国杰出诗人称号。凌云县城泗水文化长廊，采用本人写的《凌云水源洞》七言绝句，刻碑置于泗水河堤。2012年1月6日《中国酒中国情》邀请到北京参加颁奖大会，2013年9月《开国大典》入编15首，邀请到韶山参加颁奖盛典。2013 年 10 月荣获中国艺术飞天奖评选委员会授予终身成就奖。作品入编《中国艺术飞天奖特刊》,2014 年 6 月中华诗词学会音乐委员会把黄永荣词、应谦谱曲的《靖西美》歌曲入编《中华诗词歌曲集》新华书店经销。2015 年 8 月出版的《习近平主席壮行航天员有感》和《贺莫言荣获诺贝尔文学奖》等五首诗入编《世界文化名人录》全球发行。经社会机构民间团体联合推荐,通过初评、复评和网上公示投票,光荣当选为"2014 · 中英艺术交流形象大使",同时被授予"世界文化名人"荣誉称号! 2015 年 11 月,17 首诗入编《中国名人录》。

黄吉刚 1942 年 12 月出生,贵州茅台人,汉族,中专学历。现任仁怀市工商局关工委常务副主任,社会职务:贵州省仁怀市革命老区建设促进会理事,仁怀市第二中学校友总会会长,贵州省江夏文化研究会(筹备)暨贵州省黄氏宗亲会副会长。个人荣誉:2010 年 10 月,作品《谈笑高歌迎未来》获第二届"祖国好"华语文学艺术大赛一等奖,并授予"华语文学艺术百杰"荣誉称号。1968 年 6—7 月率贵州省六盘水地区代表团,(380 人参会、本人任代表团副团长),赴北京参加周总理主持召开的《全国煤矿抓革命,促生产大会》会议期间受到毛主席、周总理等党和国家领导人在人民大会堂的亲切接见。本人时任盘县特区革命委员会(地级)、六盘水地区革命委员会常委、副主任。北京华夏博学国际文化交流中心会员、北京世纪百家国际文化发展中心研究员。《仁怀市先进个体户报告文学集》(约五万字)诗歌《谈笑高歌迎未来》,《用热血浇灌生我养我的这片土地》等诗。

寄语:做人堂堂正正,做事:务实求真,工作:勤勤恳恳,为人:仁礼智信,为官:勤政廉政。老有所为,乐于奉献。

黄际潭 1931 年 11 月出生,四川省成都市人,大专文化,1950 年 1 月参加人民政府工作,曾任四川珙县洛表区人民政府文书。1952 年加入中国共产党,任中共珙县县委办公室秘书。1954 年上调中共宜宾专区地委办公室任秘书。又调任农水局任副局长。1957 年上调国家统计局四川农产调查队任处长。1970 年调四川省成都市水利电力局(现水务局)任处长。1991 年 6 月获中华人民共和国水利部为国家作出贡献的荣誉证书。1991 年 12 月政府机关退休后,喜爱文学、书法,参加成都市锦江区老年大学文学班 24 年,并向全国报刊投稿。2008 年获第六届"中华颂"老少文学艺术大赛书法奖。2010 年 4 月获第八届"中华颂"一等奖。2010 年 9 月获"羲之杯"书法一等奖。2011 年 1 月获荣耀中国创作年度人物荣誉奖。2011 年 10 月第三届"祖国好"华语文学艺术大赛获一等奖。2011

年10月获成都市直属机关老龄委二十届老同志书画作优秀奖。2015年12月已是84岁高龄，文学、书法，笔耕不止。

寄语："艺有独创"、"唯求精粹"、"以实求质"。共同促进祖国文化事业的发展，推进社会主义文化大发展、大繁荣。

黄苓 女，69岁，生于广州，现居深圳。自幼酷爱书画，在繁忙工作期间，但凡闲暇亦临池不懈。退休后有幸入读深圳市长青老年大学，潜修国画，得到了在校名师的悉心指教，渐悟其精气神韵，技艺渐进。近年作品多次在全国书画大赛中获奖并入编了书画典籍。

寄语："博览聚精华，笔勤积深功"。

黄继琨 笔名黄龙泉，1931年6月16日出生，中专文化，籍贯湖北省南漳县巡检镇峡口村。系中国散文学会写作中心创作员，世纪百家国际文化发展中心研究员，九州诗词社会员。由湖北省人事厅，襄阳市人事局1999年5月12日颁发的工程技术工程师。现任城乡建设局机关退休干部，中共党支部书记，2000年被中组部授予先进党支部。著有《古体诗词》和《文辞》两本。

寄语：勤劳业兴盛，敬业事遂昌，处事公记牢，仁义路宽广，守信友情长，忠心为人民，磊落心坦荡，无私品自芳。

黄定国 回族，1946年出生。从小喜欢书法、摄影艺术。书法作品曾在《2008年全国书法美术摄影大赛》中获金奖；2009年《第七届"中华颂"全国老少文学艺术大赛》获一等奖；《纪念苏洵诞辰一千周年全国书画作品大赛》获一等奖；《岁月燃情。中国老年书画大赛》获金奖；《庆祝建国60周年全国中老年书画大展赛》获金奖；《和谐杯全国书画摄影艺术大赛》获金奖；《华夏情全国诗文书画大赛》获金爵奖；《全国第九届庐山杯、首届华龙杯书画大赛》获银奖：《祖国好华语文学艺术大赛》获一等奖；《2009第十六届国际书法美术摄影大赛》获金奖；《2010年第八届中华颂全国文学艺术大赛》获一等奖；《2010年全国第十届庐山杯书画大展赛》获金奖；《2010年光辉历程全国中老年书画名家题贺大典》获金奖。《2011年"母亲颂"第十九届全国书画摄影大赛》获金奖。书法作品均被编入各大赛精品集并被相关单位收藏。2009年入选为《盛世中华·新中国六十年文化先锋人物》：被授予"共和国杰出艺术家"；"中华文学艺术精英"；2010年被授予"盛世中华全国时代文艺家”;“世博中国优秀艺术家”。北京写作学会诗书画委员会研究员,华夏博学国际文化交流中心理事,中国散文学会写作中心高级创作员,中国书画家协会常务理事,中国当代书画名家协会理事,《作家时代》签约书画家,中国书画摄影家协会副主席,世界华人文化名人协会理事,广州市天河区老干局诗书画协会会员,中国书法家协会会员。经当代中国书画润格评估中心专家评估为国家一级书法家。2015 年中华人民共和国文化部特聘为名誉顾问。

黄楚云 69 岁,自 8 岁习书画。1967 年湖北美院进修。2012 年进入书协,县级市老年协会,市老年书画研究会、孝感市书法协会会员。在市老年书画家协会办个人书画展。20 多副作品,书法展多次,获奖多次,市级书法入编 10 多本。进入书协互用 8 种临摹古人书法,几十种字。王羲之颜体、柳体、褚遂良、钟繇、郑板桥等凡古必临,一临得金奖。湖北省老年书画家协会会员,湖北省书画研究会会员,湖北三届艺术小品入展,湖北省书法协会会员。2014 年全球会人书龙画马公益大奖赛获优秀奖,湖南郴州举行龙头奖提名入围双名单,并加入中国文化艺术市场促进会,中国书画家协会会员。参加三届金紫荆杯,获金奖,授予“中国梦书画传承名家勋章”,并特邀代表 5 月香港举办交流展,轮回澳门。2015 年 10 月“中泰一家亲”中国书画名家正式代表特邀出席泰国、曼谷中国文化中心纪念中泰建交 40 周年,中泰一家亲全球书画名家国际交流展,授予中泰文化交流大使勋章,中华传世名家典藏,权威润格证,院士(六艺嘉韵研究院)。第六届“羲之杯”全国诗书画家邀请获一等奖。第四届时代颂歌全国诗书画影作品大赛获一等奖,授予“全国诗书画影百杰”称号。2015 年“东方美”全国诗联书画大赛荣获金奖。2015 年 5 月参加第三届“中国梦想杯”书画大赛获铜奖。“中华魂”纪念中国人民抗日战争胜利 70 周年暨世界反法西斯战争胜利 70 周年书画赛获金奖,授予“中华红色艺术名家”称号。同唱东方红,颂歌献给毛主席全国中老年书画名家作品大赛获金奖,授予“中国文化艺术传承大使”称号。东方红 · 赞歌声声献给党,庆祝中国共产党成立 95 周年全国书画名家作品展获多次,授予“中国红色书法艺术名家”称号。文艺复兴杯全国书画摄影诗文艺术大赛获金奖,授予“中华文艺复兴突出贡献奖”。沁园春 · 雪发表 70 周年作品赛获金奖,授予“人民红色艺术家”称号。新丝绸之路“天山杯”中外书画名家作品特邀展暨亚欧五国书画名家作品联展赛入选。第十届“德耀中华 · 最美书家全国中老年书画作品邀请展获金奖,授予“中国书画传承人物”称号。爱我中华 · 圆梦中国全球书画名家北京国际交流展获流展入编。2015 年第八届中国“重阳书画展”获优秀奖,入编当代书画名家专刊。第四届“时代颂歌”全国诗书画影作品大赛获一等奖,被授予“时代百杰”称号,“永远的旗帜”纪念毛泽东周恩来朱德逝世四十周年获金奖,授予“中国红色书画名家”

称号。

寄语：艺术人生，奋斗终生，传后世代，光宗耀祖，永葆名声。勤劳创业，顺时上进，敢在人先。

黄来和 1936年12月出生于泰国，祖籍广东普宁，中共党员，高中学历，在中国书法家协会培训中心高级班书法专业毕业。1950年参加工作，1990——2006年任连城县文艺联合会秘书，1996年12月，在连城县老龄委任常务副主任退休。现被聘任厦门市残联、乐龄服务中心、老年大学书法班教师。光荣当选"2013·感动世界年度人物"。已加入中国中外名人文化研究会艺委会会员，国际中国书画家协会会员、中国海峡两岸书画家协会会员、厦门市老年书画研究会会员、瑞典皇家艺术学院荣誉博士、世界文艺家联合会终身理事，被世界和平促进会授予"中国文化和平使者"及"世界和平艺术大师"。创作词、书作品庆党十八大圆满成功《凤鸣盛世前程锦，龙有传人中华兴》、庆党成立90周年全国书画联展收藏《泽色绘成新世界，东风吹覆旧山河》、纪念香港回归祖国10周年中华书画艺术作品收藏《中兴华夏千秋业，一统河山两岸心》、首届中国梦全国征文大赛《爱国献一片忠贞，为民发十分真诚》和《人民英雄党伟大，军队智勇国富强》、纪念毛泽东同志诞辰120周年全国诗书大赛《东方红太阳升，中国出了个毛泽东，他为社会进步发展马列主义他是世界人民的大救星》，还被授予"中华爱国艺术家终身成就奖"、第二届中国文化和平颂词书大赛《世界和平国际安宁，爆发战争祸国殃民》和《爱岗敬业真善美，待人处世和为贵》、"东方美"全国诗书大赛《创造人间奇迹为人类造福，攀登科学高峰促社会进步》、世界华人华侨艺术家联合会纪念抗日战争胜利70周年全国诗书大赛《走中国特色社会主义道路，圆世界大同人间天堂之梦》。以上作品均荣获一等奖、金奖，并入编国家级大型画册，在美国、英国、德国、中国国内外公开发行，作为世界文化交流巨献，送交各国政府部门、图书馆、博物馆、使馆、文化学术机构及世界和平组织永久收藏。经中国海峡书画家协会和世界华人华侨艺术家联合会评定为一级书法师。获奖书法作品有捐助给中华慈善总会和北京博爱妇女发展慈善基金会。

寄语：心诚感日月，人忠动地天；最美的人生就是努力创业，为时代服务；虽年已至耄耋，不让流光催白发，好凭余热献丹心。

黄万桃 网名桃花开，女，土家族，1957年出生，高中文化，早年任过民办教师，后务农。常在外打工（电焊工），现已返乡抱孙。现九州诗词会员，任中国传统艺术名誉会长。中国传统艺术传承人。作品先后获过奖，在诗词世界杯中华诗词大赛中荣获一等奖。被授予中华优秀诗人词家荣誉称号。在2015年"东方美"全国诗联书画大赛获金奖。在第九

届新视点全国诗词大赛获金奖，当代实力派诗人。在天籁之音十二届天籁杯中华诗词大赛获精英奖。

寄语：痴于诗词永追求，臻然诗艺壮鸿猷。实践之中现名句，诗魂总爱诗河游。

阎进朝 1935年6月生，山西浑源县人，中共党员。大专学历，高级工程师。历任技术员、生产技术处长、矿长、西山矿务局副局长、中国选煤协会副理事长、山西诗词学会会员、中华诗词一级作家、山西省作家协会会员。曾出版“槐窗闲吟”、“汇锦闲吟”、“北国风云”、“休闲集”等诗词集和“优选矿井开采要素，降低煤炭开采成本”、“改变传统观念，发展优质煤发电”、“矿井选煤厂矿、厂分离承包、放权搞活”等经济论文。

阎乃恒 字依农，号九龙山人。1950年3月出生于山东博山区。中共党员，大专文化。国家一级书法师，国务院国宾礼特供推荐艺术家。先后兼任社会职务，中国书画家协会理事，中国农民书画研究会会员，中国老年书画研究会会员，中国国画院书法创作专家委员会副主席，中国书画名家研究会名誉主席，中国书画家联合会副主席。中国乡土艺术协会文化产业部，文化中国网，中原书画院等特邀书法家。几十年来，该同志热爱和传承中国书法艺术，其作品在参加国内外重大展赛活动中，多次荣获金奖及一，二，三等奖。个人作品及业绩先后被《淄博晚报》《山东工人报》《山东青年》杂志理论与实践，《中国书法网》《羲之书画报·诗书画家》《文化中国网》《山东英模网》《中央电视台书画频道》等宣传报道。2009年《山东工人报》4月22日第三版以“田园意趣，翰墨飘香”为题，用半版的篇幅详细介绍了该同志的书法创作经历。2009年被评为“建国60周年，最具影响力的山东先模人物”。2010年被评为“全国诗文书画先进工作者”。同年出席在北京钓鱼台国宾馆召开的“第二届时代英模，中华社会各界先模人物五一座谈会”。受到全国人大常委会副委员长何鲁丽等国家领导人的接见，并合影留念。该同志作品及简历先后被编入；中国文联出版社出版的《当代中国书画名家》中国文化出版社出版的《精彩中国》中央文献出版社出版的《求是先锋》以及《中华姓氏文化名人辞海》等大型书画典集二十余部。在庆祝建党90周年之际，阎乃恒肖像被《中国艺魂》杂志作为封面人物刊登。2011年被山东省文化厅评为“山东省农村优秀文化人才”。2012年出版《阎乃恒作品专刊》，同年出版《范曾阎乃恒双人集》。

寄语：一个人要有所追求，生命中要有一种信念。要不畏艰难，勇于登攀，乐于奉献，敢于拼搏，这样的人生才有价值，才会精彩。

荣获一等奖，颁发了奖品。上述小说、散文作品获奖，颁发了获奖证。2013 年，受聘任《百家》编辑部特约编辑，受聘任世纪百家国际文化发展中心高级研究员；荣获“筑梦中国·全国文艺创作年度人物”称号。2013—2015 年期间，相继入编《当代中国文艺家大辞典》《中国当代文化名家档案》《中国文化传承人物志》。

寄语：加强学习，增进修养，素质学养好，才能有“同伍不误，同流不污”的个人价值。

曾宪成 字立斋，69 岁，1946 年出生于山东省临朐县，大学文化，中学一级老师，已退休。2008 年起先后多次参加全国性书画大展赛，均获金奖、一等奖、二等奖。2008 年被授予嫦娥奖优秀书法艺术家称号、当代百名爱国书画家。2013 年被授予“中国载人航天书法作品艺术家终身成就奖”荣誉称号。2014 被授予“北京 APEC 峰会最具影响力的书法家”称号。2014 年资料被收入在中国当代文化名家档案，被北京夕阳红文化发展有限公司评为“文化强国领军人物、先锋人物、文化创作楷模”。2015 年纪念抗战 70 周年九三阅兵书画展，被推荐决定授予“中国爱国书画艺术名家”称号。现在是南京长江书画院常务理事（终身），中国传统文化诗书画协会理事会员（终身）。

寄语：坚持民族的，发扬传统的，借鉴优秀的，挖掘潜在的，创新没有的，高调做事，不张狂。低调为人，务实，厚道。

曾保强 1942 年 5 月生，浙江龙泉人，中共党员。初中学历，龙泉市体协会员，1963 年参军，历任班长，在部队服役 6 年，荣立了三等功 1 次，5 好战士 6 次。1968 年退伍后，在地方 5 次评为先进工作者。共写一千多首诗词集。2012 年获奥运会文化题贺荣誉证书，甲级作品。2013 年获莲花艺术创作奖银奖。2013 年获全国咏酒诗词大赛优秀奖。在第五届“祖国好”华语文学艺术大赛中获银奖，《诗联·中国梦》获 2014 年“东方美”全国大赛金奖。《歌颂焦裕禄》获第六届“祖国好”华语文学艺术大赛金奖。

寄语：厚德铭责，扬文守法。

曾汉康 1944 年生，湖南安化人。曾任安化县小淹医院工会主席、医院办公室主任、系梅山诗社理理、宣南诗社理事。有作品入选《回眸中国吟赋》《神舟六号诗词联大典》《当代中华知名诗人著录》《当代主诗词艺术家作品精选》等，曾获国际首届人文杯一等奖。代表作《七律·登上黄鹤楼》。2003 年入选《中国知名专家学者辞典》，入选《中华名人铭堂》有诗词入选《中华情·特色中国博览》获一等奖，北京奥运会全国诗词大赛荣获一等奖，授予奥林匹克金质勋章。2009 年有诗词入选《中华颂·国庆六十周年汉诗大赛金榜集》，获一等奖，有论文入选《盛世之光·中国当代创新理论重大获奖成果汇编》。光辉业绩入选《光辉历程》。2010年有诗词入选《当代诗坛·当代词坛金榜集·精选·名作选》均获一等奖。《旧体诗词改革之我见》一文入选《全国第八届诗书画文精选》。2011年聘为世界华文诗词学会终生名誉会长，诗词入选《国际华夏诗文大赛》《国学·作家·诗人名鉴》《盛世中华·建党九十周年诗书画大赛》均获一等奖、金奖、特等奖。授予"共和国功勋诗书画大师"荣誉称号。格言入选《中外哲理名言》《中华名人格言》等大型史书。2014年诗词入选《中国国学辞典》。

寄语：以人为鉴，可知得失。以史为鉴，可知兴亡。以镜为鉴，可正衣冠。人前退一步，海阔凭鱼跃，天高任鸟飞；车行让三分，安全人创造，事故可预防。继往开来，楚汉相争时时艰。承前启后，世事如棋局局新。

曾保华 1934年5月生，浙江龙泉人。中共党员，中专学历，龙泉市老年体育协会会员，政工师。1951年抗美援朝参军。历任班长、排长、政治指导员、连长，戎马军旅20年。在部队，先后荣立四等功1次，三等功1次，5好战士3次。在担任政治指导员期间，所属边防哨所（连建制）连续3年被评为四好连队，本人被评为全国四好连队代表。1964年6月光荣出席中国人民公安部队全国代表会议。事迹入编《全国优秀复转军人传略》《中国专家大辞典》，1972年5月转业回乡。在地方工作期间，先后担任党支部书记，厂长、工会主席等职。所在企业多次被评为先进企业，先进党支部。曾3次评为先进工作者。1996年12月退休，创作《自娱吟稿》百首诗词集。最近有3首入编"中华名山国粹诗书双绝创作大赛"诗词百佳提名奖。

寄语：但行好事，莫问前程，为善乐盈。

曾宪新 笔名地声、宇音。1933年8月28日生。江西兴国人。任教38年，原在闽西永定土楼地区任学区（乡）教导主任，1987年请调回原籍。1953年在福建龙岩师范学习。2010年起参加全国各个诗文大赛，计获数十个一等奖（含金奖）。曾先后加入"华夏博学国际文化交流中心"、"中国散文学会"和"国际汉诗协会"。所写诗文入编《中华颂》《当代写作》及《文库》等数十个文选。被授予"诗词名家名品诗人"、"诗词领军人物"、"中华诗词特别贡献诗人"、"民间特别贡献诗人"和"全国最具影响力文学艺术名家"等称号。近期又获"羲之杯"、"时代颂歌"等多个一等奖。

寄语：用历史的、人民的、科学发展的观点去观察和反映客观事物，歌颂新生和先进的事物，歌颂世界和平友好和人类之正义与进步，企盼人类友好相处。

曾梅英 笔名木大，女，1955年2月出生，广东省五华县河东镇黄湖村牛岗铺人。高中文化，1975年开始业余文艺创作。撰写山歌《万众同心治琴江》、《治河工地新事多》、《农田承包粮满仓》等；诗歌《战鼓催人人催春》、《科学种田效益高》、《农业改革喜重重》等，在《五华文艺》刊登。参加第四届“时代颂歌”全国诗书画影作品大赛，楹联三副获二等奖，并被授予“全国诗书画影时代百杰”的荣誉称号。

寄语：坚持业余文艺创作，旨在传承祖国文化，充实生活，为社会传递一些有用的东西。

葛毓秀 1944年2月8日生于太原，山西晋中市人，中共党员，高中学历，现为山西晋机集团江阳公司退休人员。2013年参加《纪念毛泽东同志诞辰120周年全国书法作品大赛》获书法铜奖；参加第三届《炎黄杯》国际诗书画印艺术大赛获书法金奖；作品入编《中国当代作家书画家代表作文库》。同年被《羲之书画报·诗书画家》聘为签约诗书画家。作品刊登于《羲之书画报》第10、11期。2014年参加《相约北京》全国中老年文学艺术大赛获书法一等奖；参加第五届《羲之杯》全国诗书画家邀请赛获书法一等奖；参加第四届《炎黄杯》国际诗书画印艺术大赛获书法银奖；参加《中国梦》全国诗书画影作品大赛获书法银奖，被授予中华爱国艺术家荣誉称号。同年入编《中外当代文学艺术家代表作全集》《中国当代作家书画家大辞典》。

寄语：清白做人，处事认真；淡泊名利，快乐人生！

葛节旺 1953年至1955年在潜山县梅城供销社工作，1956年在安徽省电影放映学校学习，1957年至1970年在潜山县电影院工作，1971年至1972年在潜山县割肚公社工作，1973年至1994年在潜山县工商局工作。

寄语：存好心，行好事，读好书，做好人。丑恶势力不可惧，贫穷弱小不可欺，不义之财不可取，损人利己不可为。

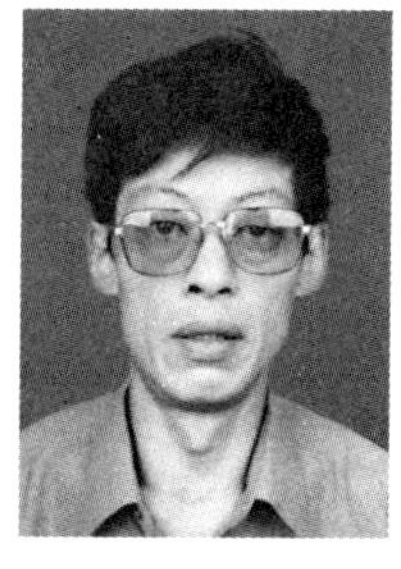

温宁 笔名致远，号农庄墨丁，1962年6月9日生于山西省吕梁市交城县。从小热爱书画艺术，加入县书法协会为会员。作品多次参加省地县展。2007年作品获“尧都杯”全省农民书画展三等奖，在2008年，作品被评为迎奥运城乡书画展一等奖；2011年在纪念吕梁英雄书画展中，作品被晋绥边区第八分区革命历史纪念馆收藏等。

寄语：为传承中华书画艺术和实现伟大复兴中国梦而努力。

温俊伟 笔名：温文、尹文、阿伟，广州市作家协会会员，广州市硬笔书法家协会会员。

中央广播电台、广东省电台、广州市电台、广东省电视台曾播送过其创作的广播剧和单本电视剧并曾获得过中央台、广东省台的优秀广播剧奖。已在全国性及省市报纸杂志发表报告文学、散文、诗歌、小说等作品三百多万字。九十年代开始，应出版部门约请，试用文学的笔法写作餐饮企业的管理专业图书八本，并都已在出版社出版，在餐饮界广为流传，甚得好评。

散文《与毒蛇同居的日子》被评为“最美美文奖”，“为纪念抗日战争胜利六十周年赋七绝二首”在《中国当代文学艺术精品大系》评审中获银奖，散文《西关老屋》入选南国优秀散文集《天籁的回声》，多篇报告文学曾获南风文学奖；硬笔书法作品杨慎《三国演义开篇词》获2016年全国诗书画家创作年会二等奖。硬笔书法作品曾在八十年代获全国赛优秀奖。行草书法作品苏东坡《念奴娇·赤壁怀古》、对联《春色不随流水去，花香时送好风来》入选《风吹斋书画名家作品选》。

寄语：不为名不为利，只求能为人间增添一点美。

温晓林 1960年生，江西宁都人。中共党员，大学文化，职业经理人、法律顾问、研究员。江西省作家协会会员，中华诗词学会会员，中国诗歌学会会员，一级诗词著作家，书协会员，中国艺术家协会会员。曾任央企、地方国企、民营企业、外资企业老总、高管，从事企业高层管理达二十年。主编过五部企业管理书籍。发表法律、企业管理论文、文学等作品达六十万字。出版诗集《远书归梦》《温馨诗草》《诗话群书治要360》。多次获全国诗词散文书法大赛大奖和全国“德艺双馨”诗人称号。

寄语：今天的努力就是明天的骄傲！有舍才有得，有付出才有回报。

覃鸿刚 壮族，1938年生，广西鹿寨人，初中文化。鹿寨县诗词楹联学会会员、鹿寨县老年大学学员、柳州市诗词曲学社会员。有多篇诗词作品曾在“鹿寨诗联”发表过。2011年12月，诗词作品“学胡主席庆党90周年讲话有感”获诗词作品入选《第六届加拿大诗书画大展作品集》、2014年3月在参加全国“咏酒诗大赛”中获优秀奖诗词作品并被编入《中国古今咏酒诗词选集》。

覃永寄 出生于1944年10月，广西梧州市蒙山县人，退休教师。酷爱文学，1974年开始创作诗词。2009年是北京市写作学会诗书画委员会研究员和中国散文学会写作中心创作员。21世纪初发表作品载《蒙山晨曦》报。2004年刊载《蒙山中学校刊》有《赞蒙中》。2005—2006年刊载《蒙山信息》有《改革铸辉煌》《庆祝梧州国际宝石节》《庆祝中国——东盟博览会》《为广西百事达淀粉有限公司建成投产感赋》《春节试笔》《浪淘沙·抗洪救灾》《纪念抗日战争胜利60周年》《满江红·咏抗日英雄》《应天长·颂神六飞天》《清平乐·忆湄江》。发表在《梧州日报》有《清平乐·应征》。2008年上半年获“三峡杯”文学艺术大赛优秀奖，《长征颂》载入《三峡杯文学艺术精品集》。同年下半年获“世纪杯”校园文学艺术大赛二等奖，作品载入《华夏诗文书画精品集》。2009年上半年获第七届全国文学艺术大赛一等奖，作品载入《中华颂全国文学艺术精品集》。2009年下半年获华夏情全国诗文书画大赛金爵奖，作品载入《华夏情全国诗文书画精品集》和《当代写作》中。作品《清平乐·六一赞新苗》选载入《蒙山南部乡土与社会》——中学历史校本课程开发的研究与探索课题书中。2010年获全国诗书画家邀请赛一等奖，作品载入《全国诗书画家获奖精品集》。2011年第二届“羲之杯”全国诗书画家邀请赛获一等奖，作品载入《羲之杯全国诗书画家优秀精品集》。2013年获“羲之杯”全国诗书画家邀请赛一等奖，作品载入《羲之书画报》和《羲之杯全国诗书画家精品集》中。著有《覃永寄诗词选集》待出版。

寄语：宽怀寰宇高风节，酷爱文林酣露珠。

蒋作灿 1950年生，中共党员，大学文化，高级讲师。1968年底插队下乡，1974年进入教师队伍，2011年由重庆市大足区中学退休。曾任重庆市大足区教师计算机培训考试中心主任。现为重庆市大足区诗词学会副会长，重庆市诗词学会、中华诗词学会、大足作家协会、大足区三驱文学社会员。出版了诗文集《三攻集》。荣获第二届“二安杯”全国诗词大奖赛二等奖、第三届“炎黄杯”国际诗书画印艺术大赛银奖、“东方美”全国诗联书画大赛银奖，入选第二届中国百诗百联大赛，第五届华鼎奖全国诗词大赛二等奖，“滕王阁杯”中国南昌第十届文学艺术大奖赛一等奖。散文《巫山的云》获2014年“全国中老年文学艺术大赛”三等奖。从小酷爱文学，始终认为，诗词创作是一门艺术，登堂入室易，百尺竿头难。诗词创作必须靠一种天赋，一种“捕捉别人之不能捕捉，切入别人之不能切入”的诗词天赋。深知这一道理，而且知道自己缺乏这种诗词天赋，自己的诗作存在一个如同我性格一样的缺点：含蓄不足而直白有余，尽管一直非常注意这个问题，但可能是性格使然，却总是挥之不去。所以把自己的感情宣泄，总是放在创作的第一位。

寄语：用自己的心去写，用自己的情去写，写我的爱，写我的愁；写我熟悉的人，写我熟悉的事……我不屑于华丽词藻的“无病呻吟”，更鄙视空泛苍白的“豪言壮语”。

蒋传华 1951年出生，湖南新邵县人，中共党员，高中学历。服役期任湖南衡阳军分区司令部机要科译电员。后安置在本县机械厂工作，先后任生产科长、供销科长，本厂退休。青少年期争当学习尖兵；服役期争当“五好”战士；工作期争当生产先进者；夕阳期争当艺海一卒。1980年起开始学习书法。2003年随着本县老年大学的开办，书法报、书画报、电视书画讲座的普及，使自己从中吸取了许多书画艺术精华。参加全国书画大赛活动，多次荣获金奖。书法作品入编中国书画名家艺术史籍、名家作品典藏、名家作品选集、雅集等。并成为湖南省老年书画家协会会员、湖南长沙晚晴书画院会员、中国书画研究院院士会员、中国书画名家协会会员、国际名家书画院聘任副院长、客座教授、中国国礼（红瓷）书法大师称号。

寄语：以一当十的时间去挥毫习练，夺回已流失的时光，赢得自己的笔墨风采，实现美好的梦。人生的成就是离不开妻子儿女的鼓励与支持的。

蒋文学 笔名肄文。1970年4月生。籍贯山东省无棣县。中共党员，大学本科。北京师范大学研究生进修班结业，正高级教师，山东省中学语文特级教师，现任教于山东省滨州实验中学。系全国优秀语文教师、优秀指导教师、优秀实验教师、全国中学语文“首届学术先锋人物”、中国语文报刊协会课堂教学分会理事、全国语文课堂教学大赛评委（2007年郑州），新世纪杯、冰心杯等全国中学生作文大赛专家评委。主持研究并结题国、省级课题6项，获“长郡杯”全国优质课一等奖、首届“教育艺术杯”全国语文课堂教学观摩大赛二等奖，获省优秀课件一等奖和优秀教科研成果一等奖。系滨州市教学能手、学科带头人、教科研工作先进个人。先后在《语文报》《语文教学通讯》《语文世界》《语文月刊》《语文教学与研究》《语文建设》等报刊发表论文300多篇，参编教学用书12部，有入选文学作品的专集16部。在《中华文学选刊》《文道》《渤海》等发表诗文200多篇，诗歌获全国一等奖。主编校报《红鹰报》获全国优秀校报一等奖。指导的敲敲门文学社被评为全国优秀文学社、美文核心文学社。任《语文报》《语文周报》《语文学习报》《语文教学与研究》等十几家报刊社特约编辑、通讯员。事迹被《语文报》《中华文学选刊·少年写作精选》《升级作文》《文道》等介绍。

寄语:自信人生二百年,会当击水三千里。

蒋应超 笔名谈斌,云南蒙自市人,1938年8月生。中共党员,大专文化,经济师。1958年6月调云南省体委(云南体育学院)任运动员,教练员。获云南省最高纪录奖章,为首批国家一级运动员。1959年9月在北京参加全国第一届运动会,受到毛主席和周总理检阅和接见。1968年授云南省政府指派,参加组建云南6679信箱,任汽车队长、工会主席等职。喜爱摄影、书画和诗词创作,退休后,云南楚雄州老年大学学习10年。作品多次在省、州及全国参展参赛。多次上大型画册,多次获奖。现为云南老年摄协会员。参加全国老年大学摄影、诗词比赛,获银奖。在"东方美""祖国好""时代颂歌""和平颂·中华情"等七届全国比赛中获得四项金奖、三项一等奖,并获得"百佳""百杰"荣誉称号。全国飞天奖诗词大赛获一等奖,并获爱国主义精英作品称号。被聘为中国梦践行者中华诗经名誉主编,现为北京世纪百家国际文化发展中心研究员。摄影获奖作品有《雾漫西山》《海鸥一组》《奔出国门》《古镇春晓》等。诗词获奖作品有《歌颂毛泽东》《中国远征军威壮》《松山战役敌丧胆》《滇缅公路生命线》《神奇虎跳峡》《远方来客》《世界恐龙谷》等。全国诗词名家2015神州行大赛获金奖、第十二届天籁杯中华诗评大赛获金奖。勿忘国耻,圆梦中华,纪念抗日战争胜利70周年,全国诗词大赛获特等奖。被北京华夏文艺出版社任命终身名誉社长,受北京宋庄国际书画院推选为终身名誉院长。现为中华当代文学学会、中华诗词学会会员,被邀入编《中国文化传承人物志》、《中国新时期文艺人才库》。

寄语:爱惜时光。岁月是给人们的赏赐,让我们用兴高采烈的心情,迎接灿烂辉煌的时光。我要把美好诗篇及照片传给全世界。告诉远方的朋友;中国乃文明古国、礼仪之邦。中华儿女团结友爱、勤劳勇敢、热爱和平!

谢军 1934年出生于山东省胶南市(现为青岛黄岛区),1951年参加工作,1955年入伍海军航空兵,1957年加入中国共产党。高中文化程度,夜大文科学习五年。1994年由青岛远洋运输公司纪委退休。

自幼喜爱书法,以习临柳小楷入手,后习临颜、赵、王楷体、二王行草体,之后拓临甲骨、金、篆、隶等书体,以习临汉隶书体为主(曹全碑等碑帖)。曾得到原美协副主席孙大石、同事修德与社会书法高人等指教。

自2015年来,多次参加全国文化艺术大赛,先后荣获特等奖两次,金奖1次,银奖两次。获奖作品全是自编七言长律诗,并书写成参赛作品。

寄语:汉字书法是艺术,书法艺术是国粹。一字多体型精美,诸体皆有明章规。笔划线条是语言,造型布局体型美。律韵和谐展神采,旋律优美但无声。墨海出艺无疆涯,人之生命有涯疆。书山有路勤为径,学海无涯苦作舟。生命不息学不止,传承弘扬国之粹。

谢可威 1951年12月生,广东罗定人,大专学历,政工师。历任政府监察员、党委委员、纪委书记、副主任科员等职。中国老年作家协会理事,中国诗词家协会理事,中华当代文学学会会员,中华诗词学会会员,中国楹联学会会员,广东楹联学会会员。中华诗词特级著作家,诗词世界杂志社签约诗人。受聘为中国回忆录研究会终身会长,华夏文艺出版社终身社长。诗词楹联作品及作者艺术简介入编多部典籍,并在全国性大赛多次获特等奖、金奖、一等奖。多次参加文艺社团组织的诗词名家峰会论坛、笔会、采风交流会。也有诗词发表于《诗词世界》《诗词之友》《中华诗词家》等报刊。个人专著有《一代宗师—谢可威》(即谢可威著《谢可威诗词作品集》中国诗书画出版社)、《中华传奇·谢可威诗词集》(华夏文艺出版社)。2015年以来先后被多家文艺社团分别授予中华优秀作家、国学作家、全国优秀诗词家、中华国粹传承人、百杰诗词名家、天籁之音·德艺双馨中华诗词家、老一辈革命诗词艺术家、中华优秀诗人词家、中国艺圣、一代宗师、中华传奇、中华诗词领军人物、中华诗词100位优秀传承人、文学艺术先行者、孔子文学奖、2016年度一级中华诗学奖、吟坛泰斗·当代诗圣、中国梦·德艺双馨艺术名家、2016年度中国艺术金笔奖、2016年度中国艺术金马奖金奖、2017年度中国艺术金像奖金奖、中国国际艺坛巨匠、中国国魂艺术大家、中国艺术博士等荣誉称号。

寄语:不知立德修身守法纪;何以齐家治国平天下。心中有德和为贵;眼底无私品自高。

谢秀光 1938年9月出生,广西平南县人。中师毕业,从教39年,小时候爱好书法,写得一笔好字。中年写对,打下楷书坚实基础。老年学行草,因楷书功底好,一练就成功了,平时也练作诗,填词,写散文。2015年和2016年参加全国性书法和诗文大赛,硕果颇丰,书法共参赛26次,获一等奖2次,金奖21次,特等奖2次。最佳书法奖1次。诗文6次,一等奖4次,金奖1次,特等奖1次。个人照片和简历入编《中外当代文学艺术家大辞典》《中国新时期文艺人才库》《新中国66周年名家名典》，授予“杰出华人书画家”、“中华杰出书画艺术家”、“爱国书画艺术百杰”、“全国诗书画影时代百杰”、“中外当代文学艺术家百杰”、“中欧文化大使”、“中国文化形象大使”、“中国文化艺术传承大使”、“中国红色书法艺术家”、“人民红色书法艺术家”、“中国文艺创作先锋人物”、“中国当代文艺领军人物”、“中国紫砂(陶艺)书法艺术家”、“中华民族优秀文化传承者”、“中国著名书画家”、“中华红色艺术名家”、“中国红色书法艺术名家”、“中国红色书法名家”、“新中国66周年文艺名家”、“人民功勋艺术家”、“中国功勋书画家”、“共和国红色传承功勋人物——2016年度十大人物”等25个荣誉称号。现为华夏博学国际文化交流中心会员，华夏夕阳红书画艺术研究院院士，中国诗书画家网艺术家委员会副主席。

寄语：老年好夕阳余晖，壮心不已，应继续发挥余热，让晚霞更加灿烂，更加辉煌。

谢建业 斋号：牧童草堂。1938年生，湖南省耒阳人。中共党员，函大毕业，1955年参加工作，原任耒阳市哲桥区副区长。现为中国诗歌学会、中华诗词学会、中国楹联学会、文人书法家协会、毛泽东诗词研究会、湖南诗词协会、文人书法家协会、毛泽东诗词研究会、湖南诗词协会、北京诗词学会会员，中国国画院院士、中国书画家协会会员、中国国学研究会研究员、中国老年书画院名誉院长、北京京华兰亭书画院名誉院长、中国艺术家理事会理事、中国艺术学会常务委员会终身常务会员等，爱好书画诗词与收藏。改革开放以来，多次参加全国诗词书画展赛，其诗词和书画作品获金、银、铜奖、优秀奖等多种奖六百多次，并收藏和颁发证书。

谢忠平 笔名一丁，出生于1944年8月，黑龙江省泰来县人，中共党员，哈尔滨师范学院中文系本科毕业，中学高级教师。现任泰来县老年大学教务部主任，泰来县财政敬老之家党支部委员。先后被授予“当代华语文学艺术百杰”、“最美中华诗词家”、“中华文化传承贡献人物”、“德艺双馨中华诗词家”、“全国诗书画影时代百杰”、“德才兼备优秀诗人”、“老一辈革命诗词艺术家”等荣誉称号。先后加入世纪百家国际文化发展中心任研究员、中华诗词名家交流中心任理事、中华诗词学会会员。在《诗词之友》《退休生活》《龙沙诗词》等杂志发表诗词。几十首诗词先后在由崔红丽、周强、方原、谷燕、宋彩霞、莫非、张脉峰、龙羽、尚强、刘品太等分别主编的《莲花颂典》《东方美》《华鼎奖作品集》《甲午战争120周年诗词选》《中国作家薪火相传》《三羊开泰品鉴》《百年诗词选》《中华国粹志》《中华诗典》《红旗谱》《全国诗文书画作品选集》《百年楹联精选》等作品集刊载。先后参加第六届“祖国好”、第六届“华鼎奖”、第四届“炎黄杯”、第三届“时代颂歌”、“三羊开泰”、“纪念抗战胜利七十周年”、第三届“伟人颂 · 中国梦”,第十一届“天籁杯”、“北京2022年冬奥会申办成功”,第四届“时代颂歌”等全国诗词大赛分别获一等奖、特等奖。

谢建三 又名谢积光,1928年4月19日出生于江西省兴国县社富乡,无党派,哈尔滨工业大学机械系机床与刀具专业毕业,职称湖北理工学院副教授。主要著作:1990年12月以我为主(与人合编)编著的《金属切削加工知识及应用》一书,由科学普及出版社在北京出版,1988年离休。2002年开始在广州市老年干部大学学习《古文赏析》、《诗词写作》等科目,在校内刊物发表诗词十余首,随后在国内、国外都曾发表过诗词,也获过奖。近两年获奖情况如下:2014年7月第六届“祖国好”华语文学艺术大赛中,作品荣获大赛金奖,并被授予“当代华语文学艺术百杰”荣誉称号;同年10月参加第三届“时代颂歌”全国诗书画影作品大赛,荣获作品一等奖,并被授予“中华文化传承贡献人物”荣誉称号;2015年5月入选《中国文化传承人物志》一书中;2015年8月获第七届“祖国好”华语文学艺术大赛金奖;2015年10月荣获第四届“时代颂歌”全国诗书画影作品大赛一等奖,并被授予“全国诗书画影时代百杰”荣誉称号。2007年由中华词曲研究会、中华家庭文化交流协会以中词字〔2007〕第033号文件授予我“中国词曲艺术大师”荣誉称号。我是科协和科普协会会员,太阳能利用协会会员。

谢其福 1953年出生,江苏省镇江市人,大学文化,国家公务员,现已退休。作者自幼热爱书画艺术,几十年潜心习字榜书,善于对古贴、碑文的榜书字迹消化吸收,特别在执笔、运笔、临仿等关键艺术上大胆实践、刻苦钻研,使之形成运笔自如,清丽俊逸,潇洒浑厚的书写风格。近年来,作者的部分榜书精品分别在韩国、日本、泰国、台湾以及国内等地参展,深受书家和大众的好评,获得金奖十余次,世界榜书联合会主席、世界榜书领军人物蔡轩朝先生、中书协副主席王永红先生对作者的榜书作品评价甚高,中国军事博物馆、泰国中国商会、台湾国立大学等十余家机构和国内20多家书画院和高等学府展示收藏。2015年度创作的精品榜书作品先后入选第46届意大利米兰世博会、联合国一带一路世界书画论坛、2015年印尼雅加达世界榜书博览会以及中泰建交四十周年曼谷全球书画名家交流展。受世界榜书联合会的委托,作者将承担中国长江榜书创作中心的建设和领导工作,立志将中国传统的榜书艺术传承发扬，为培养新人，创作精品作出更大努力。根据作者的书法功底和艺术素养，中国国家书画院已于2015年元月聘请为中国国家书画院榜书艺术研究员、院理事，2015年5月被世界榜书联合会吸收为常务理事、亚洲分会副主席。

寄语：艺术是历史和人民给的，不在乎自己的习字时间和笔墨纸张的消费，只要社会和人民大众认可我，我将全身心地付出，决不计较任何回报，功名如浮云，传承发扬为己任。

谢宝友 73岁，农民，1942年12月出生，1957年上完小学务农。一干就是15年。直到1972年30岁时，吉星高照，意想不到地成为一名农村电影放映员，但也没离农门，户口未变。由于生长在农村，从小爱好文学，熟悉农村乡土人情，1960年就开始向县广播站写稿，后向地、省级广播电台、报社投稿，少有发表。1989年参加辽宁省“鸭绿江文学函授班”学习3年，两年被评为三好学员。其后在地、省级发表作品10余篇。《乳名》《羽山殛鲧泉》《迟到的爱》曾获奖。词条被辑入《山东作家人名大辞典》《中国当代艺术界名人录》。2009年《长大要开拖拉机》在“华夏情”全国文学大赛中获“铜爵奖”。至今已有《失败了的致富经》《晚情》等7篇作品，分别在“东方美”、“中华颂”等全国文学大赛中荣获一、二、三等奖等。

谢愈丰 1979年6月11日出生，字铭谦，号墨轩，广东省汕头市龙湖新溪人士，现为中国书法艺术教育学会会员，中国书法艺术教育学会墨轩少儿书法培训工作室的高级教师。2013年5月，参加澄海区纪念“五一”国际劳动节企业职工书法大赛，荣获书法优秀奖。2013年9月，参加第三届“炎黄杯”国际诗书画印艺术大赛，荣获书法金奖。2013年10月，参加第二届“时代颂歌”全国诗文书法大赛，荣获书法三等奖。

寄语：书法是汉字的书写艺术，是书者的艺术修养，笔墨技法，审美观念，情感个性，知识学养，社会价值观及人生价值观。

谢群山 笔名群山，1969年3月生于湖北五峰，土家族。中共党员，大专毕业，湖北作协会员。在《人民日报》《作品与争鸣》《2012年中国微型小说精选》等媒体中发表诗《日出》、文《土家人与合渣》、小说《笔缘》、论文《“诗散文”作为新文体的可能性》等千篇200万字，并有诗《背篓》、文《土家人和洋芋》、小说《假戏真演》等百篇获“孙犁文学奖”散文优秀奖、天津市作协征诗一等奖、全国梁斌小说奖小小说类第一名等120多次。发表论文《“诗小说”作为独立文体的可能性——我国四大古典名著是“诗小说”》。著有“全球首部诗散文作品集”《行走之树》(大众文艺出版社,2014 年再印其修订本)。其中《千年茶香润土家》《为北京奥运诗吟歌唱》《澳门、澳门》等获第七届八大处中国园林茶文化节征文首奖、中新社全球华人迎奥运征文纪念奖、中央人民广播电台“我看澳门回归 10 年”征文优秀奖等。

寄语:让中国梦在我们手上实现,让劳动的真理响彻过去、现在和未来。

谢云如 生于一个普通的工人家庭。父亲爱好书法,在父亲书法艺术的熏陶下,渐渐地喜爱上了书法,十五岁时参加了上海市第一届中小学生毛笔字展览,后来上山下乡,条件再艰苦,也忘不了对书法艺术的追求。改革开放后,脱离了企业,自谋生活,经过努力,取得了高等教育自学考试的法律专科文凭。为了生计和喜爱的书法艺术,开了艺术插画社,以艺术插花来维持生计,来支持我对书法艺术的追求,日子虽清淡但却非常和谐、甜美。坚持努力总会有结果的。先后荣获第三届时代颂歌全国诗书画影作品大赛一等奖,纪念毛主席《沁园春·长沙》创作 90 周年全国书法大赛金奖,第二届吴道子故里“画圣奖”全国中老年书画家大展赛金奖,纪念邓小平诞辰 110 周年全球书画名家交流展金奖,纪念亚非会议 60 周年全球书画名家国际交流展金奖。

寄语:书山有路勤为径,学海无涯苦作舟。想学好一门艺术,一定会碰到困难,不可能一帆风顺,学习书法艺术更是如此。我坚信只要自己继续努力,定会取得更大的进步。

韩美林 生于 1936 年 12 月,山东济南人。清华大学美术学院教授,校学术委员会副主任。国家一级美术师。全国政协第六、第七、第九、第十届委员,第八届、第十一届常委。2007 年 11 月任中央文史研究馆馆员。7 岁时入济南市正宗救济会贫民学校、济南省立第二实验小学读书。1948 年考入济南市立第一中学,3 个月即辍学参加革命,到烈士纪念塔委员会浮雕组当通讯员。1950 年参加中国人民解放军第三野战军二十四军教导团。1951 年调济南话剧团当演员,嗣后又到济南市南城根小学任教导员。1955—1960 年,中央美术学院、中央工艺美术学院学生。1960 年毕业后留校任中央工艺美术学院装潢系助教。1963 年调安徽轻工业厅工艺美术研究室工作。1964 年“四清运动”,下放到淮南陶瓷厂劳动。1978 年调入安徽美协从事专业美术创作,曾任安徽画院副院长等职。1985 年任中国作家协会创作研究部专业作家。1989 年,成立中国美术家协会韩美林工作室。2011 年任清华大学教授,校学术委员会副主任。享受政府特殊津贴。现任中国民间艺术委员会副主任,中国美术家协会陶瓷艺术委员会主任,中国工艺美术学会书画委员会会长，中国文化研究院荣誉院士，中国作家协会创作研究部专业作家，中国艺术研究院研究生院博士生导师，中国和平统一促进会常务委员，世界华人协会副会长，美中文化交流促进会(美)副主席，国际关爱基金会名誉会长，世界艺术家协会(美)艺术顾问等职务。

韩传录 1948年11月生。1968年2月参加工作，1968年11月入党。1968年2月至1986年12月先后在解放军北京卫戍区警卫二师，解放军北京武警服役。1987年1月至2009年2月先后在原国家新闻出版总署、中纪委监察部驻新闻出版总署纪检组监察局工作。历任处长、副局长、副组长、局长等职。

韩东军 1952年1月生，河北省平山县人。1968年2月参加中国人民解放军，历任通信员、师政治部保卫科干事、集团军政治部保卫处处长、防化第一团政治委员、基地政治部主任、总参谋部防化部军事代表处副处长、总参谋部兵种部军事代表办事处副主任、军事代表局局长。1999年6月任中国人民解放军防化指挥工程学院副院长。2003年7月晋升为少将军衔。

韩成信 1931年9月出生于北平，原籍河北省沧县。幼年读过几年私塾。1949年1月参军，1950年10月参加抗美援朝战争。历任战士、连队文化教员、团宣传队队员、师宣传队宣传员、宣传队分队长。1955年转业地方邮电系统，1986年离休。现系河北省移动通信有限责任公司沧州分公司离休干部。晚年喜好读书、交友、写作。有多篇散文发表于有关报刊。出版有《一个老兵的情怀》《盛世耄耋话短长》和战友们合著的抗美援朝回忆录《烽火岁月》。曾任沧州“夕阳红”读书会会长，现为名誉会长。

韩欣羽 1963年2月出生，山西省太原市人，中共党员。1984年分配到太原市房地局工作至今。《羲之书画报·诗书画家》签约诗书画家，中国诗书画家网艺术家委员会副会长，太原市书法家协会会员。凭着自己对书法事业的挚爱，多次参加全国、省市各级书法比赛及会展活动，擅长瘦金体。1981 年，瘦金体作品《木兰辞》获首届全国大学生书法比赛二等奖。《茅屋为秋风所破歌》获甘肃省比赛一等奖 。1984 年—2014 年期间，多次在市房地局机关职工书法比赛中获奖，受到同行赞赏与认可。2015 年成为《羲之书画报・诗书画家》签约诗书画家以来，先后参加全国"东方美""江山颂""祖国好""伟人颂・中国梦"等各级各类国家级文化艺术类大赛十余次，先后获金奖、特等奖、银奖、一等奖等，作品入选《"东方美"全国诗联书画作品集》《中国文艺名家传世作品集》等。

寄语：三十余年的书法磨砺让我学会了如何闹中取静、繁中减压，在粗细大小、疏密张弛中感受到了源远流长的中华书法艺术瑰宝的精髓，养心养身，厚德以载物也。

韩国忠 笔名汉臣，字号程远，内蒙古兴安盟科右前旗巴拉格歹乡古迹保龙村人，大专学历，15 岁开始创作。作品入编海内外 32 部经典辞书。并荣获盟省市国家级金银、提名等大奖 20 多次。被授予中国十大诗人，中国当代诗词艺术家，乡村诗人，当代文学之星，当代杰出艺术家称号。评为中国百名焦点人物，中国时代英模人物，感恩中国先进人物。现为中外散文诗研究会会员，中国北方诗人协会会员，兴安盟诗词学会会员，华夏文学报编辑。近期又获得东方美全国诗联大赛金奖，内蒙古银行杯佳作奖。创作事迹在电视台、报社都报道过。现任巴拉格歹乡文联主席职务，主要有《韩国忠诗文敛萃》一书近期出版。

寄语：用诗文记录历史，用诗文讴歌时代。用诗文抒发情感。用诗文赞美锦绣山河。用诗文书写美好生活。

韩培文 1938 年 12 月生，山东省日照市岚山区人，中共党员，经济师。中国书画家协会会员书法家。书画艺术研究院院士、教授、副主编、名誉主编、名誉院长。2015 年，"血铸丰碑"纪念中国人民抗日战争暨世界反法西斯战争胜利 70 周年全国书画名家作品大赛中，荣获"金奖"，被授予"中国百强书画名家"荣誉称号。在中国毛泽东诗词书法作品展（纪念毛泽东《七律・长征》创作 80 周年暨红军胜利 80 周年全国书法交流展）被评为"金奖"，被授予"中国红色书法艺术家"荣誉称号。在"牢记历史・珍爱和平・振兴中华"纪念中国人民抗日战争暨世界书法反法西斯战争胜利 70 周年全国书画名家作品大展赛中荣获"金奖"，并被授予"爱国书画艺术百杰"荣誉称号。在"中华魂"纪念中国人民抗日战争胜利 70 周年全球华人书画名家作品大赛中被评为"金奖"并被授予"中华红色艺术名家"荣誉称号。在纪念抗日战争胜利 70 周年大型书画展暨第七届海峡两岸书画艺术交流展作品中被评为“金奖”并被授予“中国著名书画家”荣誉称号。在纪念世界反法西斯战争暨中国人民抗日战争胜利70周年海内外书展中被评为“金奖”及被授予“世界和平艺术家”荣誉称号。在纪念董其昌诞辰460周年首届“香光杯”全国书画展中获得书法一等奖,并授予“当代翰墨精英”荣誉称号。在纪念中国人民抗日战争胜利70周年“和平颂·中国情”全国美术书法百家邀请展中,书法荣获一等奖。在纪念中国人民抗日战争胜利70周年中国中老年书法画名家作品大展赛中被评为金奖,并特别授予“中国文化艺术传承大使”荣誉称号。在向党的95周年献礼——东方红,庆祝中国共产党成立95周年全国书法名家作品大展中荣获金奖,被授予“中国红色书法艺术名家”荣誉称号。在中国书画名家意大利米兰世博国际交流展中作品被评为金奖,拟授予“中欧文化大使”荣誉称号。翰墨书复兴,丹青绘中华。在中华人民共和国六十六华诞即将到来之际,我的书法作品荣获金奖,及授予其“中华文化复兴突出贡献奖”荣誉称号。并被评为“中国梦文化艺术创作精英”!在红色经典·纪念毛泽东诗词《沁园春·雪》发表70周年全国书法家作品大赛中荣获金奖,特授予“人民红色书法艺术家”荣誉称号。在毛泽东七律长征创作80周年“毛泽东诗词”全国书画名家作品大赛中荣获金奖,并授予“中华民族优秀文化传承者”荣誉称号。在第十届“德耀中华·最美书家中国书画名家暨中国书画名家优秀作品大型交流会”作品被评为金奖。被授予“2015德耀中华·最美书家”荣誉称号。并出辑《中国书画传承人物》(韩培文卷);《德耀中华·最美书家—2015年度十大人物》一书和《中国书画顶级人物》个人专刊书籍等。

寄语:人活着要有一种向往,一种追求,一种坚持不懈的奋斗精神,才能梦想成真,实现人生价值观。

程培言 中共党员,籍贯湖南省临湘市,出生于1942年7月,大学文化。

1959年10月参加工作,先后任民航广州管理局、民航湖北、河南省管理局参谋、秘书、科长、副处长、副经理等职,2002年7月退休。

从事机关文字工作四十多年,书写各类公文500多万字。同时,先后在《河南日报》《郑州晚报》《大河报》《中国民航报》和《河南史志》等多类报刊发表文章90多篇。1985年至1993年参加河南省地方史志编写工作,曾任《河南民航志》主笔、《河南省志·民用航空志》主编,1987年《河南民航志》的出版,成为我国第一部民用航空志。

自2004年至2016年,十二年内出书六部(其中近40万字的长篇小说一部、600幅楹联的楹联集一部、古体和现代诗词集四部,共1000多首),共计160多万字。

自2006年至2016年,参加“中华颂”、“华夏情”、“祖国好”、“东方美”等全国性诗词书画大赛多次,共获得四十多个一等奖,并被中国散文学会、北京市写作学会等单位,分别授予2009年“盛世中华·新中国六十年文化先锋人物”和2012年“盛世中华·全国时代文艺家”等荣誉称号。

寄语：心怀梦想，不断拼搏；努力学习，踏实工作；不计得失，乐于奉献。继承和发扬优秀民族文化传统，坚持公平正义，宣扬真善美，揭批假恶丑，增添正能量，为实现中国梦奋斗不息。

程连中 字云卿，号耕诗堂主。河北省晋州市西张口村人。自幼酷爱文学，更兼诗词歌赋。为了更好地稿文学创作，曾用五年的时间，背过万余字的四角辞典一部。2002年和晋州梨花诗社社长白明京等六人创办了晋南诗社。十年来创作诗赋两千余首。并多次获得特等、一、二、三等奖。并被百余部大型辞书选登了部分诗词作品。《江山飞五彩人间要好诗》论文被联合国官员和中国知名专家评审团评为一等奖。并对其诗词作品给了很高的评价：语言流畅，平仄和韵，意境悠远，具有较强的艺术感染力和哲理性，在独创性及个性风格上有很高建树。具有较强的文学价值及社会教比功能。对中国文化的发扬光大及诗词艺术的推陈出新作出了突出贡献。2014年由中家文献出版社出版大型辞书《中华颂》选为封面人物。并著有长篇小说《蟠龙山风云》一部。被很多诗友颂雅号为："无底诗窖，二脚书橱，活字典"。并在2015年春季第五届中华诗人踏春行桂林采风诗词比赛中获特等奖。2014年秋季中华诗人杭州采风诗词大赛中获金奖。2015年中华诗词名家交流中心成立，由晨崧担任理事长，拟定增补我为理事。

程大凝 笔名巅峰，1946年7月出生于山西省原平市。毕业于山西大学艺术系，中共党员。曾在原平市文化馆与忻州市群众艺术馆等单位工作，现退休于市政府办公厅，曾任办公室主任等职务。七岁入学开始背诗学字。80年代初参加市书协、省市青年书协，县、市、省、全国书展曾获奖。从2013年5月以来参加全国性的书法大赛180余次获国际金奖、特等奖、一等奖、二等奖、金奖、银奖、优秀奖共160多个。并被国际名人展交流委员会，全国名人书画艺术界联合会，中国书画名家协会，中国书法学会，中国书画研究院，中国书画艺术院，中华书法协会等五十多家书画单位聘为名誉院长、副会长、副主席、副院长、院士、常务理事等职。《人民美术》《名家风采》《中国隶书选集》《中国楷书选集》《中国行书选集》《全球书画名家典藏》《全国书画名家选集》等180余部书报刊物发表作品；有十多家书画单位出版台历、挂历、邮集。2014年2月文化部与人民日报社授予"全国100位书画家模范老师"称号，中国书法美术研究院授予"中国文化艺术名人榜著名书法家"称号；人民书画院、中华国际书画院授予"中国书画模范艺术家"称号；中国书画家职称评定委员会评为"国家一级美术师"。国庆节又赴北京参加了共圆中国梦—新中国建设功勋人物表彰大会暨国庆观礼，书法报社聘为山西忻州工作站站长。2014 年 12 月被文化部聘为名誉顾问。

程侠 山东菏泽人，1940 年 11 月出生，民革党员，副主任中医师（原四川省内江市中医医院，三甲中医院二门诊副主任，肛肠科主任）。现在是四川省中医学会会员、四川省中西医结合学会会员、四川省音乐家协会会员、内江市音乐家协会会员、内江市诗词楹联协会会员、内江市科技协会老委会会员、政协内江市委员会第一届、第二届、第三届、第四届会议委员、现为政协内江市老委员联谊会委员。曾获中国国民党革命委员会四川省委全省先进个人、中共内江市委统战系统建设四化先进个人、内江市卫生学会优秀会员等荣誉和奖励。本人被入编《中国专家大辞典》《中华名人大典》《东方之子大型专辑》等书。喜爱歌曲、诗词创作、所创作歌曲《桃水歌》《看你嫂嘢个说》《孙中山》等先后在省、市报刊发表，并在内江市文艺汇演中获创作一等、二等奖……所创作诗词，在全国大赛中多次获奖，被收入获奖集出版，有的在书、报上发表。2014 年获中国艺术金马奖（获奖杯、奖状、作品集）。2014 年获"东方美"全国诗词大赛金奖，2015 年获诗词世界杯中华诗词大赛一等奖。诗文集为《蜀鲁斋诗文集》。

程志宁 浙江省淳安县瑶山乡何家中心村寺口自然村人，出生于 1947 年（农历）11 月。初中文化。1954 年至 1960 年在本乡何家中心小学读书，1961 年在临歧中学读书。1962 年至 1968 年在家务农，1968 年 12 月应征入伍，参加中国人民解放军。1973 年 12 月加入中国共产党，为中共党员，1975 年 4 月退役回乡，同年 6 月被招聘为瑶山乡人民政府农机化管理事业干部。2002 年 5 月退休。在职期间晋升为农机化管理技术中级工程师职称。2011 年 11 月同获两次中华民间文化记忆作品金奖。2013 年被当选筑梦中国全国文艺创作年度人物。2014 年在首届"中国梦之路"全国主题征文大赛荣获一等奖。2015 年在第七届"祖国好"华语文学艺术大赛，荣获金奖。主要作品是诗文。

寄语：不计名，不为利，做到老有所学、老有所为，老有所乐，奉献夕阳红的余光，不断提炼自己的文艺作品水平、奉献社会、服务社会。

程德福 1935 年 7 月出生。安徽省黄山市人。高级教师。中共党员。中华诗洲学会会员，中华诗词文化研究所和江淮诗书画研究院的研究员。退休后，受聘黄山市老年大学连续任教诗词课13年半，荣获“全国先进老年教育工作者”荣誉称号。有600多首格律诗词和数篇诗词评析文章在报刊上发表，作品入编《中华诗词大全》《大中华千家诗》《大中华干家词》《中国国粹范例诗经》《中国国粹范例词经》《新中国诗词三百家》《中华精品诗词百佳珍藏》《当代杰出诗人经典作精编》《国学雅集》《传世孤本·百年国学浩典》《中国作家著作录典藏》《中华名诗全集》《中华诗词名篇欣赏》《千占绝唱》等400多部诗词专集。著有诗词集《徽子吟韵》《诗意杏坛》《钟情诗苑》《程德福作品集》。诗词联作品参赛，多次获大奖。业绩入《中华诗词著作家辞典》《中国当代著名诗词艺术家列传》《中华名人志》《中华名人大典》《世界名人录》《世界桂冠诗人大典》等多部大型典籍。

程建明 乳名健和，笔名程健、陈健，原名程建民。重庆市秀山县人。大专文化。教师。生于1957年12月。1990年加入中国共产党。小教高级职称。12岁时辍学，饱尝过生活的艰辛岁月。“文革”后到当地清溪小学从教。担职民办教师。一边熬更苦读求学，一边积极参加培训自考。1978年被四川教育学院录为函授生，取得本科文凭。1990年8月再次参加民转公招考，实现愿望，成为一名正规化的中师生。之后，忠诚从教，精心耕作，先后独立撰写多篇教育教学论文。《掌握现代教育技术，优化育人环境》《小语中现代诗歌审美教学的历史意义和现实意义》等在《中国基础教育研究》发表。荣获国家级大奖，并入编《中国教育教学论文集》。创作的诗词、散文、楹联文学作品散见于国家级报刊。计有400万字。联作入编《对联中国》《中华嵌名联大全》《中国冠军嵌名联大全》。入编《世界华文诗词艺术家传世宝典》《中华诗人年鉴》等典籍。诗作《穷人的今天》《擦鞋工的眼睛》参加首届“中国梦”大赛荣获金奖和一等奖。著有《我的母亲》《我的父亲》诗集。现是重庆市诗联协会会员，县诗联协会理事。县、市作协会员，县退教协秘书长。

程观有 1936年1月出生，安徽黄山市歙县人，中共党员。在县直水利、农业、农经委、政府办、监察局等单位工作近40年。喜爱书艺，平时喜欢练练写写毛笔字，为使自己的书艺能有序渐进，曾专业函学多年。1996年2月退休后，以天天临帖作为一种乐趣，同年9月间参加中国书画函授大学(北京总校)函学3年，书艺得到很大长进，1999年7月获该校大专部九六级书法专业毕业证书。多年来曾有书作参赛，被收录出版的书籍有《黄泛区书画印精萃》《建国五十周年书画集》《中国电视大赛精品集》《中国老年书画摄影艺术全集》《老骥伏枥志在奥运全国老年书画作品大典》《丝绸之路书画大展赛作品选集》《现代中国书法》《夕阳红·中国书画名作精品收藏宝典》《第二届炎黄杯全国中老年书画诗词摄影大赛精品集》《中国书画大典》《东方美全国诗联书画作品集》《中国书画大辞典》《祖国好华语文学艺术精品典藏》《中国书画名家名作收藏大典》《时代颂歌全国诗书画影精品大观》。同时还得到主办单位的多项获奖证书和收藏证书，并多次被授予书画名人荣誉称号。在2012年被列为当代中国文艺家杰出代表，入编《当代中国文艺家大辞典》。2013年入编《中国当代文化名家档案》。

程安源 "人生风景，柳暗花明。"从走过来的人生历程得到反思。已经失去的再无法得到，不能沉浸在往事的回忆中，只想在晚年有限的生命中驾驭时机，创造和实现自己的人生价值。人只要能够并且愿意从头开始，任何时候都不晚。在有限之年努力为社会，为家庭多做一些力所能及的工作。学习书法、绘画、从写日记走上出书的文学之路。《受斧砍的枫树毅犹存》在2013年《东方美全国诗联书画作品》上发表。《故乡》在《时代颂歌全国诗文书画精品大观》上发表。《在夕阳的路上》发表在《伟人颂中国梦全国诗文书画摄影大典》上，还得到获奖证书。童年时期走进私塾，受启蒙教育，解放后从故乡辗转到外地求学，从离开工作回家务农，从"志于学到从心所欲，不逾矩"，曲曲折折、坎坎坷坷、既经过山重水复疑无路，又看到"柳暗花明又一村"喜悦与忧伤并架，失望与希望齐飞。晚年的向往和追求，仍然一丝不苟，毅然春风一度，只要拥有一个真挚善良的心，即使处在最困厄的环境中，也能看到生命的绿洲。

寄语：掌握自己的内心和动向，坦率直言的跟读者见面。

程义田 1932年11月生。山东省惠民县人，大专文化，中共党员。华夏博学国际文化交流中心会员，注册会计师。1951年后，向地方报刊及新闻单位投稿，多次发表过短小文章。1979年底调惠民县教育局任会计，1984年调县教研室。退休后，在县会计师事务所任注册会计师。2001年退为非执业会员。工作期间多次受县委县府及地区表彰。发表过财务管理的文章，写过会计师事务所的史料，2010年被《半月谈》杂志社评为优秀评刊员。多次被《时事资料手册》和《品读》评为优秀评刊员。第九届"中华颂"全国文学艺术大赛短诗获奖。2011年"华夏情"全国诗文书画大赛，第十届"中华颂"全国文学艺术大赛，第四届"祖国好"华语文学赛书法均获一等奖。诗《故乡行》在2012年"时代颂歌"全国诗歌散文大赛中获一等奖。2014年被中国当代作家书画家大辞典编委会和华夏博学国际文化交流中心授予"中国当代作家书画家精英"荣誉称号。

程明坤 安徽省岳西县人。自幼酷爱诗词歌赋，尤其独钟于楹联，每遇好联，必珍藏之，加以研究。2014年末，安徽电视台征联，应征联作一举夺魁，荣获安徽省十佳作者荣誉称号。2015年9月，参加第七届“祖国好”华语文学艺术大赛，应征对联获金奖，并参加了在北京京西宾馆举行的颁奖盛典。同年11月，对联作品荣获第四届“时代颂歌”全国诗书画影大赛一等奖。现任世纪百家国际文化发展中心理事。

人生价值观：吾本山野一玩猴，平生酷爱信天游；妙语连珠扬国粹，放马牧羊竞风流！

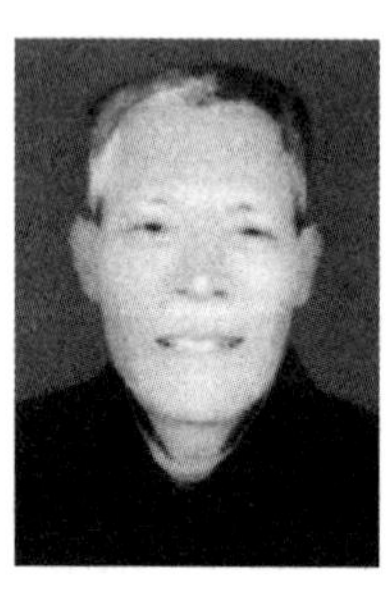

程书运 现年60岁，中共党员，大专文化，曾任基层党支书记（现享受国家终身经济补贴）先到邮政工作（全民工），后到食品系统工作，曾任该城市新桥镇食品经营处副主任，三店镇邮政所主任等。现已经退休。1959年至1962年，正适国家三年困难时期，小学、中学、高中教育称之老三届。1962年高中毕业后回乡务农，担任大队党支部书记16年（现享受国家终身经济补贴），在家庭经济困难时，工作画、国画、山水画、花鸟、中堂天爷、钟馗，现场手持画板作七彩水画字等挣钱。国家形势好了，我到邮政部门工作，后从食品公司退休。经过考级，持有文化部颁发“中国花鸟画师”证书。2015年中国人民抗日战争胜利70周年，为了深刻缅怀抗日革命先烈和给人民献礼，首次用6尺正面宣纸8幅，“中国人民抗日战争胜利万岁！”（荣获金奖）。在祖国突飞猛进的新形势下，祖国繁荣昌盛，国强民富的激励下，我将大胆夕阳之年，2015年一气绘画26幅（6尺室面正面）绘画作品，参与到2015年胜利大庆画坛活动中，已入围8枚金奖，二枚二等奖、作品均入编12部典藏书中。有的作品正在评审中，这就是绘画艺术历史。在生活实践中，在千变万化的大自然规律中，总结了经验，实践了理论。在实践与理论的结合中，在古今中外文化传承的基础上，大胆创新，充分发挥自己的灵感与智慧，创新离不开实践与理论的结合，在构化的基础上进行创新，就能在头脑中产生数个题材。

人生价值观：人生古石一盘磨，推动不推停。人生不息财富不止。只有为社会多出一分力，为国为民做牛马，才是忙忙碌碌有作为。

鲁邦林 1956年11月生，安徽省灵璧县人。现任四川美术学院美术教育系主任、教授，重庆美术家协会副秘书长，中国美术家协会会员，中国油画学会会员。1984年毕业于四川美术学院美术教育系油画专业，留校。1996年结业于中央美术学院油画研修班。

油画作品《山坳里的钟声》1985年入选“前进中的中国青年——全国青年美展”获鼓励奖;《怒放》1996年入选“首届中国油画学会展”;《秋意之四》1997年入选“走向新世纪——中国青年油画展”获“中国青年油画展奖”;《城》1998年入选“98中国国际美术年——当代中国山水画油画风景展”等;作品发表于《美术》、《中国油画》、《美术研究》、《画廊》等专业杂志。

鲁冰 山东省临沂市郯城县人,七十年代出生,中国当代童话作家。2000年开始童话创作,曾在《中国儿童报》、《少年日报》、《童话世界》、《童话王国》、《中外童话故事》、《世界儿童》、《大灰狼画报》、《幼儿故事大王》、《好儿童画报》、《东方娃娃》、《小学生故事》、《小葵花》、《红蕾》、《快乐童话故事》等刊物上发表童话近百篇。

2005年11月,短篇小说《小鸟快飞》荣获第十六届冰心儿童文学奖(评委会主席:雷洁琼);2006年5月,童话集《月亮生病了》入选中宣部、国家新闻出版总署向全国青少年推荐的百种优秀图书;2007年1月,童话集《最亮的眼睛》获临沂市第六届精神文明建设“精品工程”奖;2008年1月,童话集《最亮的眼睛》获山东省第八届精神文明建设“精品工程”奖;2008年12月,童话集《最亮的眼睛》荣获山东省委、省政府颁发的“泰山文艺奖”(文学创作奖);2009年12月,长篇小说《小鸟快飞》获山东省第九届精神文明建设“文艺精品工程”奖;此外,鲁冰还荣获第六届“郯城十大杰出青年”、郯城县第九批专业技术拔尖人才、郯城县优秀政协委员、2008年度“临沂市十大新闻人物”、临沂市关心下一代先进工作者、临沂市宣传文化系统“四个一批”人才、山东省“百佳书香人家”等荣誉称号;2009年6月,鲁冰入选山东省委组织部“山东省高层次人才库”。

鲁林 曾用名鲁照林,号中原游子,1951年出生于河南新乡,现为中国美术家协会会员,中国书法家协会会员,中国书画家协会理事,国家一级美术师,世界华人实力书画家协会理事,《世界文坛》编委,中国书画艺术委员会艺术委员,中国文化艺术发展促进会艺术委员,国际美术家联合会会员,书圣吴道子艺术馆名誉副馆长,南京长江书画院常务理事,南京文化艺术中心艺术导师,广东剑光书画院高级院士,中国书画艺术家创作中心顾问,东方书画研究会副主席,中国书法艺术研究院教授。鲁林自幼学习书画,青年考入无锡书画艺专就读,在校期间,师从中国著名书画家、书画大师刘海粟,深得刘先生的厚爱。他在书法艺术创作中得到了博士生导师欧阳中石先生和郑鸿恩先生的精心指导,并得到二位导师在书法技艺上的扶腕传授。

鲁天庆 字八德，笔名颖辉，1940年3月6日生，甘肃省临泽县人。毕业于河北当代文学专修函授学院，大学学历。1955年4月参加工作，1962年11月加入中国共产党。先后任甘肃省阿克塞哈萨克族自治县委秘书室、团县委、县委档案馆、县革委办公室、县委办公室、多坝沟林场、阿克塞县驻敦煌办事处和临泽县机关党委、粮食局干事、政工、秘书、书记、主任。1994年任张掖地区方志办公室编辑。2000年4月供职于甘肃省张掖市档案局。现任世界华人文化名人协会聘任常务副会长，世界华人文化研究中心聘任首席专家和高级研究员，北京国艺粹宝书画院终身名誉院长。中国北京大方文艺社聘为金牌签约作家。2008年2月18日受邀作为特邀嘉宾出席全国劳动英模五一座谈会；参加北京奥运会开幕式。《给北京奥运会的献辞》荣获一等奖；在《焦点中国》杂志增刊人物版登载为2008年度中国最具影响力的焦点人物。2009年10月应邀出席"盛世中华普天同庆——庆祝共和国六十华诞大型主题活动"，授予"共和国六十年建设突出贡献人物"荣誉称号。2011年7月参加北京庆祝中国共产党成立九十周年盛典。诗歌《伟大光荣正确的中国共产党》荣膺金奖。2011年中华两岸三地全球华人共同纪念辛亥革命100周年大型文化献礼工程"百年辛亥，振兴中华"作品征集活动中，诗歌《伟大的革命先行者孙中山先生》被评为优秀作品。事迹刊载于《中华百家姓氏流芳谱》中，并邀为荣誉编委。被评为"百杰国学特别贡献奖"，授予"中国国学专家"荣誉称号。2012年12月，纪念毛泽东《在延安文艺座谈会上的讲话》发表70周年文艺作品征集活动中，诗歌被评为金奖；同时授予"当代文艺先锋"荣誉称号；作品入编《"永恒的光芒"全球优秀华人诗歌颂典》一书。2013年4月诗歌《平民的英明领袖习近平》，在"东方美"全国诗联书画大赛荣获金奖。2014年3月，在全国"东方红"优秀作品大赛评选中，获金奖。9月在"艺术人生·华人艺术名家名录"征文大赛中，荣获"国家艺术最高贡献奖"，授予"锦绣文人"荣誉称号。10月1日，参加盛世中华·共和国建设功勋人物国庆座谈会暨国庆庆典，被授予"共和国建设功勋人物"荣誉称号。诗歌《祖国万岁》获特等奖。著有《中华人民共和国建立后张掖地区历次重大政治运动纪实》《红军西路军风尘记》《鲁天庆文集》等。

鲁家林 1933年5月出生，四川省成都市青白江区清泉镇花园村，中共党员。初中文化，曾任合兴乡副乡长、太平场镇党组书记。20世纪80年代初开始新闻、诗歌写作，先后被中央人民广播电台、《工人日报》《农民日报》《中国林业报》《中国妇女报》《中国人口报》《中国儿童报》《中国民兵》，以及省、市报刊、电台采用1000余篇；1993年退休后被花园村两委聘用分管老协、宣传工作。先后创作诗歌《清泉镇学习贯彻中共十七届六中全会决定》《掀起发展繁荣文化新高潮》《清泉镇学习贯彻中共十八大精神》《落实三中全会决定》《早日实现中国梦》《缅怀伟人邓小平、改革开放永不停》《党啊，花园人民感谢您！》《中国梦之路》等60余篇，诗词文章，被"中华颂"、"祖国好"、"盛世中华"、"华夏情"、"东方美"、"中国梦之路"等文艺大赛评为一、二等奖和金奖，60余篇诗词刊于《当代写作》《百家》《华夏文学艺术大赛》《中国时代文艺家年选》《中国梦之路》等全国精品集。系中国散文学会创作员，世纪百家国际文化发展中心研究员，中华文化网创作员等。

寄语：退休后圆我创作写诗梦，歌颂中国特色社会主义；立志活到老、学到老、写到老、永不老。发挥余热多出精品，为实现中华民族复兴梦，多做贡献！

彭伯田 笔名彦彬，山东省广饶县人。15岁时由劳动局安置参加工作，17岁在职考入省立工读师范，19岁到柳家小学任教。1962年组织安排支援农业，积极参加。在生产中，利用业余时间为电台、报刊等写稿。创作的《东张屯的革命精神和工作》，在山东人民广播电台播出，反响很大。1980年在《广饶文艺》发表了《夜校的灯光》，受到好评及表彰。1985年考进电台为记者，在县委受到省领导的专职培训，挖掘出广饶特产"肴驴肉"在省报发表。参加人民文学创作学习并圆满结业。1986年在经济效益报发表《鲁北旱稻将飘香》。1988年市表彰会受到省领导颁奖。1999年在省联合日报文史版发表《广饶坛口》。退休至今，仍笔耕不辍。

寄语：虚心学科学，树立新风尚，永远跟着党，宣扬、发挥正能量，把毕生精力贡献给人民，贡献给党。

彭寿连 1944年11月生，大专文化，中共党员。职称：助理馆员，籍贯江苏省滨海县。1964年9月参加工作，2005年退休，在职期间一直从事基层群文工作，退休前任江苏省滨海县东坎镇文化站站长，并任滨海县书法协会会员、常州市书法家协会会员、常州市文博协会会员、常州市书画艺术促进会会员等。

获"奥运有我"全国书画大赛银奖，作品入编；获"纪念毛泽东沁园春·雪"发表60周年全国书画大赛精英奖，作品入编；获"纪念毛泽东在井冈山建立红色革命根据地80周年"全国书画大赛金奖，作品入编；获"浩气中华·纪念彭德怀诞辰110周年"全国书画大赛金奖，作品入编；获"向党的九十五周年献礼"全国书画大赛金奖，作品入编；获"同唱东方红·颂歌声声献给毛主席"全国书画大赛金奖，作品入编；获第三届"相约北京"全国书画大赛二等奖，作品入编；获"第四届畅想中国梦·墨缘宝杯"全国书画大赛铜奖，作品入编；获"爱在夕阳·全国中老年书画大赛"金奖，作品入编；获"纪念红军长征胜利80周年"全国书画大赛金奖，作品入编；获“纪念毛泽东逝世40周年”全国书画大赛金奖，作品入编；获“纪念毛泽东、周恩来、朱德逝世40周年”全国书画大赛金奖，作品入编；获“纪念开国总理周恩来”全国书画大赛金奖，作品入编；获“盛世中华·我的中国梦”全国书画大赛金奖，作品入编；获“第五届炎黄杯”国际诗书画印艺术大赛金奖，作品入编；获“伟人颂·中国梦”全国书画大赛金奖，作品入编；获“中韩建交24周年”国际书画大赛金奖，作品入编；获“纪念孙中山革命先行者”全国书画大赛金奖，作品入编；获“第十六届庐山杯”全国书画大赛银奖，作品入编；1999年被江苏省政府表彰为江苏省群众文化先进工作者；2016年6月被中国诗书画家网聘为中国诗书画家网艺术家委员会副会长。

彭镇划 大专，中共党员，1948年出生，广东揭西县五云镇人。1967年毕业于广东金山高级中学，1968年10月回乡后当大队干部、民办教师，转干后曾任小学校长、中学党支部书记、教育科政工员。1989年调珠海市三灶区文教卫办公室任副主任、主任科员。现在是珠海市金湾区退休干部、金湾区关工委办公室副主任、中华诗词学会会员、中华诗词名家交流中心理事会理事、珠海市诗词楹联学会会员。

业余爱好打乒乓球、拉二胡、吹笛子、写诗歌。曾参加中华诗词研修班第九期、第十期的学习获结业证书，第十期被评为优秀学员。2014年曾参加第四届中华诗人踏春行和首届中华诗人国庆之旅活动，获得一等奖和金奖。2015年4月参加“第五届中华诗人踏春行·广西桂林采风活动”获一等奖。所作诗词曾在全国各地诗刊发表，有作品被辑《2013南方文鉴》、《2014中华诗词优秀作品选·抒写仙境烟台》、《首届中华诗人国庆之旅作品选》、《2015中华诗词优秀作品选·抒写广西桂林》，已出版诗集《金海涛声》。

彭传策 笔名启彦，昵称竹叶青。1949年出生于湖南省耒阳，初中毕业。爱好文学创作，曾系《耒阳报》业余骨干通讯员、《湖南科技报》、《文萃报》特约评报员、中国延安文艺学会会员。现系耒阳市诗词楹联学会理事、民间文艺家协会理事、市作家协会会员。曾获市“和谐花苑杯”优秀奖、“首届读书征文”二等奖，“耒阳市国家安全知识竞赛”一等奖，获“中华老人诗文书画大赛”三等奖、第二届“时代颂歌”新诗一等奖、第二届“中国文化和平奖”金奖。近期除在《诗词》报、《时代邮刊》、《快乐老人报》、《对联·民间对联故事》、《衡阳楹联》、《杜陵诗联》等报刊发表作品外，另在全国性学术团体被选编入《中华老人诗文书画作品集（2004年诗文卷）》、《中华爱国人士名言录》、《人民的胜利、正义的胜利——纪念中国人民抗日战争暨世界人民反法西斯战争胜利60周年诗集》、《永葆共产党人先进本色(名言集)、(诗词集)》、《中华名人格言(四)》、《时代的强音、为中国加油、奥运寄语》、《永恒的光芒,纪念毛泽东(在延安文艺座谈会上的讲话)发表65周年,全国优秀格言集,全国优秀诗词集》。《彭氏四修族谱》和《诗礼润记》为纂修。还在《新中国六十华诞颂》、《神农茶都全球楹联大赛获奖作品集》、《衡阳市首届廉政全国诗词楹联作品集》、《心和四时春·于在任一百三十岁诞辰纪念诗集》、《中国梦之歌·全国诗词创作获奖作品集》、《中华名人辞典》、《新时期中国共产党人·优秀格言选集》、《和平颂·中国文化和平奖诗书画集(诗文卷)》等书中有诗、文、联入编。

寄语:鸟过留声,人过留名,立功、立德、立言应是人类的奋斗目标。物质财富是人类的生存基础,唯有精神力量才是人们永不坍塌的支柱!

——启彦微语

彭中宝 1974年出生,河南罗山县人,大学专科学历。曾任华夏博学国际文化交流中心副理事长、世纪百家国际文化发展中心理事、中国散文学会写作中心创作员。少年时开始诗歌写作。获得过"优秀士兵"、"优秀共青团员"等荣誉称号。筑梦中国·2013全国文艺创作年度人物。

寄语:信仰科学、共产主义,信仰我们的文艺审美价值在于为人民服务。

彭振东 1964年10月出生,江西省寻乌县人,中专学历,中共党员。从事乡村医生工作,在坚守本职岗位,做好本职工作之余,学习诗词创作。把身边发生的好事、要事给予宣传,为社会和谐添砖加瓦,为乡土文化更加繁荣尽微薄之力。作品《抗战》在第七届"祖国好"华语文学艺术大赛中荣获金奖。

寄语:学海无涯,学无止境。以"诚交天下友、海纳百家言"为旨,充实自己、提高自己。

彭毓芬 江苏无锡人,大学毕业,中共党员。曾在广州华南农学院、江苏省税务学校工作。原任江苏省税务学校副校长,党委委员,高级讲师。现任世界易经大会常务主席团副主席,无锡市周易数术学会中共党支部书记、监事会主任;中国国际书画艺术家协会理事,中国中外名人文化研究会文化艺术委员会研究员、"特级书画师"。曾荣获过"无锡市优秀共产党员"、"无锡市巾帼英豪",还曾在单位荣获"优秀共青团员"、"优秀共产党员"、"先进工作者"、"五好工作队员"、"学习毛主席著作积极分子"等多项荣誉称号。曾编写《统计学原理与农业统计》教材,所撰写论文荣获"中国统计教育学会"论文评比三等奖,无锡市税务系统优秀论文奖、无锡市退休教师协会演讲稿评比一等、二等奖。退休后，到无锡市老年大学学习书法。先后多次荣获无锡市老年大学书画展金奖、银奖、“晴晖杯”二等奖。参加“羲之杯”、“中国梦”和“全国离退休干部喜迎党的十八大”等多项全国性书法比赛，共荣获1个特等奖、3个金奖、13个一等奖、1个二等奖。有作品在中央电视台书画频道播出。在《羲之书画报》出过专辑。作品入编《精英集粹颂中华》《全国杰出功勋人物、知名书画艺术家共庆祖国65华诞》等20多本书中。还被编入《当代中国文艺家大辞典》《中国诗文书画家人物大典》《向共和国65华诞献礼，社会改革发展杰出贡献人物大典》等，被评为“繁荣社会主义文化艺术领军人物”、“社会改革发展杰出贡献人物”、“中外名人艺术全国杰出功勋人物”等。

寄语：克己守礼，诚恳待人。取人之长，补己之短。要求别人做到，自己首先做好。人生如人走在路上，不断追赶走在你前面的人，生命才有活力。学习书法，乐在其中。勤练书法，修身养性。是金子总能发光。

彭益和 笔名乃益、路剑，1931年11月生，湖南长沙人，初中文化，中共党员。1949年解放参加革命，先后在乡、区、县机关供职，1953年调入公安部门，1956年进湖南省公安干部学校学习，结业后一直担任公安业务与政治工作，1991年授予一级警督警衔。业余爱好新闻写作，曾为省市多家报刊通讯员、特约通讯员及特约记者，发表文章千余篇。并两度主编地方公安志，与人合作编写电视连续剧《复仇队》。晚年加入湖南省诗词协会，作品散见全国30多种诗书，部分作品获得一等奖、特等奖及金奖，被授予“当代优秀山水诗人”“中华百杰诗人”“当代诗坛先锋人物”等多个称号。出版了《心花烂漫》诗集及诗文选《汉山心雨》，近期内将付印回忆录《履痕》。2015年8月获北京弘文图书编著中心《中华旅游诗词联精品集》金奖。《白头携手麓山游 青春再现婚纱照》一文；2015年8月获北京夕阳红文化发展中心“岁月带不走的记忆”全国诗文大赛一等奖；2015年8月获北京四海华艺文学艺术院“当代山水田园诗词选”金奖；2015年11月获北京四海华艺文学艺术院“当代诗坛名家精品集（第四卷）”特优奖；《一生坚守的誓言》一文：获北京世纪百家国际文化发展中心《中国当代文学艺术精品大系》特等奖；《初见毛主席像的时候》一文：2016年5月获“东方美”全国诗联书画大赛金奖。同年10月获北京世纪百家国际文化发展中心《中国文艺名家传世作品集》金奖；2016年7月获北京四海华艺文学艺术院《锦绣中华》诗词联精选集特等奖；2016年9月获北京四海华艺文学艺术院《中华诗词艺术家传世宝典》金奖。

童太荣 1940年2月生，家庭贫农，出身学生，大专文化，出生于江西省余干县洪家嘴乡上童村，现住鄱阳县城东，退休在家养老。1958年2月，在江西国营饶丰农场工作七队做农工。1958

年冬季入伍，在空军雷达兵服役，1961 年 11 月加入中国共产党，1964 年 8 月被国防部任命为空军少尉军官、司令部保密员、政治处组织干事、雷达连政治指导员、党支部书记。1973 年冬季干部复员至江西省鄱阳县公安局工作。1983 年被公安部授予一级警督，同年被江西省评为优秀民警。2000 年退休。参加县老年大学学习。书法作品在 2006 年参加全县老干部书法赛，书法作品《长征》被评为优秀奖。2011 年 3 月在中华颂大赛中，书法作品被评为二等奖；同年 4 月，在东方美大赛书法作品被评为二等奖；同年 5 月，在羲之杯大赛中，书法作品被评为三等奖；在建党 90 周年，硬笔书法作品入《党旗飘飘》丛书中。在“中华兰亭杯”第二届全国老年（大学）书法、摄影、诗文大赛中书法作品被评为银奖，同时被授予“中华老兰亭文艺家”称号。2012 年 3 月在第十届中华全国文学艺术大赛、第一届“中华全国文学艺术大赛”书法作品被评为一等奖。2014 年 3 月入选《中国当代作家、画家大辞典》被授予“中国当代作家、书法家精英”称号，同年 4 月第五届“羲之杯”全国诗书画家书法作品荣获三等奖。同年 7 月荣获第六届“祖国好”华语文学大赛书法作品获金奖。并被授予“华语艺术百杰”称号。2015 年 2 月入选《中国当代文学艺术家大辞典》，被授予“中外当代文艺先进工作者”称号。同年 4 月在第六届“羲之杯”全国诗书画家邀请赛中书法作品获二等奖。同年 8 月在纪念中国人民抗日战“和平颂 · 中国情 · 全国美术书法百家邀请展”中书法作品已成功入展，并荣获“和平颂”二等奖；在第五届“炎黄杯”国际诗书画艺术大赛中，书法作品获银奖。同年 9 月，在中国国际报告文学研究会，中国书画名人研究会、中华诗词家协会举办的大赛中，书法作品被评为金奖，并已入编，特被授予“砥柱中流共和国建设先进人物”称号。在第六届“羲之杯”全国诗书画家邀请赛中，书法作品被评为二等奖。2015 年中国书画 500 强大赛评选大赛入选。

十三画

虞瑞发 字红南，1931年生，浙江义乌人，1949年5月义乌解放，9月后，共产党领导组织义乌中学师生下乡宣传活动中于12月参加新民主主义青年团（共青团前身）。1950年1月义中毕业。2月考入华东军政大学（南京、校长陈毅）参军，学习学校史（革命史）和社会发展史等，1950年底分配在华东兼上海防空司令部空军指挥室工作，在空军多次击落来犯上海的敌机中，有三次参加值班，树立革命荣誉感，1953年1月到长江口近公海边佘山岛空军前进指挥所，任共青团小组长，工作中在雷达站配合下，又助战机击落二架敌机，触景生情，产生写诗词兴趣，写出“峥嵘岁月佘山岛”诗词。1954年秋，为解放浙江沿海仍被蒋军占领所有岛屿，到松门岛空军前指（代号）工作任团小组长参加解放——江山岛等战役。1955年2月，浙江沿海岛屿全解放后，松门岛空军前指撤销，恰逢部队大精简，独子参军，复员转业回义乌。在县民政科和金华专署民政局介绍下，考入金华卫生学校学医。1958年10月金卫毕业，分配在国营地方金华建筑公司工作，1962年5月响应党的号召，支农回义乌，参加义东区吸血虫防治工作，1967年5月到义乌县二轻局工人医疗新站工作，1971年落实在县猪粽厂即后改义乌市冷冻机厂。1984年于冷冻机厂退休在家。参加义乌市老年大学学习，写“峥嵘岁月佘山岛”、“解放——江山岛战役”、“北朝鲜中央银行卷意义”、“庆祝国庆63周年”、“庆祝建国65周年”、“纪念建党九十周年·怀念毛主席”、“庆祝共产党95华诞”、“纪念建军85周年”、“中国梦”等诗词与散文获“东方美”、“中华颂”、“炎黄杯”、“热血军魂”、“江山颂”、“回眸军旅”、“军旅英雄志”、“祖国好”等北京各单位评为金奖、一等奖。2013年参加北京夕阳红文化发展中心组织的颁奖大会，2016年元旦参加北京了毛泽东思想研究会组织在人民大会堂纪念毛泽东同志诞辰122周年新春座谈会。

寄语：人活在世，应在国家机器中，起个螺丝钉作用，对国家人民作出点贡献作用，当告别社会时，能自慰无愧地安息。把防空司令部空军指挥首长赠言："无名英雄是指挥人员学习的榜样"名言作座右铭，指导自己一生。

蓝民洋 原名李松方，1942年出生，青岛市人，大专学历，工程师。原青岛海洋化工厂设备员。1968—1980年为国家重军项目创造性的做出了十余项技术革新，都用于项目中，主要以下几项：1. 用"一句话"的技改方案救活了该项目，使停了3~4年的国家重军项目重新复活，走上了健康发展。2. 设计了质量控制仪和有关质量的全套设备工艺，彻底的解决了主要质量指标，从此生产出了合格的产品。3. 设计了自动控制仪器及装置，彻底解决了化工危险强腐蚀原料的准确计量和长年事故不断的问题，解决了多个关键问题，使项目复活并走上了长期稳定、安全、文明生产时期，再没有发生任何伤亡安全事故，在全国同行几十家建厂企业中得到了全面的推广和应用，得到了中科院院士张颜霞同志和当时领导肯定，称赞和表扬，为国家备战备慌时期重军项目的成功做出了贡献。在取得显著的政治军事和经济社会效益中洒上了一份心血和汗水，曾被评为先进工作者。2000年设计了一项车辆道路安全项目，荣获了中华和世界两个专利博览会的两项金奖。2014—2016年参加了全国文艺征文大赛，如："中国梦之路""东方美""祖国好""江山颂""时代颂歌"等十余次，均荣获金奖、一等奖、特等奖，作品分别载入当时大赛的精品集之中及选入《中国当代文学艺术大系》及《中国文艺名家传世作品集》之中，分别授予"全国诗书画影时代百杰"、"中国华语文学艺术百杰"、"中国文艺创作先锋人物"等荣誉称号，被列为中国文化传承功勋人物杰出代表编入《中国文化传承人物志》之中，颁发"中国当代文化名家"荣誉证书，传略编入《中国新时期文艺人才库》。

寄语：实现中华之伟大复兴，实现世界全面文明。

裔敬生 1936年2月生于江苏昆山，1961年毕业于上海师范大学，中共党员，中学高级教师。自幼喜爱书法，在上海市东昌中学任教时，课余带过书法小组；在上海市东辉职校(国家级示范学校)担任首任书法教师，教两个班，课余带领指导书法小组，1991年从中挑选六人参加上海市三校生"未来建设者"技术技能大赛，二人获一等奖(秦雯楷书，周予玮行书)，一人获二等奖，二人获三等奖。从1979年起每次都参加浦东工人文化宫举办的书展参加浦东新区社发局退管会组织的书展，作品被上海市退管会选中参加上海退休职工首届艺术作品展，2002 年 10 月 2 日起在上海美术馆展出。上海市侨友等组织的海内外书画大赛，获硬笔书法银奖，2014 年起北京“东方美”“祖国好”等大赛，四次获得硬笔书法金奖，一次获毛笔书法银奖。简历被《中国文化传承人物志》收编，作品被《中国文学艺术精品大系》及《中国文艺名家传世作品集》收编。

出身工人家庭，小时候父亲要我临帖，有了兴趣后，走到哪里见好字就学，1991 年用在《上海教育》(中学版)发表论文的全部稿费买一本《中国书法大字典》，一下子找到了那么多名师，真是欣喜若狂，爱不释手。退休以后，尤其老伴仙逝后，极度悲痛，是学习书法帮我逐渐淡化了孤寂与悲痛，它成了我的良师益友！

寄语：几十年学书过程中，深切体会到学习书法就是在追求书法艺术之美，在享受养性怡情之熏陶，还收到强身健体之效。学书过程中不但心静无杂念，还常常处在美滋滋的愉悦之中……

褚嘉民 字月生，号常青，浙江杭州人，1932 年 9 月出生，先后担任过工人、教师、话剧队长、艺术团副团长，科学金切协会理事兼秘书长，监狱管教干部和企业总经理等职。现为中国书画家协会会员一级书法师二级画师，中国书法美术研究院一级书法师，中国国画院一级美术师，国际书画名家交流委员会理事，台湾海峡两岸交流协会理事，华夏夕阳红书画艺术研究院理事，高级书画师，中国书画市场研究中心一级书画师，长江书画研究院会员，中国文人美术家协会会员。2013—2014 年本人共创作诗、词共 52 首，国画 8 幅。2013 年获金奖 6 个，一等奖 1 个和二等奖 2 个。2014 年获金奖 12 个，一等奖 7 个，二等奖 2 个，银奖 1 个，铜奖 2 个。入编书籍 30 余部。

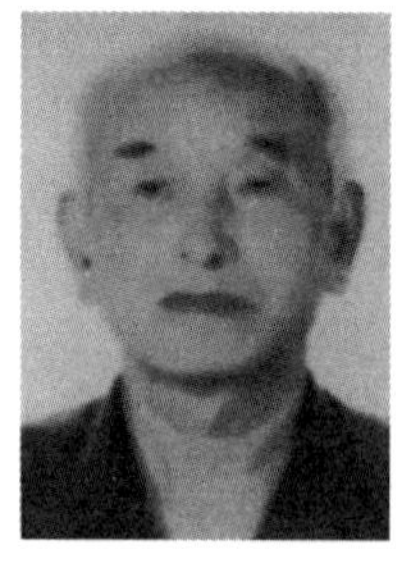

褚先贵 安徽省六安人，1935 年出生，1960 年毕业于六安师专。长期任教于六安张店中学，多年兼地区师训部中函授。所教初中升学率曾创 70%，本班达 90%，改教高中二十多年来创几度辉煌。1986 年获县优秀教师称号，并评为优秀党员。首批评为中学高级教师，小作入编《安徽高级专家人名辞典》《中国教育专家与教育人才》等。1997 年 2 月退休。

退休前，著《普通话正音概要》《高中语文能力训练系列问题详解》。报高职时，总结的三项基本经验均受到高度赞评：①教改经验《在育人主阵地中坚持改革，努力探索》被《中国教育发展报告》收入，并被报联合国教科文组织。②自修经验《立法铸根本，三爱写春秋》被中共中央党校编的《落实“三个代表”重要思想人物事迹卷》收入。③教研组工作经验

《抓住教研组建设的几个基本点》发表于教育部委托东北师大主办的《中小学教师培训》。

退休后，著《当代声韵浅说》《对联学概论》《诗词联曲艺趣鉴赏》《中华诗词欣赏》《元曲鉴赏》《孔子人生方略丛谈》《五体探微》《自传——一颗永不生锈的螺丝钉》《褚先贵诗辞手书〈篆书〉》。诗词联、书法均获东方美全国大赛一等奖。

杜撰格言、醒言入编《中外名家格言》《中华盛世醒言》。所撰诗词《北海观日出》等收入《中国文艺名家传世作品集》，并被评为特等奖。入编《中国新时期文艺人才库》。

雷峥嵘 1944年生于湖南邵阳市。1964年在省重点邵阳市二中高中毕业，因肝大未通过高考体检，被安排到邵阳师范一年制中师班学习。1965年8月在邵阳市六岭小学参加工作，任学区团支书。1966年3月被抽调到市委搞中心工作，同年9月调市三中，1967年3月回原校参加文化大革命。1968年被调任市房产公司子弟中学领导小组副组长兼沙井头小学革委会主任。1971年3月调市十三中，同年10月因发表过长诗《敬祝毛主席万寿无疆》等，被省委调往省电影制片厂任编剧。不久调省图书馆办公室任秘书。1973年4月因家属农转非未能解决返邵，在省新华印刷二厂子弟学校任教学管理负责人和高中语文教师，1986年入党，同时经五年边教边深造，获得湖南教育学院中文专科文凭。1988年被评为中学一级。1998年因该校中学部撤销内退，2004年退休。除专业担任电影《铁臂引出阴河水》的文字执笔外，长期坚持业余创作，在省级报刊上发表散文《父亲》、诗《雪梅》等众多作品，1995年3月15日接到过“中国作家协会全国文学新人作品研讨会”的邀请函。2013－2014年，有诗《登八达岭长城》《孩子别哭》在“祖国好”大赛中连续获金奖，入编《中国当代文化名家档案》一书，又获“当代华语文学艺术百杰”奖章。2015－2016年，诗《和平大钟之声》《春思》《他是不落的太阳》先后在“东方美”、“祖国好”、“江山颂”大赛上再获金奖，后者还获《中国文艺名家传世作品集》特等奖。

寄语：本人一直紧跟时代主旋律进行创作。认为只有为社会提供正能量的作品，才有生命力。

雷九畴 晚年自号老小叟翁。1937年10月生于上海，祖籍江西丰城，幼年在福州和南昌度过，少年时解放一直留居上海。是一名无党派，无宗教信仰的爱国公民。大学中文系毕业后，历任班主任和语文教学。也曾被学校推荐参与评比。自1997年10月退休后，即被友人推荐到当时上海新闻出版局属下的“读者导报”社(学生版)担任编校一职。后又参加了当年上海“小主人”报社的编

辑和发行工作。报社整编后,到“上海市少儿图书馆”编外的业余文化艺术学校出任校长,经市教育岗位培训和访问学习,获上岗证书。2009年再次“退休”后,因对唐诗、宋词的喜好,参加了诗词社的活动,几年来先后加入了多个诗词学会,有北京的、上海的,现在已是中华诗词学会和上海诗词学会的会员。也被诸多的诗词协会邀请,现为“华夏夕阳红书画艺术院”的理事、“中国当代艺术协会”的终身名誉主席、“华夏文艺出版社”的终身名誉社长及“中国国学协会”的终身名誉主席和“中国国家诗书画院”的高级研究员及“中国作家创作协会”中国一级作家。历年来,受邀参与了各类诗书大赛,均收获大奖。有的诗词被“聚焦世博全国艺术名家题贺活动”、“纪念中国共产党建党90周年中国诗书画名家邀请赛活动”收藏(有收藏证书)。也有诗词被“聚集十八大题贺活动”组委会,授予“中共十八大题贺艺术名家”荣誉称号,并获特约证书。

寄语:生命是短暂的,但为人民服务是永恒的。从这个意义上讲,为人民服务就是将自己的一切奉献给人类的进步事业。如江河流水,涓涓不息。

雷达光 1937年3月生,广西蒙山人,小学高级教师。现为中国楹联学会对联文化研究院研究员,中国原创文学著作家协会会员,《永恒的光芒·全球优秀华人诗歌颂典》特邀编委。楹联作品入编多年《中国楹联作品集》《中国古今楹联选集》。诗词曾入选《颂歌献给党》《大中华千家诗》《奥运之歌》《亚运颂典》《感恩诗词》《中国梦之歌》《中国荷花诗书画大全》等多部辞书。个人业绩被载入《世界名人录》《世界优秀专家人才名典》等巨著。

多年来,在工作和实践中具备了一定的写作经验和理论功底,结合实际精心总结和创作许多具有启示性和教化功能的诗词联作品和格言警句。这些作品富含哲理。风格迥异,闪烁出深入浅出的思想光辉。由《中外格言大典》《中华名言词典》《中华名人格言》《百年中华优秀获奖作品集》《中华诗词传世精品典藏》等广为传播,留下了珍贵的精神财富,为伟大的中华民族文化画廊增添极其光彩的诗篇,曾被授予“当代国学家”、“改革开放创作奖”、“中华爱国英才”等荣誉称号。2007年被蒙山县教育局、县离退休教育工作者协会评为“夕阳红”积极分子。

创作上被授予“中共十八大题贺名家”、“百位中国文化名人”等称号。2012年5月出席“东方美”在钓鱼台国宾馆召开的颁奖大会,10月参加“祖国在我心中—中华社会各界爱国英才国庆座谈会暨国庆庆典”活动。2013年获中国现代文化艺术研究院授予100位“2013年中国艺术人物”称号。2015年瑞典皇家艺术学院学位委员会授予瑞典皇家艺术学院荣誉博士学位并颁授瑞典皇家北极星勋章一枚。获“国际和平艺术家”荣誉与奖章,并作为“主席团名誉副主席”身份出席2016年1月2日在人民大会堂召开的“2015年最具影响力年度人物新春座谈会”,授予“2015感动中国十大人物”荣誉称号;2016年5月获“2016全国行业杰出英模人物”荣誉奖牌。创作诗词多首获金奖。

寄语:在文艺创作领域中,认真贯彻“双百方针”,勤于思考,大胆创新,开拓进取,将自己根植于人民群众之沃土中,履行为人民服务的宗旨。

楚桂林 笔名五木,号五木斋。1957年生于广西桂林,祖籍山东东阿。1975年参加工作,1976年加入中国共产党,国家公务员,东阿县商务局干部。自幼酷爱书画,参加工作后,业余时间自学临摹历代名家碑帖。1990年毕业于中国书画函授大学济南分校书法专业系,受到欧阳中石、朱学达、陈梗桥等书画名家指教,在楷、行、草书方面有了长足进步。作品和《辞条》曾被录入《世界书画名录》《当代书画艺术精英大典》和《中国著名书画家精英博览》等多部辞书,并有作品被省级博物馆、中国美术馆和中国革命军事博物馆等有关单位展出和收藏。2013年3月“红梅报春”第四届诗书画印全国大赛获得中国梅花艺术·书法创作一等奖。“神舟十号”发射成功特邀为其书法题贺,获中国艺术飞天奖“终身成就奖”。2015年6月纪念董其昌诞辰460周年首届“香光杯”全国书画展中,获得书法类一等奖;7月在纪念陈云诞辰110周年全国书画大展赛中,获得书法类一等奖;8月第五届“炎黄杯”国际诗书画印大赛,自撰诗歌书法作品获银奖;2016年元月获得“金猴杯”首届中国诗书画印最高成就奖金奖,并被授予“德艺双馨艺术大师”荣誉称号;4月在参加庆祝中国共产党成立九十五周年暨首届中国紫砂书法艺术作品大赛中荣获金奖,被授予“中国紫砂(陶艺)书法艺术家”荣誉称号;在参加2016年“东方美”全国诗联书画大赛中获书法类金奖;在纪念伟大领袖毛主席逝世40周年暨红军长征胜利80周年——东方红·中国橘洲书画大赛中,获书法类金奖,并被授予“中国功勋书画家”荣誉称号。同时,近几年书法作品还多次在欧洲及东南亚一些国家和地区巡回展出并分别获奖。曾为山东书画学会会员、中国现代书画名家名作编辑委员会特约委员、江都书画院常务理事、吉林省跨世纪文化艺术研究院常务委员、副理事长等。现为中国国学研究会研究员、《学知报·书画天地》东阿联络站站长、特约记者;曹州青年书画院副院长、洛阳市颜真卿研究会名誉会长、中国国家书画院副院长等。

甄庆贵 1938年7月生,辽宁省新民市人,中专,中共党员。

1960年7月参加工作,做过工人、保管员、劳动工资员、技术员、车间主任、团总支书记、科员、助理工程师、工程师等。

1998年退休后,做工程监理14年,房屋土地开发方代表5年。

自幼爱好文学,中学时代开始写短文、自由体诗、散文《春日春耕》等曾在

1958年中国青年报上刊载。后因工作忙，将写作搁浅，2009年后才又拾起，并有多篇散文、诗词刊登在新民市报，新民文化、新民诗词、诗潮杂志上。有多首诗词参加全国性诗、文、书、画、联大赛获奖。其作品被收入华夏情、中华颂、羲之杯等精品集中。又有多首新诗和古体诗词被编入辽河嘤鸣集、沈阳诗词选、中国古今律诗选、中国古今楹联选等一百多部书中。现为辽宁省诗词学会、中国诗赋学会、中华诗词学会会员、华夏博学国际文化交流中心会员、研究员、世纪百家文化发展中心会员。

中国老干部作家协会特级作家、北京艺海神州书画院名誉院长、华夏文艺出版社终身名誉社长、华夏民族艺术院名誉院长等职务。

寄语：世事繁杂，红尘如海，过客如云，应常思于正焉；赏大千万物，恶其伪，取其真，颂其幽，歌其美；步圣人训勤而学，复其辙，发其想，求真务实，入苦不达而不懈也；与人为善，求智礼下，贫而重义，知而望博，学其而不能学，行其而不能行，胜不骄，败不馁，为我所忠信也。

路仲仁 笔名路易，1942年5月7日生于河南长葛县。无党派。中学文化，现退休在家。现任中国文人书法家协会理事，北京华夏国艺书画院理事，中国老年书画研究会会员，中国书法家协会会员。2014年2月在欢庆十八届三中全会中国书画北京邀请展获金奖，2014年8月在纪念邓小平同志诞辰110周年第二届“伟人颂·中国梦”全国诗文书画大赛获一等奖，2015年5月在大美印尼·多彩巴厘名家国际交流展获金奖，并授予“中华书画交流大使”荣誉称号。作品入编《中华书画名家大辞典》。2015年7月在纪念世界反法西斯战争暨中国人民抗日战争胜利70周年书法展获金奖，作品入编《纪念世界反法西斯战争暨中国人民抗日战争胜利70周年书法展作品集》。并授予“世界和平艺术家”称号。2015年8月荣获文化部授予的“中国当代著名书画艺术名家”称号。评定为“当代著名艺术家”。2015年9月在纪念中国人民抗日战争胜利70周年全国诗词书画摄影作品大赛获金奖。

寄语：我认为人的一生应像北宋张载名言那样“为天地立心，为生民立命，为往圣继绝学，为万世开太平”贡献自己的微薄之力才算没白活。

喻明安 1954年出生于湖南省石门县。毕业于湖南教育学院美术系。高级教师，现为石门县第二中学退休教师。一生热爱艺术创作，著有散文集《黄花香》，诗集《悠悠澧水情》《艳丽的离愁》；小说《我的三个学生》。发表过美术作品油画《丰收》，中国画《和谐社会舞春风》。发表歌词《美丽的石门》《橘妹的爱》。2012年新诗《采茶女》参加“时代颂歌”全国诗歌散文大赛获二等奖；2013 年新诗《东方之美》参加“东方美”全国诗联书画大赛获金奖；2014 年新诗《今天的太阳》参加“时代颂歌”诗联书画大赛获一等奖。从事艺术教育 40 年，先后教过小学、初中、高中。教过美术、语文、生物等学科。教学效果好。多次被评为先进工作者和模范班主任。退休后被石门县明天之星艺术学校聘请教美术。

寄语：陶醉于大自然的美妙境界，震撼于天地造化，那博大雄奇，深沉浩瀚，幽然神秘的氛围。感受人间的风花雪月。

鲍俊 原名鲍恩祖，笔名鲍金龙、鲍玉千，1941 年 2 月生，高中文化，中共党员。曾任村委委员、副村长，村党支部委员，任过耕读和民办教师，大小队会计。粮站、信用社代办员，窑厂出纳、会计等职。1964 年开始业余新闻写作，曾为《安徽日报》《安庆报》《池州日报》、省市电台通讯员，现为池州市老新闻协会理事，中国世界华人作家艺术家协会会员，池州市作家协会会员，贵池区作家协会会员。迄今发表作品 2000 多篇，并有 30 多篇在县、市、省全国获奖。有 9 篇入编《履痕集》，12 篇作品分别发表在《杏花村》《大九华》杂志上。有《永不消失的记忆》等 4 篇文章入选中国文联出版社出版的《永恒的母爱》《难忘的父爱》《诚挚的友情》《温馨的亲情》等书；尚有 11 篇作品被编入《共和国档案》《共和国之星成就宝典》《当代中国思想宝库》《中国作家金秋笔会作品集(2010 年)》《东方美全国诗联书画作品集》(2012 年、2014 年、2015 年)、《盛世金秋》《书海唱游》《峥嵘岁月》《中冠杯·创建国家森林城市征文大赛作品集》等书。并在全国农民读书征文中，荣获 5 个二等奖，5 个三等奖；《驽马十驾功在不舍》荣获全省离退休干部“同心筑中国梦”征文优秀奖；2013 年 10 月 8 日池州电视台以“一个古稀农民的情怀”为题，对本人 50 年来献身党的新闻事业，作了专题报道。艺术简历编入《中国当代作家大辞典》(2011 年)、《中国当代文化名家档案》《中国文化传承人物志》《中华传统文化名家大典》等书。

寄语：做人要公道正派，光明磊落，一身正气，两袖清风。对人要上善若水，至诚至爱；对事业要乐于奉献，自强不息；对学习要与时俱进，吐故纳新，写作要坚持导向，弘扬主旋律，传播正能量。

解永光 笔名解勇愚得，1946 年 12 月出生，山东省青岛市人，中共党员。首都师范大学中文系专科毕业，青岛经济技术开发区四中高级教师(已退休)。参加青海生产建设兵团，在格尔木农业建设第十二师三团当战士，后调三团学校教书。1977 年调青海省察尔汗钾肥厂子弟学校教高中。在青海省文艺期刊发表诗歌、散文、小说、杂文等。1986 年参加青海省作协。1990年调山东省青岛经济技术开发区一中教书，在《开发区区报》《青岛日报》《青岛画报》等发表习作（诗歌、散文、小说、杂文、散文诗）多篇。2009年散文学会写作中心搞“全国散文作家论坛暨征文大赛”，散文《青海盐湖书法》评三等奖（稿见《当代写作》2009年第3期第78页），又有《北美友讯》（收入《中华颂》玖卷）《热土地之恋》（收入《全国散文作家精品集》2011年卷）《在拉萨一首黄昏即景诗》等篇获奖。2012年回四川探亲，写作散文《5·12北川遗址》，在2012年全国散文作家论坛征文大赛中荣获一等奖。

揭志勇 名铖，号青剑，别署少直，1978年生，江西金溪琅琚百石蚯人。中共党员，助理政工师，中华国际书画协会会员、中国诗赋学会会员、中国散文学会创作员。江西医学院抚州分院毕业，在校时任学生会宣传部副部长，1997年入伍武警广东清远支队，先后任政府警卫、机关文书、报道摄像员、特勤骨干、民警教官等职，服役时参加了祖国成立50周年、澳门回归、广东武警迎新书画赛等全国及军队举办的诗词书画大赛皆获奖和展出，同时在中央、省、市级报刊、电台、电视台发表新闻及文学稿件三百多件，多次获嘉奖，并荣立三等功一次，退役后任过江西电信科技学院院长助理、行政主任及私企主管，在全国“希望杯”、“华夏情”、“东方美”等诗书画大赛上均获二等奖，“中华颂”及“炎黄杯”等国家级诗文书画大赛上获一等奖，同时在湖南作家网、湖南湘滨文学、中国诗赋、中国诗萃等媒体上发表了较多诗歌及文学稿件。著有《青剑集》，收录个人诗词五百余首，部分作品在《中华颂》《华夏情》等诗歌书画集入编，2013年获“全国诗文书画先进工作者”荣誉称号，个人履历被选入《中国诗文书画家人物大典》《当代作家书画家大辞典》等典籍中。

赖毅 曾用名赖以玉，1933年6月生。湖北荆门人。高中文化，1949年10月参加革命。1953年加入中国共产主义青年团，1955年5月加入中国共产党。1957年任荆门县粮食局副局长，任曾集区副区长（无区长，主持全面工作）任沈集公社（三区合一）财贸书记。任曾集乡党委书记、漳河民工曾集区团指挥长。1974年至1993年任荆门肉联厂副厂长、任荆门财贸学校校长、任雨田集团工会主席。1993年9月退休。1988年经考试，被湖北省人事厅颁证任命经济师，1989年参加湖北省社会科学联合会会员，1992年经考试被荆门市任命政工师。在湖北省总工会发表《民主管理》论文。在《象山诗词》发表诗作八十余篇；在《荆楚漳河》发表文章。入《中国时代文艺家名典》《羲之杯全国诗书画家精品集》收录三首，获二等奖。《伟人颂·中国梦》收录一篇一等奖。应《黄河艺术大典》征稿，发表7首。应《十二生肖辞典》征稿，收录十二首。应《中华颂》征稿收录二首，一等奖。应《新时期爱国主义》征稿收录五首。

寄语：坎坷是阶梯，失败是收获，成功是警钟，贪婪是陷阱，辛劳是幸福，自卑是自裁，乐观是良药，法规是保护。

裘耀显 笔名求是，1932年12月出生于浙江省嵊县农村。1957年6月在绍兴速成师范结业。1957年7月—1993年2月在绍兴市（县）教育、文化单位工作。助理馆员。1993年3月退休后，被绍兴市志办公室聘任为摄影编辑。50余年来，爱好业余创作，编写曲艺、民歌、短诗和散文等。其中有100余篇在省、市、县报刊发表。在1994、1995年被当地日报、晚报评为优秀通讯员。1980—2000年中，在全国各地报刊发表影作570余幅，1993年获《文汇报》"康师傅杯"影赛一等奖。2009年起，参加华夏情、祖国好、东方美、中华颂、感恩人生、羲之杯、时代颂歌及炎黄杯等诗文书画文艺大赛，6年中共荣获一等奖17次，二等奖3次，金奖6次。并在2012年、2014年祖国好（二届、六届）华语文艺大赛中均授予"华语文学艺术百杰"荣誉称号。2014年第三届"时代颂歌"全国诗书画影作品大赛中授予"中华文化传承贡献人物"荣誉称号。2014年《劝人谣》入编《中国当代作家书画家代表作文库》（2013年卷）。新诗《庆婚抒怀》入编《中外当代文学艺术家代表作全集（2015年卷）》。

寄语：写作为繁荣文艺，为人民服务；参赛为名不为利，争气不争益。

楼恩华 笔名笔军。1927年6月生于广西昭平县。毕业于中原大学、广西行政干校。中共党员、中学高级教师。中华诗词学会、中国楹联学会、中国民族艺术家协会、中国延安文艺学会、中国作家创作协会会员。作品被选入《中华诗词佳作选》《全国优秀诗词集》等近70部专著。著有《雪泥鸿爪》《峥嵘岁月》《岁月留痕》《飞鸿踏雪》和《飞鸿踏雪续集》。名入《中国民族文艺名家大辞典》《中国吟坛作家大辞典》《国学·作家·诗人名鉴》等。近期获奖作品：2002年《教师节抒怀》荣获"联合文艺奖"二等奖，并授予"二十一世纪文化名人"荣誉称号。2003年10月《过金陵媚香楼》荣获《当代作家报》"当代文学作品大创作"金奖。2003年11月，《过金陵媚香楼》荣获"才子杯"全国文艺作品大赛一等奖。2007年6月被中华诗词文化研究所等授予"中国吟坛作家"荣誉称号。2012年《家乡巨变》荣获"时代颂歌"一等奖。2010年《灵渠新万里桥联》荣获"东方美"全国诗联书画大赛一等奖。2013年8月被中国作家创作协会授予"中国当代一级著作家"荣誉称号。2014年5月《庆祝平乐中学110周年校庆》荣获“全国诗联书画大赛金奖”。2014年9月《庆祝灵渠诗社成立二十周年》在第六届“祖国好“华语文艺大赛荣获金奖”,并授予“当代华语文艺百杰“荣誉称号。2014年10月《老来未敢忘忧国》在“中国当代文艺名家代表作典藏”中,荣获特等奖。

寄语:1. 文如其人,学文首先要学做人,做一个有道德、有高尚情操的人,做一个有益于人类,有益于社会的人。2. 文章合为时而著,歌诗合为事而作。读书破万卷,下笔如有神。不到西湖看山色,定应未可作诗人。

十四画

谭永宏 1936年8月6日，出生于广东省台山市台城镇元山潮盛村。中国致公党党员，台山中师毕业。1959年9月参加工作。1996年退休，曾任中小学教师，镇教育办秘书。历任台山育英中学常务副董事长，台山致华文化技术学校副主任，江门市第八届政协委员，台山市第六、七、八届政协委员、常委，《台山光裕月刊》副社长、副主编（1984—2000），曾任《台山谭氏族谱》编委。《致公党台山县志》编委副主任，现为《台山文评报》《台山光裕月刊》顾问。历任致公党台山市专职副主委（三届）（1986—1996）（正局级公务员），曾两次出席（北京、泉州）致公党为四化建设服务经验交流会，表彰并获奖。1983年出席致公党北京召开第八次党代会，受到党和国家领导人接见。业余喜爱文艺创作，现为北京写作学会研究员，华夏博学国际文化交流中心会员，近年在国内多家报刊文艺大赛发表诗歌、散文、通讯近百件作品，参加“中华颂”、“华夏情”、“祖国好”、“东方美”、“时代颂歌”、“相约北京”、“伟人颂·中国梦”、“江山颂”、“中外诗歌散文”等大赛，获奖50次（特等5项，金奖9项、银奖5项、一等奖31项）其中第七届、第八届“祖国好”文艺大赛（对联）金奖。2015年“羲之杯”（第六届）文艺大赛，诗词获一等奖。2015年、2016年第六届、七届“东方美”文艺大赛、诗词获金奖。2015年第二届中外诗词散文大赛获一等奖，2016年“江山颂”文艺大赛诗词获一等奖。纪念抗战胜利70周年，纪念红军长征胜利80周年全国诗书画影作品大赛诗词获银奖。作品均入编文集或精品集，个人事迹入编2015年致公党省委主编《致公风采》，《中国时代文艺家名典》《中国当代作家书画家大辞典》等名家档案或辞书。中国当代艺术精品大系授予

“中国文艺创作先锋人物”荣誉称号。2015纪念抗战胜利70周年全国诗书画影大赛授予“中国当代杰出爱国艺术家”荣誉称号，“全国诗书画影时代百杰”荣誉称号。2016年第八届“祖国好”华语文学艺术大赛，授予“中国华语文学艺术百杰”荣誉称号。2015年获致公党省委30年致力为公，笃行不移贡献奖。

寄语：文艺工作者，首先要塑造好自己才能塑造人心。文艺工作者要做到德艺双馨，才能为人民立德立言，成就自我。

谭振典 1934年5月生，湖北武昌人，副编审，中国一级作家。毕业于大冶军分区文政干校。历任湖北省《崇阳报》副主编、县委农村工作部长、县委办公室主任、县政协副主席。聘任中国艺术产业促进会名誉会长、中国当代艺术出版社副社长、《作家时代》签约作家和瑞典皇家艺术学院荣誉博士、中国诗书画出版社艺术博士等。主要编著有崇阳地方志三部曲《崇阳县志》（编审，获全国新编地方志优秀成果一等奖）《修志专集——崇阳县志编纂纪实》（主编）《桃溪放歌——崇阳诗志》（独编著）和报告文学《模范主任陈春芳》与史志型传记文集《怀念妈妈》（与谭振谟合编）《重温岁月——我的文字生涯》（独编著）；退休后，应聘帮助有关单位编纂《中共崇阳简史》（编审）《崇阳县烟草志》（顾问兼编审，获咸宁市编纂烟草一等奖）、《崇阳县财政志》（编审）《崇阳县公路运输管理志》（顾问）；另著诗歌、散文、格言集《春光曲》《梦幻曲》《人生咏》《人生之鉴——我的人生格言》；同时，湖北作家文献中心相继编辑推出包括作者在内的四人诗作《诗画中国》《当代诗坛·十人诗选》和《谭振典诗专号》《谭振典——当代作家写真档案》。中国文学艺术研究会《艺术人物》《国家文化人物》2014年、2015年连续精心推出《国家艺术人物谭振典专刊》和《国家文化人物谭振典专辑》，有代表性地介绍他数百篇（条、首）格言、诗歌和散文。2016年，世界艺术学会、瑞典皇家艺术学院和中国传统文化研究会、中华传统文化发展基金会分别推出《世界艺术百年传世经典谭振典专辑＜梦想集＞》和《复兴中华杰出文化大家谭振典专辑＜盛世欢歌＞》，以不同形式重点介绍他500首诗歌。2017年，中国文化建设促进会、中国工艺美术出版社和中国艺术院、政协书画院分别推出《国家文艺大师谭振典卷》和《十大殿堂级艺术家谭振典专刊》，介绍他《人生之鉴》（修订本）400多条格言和《求实集》100多篇文章。其作品多次在全国文学、诗歌大赛中获特等奖、一等奖或结集出版。1995年以来，先后荣获多家单位分别颁发“世界新古诗奖”、“国家文化传承贡献奖”、“华夏情诗文书画大赛一等奖”、“共和国诗书画功勋奖金奖”、“纪念抗日战争胜利七十周年——首届爱国文艺奖金奖”、“首届世界非物质文化遗产文艺功勋奖金奖”、“一带一路·亚洲文化特别贡献奖”、“人民艺术家金鸡奖”、“中国艺术铂金奖”、“中国艺术金砚奖金奖”、“中国艺术金马奖金奖”、“中国艺术金像奖金奖”、“中国紫金花奖金奖”、“首届美丽中国杯诗书画艺术杰出贡献奖金奖”等多项奖励。

同时授予“新古诗人 HKP”、“共和国诗书画功勋人物”、“世界非物质文化遗产传承人物”和“爱国文艺家”、“忠党爱国文艺家”、“东方之子——人民最喜爱的金奖艺术家”与“书香门第”、“一代方家”、“十大军民艺术家”、“十大殿堂级艺术家”等多种荣誉称号。其生平事迹先后载中国艺术研究院《文艺年志》《艺术人生》《中国作家大辞典》《中国一级作家》和《世界华人文学艺术界名人录》等多种辞书典籍。

寄语：人是最宝贵的。有人就有世界，就有希望；有人就可开天辟地，创造人间奇迹。人生于我只有一次，这一次要活得有意义，努力做一点有益于人类的事。人生旅途艰难曲折，我们的出路就是奋斗。人生犹如一辆启动的列车，一时一刻也不停止前进。到达了这个目标，又奔向新的目标。人生是一部精彩纷呈写不尽的书，需要不断修订、充实和完善。

谭成志 58岁，无党派，大学、中专学历，国家干部、公务员职务，兽医师职称。现任职于诗协、书协、老年大学等文联组织。省诗协会员、县书协成员。诗书作品、文学文艺作品、专业技术论文在省市县多次获奖，有些在市县电视台连播多年多次至今，有些收藏于《世界文化名人辞海·华人卷·第一集》。主要著作《沁园春·和铁证》《沁园春·增光》《沁园春·雪花》《沁园春·和古》等几十篇余、散文作品有《三去三江》等、书法作品有《软、硬笔双管齐下反、正字》、专业作品有《奶牛眼虫病》《猪肾虫病》《鸡球虫病》等。在县诗词赛获优秀奖、中国梦想杯书画赛获铜奖。

谭绪荃 1941年10月生，山东潍坊市人。中共党员，高级会计师。毕业于山东体育学院。1962年7月至2000年6月在中国人民银行山东省分行机关及莱钢集团工作，2001年10月正式退休。先后任办事员，副科长，科长，副处长，会计师，高级会计师，山东冶金会计学会副会长。现为中华诗词学会、山东老干部诗词学会、明湖诗词学会、沿黄诗联学社会员。近几年间，数百首诗词在“百年诗词精选”（第一卷）等十几家国家级、省市级报刊发表或转载。2013年6月，在“我的离退休生活——纪念干部离退休制度建立30周年”征文活动中荣获诗歌三等奖；在2013～2014年全国离退休干部同心共筑中国梦主题（第一期）活动中，诗词荣获三等奖；第三、四、五届“炎黄杯”国际诗书画印艺术大赛获得诗歌金奖；2014年“相约北京—全国中老年文学艺术大赛”获得诗歌一等奖；“中华诗人踏春行”征稿评选活动中荣获诗歌一等奖；第三、四届“时代颂歌”全国诗书画影作品大赛、第六届“羲之杯”全国诗书画家邀请赛、诗词世界杯中华诗词大赛、“国粹杯”全国诗词大赛、第12届天籁杯中华诗词大赛、第二届中外诗歌散文邀请赛皆获诗歌一等奖;第七届祖国好华语文学艺术大赛荣获诗歌金奖。先后入编《中国当代作家书画家大辞典》及《中国文化传承人物志》。2014 年 10 月,由中华诗人评委会、当代文人杂志社、中华文学艺术家协会评审通过授予“中华诗人一级(格律诗词)”。2015 年 9 月,我的诗歌被评为一等奖,并入编《红旗谱》——纪念中国抗日胜利 70 周年诗词典藏,同时被授予“德才兼备优秀诗人”荣誉称号。

寄语:我的人生应这样度过,忠于祖国,热爱生活,对于事业及组织分配的工作,尽心尽力干好并从中分享快乐。退休后,疾病缠身,遵循老有所养,老有所乐,学习、创作诗词赋曲,在国家、省级报刊与诗友商磋、交流,这是延年益寿的动力。

谭篪 男,汉族,上海市嘉定人。生于 1947 年 3 月,1965 年毕业于上海纺织工业学校(已并入东华大学),现已从工厂退休。北京写作协会会员。业余拜书为师,学诗作文,爱好旅游摄影,记录人生感悟。写成《感悟随詠》、《情系天地间》、《情系山水间》三编,汇成《心路历程》一册,收纳诗词散文数百篇,并在继续撰写。近十多年专心于作家谭正璧的研究,先写成六万余字的传记发表于上海市嘉定区档案局编《练川古今谈》上;回忆先父生平文章多篇及整理先父作品,发表在嘉定区政协所办《嘉定文史资料》、《练川古今谈》及《出版博物馆》、《翥云》等刊物上;上述传记经不断搜集资料、整理撰写成近廿万字的《沉浮文海·传奇人生》一册,正在筹划出版中。参加由北京市写作学会、世纪百家国际文化发展中心等策划的历届《祖国好》、《华夏情》、《散文作家论坛》等大赛,诗词散文作品《浦江漫步》、《忆求学当年》、《秋韵三章》、《伟人的身影》、《前程》等,三十余次获一等奖:并先后被评为全国诗文书画先进工作者、全国文艺创作年度人物、“中华文化传承贡献人物”荣誉称号等。

寄语:历史在发展,文化也要发展;然而没有对历史的继承、没有对优秀的传统文化的继承,所谓发展就成了无本之木,无源之水,只有继承才有发展。

谭建胜 1942 年生,上海市人。籍贯浙江省绍兴市。毕业于浙江省春晖中学。后就读于兰州市高校,1963 年参加工作,上海医药职工大学毕业,1979 年入党,2004 年退休,大专学历,经济师职称。曾担任上海农药厂党委办公室主任,亚太农用化学(集团)有限公司财务负责人、审计室主任;上海中西(集团)有限公司专职纪检员等职。被评为《上海市五好职工》《化学工业部审计工作,先进工作者》《全国化工系统内部审计先进个人》《上海医药(集团)有限公司纪检、监察工作先进个人》等奖励。2009 年《中国馆》获上海市民诗歌创作比赛二等奖；三获“东方美”全国诗联书画大赛一等奖；《楹联》获“东方美”全国诗联书画大赛银奖；二获“中华颂”全国文学艺术大赛二等奖；首届“中国梦之路”全国主题征文大赛二等奖；第六届“祖国好”华语文学艺术大赛金奖；“第二届当代老年艺术大奖赛”一等奖；“羲之杯”全国诗书画家邀请赛一等奖等。被中国散文学会先后授予“影响中华·2010年全国诗文书画先进工作者”、“盛世中华·第二届全国时代文艺家”荣誉称号；被《中国萧军研究会》授予“当代华语文学艺术百杰”荣誉称号。另有诗和散文在《中国化工报》《新民晚报》《当代诗歌月刊》《龙华社区》《春晖报》发表。诗联入编《幸福》《清风雅韵》《中国当代作家书画家代表作文库》等十一部作品集。

寄语：不做亏心事，半夜敲门心不惊；不说过头话，言而有信；不无所事事，活着就要工作、学习。

廖桥亮 广西桂林市人。1941年10月生，大专文化。中华、广西、桂林诗词学会会员。中华一级诗人、中华特级诗词著作家、中华诗词、文艺双博士，中国回忆录研究会终身会长。（2016年7月—10月获文艺、诗词双博士）。

1959年9月参加中国武警桂林支队工作。先后在桂林绢纺厂、桂林六中、临桂县教育局、六塘中学、临桂师范、南边山中学任语文、政史、音乐教师。曾获先进工作者、县级优秀班主任光荣称号。

自初中二年级作文课写“双抢”民歌在校刊登载后，开始写新体诗。退休后为了老有所学，老有所乐，参加各级诗词学会，学写格律诗，有数百首诗在国内多家诗刊社登载。2011、2014年先后在北京获“和谐中国创作金奖”和“天籁杯”金奖和奖金、2013年获“中华诗人潇湘行优秀作品特等奖”、“第五届全国诗词大赛华鼎一等奖”、“全国120位杰出诗人奖”、第三届“时代颂歌”全国诗书画影作品大赛一等奖。2011年以来，参加国内诗词大赛共获：特等奖10项、金奖、一等奖40多项。

寄语：人活着总要有追求，要不断的追梦，不忘初心永远向前。深入生活，深入实践。到大自然中去，是创作取之不尽，用之不竭的源泉。热爱祖国、热爱党、热爱人民。热爱军队、热爱伟大的时代，是创作的根本。只有这样，才能与时俱进。为改革开放呐喊，为实干兴邦高歌。

廖启亮 笔名亮辰，网名天罡星，1947年10月生，湖北省荆门市人，中共党员，大专学历，高级经济师职称，原任荆门市纺织工业总公司副总经理。1993年荆门市机构改革，撤销工业主管局，组织批准提前退休，并划归荆门市国有资产监督管理委员会。退休后，加入荆门市诗词学会，后又加入湖北省诗词学会。廖启亮毕业于武汉纺织工学院工业经济管理工程专业，年轻时从事经济工作。由于喜爱文学，曾多次在国家级刊物《质量管理》杂志和《湖北日报》上发表文章。主要文章有《社会主义，前无古人》等。退休后转入诗词和楹联创作。主要获奖和发表作品有：《七律·新年抒怀》在中宣部宣教局、光明日报社，中央电视台中国网络电视台联合主办的 2015 年“书写核心价值，送您平安吉祥”新春诗词歌赋征集活动中获优秀奖；《七律·咏油菜花》发表刊登于《对联·民间对联故事》2015 年第四期下半月刊“律诗园地”；多副对联分别刊登于《对联》杂志各期；多首诗词分别刊登于《湖北诗词》杂志各期；多首诗词，楹联在各类全国性竞赛中获奖。

廖佑禄 1932 年生，中共党员，高中学历，职称教师，陕西安康市人。现为陕西省学会会员，市书法辅导员，中国诗书画研究会研究员，神州博艺美术院书法家，中国传统美学研究会，江西省人文书画院会员和诗书双佳艺术家，评为当代实力派润格书法家。主要著作有诗、词、楹联、书法。第三届中加诗书画获创作奖。八大山人杯、庐山杯、诗词均获一等奖。大阅兵诗书法获二等奖。世博会书法获创新奖。诗书画印四绝赛诗获寅年艺术奖。第二届全国楹联展获联墨艺术奖。国际华人环境宣言书法获环保艺术奖。第二届宋词书法获百强奖。第三届全国楹联书法，获联墨百杰奖。“东方美”诗词获一等奖，“时代颂歌”诗词获一等奖。

寄语：仁人智士，都应去伪存真。规律注定方圆器，不在作为在人为。三省可以和万众，一得切莫毁千秋。流毒感染虽有害，温泉清洗一身轻。老应发挥老作用，老放光彩莫轻生。老应为群众，老要留美名。

蔡元锋 1938 年 3 月出生，籍贯广东省梅州。工程师。1956 年考入昆明水校。1959 年毕业后分到云南省水利局（厅）工作，曾评为红旗青年突击手。期间工作需要抽调省革委生产指挥组农林水利组工作多年。由云南省侨务办公室授予颁发国务院科学技术干部管理局印发的中华人民共和国工程师证书。自幼爱好文学，喜爱读书。曾在《云南日报》发表过短篇文章，受聘校报《昆水青年》编委。2010 年至 2014 年，参加第八、九、十届“中华颂”全国文学艺术大赛，散文《真情献边陲》《何处好安居》《中心广场见闻》均获一等奖。参加第二、三、四届“祖国好”华语文学艺术大赛，散文《情归祖国》《彩云之乡》《客家情》均获一等奖。被授予华语文学艺术百杰荣誉称号。《客家情》《何处好安居》入编《中国时代文艺家代表作年选》《中国当代作家诗书画家代表作文库》。分别被评为金奖、特等奖。散文《有感总工》《乡情》获 2013

年、2014 年“东方美”全国诗联书画大赛金奖。诗《山乡情》《人生》获华夏情 2012 年、2013 年全国诗文书画大赛、全国诗歌散文邀请赛一等奖。诗《月缘》《过南洋》荣获第二届、第三届“炎黄杯”国际诗书画印艺术大赛金奖。诗《有感》荣获第四届“炎黄杯”国际诗书画印大赛银奖。作品被收入《中华颂全国文学艺术精品集》《祖国好华语文学艺术文集》《东方美诗联书画作品集》《华夏情全国诗文书画精品集》《华夏情全国诗歌散文精品集》《炎黄杯诗书画印艺术精品集》。当选荣誉中国 · 2010 年全国文学艺术创作年度人物、德艺双馨文艺家、影响中华 · 2012 年全国诗文书画先进工作者。盛世中华 · 第二届全国时代文艺家。入选《中国时代文艺家名典》《当代中国文艺家大辞典》《中国诗文书画家人物大典》《中国文化名家档案》《中国当代作家书画家大辞典》。系华夏博学国际文化交流中心会员，世纪百家国际文化发展中心研究员。

蔡国明 1965 年 10 月生，上海人，大专学历。2016 年“东方美”全国诗联书画大赛硬笔书法获银奖；“江山颂”全国诗书画印大赛毛笔书法获金奖，该作品由平北抗日战争纪念馆收藏；第八届“祖国好”华语文学艺术大赛硬笔书法获银奖；第二届“和平颂 · 中华情”全国美术书法邀请展毛笔书法获银奖；在《中国文艺名家传世作品集》中荣获硬笔书法金奖；第四届“伟人颂 · 中国梦”全国诗文书画大赛毛笔书法获铜奖，并入编《中国时代文艺名家代表作典籍》；第六届“炎黄杯”国际诗书画印艺术大赛中获毛笔书法铜奖；全国诗画家创作年会中获毛笔书法铜奖，授予“全国文艺先进工作者”荣誉称号。

寄语：书法是一种抽象的表现艺术，书法美是一种表象内含的形式美，传承中国优秀文化艺术的创新品质，实现中华民族伟大复兴的中国梦要有开拓精神，从临摹中探索反思，创造出具有时代性的表现自我的书法作品。

蔡炯 1950 年 4 月出生，江苏省海门市人，中共党员，大学本科毕业，中学高级教师。《当代作家报》顾问、编委。被《文艺报》“艺术人生”编辑部评为“人民艺术家”。被中国萧军研究会、北京市写作学会、北京世纪百家国际文化发展中心授予“当代华语文学艺术百杰”荣誉称号。获得海门市教科研先进个人、海门市书香教师、海门市教育宣传工作先进个人等荣誉。为中国国际文学艺术家协会会员，南通市作家协会会员，中华精短文学学会会员，华北散文学会会员。在省级以上刊物发表中篇小说 2 篇、短篇小说 45 篇，小小说 70 余篇，加上散文、报告文学、诗歌等近 400 件。有作家出版社出版的小说集《冰雪消融》和中国文联出版社出版的作品集《扬帆——蔡炯文学作

品精选》。多次获全国文学大赛奖。曾获由中国作家协会、中国作家杂志颁发的中国作家金秋笔会全国征文评比一等奖，2014 年中外诗歌散文邀请赛一等奖，全国首届雁鸣湖杯征文大赛一等奖，第六届“祖国好”华语文学艺术大赛金奖，“当代文学作品大创作”金奖，全国“春笋杯”小小说大奖赛二等奖，全国“浪人杯”征文比赛二等奖，“当代文学作品大创作征文比赛”二等奖，“抒写世纪光辉”全国征文比赛二等奖，当代微篇文学作品大赛三等奖，“江海杯”全国文学征文比赛三等奖，第一届“红高粱”杯全国乡土文学作品大赛三等奖。自 1995 年以来连续获海门市文艺创作成果奖，其中获一等奖 10 多次。传略入选《中国专家学者辞典》《新世纪优秀作家、诗人风采录》《新时期文艺三十年 · 艺缘群英谱》《新中国 60 年诗典》《中国当代文学事业发展概览》等典籍。

寄语：追随时代脚步，扎根人民生活，坚守艺术理想，争领文坛风骚。

蔡永恒 号如一，重庆綦江人，1929 年 11 月生，1947 年开始在北复小学教书。1958 年 4 月被迫离开教师岗位。1959 年 10 月报考选入甘肃永登水泥厂当普工。1969 年支援三线调四川峨嵋水泥厂当岗位工。1979 年落实政策调任车间成本员，1993 年 3 月正式退休。2006 年重操传承祖国文化事业。被授予“世界汉诗特级著作家”、“中国传统美学大师”称号。

寄语：读书破万卷，勤实行千载。对事讲诚信，对人讲谦逊。工作讲认真，成效就圆梦。

蔡新民 籍贯云南华宁，中共党员，政工师，退休干部。1941 年出生，1962 年毕业于昆明铁路机械学校铁道建筑专业，先后在昆明铁路局、华宁县从事政工、行政管理工作，1998 年退休。鉴于多次在全国性文学艺术大赛中获奖，被授予“中华文化传承贡献人物”称号，故此推荐入编《中国文化传承人物志》一书。近期获奖情况：新诗《养身之道》获第二届“相约北京”全国文学艺术大赛二等奖，并入编《相约北京全国文学艺术精品集》；楹联五副荣获 2015 年“东方美”全国诗联书画大赛金奖，并编入《东方美全国诗联书画作品集》(2015 年卷)；《楹联五副》，获第七届“祖国好”华语文学艺术大赛金奖，并编入《祖国好华语文学艺术典藏》(第七卷)：新诗《百日祭悼从禹》，获 2015 年诗书画家创作年会一等奖，并入编《2015 全国诗书画家作品年选》；文《暮日熔金赋》入选编入《中国当代文艺家作品金榜集》(2016 年卷)，同时入编《相约北京 · 全国文学艺术精品集》，并被推荐入编《新中国 66 周年文艺名家》一书。近期获奖作品：《楹联五副》获第八届祖国好华语文学艺术大赛金奖，并授予“中国华语文学艺术百杰”荣誉称号，入编《祖国好华语文学艺术典藏》第八卷；楹联五副在《中国当代文学艺术精品大系》评审中获特等奖，并授予“中国文艺创作先锋人物”荣誉称号；《诗三首》获第六届“炎黄杯”国际诗书画印艺术大赛金奖，入编《炎黄诗书画印艺术精品集》；《楹联五副》在《中国文艺名家传世作品集》评审中荣获特等奖：另《诗三首》获2016全国诗书画家创作年会一等奖，入编2016年《全国诗书画家作品年选》。

寄语：曾经风风雨雨、艰难曲折、艰辛困苦的走过了这代人的长征路，在各条战线各自不同的岗位上，贫而有志，贱而有能，做到了克己奉公，恪尽职守，为社会主义建设和巩固政权无私奉献，全力付出了毕生精力的人。特别是如今已花甲、古稀、耄耋之年还坚持在文坛辛勤耕耘的老同志，我们不仅是老不足叹，老不虚生，为实现“国家富强、民族振兴、人民幸福”的中国梦，我们仍需一如既往，含辛茹苦的创作、撰写，留下浓墨重彩的一笔，那是祖国人民，后辈子孙的精神财富啊！

蔡锦云 1941年生，国家一级法官，中共党员，颍上县老干部诗词学会理事，省炳烛诗书画联谊会会员。先后在省《炳烛诗书画》《诗词创作与研究》《管子研究》等发表作品，同时获新中国六十年大阅兵全国题贺艺术大赛创作二等奖。2010年3月“寅虎咏春”全国诗书画印四绝大赛中被评为“寅虎艺术奖”暨诗词优秀奖。在“中华颂”全国文学大赛中“追忆伟人——毛泽东”等三篇被评为大赛二等奖，同年5月上海世博会诗作荣获题贺优秀作品奖。同年7月荣获两岸百优诗词作品奖，并授予“两岸诗坛和平交流使者”荣获称号，同年7月10日批准为世纪百家国际文化发展中心研究员，随后批准加入“中国作家创作协会会员”、“中国老干部作家协会会员”、“世界华文诗词学会会员”、京九时报常务理事等。9月荣获七届天籁杯中华诗词大赛精英银奖，授予中华诗词杰出著作家荣誉，颂书圣——王羲之三首荣获全国一等奖。千秋怀念毛泽东等四首荣获谁是最可爱的人——军旅颂，纪念抗美援朝战争胜利60周年全国大赛一等奖，同时授中华军旅诗人荣誉称号。10月被评为影响中华2010年全国诗文书画先进工作者。11月当选“荣耀中国·2010年全国文艺创作年度人物”并颁发了荣誉证书、勋章、奖品与获奖绶带等。

从2011年至2012年先后纪念建党90周年期间作品多次获奖，“党旗颂”全球华人诗文大赛中被评为特等奖。在庆祝中国共产党成立90周年全球华人诗文大赛中被评为特等奖并授予“十大杰出诗人”荣誉称号。进入2012年后作品在中国人民解放军建军85周年全国诗文书画大赛中被评一等奖，授予“共和国文艺旗手”荣誉称号。在“盛世杯”诗书画大赛中被评为金奖，并授予国家“一级诗人”称号。2012年12月中国诗词著作家评委会对其颁发了国家一级作家资格证书。中国艺术学会授予“2012年感动中国艺术人物”，邀请出版《中国艺术功勋人物蔡锦云专刊》，入选“2013感动中国艺术人物”。仅从2014年初至2014年底荣获一等奖11项。

蔡芝惠 女，江苏省大丰市住建局退休干部，中共党员。高中文化，政工师。1939 年 1 月在江苏省泰州市出生。1958 年江苏省泰州中学毕业后在泰州市从事教育工作，1974 年调来大丰市房管局，从事人秘工作，于 1994 年退休。退休后坚持参加老年大学学习，文字经常刊登校刊《心怡集》。2008 年《看电视》一文收入改革开放二十周年征文集，同时被选载放歌六十年"环保·水利杯"征文集。2009 年《老年大学——我行的精神家园》一文收入老年大学二十周年征文集。2012 年《永恒的明灯》一文刊载建党 90 周年征文集，2014 年《放飞梦想拥抱夕阳》一文登报刊。

蔡声皇 号春福，曾用名声葟、卫东。1937 年 3 月 3 日生于江西省赣州市，中国化学会会员，中学一级教师。1961 年井冈山大学毕业。曾评为甲等炼钢模范、十好团员、十好学生、劳动积极分子。曾任中、小学教师、校长、县革命委员会组织组副组长，县总社、财贸部、毛泽东思想学习班负责人，吉安专区植物保护展览馆馆长，吉安专区多种经营展览会经验馆代馆长，井冈山铁路指挥部莲花铺轨连连长，中央财政部 712 工地湖上营营长。1985 年调回家乡，1997 年赣州市蟠龙中学退休，退休后受聘于赣州市光华中学。曾评为井冈山专区革命委员会学习毛泽东思想积极分子，1969 年 10 月评为江西省先进个人。地、市、县先进工作者。简历、业绩、诗词入编《从胜利走向胜利》《人民的胜利正义的胜利》《胜利之歌》《世界优秀专家人才名典》《中华姓氏文化名人博览》《中国传统文化大典——当代人物卷》《中华姓氏宗谱名人典藏》《民族脊梁——华夏功勋人物志》《百年中华——共和国主流人物盛典》《英雄赞歌》《鲜红的党旗》《中华当代优秀儿女》《往事如歌》《中华百家姓氏流芳普——姓氏传承人物卷》《往事如歌——中华英模人物盛典》《夕阳金辉——共和国建设者荣誉档案》《党在我心中——当代人物风采篇》《共和国史册上的优秀儿女》《中国当代诗词名家》《共和国不会忘记·中国复转军人风采》《世界名人录》《中华魂·当代人民功勋》等。

寄语：为解放人类而奋斗的人是最可爱的人，是最高尚的人，是最伟大的人。

臧荣德 1956 年 4 月，笔名弘扬，字惠悟，号松杉斋主，山东新泰新汶人，大专文化。自幼喜爱文学，酷爱书法艺术。1975 年从事中医工作，工作之余特爱书法，擅长楷书。2006 年加入泰安市书法家协会，2010 年加入省书协，2012 年加入中国书画家协会，2013 年加入中国艺术家学会。并参加清华书法班、进修，多次参加全国书法展，并三次获奖。被选入中国书法家选集，当代书法家词典并被各级博物馆收藏，授予中华炎黄书法艺术家名人、当代优秀书法家称号，授予中国书法传承和传奇人物，其书法作品曾被日本、韩国、新加坡等国外人士收藏，部分作品被各级档案馆、文化馆、书画院收藏，深受广大书法爱好者的好评和赞誉。

鼎杯中华诗词大赛获奖作品集》、《首届诗词世界杯中华诗词大赛优秀作品集》、《第七届华鼎杯中华诗词大赛获奖作品集》、《第十二届天籁杯中华诗词大赛优秀作品集》等。

寄语：做人要谦忍廉俭，刻苦学习，勤奋工作，善于探索，勇于创新，敢于挑战，去实现自己的梦想。

熊光发 生于1948年5月，贵州省仁怀市五马镇云安人，中共党员，大专学历，退休干部，曾任五马镇党委副书记、人大主席等职，现任五马镇关工委常务副主任、五马镇诗联书画学会会长，会刊《吴江颂》主编。现为中华诗词学会会员、中华当代文学学会会员、国际中华诗词协会会员、贵州省诗联学会会员。2014年10月荣获第十一届天籁杯中华诗词大赛金奖和"天籁之音德艺双馨著作家"称号，2014年11月荣获第六届华鼎杯中华诗词大赛金奖和"最美中华诗词家"称号；2015年6月荣获首届诗词世界杯中华诗词大赛一等奖，2015年6月被中国文化建设促进会、中国国际书画家联合会、中华艺术交流促进会、北京兰竹画院等单位授予"国家文化建设贡献人物"称号，2015年10月荣获第七届华鼎杯中华诗词大赛金奖、第十二届天籁杯中华诗词大赛特等奖。著有《水江心曲》诗集，诗词作品入编《五马诗抄》、《仁怀当代诗词选》、《遵义当代诗词选》、《中国对联作品集2013年卷》、《第十一届天籁怀中华诗词大赛优秀作品集》、《第六届华

翟耀华 1936年生，广东省高要县人。1950年参加工作。当过学徒、杂工、服务员、营业员、会计员、干部等职。1996年退休。先后于广州文史学院中国文学艺术系中文专业肄业，广州业余大学中文系毕业，香港太平洋函授学院工商管理系毕业。爱好诗词、散文、书法。著有《怡楼诗草》稿一集900多首，著有《溪乡词》稿一集400多首。自2011年9月—2014年5月，先后参加"中华颂"全国文学艺术大赛；"华夏情"全国诗文书画大赛；"祖国好"华语文学艺术大赛；"东方美"全国诗联书画大赛；"羲之杯"全国诗书画家邀请赛；"时代颂歌"全国诗歌散文大赛；"炎黄杯"国际诗书画印艺术大赛。共参赛15次，获一等奖10次，金奖4次，荣誉奖1次，特等奖1次。入编《中国当代文化名家档案》《中国当代作家书画家代表作文库》《中国当代作家书画家大辞典》。2015年加入中华传统文化研究院，并发给中华传统文化研究院艺术职称证书。2012年成为中国散文学会写作中

心创作员，华夏博学国际文化交流中心会员，是《百家编辑部》特约编辑。

翟福华 笔名墨缘，南阳居士，1948年2月出生江苏省盐城市射阳县兴桥镇，大专文化，本人自幼喜爱诗词书法，赘著颇多，诗词曾刊登《中华颂》《百年诗词精选》，中国广播影视出版社《东方美——全国诗联书画作品集》等多家。曾获"东方美"诗联书画大赛，诗《故乡情、黄沙河》金奖，"和平颂·中华情"书法沁园春一等奖，第七届"祖国好"华语文学艺术大赛楹联金奖，"国粹杯"全国诗词大赛诗《贺亚投行成立》二等奖等多项奖项。

寄语：爱我中华，激扬文学，只要肯勤奋和拼搏，必定有硕果和辉煌，只要你努力，心中的理想，一定会实现，让我们一起扬鞭奋进吧。

缪纯组 笔名妙可吟，湖南长沙市人，中国矿业大学毕业，长沙有色冶金设计院高级工程师，长沙市诗词协会、碧湖诗社会会员。世纪百家国际文化发展中心研究员，中国诗词家协会与中华诗词名家交流中心理事、中国诗书画家网艺术委员会副会长与中华当代文人联谊会名誉会长。退休后开始研习诗词，已创作2000余首。作品注重思想性，题材涉及广泛，语言朴实流畅，寓意深入浅出，个性鲜明，以绝句见长。曾获过诸如"诗词中华"、"美丽中国"、"时代颂歌"、"东方美"、"中华诗词踏春行"、"相约北京"、"军歌嘹亮"、"新视点"与"世界杯"、"华鼎杯"、"国粹杯"、"天籁杯"等多项全国性诗词大赛金奖或提名奖；并获过诸如"当代优秀诗人"、"时代诗词百杰"、"当代实力派诗人"与"中华诗词领军人物"等多项荣誉称号。已出书《诗词感悟的大千世界》与《纵横中国诗词集》。不少作品散见报端期刊，入编所在诗协文选及各种全国性诗词大赛作品选集或综合性全国诗词优秀作品"精选"、"集萃"或"典藏"文集中。不失为一位泛写现代题材有所建树的诗词作者。2015年经中华诗词学会等机构评为特级诗词著作家。

寄语：将心灵所感悟的大千世界用诗词艺术地表现出来，借以陶冶情操，抑恶扬善，弘扬社会主义价值观，尽力为社会多提供些正能量。

缪佐阳 1934年1月生，安徽省铜陵县钟鸣镇上山缪村人。曾用名缪振遐。中学高级教师，高级政工师，曾任铜陵市文教局教研室教研员和市杨家山小学副校长。大专文化，从事中小学教育工作四十年，曾被评为安徽省教书育人先进个人，多次被评为市级优秀教师和优秀共产党员，荣立三等功一次，受到党和政府的表彰。主编过《教育文选》《寸草作文选》《德育耕耘录》等教育资料。参编过小学《语文课本》（六年级补充教材）《兴趣课本》（一年级地方教材）和中小学语文教学参考书。担任过《文丝报》副主编，发表了30多篇教育教学论文，其中有10多篇论文获奖，汇编成《振遐教育论文集》。现系铜陵市诗词学会《五松山诗词》顾问。系廊坊市诗词学会、莱芜诗词学会、安徽省炳烛诗书画联谊会、安徽省诗词学会、中华诗词学会、中华诗词家联谊会会员，中国国际文艺家协会硕学会员，华文作家协会会员，中国作家创作协会会员，中华文学艺术家协会会员。被聘为世界华文诗词学会名誉会长，中国当代艺术协会终身名誉主席，宋庄国际书画院终身院长，中国民族文化研究会诗书画艺术委员会终身名誉主席，中国国际艺术网执行副主席，新华艺术网艺术委员会执行副主席，中国数字艺术馆馆长，中国文艺家联合会副主席，中国国学会副会长。在全国各地报刊上已发表诗词近两千首，数十次获各类大奖。传略入编几十部典集。被国内外有关单位授予的各种荣誉称号有几十个。著有《振遐诗词集》，出版有《振遐诗词选》《中国艺术功勋人物·缪佐阳专刊》《中国传奇人物·缪佐阳个人专刊》《中国线装文库·缪佐阳作品集》等。

寄语：人生就像马拉松赛跑一样。只有那些平时加强锻炼，不懈努力的人，才能跑得快，跑得远，取得好成绩。

十五画

颜道淼 字浩波，1954 年生，山东滕州人，大专文化，中共党员。自幼酷爱书画艺术，1985 年毕业于东方美术电视函授学院，得吴山明、叶尚青、孔仲起、谷文达、何鸿谟等名师指授，擅长国画山水，兼写花鸟。现为中国书画家协会会员、中国书画摄影家协会理事、中国当代书画协会常务理事、中国书画研究院研究员、滕州市老年书画研究会会员、国家一级美术师。其作品数次在全国书画大赛中入展并联展，曾荣获国际特等奖、国内特别金奖 5 次。金、银、铜等各奖项 56 次，部分作品被书画院、国际书画艺术中心、美术馆收藏。36 幅作品分别选入《中国知名书画家收藏宝典》、《中国书画精品集》、《中国当代文艺名家名作金榜集》、《大型人文资料库——最美夕阳红》、《全球华人名画名家大典》及多部全国书画名家大赛获奖作品集等。被授予“中国著名画家”、“全国诗书画影时代百杰”、“当代卓越书画艺术家”、“21 世纪功勋艺术家”、“中欧文化大使”、“中华民族优秀文化传承者”、“当代翰墨精英”等 20 多项荣誉称号。荣获“世界和平文艺奖”、“共和国文艺爱国奖”、“终身艺术成就奖”。现任宋庄国际书画院终身院长、中国书画摄影家协会培训中心教授、九州枫林国际书画艺术研究院院士、董其昌书画艺术研究会研究员、翰墨书法函授学院客座教授、式夫书画院名誉院长、华夏文艺出版社终身名誉社长。被聘为《血铸丰碑》、《中华魂》、《牢记历史 · 振兴中华——全国书画名家作品典藏》等多部全国书画名家作品集出版编委。

寄语：作为一名书画艺术者，要胸有“笔墨当随时代、艺术借古探究、创作守常达变”之情怀，画出祖国的新景象，画出自己的心声——中国梦。

颜廷春 68岁，江苏淮安人。2012年获江苏省淮安市淮安区文化广电新闻出版局举办"庆国庆，喜迎党的十八大友缘杯书法大奖赛"三等奖。2013年元月获江苏省淮安市淮安区文化，广电新闻出版局"恩来杯"优秀作品奖。2015年5月获"东方美"诗联书画大赛书法金奖。2015年9月获"和平颂·中华情"全国美术书法邀请赛一等奖。

颜联权 1940年10月出生，福建泉州市永春县人，中共党员。1958年工人就业，当过兵，工商中专结业，助理经济师，福建省工商行管理学会会员，现任永春县五里街居民社区老年人协会会长。退休前，多年从事工商行政管理工作，1991年至1999年间，撰写宣传报道先后被《中国工商报》《福建日报》《泉州晚报》等14种市级以上报刊采用近300篇。荣获泉州市、永春县等先进工作者和优秀通讯员等称号。论文《拓宽消费领域引导合理消费》收入《中国改革者风采录》《中华魂中国百业英才》。入选庆祝建国五十周年《光辉历程》大型文集并获一等奖，入编《世界优秀专家人才名典》中华卷等。退休后，2001年3月至今为社区老年人学校讲课。写有《二春自有缘》一诗，参加第六届"祖国好"华语文学艺术大赛获金奖，并授予"当代华语文学艺术百杰"荣誉称号。

寄语：退休不仅养天年，夕阳为霞尚满天。奉献共圆中国梦，人生二春自有缘。

潘则林 中学高级教师，中国教育学会实验研究员。北京市写作学会创作员，中国作家世纪论坛特约作家，中国世界华人作家艺术家协会会员，文艺创作专业二级作家。著有五幕剧剧本《夫妻蛇》（获二等奖）。2003年开始创作。主要著作有：《山穷水尽疑无路，柳暗花明又一村》《一面旗帜红又红，历史选择毛泽东》《麻鸭之乡走出一个女状元》《浙江缙云仙都风景区一朵奇葩》《痛哭领袖（外三首）》《人性是什么》《我的失恋》《教育改制变奏曲》（活报剧），《西门庆·董事长一面镜子》（杂文），《祖国文学二块纯金》《无题二则》《钗头凤·汶川地震》《忆江南四首》《推荐一个美好的医院——浙江省丽水市人民医院》《平生只有两行泪，半为苍生半美人》《浅谈文学形象性》《百花献功》《东方的壮美——毛泽东真伟大》《颂领袖与人民鱼水情》《时代颂歌·诗三首》《纪念九三抗战胜利70周年大阅兵·诗三首》《记避暑仙乡一朵奇葩》《惜余欢·毛泽东留给国人七种气》《浅谈艺术的党性、人民性、科学性、教育性高度统一》《东方美——神州梯田美》《知己情·颂歌》《记千年古村简史和陈列室》。2015—2016年获奖情况：授予

"中国文艺创作先锋人物","全国诗书画影时代百杰","新中国66周年文艺名家"等荣誉称号。并入编《中国文化艺术人物年鉴》。

潘正黎 女，80岁，生于抗日战争年代，长于抗日战争年代。日本无条件投降后，战火烧到鸭绿江边。作为野战医院的卫生员，能够将这段战争史，以律诗记登于彩云吟草刊。虽然尚有很多不足之处，况且在经济不富有的情况下，盼求得到帮助和指教。

寄语：尊重知识，发扬中华优秀文化传统，赞美祖国大好河山，讴歌团结进步示范区，反映人民群众建设有中国特色社会主义新生活，释放正能量，倡导无私奉献，老有所为。

潘发成 1944年1月出生，壮族，广东省韶关市人。中共党员，大专学历，副科长，政工师。2009年2月加入北京市写作学会诗书画委员会，任研究员。2010年3月加入中国解放区文学研究会文艺创作委员会，任会员。主要著作有：《梦中国》《珠三角颂歌》《广州真优美》《万里长城永不倒》《东方太阳红又红》《红棉花开幸福来》《中国有个金太阳》《中国有个诗太阳》等诗歌作品荣获一等奖。《亚运像神又像仙》获三等奖。"荣耀中国"2010年全国文艺创作年度人物，"华语文学艺术百杰"荣誉称号。出有诗集《诗笔伴我走天涯》《金三角之歌》《月圆情美》《南方真优美》《特区》《蔗林》《劲歌》《爱绝对不会错》《诗国》。系多家协会会员。

潘津淋 生于1930年3月，壮族，广西上林县西燕镇人，中师文化，退休教师。任过小学校长，少先队辅导员，小高职称。现任西燕镇关工委常务副主任，离退休干部职工老年协会副会长。西燕社区云储庄老年协会会长。西燕镇文联艺术书画组主任。1954年荣获上林县甲等模范教师称号，1985年至1988年多次获得县教育先进工作者，少先队优秀辅导员称号。参加广西老年诗书画研究会并在简讯、月刊发表多篇文章，原广西南国诗报聘为特约记者，并获得该报成立十周年诗歌赛活动优秀奖。2008年《中国老年诗词摄影艺术大全》创作百首诗大赛获得金奖。2009年获得"当代全国老年诗书画艺术大赛"特等奖并授予"中国老年艺术家终身成就奖"。2012年"中华海疆风云杯"全国书画摄影诗文大赛获特等金奖，并授予"中国老年爱国文艺家”称号。2012 年第四届“祖国好”华语文学艺术大赛获一等奖。2012 年“时代颂歌”全国诗歌散文大赛获一等奖。2012 年第十届“中华颂”全国文学艺术大赛获一等奖。2014 年第二届“伟人颂 · 中国梦”全国诗文书画大赛获三等奖。2014 年广西南宁市文明家训家规有奖征稿获三等奖。

寄语:学习学习再学习,活到老学到老,永远追求进步,不满足于现状,与时俱进思想要跟时代潮流迈进。

潘大刚 1928 年 1 月出生,安徽省临泉县人,中共党员,大专学历。历任小学教员,区完小校长,中学教导主任、总务主任、工会主席。在县、区十多次被评为模范教师,先进工作者,在县审干室记一等功一次,出席省教师代表一次。从 2011 年至 2014 年北京市写作学会开展的“东方美”各种活动中,获二等奖、一等奖、银奖、金奖计 7 次。

寄语:严于律己,宽以待人。扎根群众,超越自我。

潘传瑚 生于 1943 年 3 月,高中毕业后又读技术学校 3 年,参加教育工作后,不脱产的业余进修各科知识多年。诗刊函授两年。曾担任高中生物教师,中教一级职称。主要著作:《诗颂毛泽东主席》、《诗颂周恩来》、《诗颂邓小平》、《赞胡锦涛主席》、《赞习近平主席》、《赞温家宝总理》、《赞联合国秘书长潘基文》、《纪念中国共产党成立九十周年》和《神州胜景》、《淑女》、《古木参天》、《神州赋》、《大树》、《抗战精神赞》、《抗战胜利七十周年》、《声讨倭寇》;还有《赠胡吉章老师》、《六旬歌》、《莲花颂》、《生肖诗》等。获奖情况:祖国好大赛获金奖,“钓鱼岛杯”大赛获一等奖,第六、七届华鼎奖赛分别被评为金奖。“时代颂歌”大赛获一等奖。

寄语:我是一条天蚕,在矮小的桑树上食叶、吐丝、结茧,这就是我的高贵。

潘家定 笔名:田子。1956 年 11 月出生。籍贯安徽宣城。中共党员,研究生毕业。从事金融工作近 40 年。曾在建行安徽省分行系统内任宣城分行、芜湖分行和池州分行行长;省分行企业文化部总经理和省分行党委宣传部部长。自 2010 年起,在系统内外报刊上发表散文近百篇;诗词百余首。在全国金融系统散文诗歌大赛中屡次获奖;在金融文坛杂志社举办的 2015 年度“广东野趣沟杯”金融文坛优秀作品大赛中获散文类三等奖;在 2015 年“新视野”杯“我与自然”全国散文诗歌大赛中均获一等奖;在第六届“东方美”全国诗联书画大赛中获金奖。现为中国金融作家协会会员、中华诗词学会会员、解放军红叶诗社

社员和《诗刊》子曰诗社社员。

寄语：热爱文学，钟情文学，寄语文学，用文学燃烧激情，点燃晚霞，努力创造出优秀的文学作品，以无愧于祖国壮丽的河山和我们这个伟大的时代。

潘大寿 生于1949年6月1日，祖籍甘肃省兰州市红古区。参加工作后，通过采写新闻、民俗、楹联、诗歌、散文、故事、文史等文章，发表在《兰州晚报》《甘肃日报》《甘肃旅游》《河湟》等报刊。从此，大部分时间用到文学创作上。1998年以来我在本区第一个出版了《连海风采》《浩湟览胜》《窑街陶瓷史话》《杏林传奇》《高原传奇》，《艺苑传奇》已脱稿。另一部《牡丹传奇》正在创作中。2012年《河湟地区龙文化》在《河湟杂志》获三等奖。2013年散文《书梦》在兰州市第九届读书节获一等奖。并在《兰州日报》《兰州广播电视报》《红古发展》《龙乡》《金秋之梦》等多家报刊发表。2014年《书梦》又在首届中国梦之路主题征文大赛中获二等奖，入选《中国梦之路全国文学创作精品集》。同年诗歌《山是父亲》在第三届时代颂歌全国诗书画影作品大赛中获一等奖，并授予中华文化传承贡献人物。现为甘肃省作协会员，兰州市作协会员，红古区作协理事，红古区历史文化研究领导小组专家组成员。

寄语：人活在世上，要有远大的志向和抱负，或者有一点追求和建树。如做不到这一点，起码有一颗善良之心，学点技术、特长，向社会和人民做点贡献。

黎亚桂 笔名黎犁。1946年，广西岑溪人，中国诗书画研究会研究员，广州市荔湾区美术书法家协会常务理事，荔枝湾文化交流协会会员，在国内各种特邀征稿活动中均获各种奖项，并入编各书。2015—2016年的特别邀请活动中，均获各种荣誉称号和各种奖项。

寄语：艺术上只求提升，不计付出，才有收获。

黎回宏 壮族，广西武宣县人，中共党员，1935年6月出生，大学本科，1956年参加工作，在广西药材公司任职，1957年带薪下放隆林各族自治县农村劳动，1959年参加全国高考入广西农学院畜牧兽医专业学习，毕业后自愿回该县工作，任农业局技术员、副局长、县委组织部副部长。1981年调任柳州地区畜牧水产局任秘书科长、高级畜牧师、副处级。1995年退休。本人爱好文学、是广西、南宁市、柳州市、武宣县、柳州诗词曲学会会员，曾有多首（篇）诗词文发表于广西《老年知青》、广西《政策研究》、《柳州日报》《晚报》。著有《连理合吟》《汉语成语修身藏头绝句》《诗词文小集》，赠送亲友雅正。

寄语：热爱国家，热爱人民，热爱共产党，热爱社会主义。讲诚信，作老实人，讲老实话，办老实事。以宽待人，知足常乐。

黎瑞华 笔名之滔。1952年5月出生。广东省肇庆市人，大学学历，工程师。1976年选派到清华大学力学系进修，学习射流，气液专业。长期进行书法和写作，着力于书法的创作和深入研究。2014年中国橘洲纪念毛主席《沁园春·长沙》发表90周年全国书法大赛中获得金奖，并授予"中国红色书法名家"称号。2015年北京"东方美"全国诗联书画大赛获得金奖。在北京"中国梦"香港全国书法大赛交流展中获得金奖，并获"中国梦"传承艺术勋章殊荣。在锦州"当代羲之奖"第五届中国书画家作品大赛获金奖。2015年6月在北京纪念中国人民抗日战争胜利和世界反法西斯战争胜利70周年全国书画大赛中获得金奖。同年8月，在纪念毛主席《七律·长征》创作，暨红军长征胜利80周年，中国书法名家书法展中荣获金奖。2015年11月北京第四届"时代颂歌"全国诗书画影作品大赛中荣获一等奖，并授予"全国诗书画影时代百杰"称号。系中国书画艺术家协会会员、中国书画摄影家协会理事、培训中心教授、一级书法师。

寄语：人生于世上，日常被工作，生活包含着。要做自己值得做的事情，万勿荒废时光。哪怕做一点对己对人都算有益的事情。

原庸 当代散文诗人，作家。原名仙鹤草·原庸，本名颜克文，曾用笔名红豆子、一点土、骥宇等。60年代出生于湖南桃江。1985年高中毕业接触了朦胧诗和浪漫画派，至今笔耕不辍，同年创作诗歌《怀念莽原》。2004年自修湖南城市学院中文系。主要代表作有散文诗《饮露之蝶》，十四行诗《红豆子十四行诗选》，儿童诗《蝴蝶邮票》，小小说《春草》。曾系诗刊社创作中心等会员，现为中国散文诗作协会会员。原庸诗歌作品《邂逅激情》组诗在《诗潮》杂志社首届"巨龙杯"大赛中获优秀奖，《放飞的日子》十四行组诗发表在1999年《三峡诗刊》第一期，此间十余年创作的十四行诗作品都来自于原庸对生活的感受，继而收录于《红豆子十四行》中。《散章花环》发表在2007年出版的《中国诗萃（经典卷）》上，诗作的创新即使当散文来写，又不妨以十四行诗去构思，诗的语言是经过锤炼的，却含蓄、自然而流畅，将其收入《饮露之蝶》中。2005年9月《题画诗》三章散文诗发表在新华诗2005年12月期上。近年创作的《春草》比以前的作品更富有细腻而生动的绘画的白描手法在里面，在2011年第九届"中华颂"全国文学艺术大赛中获得一等奖，入选大赛《精品集》中。

看到原庸作品里常有对话，是他对生活的渴望以及生活需要对话练习。之后《一只钱包的疑惑》，在 2011 年“华夏情”全国诗文书画大赛中获一等奖，收入大赛《华夏情全国诗文书画精品集》中。2013 年 3 月小小说《叶可清的小镜盒》入选《中国当代作家书画家代表作文库》，并获特等奖。2014 年 5 月随笔《墙上行走的蜗牛》在 2014 年中外诗歌散文邀请赛中荣获一等奖，并入选《2014 年中外诗歌散文精品集》。2014 年 3 月创作小小说《心里长出一根刺》被评为一等奖，并入选《中外当代文学艺术家代表作全集》(2014 卷)。2014 年《三棵树》(外一章)入选散文诗年度选本《中国散文诗》(2014 卷)。同年，《窗外》、《我愿意成为一朵花》、《蝴蝶伞》等十多篇散文诗获第三届中国当代诗歌新锐奖(2013 ~ 2014)入围候选人，散文诗《痕迹》(三章)入选世界华文散文诗微信平台九月上半月用稿存目。2015 年 9 月 28 日创作诗词《小村即景》、《资江河泛舟》、《鸟瞰修山镇》三首在第四届“时代颂歌”全国诗书画影作品大赛中荣获一等奖，并入选《时代颂歌—全国诗书画影精品大观》(第四卷)中。2015 年月日创作散文诗《十棵树》(组章)在“中华情”全国联赛中获一等奖。

十六画

薛科 1958年生于内蒙古乌盟商都县。现住河北省张家口市宣化区。自幼爱好书法、美术、高中毕业。2014年全国书法比赛获"中国梦"书画情优秀奖,"东方美"金奖。

寄语:人生虽短暂,时间曾可贵。须使晚年闲有度,莫教终生悔无为。淡泊名利,奉献他人。勤劳俭朴,自强不息。

薛美东 生于1969年4月8日,山东莱芜人。高中文化,山东淄博鲁桥耐火材料有限责任公司职工。中国当代书画协会会员,北京六艺嘉韵书画院院士,河南郏县东坡书画院会员。

2015年硬笔作品首获墨缘宝杯全国书画大赛优秀奖,并入选长沙军旅之歌书画院丙申艺术挂历;2016年硬笔作品获"东方美"铜奖,"江山颂"二等奖,"祖国好"银奖;长沙羲之国际艺术中心纪念毛主席逝世40周年"日出东方"中国毛泽东诗词书画大赛金奖。并入编《"日出东方"中国毛泽东诗词书画艺术典藏》;第三届"中国六艺杯"中日韩三国书画名家国际交流展金奖。并入编《中华当代书画珍品典藏》;河南郏县庆祝东坡书画院成立十五周年全国书画邀请展书法类二等奖,入编《相约翰墨·携缘丹青庆祝东坡书画院成立十五周年全国书画邀请展获奖作品集》。

寄语:中华国学源远流长,书法艺术博大精深。吾生也有涯,而知也无涯,但终可有所学习,有所进步,有所创新。有

幸入编年鉴、深感荣幸,备受激励。正应博学余暇,游手于斯。以只争朝夕,寒暑不辍之努力,临习先贤之经典,常读古今之书论,双管齐下,兼收并蓄,融会贯通,方可做到翰不虚动,下必有由。读万卷书,行万里路,知其不可为而为之矣!

薛端石 1936年7月生,江苏宜兴人。农工民主党党员,本科学历,高级工程师。中国机械工程学会高级会员。曾任江西省机械工业情报研究所副所长、省机械工程学会常务副秘书长、省机械专业高级职称评审委员会兼秘书长;中国农工民主党江西省委常委、咨询副部长、省政协委员等职。其业绩被国内数十家知名出版社及名人研究机构入编各类名人典籍。中国国际名人协会等4机构授予“世界文化名人成就奖”。被中国管理科学院聘为终身研究员,原国家经委聘为国家级评标专家等。2013年起参加全国性文学艺术大赛,获硬笔书法一等奖4次;获诗词一等奖或金奖、特等奖7次;散文三等奖1次。现任中国硬笔书法协会会员,江西省人文书画院特聘书法家。

寄语:人活着总得为社会做点事,吾尽吾所能。

穆德泉 1946年生,山西朔州,现山西省社民满意度测评中心书画研究院副院长,朔州市老年书画家协会会员,朔州市兰亭书画院院士,中国书法家协会会员、华夏博学会员。1966年毕业写了一篇“报道施工连的事迹”。得省级奖,授予“土记者”。一生爱好书法、楹联、诗词;退休后写书法数条幅;分别在朔州市和平鲁老干展出,2014年平鲁大型书展选准并被平鲁博物馆收藏;撰楹联三千余副,分别发表“山西老年”、“平鲁老年”数副;2014年第三届“时代颂歌”全国诗书画影作品大赛楹联获一等奖,2015年“相约北京”大赛中楹联获一等奖;“东方美”诗联大赛金奖;“中国梦想杯”楷书作品获优秀奖;第三届“金紫荆杯”诗联大赛获“铜奖”。歌颂家乡诗词三千多首,并登各级刊物数首,2015年参加多次大赛,授予“中国百强书画名家”“中国爱国功勋艺术家”“中国文艺复兴贡献奖”等称号。参加“中泰一家亲”诗书画影大赛,获“金奖”授予“中泰文化交流大使”称号,赴泰国参加“全球书画名家国际交流展”,并且书法作品被“泰国北京商会”收藏。2013年被山西老年刊评为“热心读者”。

寄语:要走好自己的里程,赋诗泼墨,书写孝道文化留给后人,为平凡的人生添上优美华章,让生命的价值与世长存。

十七画

魏云彩 1923年出生于江苏省邳州市占城镇。淮北师范高师肄业。1942年参加邳南县联抗日工作团;1943年加入中国共产党;1946年进入到华东野战军和抗美援朝后勤野战医院,进行收容治疗伤员的救死扶伤工作。其间又立过功、被选作模范。1954年调海军北海艇队402医院任组织助理、院党委委员。1957年转业青岛军属针棉织厂任党支部书记,后又任青岛针织二厂党委副书记、青岛市公安局市北分局党总支书记、教导员,青岛市委劝阻办公室专职副主任,警校干训部主任。1983年离休。后于老年大学书画系毕业,同时加入青岛老年书画研究会,并任理事和老年艺术顾问,中国老年书画研究会会员。在"诗文书画"作品评比中获得过一、二、三等奖及优秀奖等多项奖项。参加过多场省市级书画展,个人作品入编国家、省市级十余部书画册和典籍。2013年9月以"人生华彩"命名,出版了个人诗文书画选集两本。2011年至2013年期间连续参加"中华颂"、"东方美"、"祖国好",北京世纪百家国际文化发展中心等相关单位所组织的"诗联书画作品赛",其中报送的"古体诗词"分别获得金奖和三个一等奖。文稿同时也入编《第十届"中华颂"诗文书画精品集》《祖国好》《东方美书画作品集》。2014年入编《中国当代文化名家档案》。2015至2016年,两篇"古体诗词"作品参赛:其一为《国庆盛典感言》,该作品获一等奖并入编《第三届"时代颂歌"诗书画影精品大观》,被授予"中华文化传承贡献人物"称号;其二为《纪念二战反法西斯胜利70周年颂歌》,该作品获特等奖,被授予"中国文艺创作先锋人物"荣誉称号。

魏胜 皈依法名：妙胜。1951 年 10 月生于上海，籍贯浙江。原上海柴油机股份有限公司退休工人，高中文化程度。现仍在上海至尚国际旅行社发挥余热。日常爱好读书看报，空闲也喜舞文弄墨。现参加上海《紫藤》文学沙龙，作为一名会员，也发表些拙作。

2015 年 10 月获第四届“时代颂歌”全国诗书画影作品大赛楹联一等奖，授予“全国诗书画影时代百杰”荣誉称号。

2016 年 4 月获“东方美”全国诗联书画大赛诗作金奖。

2016 年 5 月获《中国当代文学艺术精品大系》诗作金奖，授予“中国文艺创作先锋人物”称号。

2016 年 7 月获“江山颂”全国诗书画印大赛书法二等奖。

2016 年 10 月由《中国文艺名家传世作品集》编委会优中选优再评审中获得诗作品《孤芳自赏》特等奖。

2016 年 11 月获第二届“和平颂 · 中华情”全国美术书法名家邀请展书法铜奖。

本人才疏学浅，唯以慎独律己，慕先贤才艺为楷模。在物欲横流中绝情欲，弃凝滞，奉“松柏气节，云水襟怀”为座右铭。以花甲之年，趁遐余之闲借此平台陶冶情操；抛砖引玉。借鉴古今翰墨情趣之经验，提高丰富自己的生活。亦为传承和发扬中华优秀文化贡献微薄力量。

寄语：怀揣缤纷奇彩，直观万花世界；给力迷你未艾。一分执着，一种信仰；为了每一天的磨炼，无怨无悔。经受风雨的考验，提升正能量。把艺术之美送给人民，送给我可爱的祖国！

编 后 语

一、为深入贯彻落实党的十八大精神和习近平总书记文艺工作座谈会上的讲话精神，多角度深入报道在我国文化艺术领域及文艺创作方面做出突出贡献，并取得一定创作成就的代表性人物，将其光辉成就永载史册，特编辑本书。书中共收录了当代近700位人物的简历、寄语等，编委会本着以人为本，面向未来的精神，充分发挥本书树立人物典型、彰显人物价值的作用，为我国文化艺术事业的大发展、大繁荣贡献力量！

二、本书收入的作者大多为长期进行文化艺术创作的工作者(港澳台人士暂缺)，对提出入编申请的个人进行了严格的审核，遴选出了取得一定创作成就的人士入编本书。

三、入编条目排列以姓氏笔画为序，同笔画中排列不分先后。

四、书中入编资料大多为入编者自愿提供。为保证入编资料的严谨，编辑过程中，在尊重原始资料的基础上，编者对入编材料进行了必要的处理、润色及编排，对其中的笔误或提供的错误资料进行了更正或删除。书中的寄语代表其个人观点。

五、本书所录入编者以本名作辞条，本名不著者，改用别名、笔名或艺名。少数民族的人名遵循通行写法或入编者提供的资料。

六、本书资料征集截止日期为2017年1月。编委会在审核中，对不符合入选要求的，进行了删除。

七、凡属汉族、男性入编人物，在其条目中多数不予标明。

八、本书从征集原始资料到付梓出版，历时近一年，期间得到了文化艺术界领导、专家学者和知名人士的鼎力支持和帮助。在此，诚向关心和支持本书编辑出版工作的各界人士致以崇高的敬意和真诚的谢忱！由于征集原始资料时间长，编辑时间仓促，并限于水平，书中疏漏之处在所难免，敬请各位入编者及读者见谅，并提出宝贵的批评意见。

《中国文化艺术人物年鉴》编委会

二〇一七年六月